Über dieses Buch Zahlreiche Historiker und Kulturwissenschaftler haben in den letzten Jahren großräumig angelegte Untersuchungen zur Hexenverfolgung veröffentlicht, die jedoch zumeist nur die gängigen Erklärungsansätze variieren: Je nach Lesart werden »das einfache Volk« oder »weise Frauen und Hebammen« als ohnmächtige Opfer mal herrschaftlicher Willkür, mal kirchlicher Inquisition, mal einer letztlich blinden Massenhysterie vorgestellt. Hier bemüht sich die vorliegende Arbeit um eine differenziertere Betrachtungsweise. Ausgehend von einer intensiven Befragung von Hexenprozeßakten aus dem Raum Saarland, Lothringen, Kurtrier und Pfalz-Zweibrücken wird die Praxis der Hexenverfolgung auf der Ebene der ländlichen Gemeinden rekonstruiert und aus der Perspektive der Zeitzeugen dargestellt: Ein »Hexendeutungsmuster« wird erkennbar, das an das traditionelle, magisch geprägte Weltbild der ländlichen Bevölkerung anknüpfte und zugleich Elemente der kirchlichen Hexenlehre übernahm. Dieses Deutungsmuster machte es dem einzelnen möglich, Hexen und Zauberer in seiner sozialen Umwelt zu erkennen, sich vor ihnen zu schützen und sie gegebenenfalls den dörflichen Hexenausschüssen zuzuführen. Andererseits setzte es den einzelnen aber auch Hexereiverdächtigungen seitens seiner Mitmenschen aus. Aus diesem Blickwinkel erscheinen die Menschen der untersuchten Region nicht länger als hilflose Opfer der Hexenverfolgung, sondern auch als aktiv Beteiligte am Verfolgungsgeschehen. Da sie in den Kategorien dieses Deutungsmusters dachten, schreckten sie auch nicht davor zurück, als Zeugen, Kläger oder Denunzianten auszusagen und damit Nachbarn und selbst nächste Angehörige der »peinlichen Frage« zu überantworten.
Aufgrund seiner bedeutenden neuen Erkenntnisse wird dieses Buch eine wichtige Rolle in der Diskussion der Hexen-Thematik spielen.

Die Autorin Dr. Eva Labouvie, geb. 1957, arbeitet als Wissenschaftlerin am Historischen Institut der Universität des Saarlandes und am Ministerium für Wissenschaft und Kultur des Saarlandes. Veröffentlichungen (u. a.): »Hexenspuk und Hexenabwehr. Volksmagie und volkstümlicher Hexenglaube«, in: R. van Dülmen (Hg.), Hexenwelten (Bd. 4375), «Wider Wahrsagerei, Segnerei und Zauberei. Kirchliche Versuche zur Ausgrenzung von Aberglaube und Volksmagie seit dem 16. Jahrhundert«, in: R. van Dülmen (Hg.), Verbrechen, Strafen und soziale Kontrolle (Bd. 10239).

Eva Labouvie

Zauberei und Hexenwerk

Ländlicher Hexenglaube in der frühen Neuzeit

Fischer Taschenbuch Verlag

Lektorat: Walter H. Pehle

Originalausgabe
Veröffentlicht im Fischer Taschenbuch Verlag GmbH,
Frankfurt am Main, Dezember 1991

Umschlaggestaltung: Buchholz/Hinsch/Hensinger
unter Verwendung einer Abbildung:
»Saul bij de heks van Endor« von Jacob Cornelisz van Oostanen,
Ölgemälde auf Holz (87,5 × 125 cm), Rijksmuseum Amsterdam
Gesamtherstellung: Clausen & Bosse, Leck
Printed in Germany
ISBN 3-596-10493-9

Für Nora

Inhalt

Einleitung

Die europäische Hexenforschung gehört heute zu einem etablierten Forschungszweig vor allem der historischen Wissenschaften. Ihren Anfang nahm sie mit ersten Global- und Regionalstudien im 19. Jahrhundert, deren vorrangiges Interesse in einer Untersuchung der theologischen Entfaltung der Hexenvorstellung vom 12.–15. Jahrhundert, der juristischen Praxis und der Dokumentation des Prozeßgeschehens anhand überlieferter Protokolle der Hexeninquisition bestand.[1] Befördert durch einen von englischen und französischen Arbeiten zu Beginn der 70er Jahre des 20. Jahrhunderts eingeleiteten Paradigmenwechsel mit geänderten Fragestellungen und methodischen Zugangsweisen[2], führte ihr Weg schließlich zu einer breiten Palette an Themenkomplexen und Erklärungsansätzen. Trotz der derzeitigen Vielfalt vor allem an historischen Arbeiten zum Hexenthema schrieb die seit den 70er Jahren einsetzende neue Sicht der Hexenforschung in mehrfacher Hinsicht allerdings Perspektiven und Forschungsinteressen fest, die für die heutige Hexenforschung insgesamt prägend geblieben sind: Nicht mehr die Genese der dogmatischen Hexenlehre und die Phänomenologie der Hexenprozesse stehen im Mittelpunkt des Interesses, sondern Fragen nach den Betroffenen und Opfern, nach ihrer sozialen Umwelt und der ihrer Jäger, nach zeitlichen und regionalen Unterschieden sowie nach Konvergenzen von beginnenden und endenden Prozeßwellen mit strukturellen Gesellschaftsveränderungen. Geleitet von der Einsicht in eine zeitlich und regional unterschiedliche Verfolgungspraxis, kehren Historiker Globaluntersuchungen immer häufiger den Rücken und vertiefen sich statt dessen in Regional- bzw. Fallstudien und Mikroanalysen.[3] Die Beobachtung wiederum, daß die traditionelle Hexenforschung ihre Informationen aus Quellenmaterialien schöpfte, die immer der selektiven Wahrnehmung und Korrektur zeitgenössischer Richter und Protokollanten ausgesetzt waren, bewirkte langfristig eine Verlagerung auf die Perspektive »von unten«. Die Forschung versucht heute, aus der Sichtweise der Angeklagten und ihrer Ankläger die soziale Realität und Reichweite hinter und zwischen den Zeilen der überlieferten Dokumente zu rekonstruieren. Schließlich kann es aufgrund der geänderten Fragestellungen und neuen methodischen Zugangsweisen der aktuellen Hexenforschung nicht mehr nur um eine narrative Auflistung vorgefundener Prozeßinhalte gehen, sondern vielmehr um Deutungen und Analysen. Derzeitige Arbeiten zielen in der überwiegenden Mehrzahl auf eine ungefilterte und zugleich Erklärungen liefernde Untersuchung vorwiegend regional begrenzter und damit authentischer Untersuchungsräume ab, deren intensive Erschließung jedoch nur ein geändertes Problembewußtsein leisten kann.[4]

Die schier unübersehbare Vielfalt neuerer und neuester Publikationen – Globalbetrachtungen, kleinräumige Regionalstudien, Beiträge zu Teilaspekten, Spezialformen oder Einzelphänomenen der Hexenverfolgungen, zu juristischen, medizinischen, pharmakologischen, psychologischen oder historisch-anthropologischen Aspekten der Hexerei – weist, so scheint es, fast ebenso viele Interpretationsmuster wie Fragestellungen und Bezugsperspektiven auf. Eine Kategorisierung kann grob folgende Deutungsansätze unterscheiden: Auf der einen Seite existieren »soziale Konflikttheorien«, die Hexenverfolgungen als Resultate gestörter sozialer Harmonien, sozialer Unterdrükkungsversuche und als Antwort von Gemeinschaften auf den Zerfall ihrer traditionellen und kulturellen Werte interpretieren. Daneben finden sich »Ausrottungstheorien«, die in der Bekämpfung der Hexerei ein Mittel zur Ausschaltung politischer, religiöser und individueller Gegner sehen. »Sozialdisziplinierungstheorien« und »Krisentheorien« versuchen die Kriminalisierung und Ausmerzung der Hexerei, aber auch der gesamten Volkskultur, in Zusammenhang mit der politischen und religiösen Krisensituation und dem erstarkten Krisenbewußtsein des ausgehenden 16. und besonders des 17. Jahrhunderts zu bringen. Schließlich werten sogenannte »Angsttheorien« die vor allem obrigkeitliche Hexenbekämpfung als ein Ergebnis gesteigerter Kollektiv- und Individualängste in einer Periode sozialen, kulturellen und ökonomischen Wandels. Neuere Versuche einer Erklärung des bis zur Gegenwart noch keineswegs ausdiskutierten Forschungsproblems greifen erstaunlicherweise aber auch die alte, unhaltbare These einer beabsichtigten, bevölkerungspolitisch wirksamen Ausrottung heilkundiger Frauen und Hebammen durch die Kirchen und ebenso die überholte »Sündenbocktheorie«, die bereits als Erklärungsmuster für Ketzer-, Zauberei-, Juden- und andere Prozesse herhalten mußte, wieder auf. Einen ganz anderen Weg beschreitet C. Ginzburg mit seiner weniger auf Erklärung des Verfolgungsgeschehens denn auf eine immanente Herleitung und mythisch-kultische Interpretation von Einzelelementen der Hexerei abzielende Analyse des Hexensabbats. Ebenfalls neue Aspekte vermittelt auch die Untersuchung über ungarische Hexenprozesse von G. Klaniczay.[5]

Der derzeitige Forschungsstand gestattet es der Hexenforschung, auf eine Fülle neuer Ergebnisse und differenzierter Auswertungen zurückzugreifen. Zum Teil wird man sie aufgrund ihrer Konzentration auf den juristischen Prozeßverlauf noch dem älteren Typus von Untersuchungen zurechnen dürfen. Diejenigen Arbeiten, die auf der Basis von Mikroanalysen und Fallstudien nicht nur die spezifische Verfolgungssituation einer Region aufzeigen wollen, sondern zugleich damit neuartige Fragestellungen zu beantworten suchen, kommen jedoch zu bemerkenswerten und für die Fachdiskussion fruchtbaren Ergebnissen. Dennoch fehlt es vielerorts gerade an derart qualifizierten, aussagekräftigen Regionalstudien, um auch den letzten Schritt vollziehen zu können: jenen überregionalen, vielleicht sogar gesamteuropäischen Vergleich des Verfolgungsgeschehens unter neuem Blickwinkel anzugehen, bei dessen Durchführung der Hexenforschung des 19. Jahrhunderts noch so manch gravierender Fehler unterlaufen war. Bislang freilich mangelt es trotz anerkennenswerter Einzelergebnisse noch an Arbeiten, die über monokausale Erklärungsansätze oder eindimensionale Perspektiven hinaus den Versuch einer integrierenden Betrachtung unternehmen. Dies setzt nicht nur eine mikroanalytische Sichtweise und einen Einbezug aller am Verfolgungsgeschehen beteiligten sozialen Gruppen voraus, sondern auch die »dichte Beschreibung« sowohl der Ausnahmesituation eines Hexenprozesses als auch des Alltagslebens in der frühneuzeitlichen Gesellschaft unter dem Blickwinkel der Verwobenheit dieser beiden Erfahrungsbereiche in soziale, ökonomische, gesellschaftliche und mentale Zusammenhänge. Krisen-, Disziplinierungs- oder Angsttheorien, so weiterführend und schlüssig sie im Einzelfall auch sein mögen, verhelfen einer derart weitgefächerten und gleichzeitig multiperspektivischen Zugangsweise kaum mehr zu ausreichenden Erklärungen. So versteht sich die vorliegende Arbeit zwar durchaus als eine Regionalstudie, die den spezifischen Bedingungen und Ausprägungen von Hexenverfolgungen im Saarraum und angrenzenden Gebieten nachgeht. Gleichermaßen handelt es sich aber auch um eine Untersuchung, die aufgrund der Berücksichtigung aller Akteure und ihrer Lebenswelt innerhalb und außerhalb des Verfolgungsgeschehens die Multifunktionalität nicht nur von Hexenprozessen, sondern auch des sie begründenden Hexenglaubens aufzeigen will.

Ein weiteres unberücksichtigtes Feld bisheriger Hexenforschung ist Gegenstand dieser Analyse: jener unspektakuläre, in das Alltagsleben und die Welterfahrung eingebettete Hexenglaube der in Traditionen verwurzelten Landbevölkerung, dessen Untersuchung zugleich die Frage nach den Gründen der massenhaften Beteiligung der Bevölkerung an Hexenverfolgungen aufwirft. Obwohl die Literatur zur Hexenthematik ständig weiter anwächst – gerade in den letzten zehn Jahren auch angeregt durch die Frauenbewegung, die Etablierung der Frauengeschichte und eine bis heute andauernde Popularisierungswelle in den Medien –, findet man indes bisher wenig zur Genese und Wirkungskraft dieses teils imaginären, teils aus der Lebens- und Erfahrungswelt geborenen »Wahns«, der die Menschen aller Gesellschaftsschichten dazu veranlaßte, an Hexen, Zauberer und deren geheimnisvolles Wirken zu glauben. Kaum etwas erfahren wir auch über die zahllosen, wenig aufsehenerregenden Hinrichtungen, die das Leben vieler armer und zudem hilfloser Menschen auslöschten. Wie dachte das Volk, jene zur damaligen Zeit hauptsächlich bäuerliche Schicht aus Landarbeitern, Tagelöhnern und kleinen Handwerkern, über das Hexenwesen, über Schadenzauber und dessen Ahndung? War es wirklich ein epidemischer »Wahn«, die »Nachtseite menschlicher Entwicklung«, wie von Riezler konstatierte, der sich in den Köpfen aller, vom Papst bis zum Bettler, festgesetzt hatte und für die Akzeptanz der Jagd von Menschen auf Menschen sorgte? Oder stand hinter alledem nicht vielmehr die menschliche Verführbarkeit in all ihren Varianten? Den Hexen und Zauberern unterstellten Theologen, Kirchenlehrer und Juristen, sie hätten sich vom Teufel zur Hexerei verleiten lassen, um damit Macht über ihre Mitmenschen zu erlangen. Der sich aufgrund dieser Zuschreibung etablierende Hexenglaube verführte mitsamt der Möglichkeit zu Hexenverfolgungen aber auch jene zur Ausübung von Macht, die die Opfer der Prozesse bestimmten. Nicht überall in Mitteleuropa waren dies jedoch geistliche und weltliche Obrigkeiten, reiche Patrizier oder eingesetzte Hexenjäger: In den Gebieten des Saarraumes, so zeigt die vorliegende Untersuchung, sorgten die Dorfgemeinden durch die Wahl spezieller Hexenausschüsse fast ein Jahrhundert lang für eine autonome Hexeninquisition, die keiner herrschaftlichen Protektion mehr bedurfte. Volksmagische Traditionen, ländlicher Hexenglaube und die ungeahnten Möglichkeiten legitimer Machtausübung trafen sich hier mit dem Wunsch nach der Ausgrenzung des Unerwünschten, des Geheimnisvoll-Gefährlichen und des »Bösen«.

Beginnen wir am Anfang unserer Recherchen und am Ausgangspunkt der Verfolgung von Hexen und Zauberern in den Gebieten des Saarraumes: Um die Mitte des 16. Jahrhunderts zählte das unter kurtrierischer, lothringischer, pfalz-zweibrückischer und nassau-saarbrückischer Landeshoheit geteilte Gebiet des heutigen Saarlandes und der angrenzenden Regionen etwa 550 Dorfgemeinden und 11 Städte mit einer sich zwischen 600 und 2800 bewegenden Einwohnerzahl. Der Lebensunterhalt wurde überwiegend mit Ackerbau und Viehzucht, ländlichem Handwerk und Dienstleistungen bestritten, in den Städten auch mit Gewerbe und Handel. Der größte Teil der Landbevölkerung lebte allerdings am Rande des Existenzminimums – in den meisten Dörfern gab es höchstens einen wohlhabenden Vollbauern –, und auch in den Städten scheinen die Verdienstmöglichkeiten recht gering gewesen zu sein. Dennoch war der Saarraum Anziehungspunkt für religiöse und ethnische Minderheiten wie Täufer, Mennoniten, Hugenotten, Juden und Zigeuner, die hier, vor allem unter dem Schutz der lutherischen Grafen von Nassau-Saarbrücken, über lange Zeit siedeln konnten. Neben der lutherischen Konfession, die in der nassauischen Grafschaft 1575 eingeführt worden war, bildete im Herzogtum Pfalz-Zweibrükken seit 1588 der Calvinismus die Landesreligion. Die Gebietsanteile des Erzbistums Trier und Lothringens am Saarraum bekannten sich seit alters zum Katholizismus. Der Saarraum umfaßte in der Zeitspanne vom 16.–18. Jahrhundert mithin fast alle im Alten Reich vorstellbaren Möglichkeiten der Siedlungsweise – Einzelhäuser, kleinere Weiler, größere und kleinere Dörfer, bis hin zu Städten –, der Arbeitswelt – Bauernbetriebe, Handwerks- und Gewerbezweige, Bergbau, Hütten, Glasbläsereien, Einzelbetriebe und Unternehmen – und der konfessionellen Ausrichtung. Diese Vielschichtigkeit, die der Rekonstruktion sozialer Lebenswelten und Weltanschauungen vielerlei Kombinations- und Vergleichsmöglichkeiten eröffnet, machte zusammen mit der Nachbarschaftslage zum Erzstift Trier und zum Herzogtum Lothringen – zwei auf dem Gebiet der Hexenverfolgung hervorstechenden Territorien mit Besitzungen im Saarraum – eine Untersuchung von Hexenglaube und Hexenverfolgung gerade in dieser Region besonders gewinnbringend, aber auch äußerst schwierig. Letzteres spiegelt die bisherige Hexenforschung in der Saargegend wider, die G. Schormann treffend wie folgt kommentiert: »Zwischen Kurtrier, den nassauischen Grafschaften und der französischen Grenze«, so schreibt er, »erstreckt sich ein Gebiet, das innerhalb der Hexenprozeßforschung den größten

zusammenhängenden weißen Fleck auf der Landkarte bildet.«[6] Im Hinblick auf nur einen fundierten Aufsatz[7] war die vorliegende Regionalstudie daher ausschließlich auf Quellenmaterial in jenen über 20 deutschen und französischen Archiven angewiesen, in denen verstreut Materialien zur Saarregion aufbewahrt werden. Es geht jedoch nicht um die Ausfüllung des von Schormann beschriebenen »weißen Fleck(s) auf der Landkarte«. Vielmehr ergibt sich anhand einer besonders vielschichtigen Quellenlage und spezieller Konstellationen im Saarraum zur Zeit der Hexenverfolgungen die Möglichkeit, über die reine Analyse des Prozeß- und Verfolgungsgeschehens hinausgehend, der Frage nach dem dörflichen Hexenglauben, nach der Verfolgungs- und Aussagebereitschaft der Bevölkerung sowie nach dem funktionalen Stellenwert jenes auf Deutungen und Interpretationen, aber auch auf praktischen Maßnahmen basierenden Phänomens ländlicher Hexenverfolgungen nachzuspüren.
Im Saarraum waren es, außer in den lothringischen Ortschaften, die Dorfgemeinden, die die weltlichen und geistlichen Obrigkeiten zur Verfolgung von Hexen und Zauberern aufriefen. Sie waren es, die über ihre gewählten Hexenausschüsse Indizien und Zeugenaussagen beschafften und verdächtige Personen im Namen der ganzen Gemeinde beim herrschaftlichen Hochgericht verklagten. Diese Eigendynamik dörflicher Bekämpfung der Hexerei, der in knapp 60 Jahren nachweislich 467 Menschen zum Opfer fielen, verschiebt nicht nur den Blick auf andere Akteure, sondern richtet sich auch auf entsprechend geänderte Fragestellungen: Nicht die Durchsetzung der kirchlichen Hexenlehre und die Verfolgung von Hexen und Zauberern durch obrigkeitliche Hexenjäger im Sinne dieser dogmatischen Hexenvorstellung bilden den Ausgangspunkt, sondern vielmehr ein sich in den Dorfgemeinschaften herauskristallisierender, speziell ländlicher Hexenglaube, dessen Plausibilität ganze Gemeinden zur Hexenverfolgung veranlaßte. Nicht die Darstellung eines geistesgeschichtlichen Phänomens steht im Mittelpunkt des Interesses, sondern die sozialanthropologische Analyse der Funktion und alltagspraktischen Relevanz jenes Glaubens an Hexenkräfte, Schadenzauber und an die unumgängliche Vernichtung überführter »Zauberscher« durch den Tod auf dem Scheiterhaufen. Es geht auch weniger um juristisch-verfahrenstechnische Aspekte, umso mehr jedoch um die im Prozeßgeschehen mitgelieferten emotionalen Äußerungen von Angeklagten und Zeugen über reale und imaginäre Begegnungen mit der Welt von Magie und Hexerei. Nicht Ängste, Konflikte

und Krisenherde einer sich im Wandel befindenden Gesellschaft interessieren per se als Katalysatoren für Prozeßwellen; vielmehr soll es um die aus ihnen resultierenden Wahrnehmungs-, Interpretations- und Handlungsmöglichkeiten gehen, die auch den ländlichen Hexenglauben mitbestimmten. Die Untersuchung befaßt sich daher unter dem Aspekt zumeist kollektiver, aber auch individueller Bedeutungs- und Handlungsmuster vor allem mit der Innensicht: mit der dörflichen, aber auch obrigkeitlichen und juristischen Beurteilung, Zuschreibung und Verurteilung von Hexerei und Schadenzauber, mit Motiven und Konstellationen, die zur Hexereianklage im Dorf führten, mit kollektiven Deutungsweisen, die es ermöglichten, Schadenzauber eindeutig zu erkennen und eine Hexe zu entlarven, wie auch mit der dörflichen Bewertung all jener Elemente des ländlichen Hexenglaubens, der die einen zu Anklägern und Zeugen, die andern zu Opfern der Hexenausschüsse werden ließ. Zugleich spielt die Dimension des Wandels, sowohl innerhalb des Hexenglaubens als auch in der Verfolgungspraxis, eine zentrale Rolle.

Der ländliche Hexenglaube, der sich aus einer Verknüpfung traditioneller Vorstellungen aus dem Bereich der Volksmagie und des alten Zauberglaubens mit Elementen der neuen Hexenlehre herausbildete, war vom 16. bis zur Mitte des 17. Jahrhunderts einem Prozeß der Ausdifferenzierung, der Transformation einzelner seiner Bestandteile und schließlich der qualitativen Veränderung unterworfen, der sich eng an den Wandel der volksmagischen Kultur anlehnte. Spielten in der Anfangsphase Vorstellungen des traditionellen Zauberglaubens über Schadenzauber und Tierverwandlung eine entscheidende Rolle, so versuchte die Bevölkerung in der Hauptverfolgungszeit die dogmatischen Elemente der Hexenlehre, ihrer eigenen Sicht entsprechend, in den dörflichen Hexenglauben miteinzubeziehen. Hexereibeschimpfungen in der Endphase und nach dem Abklingen der Verfolgungsperiode waren schließlich zu ehrverletzenden Beleidigungen abgesunken, Hexenprozesse damit überflüssig geworden.

Die vorliegende Regionalstudie stellt die weniger sensationelle, unspektakuläre, ja alltägliche Konfrontation der Landbewohner des Saarraumes mit Ereignissen, die als Schadenzauber oder Verhexung gedeutet wurden, und mit Personen vor, denen man die Fähigkeit zur Hexerei zusprach. Unter dieser Prämisse und mit dem geänderten Blickwinkel einer von der Bevölkerung gewünschten Verfolgung von Hexen und Zauberern ihres sozialen Umfeldes streift sie das Prozeßgeschehen selbst, welches über die Aktivitäten der Ausschüsse und die Zeugenaussagen einen Einblick in den Mechanismus von Beobachtung, Verdächtigung, Indiziensammlung bis hin zur Anklage vermittelt. Zugleich beleuchtet sie auch jene Beurteilungskriterien und Verhaltensweisen, die zur Aussonderung einer Hexe im Dorf dienten und zusammen mit Funktion und sozialer Reichweite des Hexenglaubens eine »soziale Logik« der legitimen Verfolgung von Hexen und Zauberern auf dem Land erwachsen ließen. Die Verflechtung wiederum dieses dörflichen Hexenglaubens mit vertrauten volksmagischen Elementen, so zeigt die Berücksichtigung dieses Aspektes, gab ihm seine über einen Zeitraum von fast einem Jahrhundert andauernde Plausibilität und Anerkennung. Gleichzeitig erlaubte das traditionelle volksmagische Repertoire die Ausbildung spezieller Hexenabwehr- und Hexenidentifikationszauber, die der Begrenzung der Hexenmacht, aber auch der Angstregulierung dienten: Man fühlte sich dem schadenstiftenden Treiben von Hexen und Zauberern keineswegs hilflos ausgeliefert, denn immer noch konnte jenen unkontrollierbaren Hexenkräften die altbewährte Macht der Magie entgegengesetzt werden.

Insgesamt will die vorliegende Arbeit auf den bislang in der Hexenforschung unberücksichtigten Aspekt aufmerksam machen, daß ganz durchschnittliche Menschen auf dem Lande die Jagd auf Hexen und Zauberer nicht nur akzeptierend hinnahmen, sondern aktiv beförderten, daß sie, nicht etwa »blindem Wahn« oder obrigkeitlichen Hetzkampagnen folgend, Hexenverfolgungen gegen die eigenen Dorfmitglieder richteten, um der angeblichen Macht der Hexen eine gemeindliche entgegenzustellen. Denn verdeutlichen wir uns folgendes: Ohne Zeugen aus Stadt und Land hätten selbst die tatkräftigsten obrigkeitlichen Hexeninquisitoren nirgendwo in Europa über mehr als zwei Jahrhunderte hinweg Hexenprozesse durchführen können.

Die Hexe der Kirchen

Entstehung des Hexenbildes und der kirchlichen Hexenlehre

Meinungen über den zeitlichen und regionalen Ausgangspunkt der in ganz Europa in der frühen Neuzeit einsetzenden Verfolgungen von Hexen und Zauberern, über Gründe und Motive der Verfolgergruppen und deren Schuld an der Vernichtung von Menschen auf den Scheiterhaufen Mitteleuropas sowie Ansichten über gesamtgesellschaftliche Umstände, die den Beginn von Verfolgungswellen katalysierten, gehen sowohl in Forscherkreisen wie in der populärwissenschaftlichen Diskussion um die europäischen Hexenprozesse weit auseinander. Allerdings kann kein Zweifel darüber bestehen, daß es die Kirche mit ihrer im 15. Jahrhundert ausgebildeten und theologisch begründeten neuartigen Hexenlehre war, die den Grundstein für die Verbreitung des Hexenglaubens und die institutionalisierte Vernichtung von Hexen und Zauberern ab Beginn des 16. Jahrhunderts legte. Zwar hatte der »Canon Episcopi« von 906, der die Existenz nachtfahrender Frauen im Gefolge der heidnischen Diana und in Anlehnung an die »Wilde Jagd« Wotans sowie die Tierverwandlung von Menschen als Vorspiegelung und Einflüsterung böser Dämonen zurückwies, den Glauben an Hexen, ja selbst an die traditionelle Form der Zauberei untersagt. Ab dem 13. Jahrhundert erfolgten jedoch sowohl geistige Wandlungsprozesse wie daraus resultierende kirchenpolitische Amtshandlungen, die eine veränderte Haltung der offiziellen Kirche ankündigten. Beide trugen in früheren Zeiten angelegten und eingeleiteten theologischen Strömungen Rechnung, die die dogmatische Dämonenlehre und den kirchlichen Teufelsglauben begründet, die Rolle der Frauen als eine untergeordnete, passive festgelegt und die Verführbarkeit der Menschen durch den Teufel sowie die Möglichkeit des nächtlichen Fluges und der Schadenzauberei aus der Bibel belegt hatten.[8]

Es gelang neben anderen scholastischen Theologen vor allem Thomas von Aquin, sowohl der in der augustinischen Schrift »Vom Gottesstaat« entwickelten Dämonenlehre neue Geltung zu verschaffen als auch eigene diesbezügliche Gedanken und Ergänzungen zu entwickeln.[9]

Einerseits vertrat Thomas die Ansichten des Augustinus über einen möglichen Paktschluß zwischen Menschen und Dämonen – Resultat der vom Heidentum, der Götzenverehrung und magisch-abergläubischen Praktiken herrührenden Verstöße gegen den Monotheismus und die wahre Lehre des Christentums.[10] Andererseits verteidigte Thomas als Schüler des Dominikanertheologen Albertus Magnus, der seinerseits magische Praktiken mit und ohne Abschluß eines Dämonenpaktes verwarf[11], zusammen mit dem Franziskanertheologen Bonaventura vor allem die Gefährlichkeit einer Verbindung mit Teufel und Dämonen mittels der im Hoch- und Spätmittelalter gebräuchlichen volksmagischen Praktiken. Er selbst betonte die Möglichkeit des sexuellen Kontaktes zwischen Mensch und Dämon in Form von Incubus und Succubus.[12] Wie vorausgegangene Strömungen unterschied auch die scholastische Theologie generell nicht zwischen traditioneller Zauberei und Volksmagie auf der einen, Dämonenpakt und Teufelsverehrung auf der anderen Seite, sondern bewertete alle Formen von Magie und Aberglauben als auf einem Pakt gründendes Teufelswerk.

Gleichzeitig mit der Renaissance von Schriften zur Dämonenlehre, zum Teufelsglauben und der Diskriminierung des volksmagischen Brauchtums kam es zu einer erneuten Rezeption älterer frauenfeindlicher Ansichten, deren tatsächliche Ausbreitung jedoch erst zwischen dem 14. und 17. Jahrhundert stattfand. Stellungnahmen zur Rolle und Bewertung von Frauen durch die zu neuem Ansehen gelangten Kirchenlehrer Augustinus, Isidor von Sevilla, Gratian oder Tertullian[13] ergänzten mitsamt frauenfeindlichen Bibelzitaten, etwa des Apostels Paulus, die spätmittelalterlichen Verunglimpfungen des weiblichen Geschlechts.[14] In Anlehnung an Augustinus und Gratian vertrat Thomas von Aquin die These von der geistigen Minderbemitteltheit und der daraus resultierenden Verführbarkeit der Frau; im Blick auf Paulus' Vorgaben einer Unterordnung der Frauen in allen Bereichen forderte er ihre Bevormundung und Zügelung durch die Männer.[15] Obwohl durch die im 12. Jahrhundert innerhalb der höfischen Kultur aufblühende Tradition des Minnesangs verehrt und bewundert und innerhalb der zünftischen Gesellschaft durch Gesetze und Vorschriften oft gleichberechtigt in ihrem beruflichen Werdegang, sah man die Frau zur gleichen Zeit als einen Gefahrenherd: Frauen begannen sich vermehrt den Wanderprediger- und Sektenbewegungen der Waldenser, Humiliaten, Katharer oder »Katholischen Armen« anzuschließen, gründeten

gegen den Willen der Ordensbrüder eigene Nonnenklöster und beherrschten spezielle Zünfte in den Städten.[16]
Sowohl die erneute Beschäftigung mit Satan und seinem Heer als auch die von einer deutlichen Ablehnung gekennzeichnete theologische Debatte um das weibliche Geschlecht gehörten zu jener umfassenderen Auseinandersetzung der gerade erst vom Heidentum der Frühzeit gereinigten Kirche mit ersten Gegenströmungen und Gegengruppen, die im ausgehenden 12. und 13. Jahrhundert eine große Anhängerschaft aus der Unter- und Mittelschicht rekrutieren konnten. Gerade die in Südfrankreich sich ausbreitenden Bewegungen der Katharer, Albigenser und Waldenser zeichnete ein durchaus befreiendes, emanzipatorisches, ja in religiöser und sozialer Hinsicht geradezu revolutionäres Gedankengut aus, das dem zeitgenössischen Menschen als tatsächliche Alternative zu bisherigen Lebens- und Religionsformen erscheinen mußte. In diesen Ketzerbewegungen mit ihrer Ablehnung von Ehe, Familie und Eigentum, der Sakramente, der Todesstrafe, jeder Gewalt und des Kriegsdienstes sowie ihren Forderungen nach urchristlicher Armut, Gleichheit der Geschlechter und der ausschließlichen Anerkennung des Neuen Testamentes, konzentrierten sich alle möglichen Formen einer feindlichen Gegnerschaft gegenüber der etablierten Kirche, die zur damaligen Zeit innerhalb Mitteleuropas denkbar erschienen. Hauptfeinde der Kirche waren von nun an und in den folgenden Jahrhunderten der erstarkte Teufel mit seinem dämonischen Heer, alle Ketzergruppierungen, die Frauen und sporadisch Juden, Leprakranke und Moslems.
Obwohl Papst Lucius III. auf dem Konzil von Verona bereits 1184 die Bischöfe zur Verfolgung und Exkommunikation der Ketzer aufgerufen hatte, dauerte es noch 25 Jahre, bis es seinem Nachfolger Innozenz III. gelang, den Kreuzzug gegen die Albigenser ins Leben zu rufen. Da eine völlige Ausrottung dieser religiösen Sekte nicht zu gelingen schien, beschloß das Laterankonzil 1215, die Inquisition als bleibende Institution und Wirkungsbereich der Bischöfe für die Ostkirche beizubehalten. Als 1231 Papst Gregor IX. auf dem vierten Laterankonzil von den anwesenden Bischöfen dazu gezwungen wurde, mit der Ernennung Konrads von Marburg zum ersten deutschen Generalinquisitor die Inquisition zu einer päpstlichen Angelegenheit von größter Brisanz auszubauen, lag dies zum einen an bisherigen Mißerfolgen in der Ketzerbekämpfung, vor allem gegen Waldenser und Katharer. Hinzu trat jedoch noch eine in gebildeten theologischen Kreisen mittlerweile ver-

breitete Teufels- und Dämonenangst, die ihre Nahrung unter anderem aus den Geständnissen hingerichteter Ketzer in Straßburg und Trier erhalten hatte.[17] Besonders die vom 13.–15. Jahrhundert in Frankreich durchgeführten Ketzerjagden trugen dazu bei, daß sich im Laufe der Jahre eine aus den erfolterten Geständnispunkten zahlreicher Angeklagter konstruierte Auffassung über Lehre, Kultus und Straftaten der Ketzer herauskristallisierte. Sie erzwangen aber zugleich eine dem Ketzereidelikt und seiner strafrechtlichen Verfolgung angemessene Umgestaltung der juristischen Voraussetzungen.[18]

Zu Beginn des 14. Jahrhunderts war nach theologischer Auffassung derjenige ein Ketzer, der Kritik übte und unerlaubte Korrekturen am christlichen Dogma vornahm, der zudem aber auch den Abfall von Gott vollzogen hatte, um sich entweder durch einen Pakt Satan selbst oder einer Sekte satanischer Weltverschwörer zu verpflichten, die auf ihren Zusammenkünften Teufelsverehrung, Unzucht und antikirchliche Propaganda betrieben. Den Angeklagten des Templerordens hatte 1307 die Inquisition das Geständnis entlocken können, einer Teufelssekte anzugehören, die den Götzen Baphometh verehre, sich gegen die christliche Welt verschworen habe und auf ihren heimlichen Treffen gleichgeschlechtliche Unzucht triebe. Andere bekannten entsprechend der Lehre ihrer Sekte häretische und sittlich-moralische Verfehlungen.[19] Um gegen die vom rechten Glauben Abgefallenen rechtlich und der Schwere ihres Verbrechens gemäß vorgehen zu können, entwickelte sich ein spezielles Verfahren für Ketzerprozesse, das eine Anklage auch ohne Kläger, die Zulassung aller Zeugen, keine Nennung von Angeklagten und die von weltlichen Gerichten auszuführende Todesstrafe vorsah. Das gerichtliche Verfahren gegen Ketzer glich damit einem Inquisitionsprozeß, der ebenso den Privatkläger nicht mehr kannte, hatte zugleich aber auch den juristischen Zugriff durch die Einführung der Todesstrafe und die Bewertung von Ketzerei als einer Majestätsbeleidigung gegenüber Gott verschärft. Die durch die Reichsgesetzgebung Kaiser Friedrichs II. 1238 angeordnete Übertragung des zunächst kirchlichen Strafvollzugs der Inquisition auf weltliche Gerichte, die Rechtsprechungs- und Vollstreckungsgewalt erhielten, entsprach den theologischen Geistesströmungen jener Zeit, die Thomas von Aquin stellvertretend für viele Kleriker folgendermaßen niederschrieb: »Die Ketzerei ist eine Sünde, durch welche man verdient, nicht nur von der Kirche durch die Exkommunikation, sondern auch von der Welt ausgeschlossen zu werden. Bleibt der Ketzer bei seinem Irrtum, so soll die Kirche es aufgeben, ihn zu retten und soll für das Heil der übrigen Menschen sorgen, indem sie ihn durch ein Exkommunikationsurteil aus ihrem Schoße ausschließt; das übrige überläßt sie dem weltlichen Richter, damit er ihn durch den Tod von der Welt verbanne.«[20]

Aufgrund der akuten Gefahr waren bereits 1227 in Südfrankreich und Oberitalien spezielle Ketzergerichte auf päpstliche Anordnung hin eingerichtet worden, die sich rasch in ganz Europa verbreiteten und juristische Methoden zur Säuberung der Länder von Glaubensfeinden entwickelten, die den späteren Hexenprozessen zu ihrer Perfektionierung dienten. Die zusätzliche Einführung der Folter in das Inquisitionsverfahren durch Papst Innozenz VI. in seiner Bulle »Ad exstirpanda« von 1252 verhalf den Ketzerprozessen, wie später auch den Hexenprozessen, schließlich zu ihrem eigentlichen Massencharakter. Die Inquisition bediente sich der Folter mit der Begründung, die verstockten Angeklagten seien von Dämonen oder dem Teufel selbst besessen und könnten erst dann ihre Schuld aus freien Stücken bekennen, wenn die teuflischen Mächte aus ihrem Körper herausgefoltert worden seien.[21]

Mit dem 14. und besonders 15. Jahrhundert änderten sich die kirchlichen Vorstellungen vom Ketzereidelikt, von der Person des Ketzers und seinen Aktivitäten sowie die juristischen Verfahrensweisen innerhalb der Ketzerprozesse. Je mehr sich der Ketzer im Laufe seiner Verfolgung vom reinen Häretiker zum Teufelsbündler entwickelt hatte, desto mehr rückten im theologischen Diskurs über das Ketzereidelikt theoretische Kirchentexte in den Mittelpunkt. Sie begründeten den Teufelspakt und betonten einen Zusammenhang zwischen dem von Menschen und Dämonen geschlossenen Bündnis und Formen der Volksmagie und Zauberei. Bereits seit dem ausgehenden 13. Jahrhundert hatte sich deshalb eine schrittweise Verflechtung beider Vergehen zu einem Doppelverbrechen abgezeichnet, das dem alten Delikt der Zauberei seine bisherige Harmlosigkeit nahm und dem der Ketzerei noch weitaus phantastischere Elemente hinzufügte. Zugleich aber kündigte diese Genese auch das Ende der Ketzerverfolgung durch den Beginn erster Zaubereiprozesse an.

War Zauberei von kirchlicher Seite aufgrund biblischer Äußerungen schon immer als Sünde, die den Tod verdiene, kriminalisiert und auch bekämpft worden[22], so hatte die offizielle Kirche bislang eine organisierte Bekämpfung zauberischer Vergehen dennoch abgelehnt. Und obwohl ältere Gesetzestexte, wie etwa der Sachsenspiegel oder das alamannische Volksrecht, bereits den Feuertod für Zauberer und Zauberinnen vorsahen, beurteilte auch die Strafgesetzgebung Kaiser Friedrichs II. von 1232 Zauberei als ein weltliches Verbrechen, das keineswegs mit dem Tod bestraft werden sollte.[23] Eine Wende kündigte sich 1317 an: In diesem Jahr ließ Papst Johannes XXII. den Bischof von Cahors als Ketzer verbrennen sowie einen Barbier und mehrere seiner Schreiber als Zauberer hinrichten, die unter der Folter gestanden hatten, ihn zunächst mit Gift, später mit Hilfe von Wachsbildern und der Anrufung von Dämonen töten zu wollen. Neun Jahre später bestimmte die von ihm erlassene päpstliche Bulle »Super illius specula« die generelle Bestrafung der zauberischen »malefici« nach den Bestimmungen, wie sie für Ketzer galten.[24] Danach kam es vor allem in Frankreich, aber auch in Italien, den deutschen Territorien und der Schweiz, zunächst zu kombinierten Ketzer-Zauberei-Prozessen, jedoch immer stärker auch zu Prozessen, in denen nunmehr ein Mitglied der neuen Sekte der Zauberer ausgemerzt werden sollte. 1335 bekannte sich die Mehrzahl von 63 in Toulouse angeklagten Ketzern ebenfalls der Zauberei schuldig, während bei einem Ketzerprozeß 1353 erstmals Bekenntnisse zu nächtlichen Treffen und der Durchführung von »Hexenreigen« laut wurden. Zur selben Zeit sprach sich der vom Bischof von Navarra mit einem Rechtsgutachten beauftragte Jurist Bartolo Sassoferraco für den uneingeschränkten Feuertod aller, auch reumütiger Zauberer und Zauberinnen aus.[25] Das Bekanntwerden dieses Gutachtens eines berühmten Rechtsgelehrten wirkte sich auf die strafrechtliche Praxis gegenüber den Mitgliedern der neuen Zauberer- und Hexensekte, vielleicht auch auf die späteren diesbezüglichen Stellungnahmen der Kirche aus. Es folgten Zaubereiprozesse im gesamten Languedoc, bei denen erstmals der Begriff des Sabbats für die Zusammenkünfte der Teufelsbündler gebraucht wurde, Prozesse in Bern, Recanati, Agens, Carcassonne, Paris, Venedig, 1390 in Berlin, 1419 und 1423 in Luzern, 1423 in Basel, 1428 in der Diözese Sitten und im Wallis, schließlich in den gesamten französischen und Schweizer Alpen.[26] Im Jahre 1437 erließ Papst Eugen IV. ein Schreiben an alle Inquisitoren, in dem er erneut zur rücksichtslosen Verfolgung der Zauberei aufrief und die außerordentliche Macht der Gegenspieler der Kirche betonte, denen er Teufelsanbetung, Hostienschändung, Teufelspakt, Dämonenanrufung, Wetterzauber, Wahrsagerei, Schadenzauber und den Mißbrauch von Taufe und Kreuz anlastete. Diesem päpstlichen Aufruf folgten weitere Zaubereiprozesse

um 1440 in der Dauphiné, 1444 in Hamburg, 1446/47 in Heidelberg und Thalheim, 1451 in Basel, 1453 in Konstanz, 1456 dann in Metz und Köln.[27] Die Aussagen der Angeklagten dieser Verfahren ergänzten das bisherige Bild des Ketzers, das vor allem durch die Bekenntnisse der Tempelritter zu Götzendienst, nächtlichen Versammlungen und Orgien geprägt worden war, durch ein neues Bild vom Zauberer, zu dem sich zugleich alte volkstümliche Vorstellungen von Magie und traditioneller Zauberei gesellten.
Mit den 1459 in Arras beginnenden Prozessen gegen die Waldenser hatte das Doppeldelikt der ketzerischen Zauberei seine für die späteren Hexenprozesse relevanten Elemente auf sich vereinen können: Es stand aufgrund der Geständnisse der 32 Angeklagten in Arras jetzt eindeutig fest, daß Zauberer und »Hexen«, wie sie vereinzelt ebenfalls schon genannt wurden[28], einer teuflischen Sekte angehörten, deren Mitglieder einen Pakt mit dem Teufel geschlossen hätten, zu seiner Verehrung Sabbate abhielten, mit seiner Hilfe Schadenzauber an Menschen, Tieren und Nahrungsmitteln verübten und durch seine Macht in der Lage seien, durch die Lüfte zu fliegen.[29]
Die Geständnispunkte verurteilter Zauberer und Hexen, besonders diejenigen der in Arras verbrannten Waldenser, waren es jedoch nicht allein, die die Diskussion über die neue Gegensekte der antichristlichen Teufelsanhänger auf einen geänderten Stand gebracht und damit auch bisherige Vorstellungen vom Teufels- und Dämonenglauben revidiert hatten. Bereits 1358 verfaßte der spanische Dominikaner und Generalinquisitor von Aragon, Nicolaus Eymericus, das »Directorium Inquisitorum, cum scholiis Francisci Pegnae«, ein Werk zur Unterweisung und zur Erleichterung der Arbeit von Richtern und Inquisitoren, das neben Empfehlungen für den Inquisitionsprozeß auch eine Liste von insgesamt 432 alphabetisch geordneten Formen der Ketzerei aufführte, nach denen die Angeklagten befragt werden konnten.[30] Die deutschen Territorien machte die Schrift des Wiener Theologieprofessors und späteren Priors des Predigerklosters in Nürnberg, Johannes Nider, mit dem vor allem außerhalb Deutschlands grassierenden Unwesen der Hexen und Zauberer, aber auch mit der Strafpraxis der weltlichen und geistlichen Gerichte bekannt. Sein 1441 entstandener »Formicarius de malefici« trennte zwar die Zauberei noch nicht streng von der späteren Hexerei, das heißt, er unterschied nicht etwa zwischen volksmagischen Praktiken des Liebeszaubers oder des Abwehrzaubers und den auf einem Teufelspakt beruhenden Schandtaten der Hexen. Das Traktat

enthielt jedoch bereits fast alle wesentlichen Elemente der späteren systematischen Hexenlehre des »Hexenhammers«, außer einer eindeutigen Ausrichtung auf das weibliche Geschlecht und der argumentativen Widerlegung des noch immer geltenden »Canon Episcopi« von 906.[31]

Es war schließlich der Inquisitor von Nordfrankreich, Nicolaus Jaquier, der 1458, kurz vor dem Prozeßbeginn in Arras, in seinem »Flagellum haereticorum fascinariorum« der Sekte der in »modernis temporibus« auftretenden Hexen und Zauberer ihre tatsächliche Existenz entgegen den Einwänden des Canons, der nächtliche Flüge und Zaubereien als Verblendungen des Teufels zurückgewiesen hatte, bestätigte. Jaquier schrieb: »Die Handlungen und Zusammenkünfte dieser Zaubersekte sind nicht Täuschungen der Phantasie, sondern verwerfliche, aber wirkliche und körperliche Handlungen Wachender. Es ist ein wirklicher Kunstgriff des Teufels, daß er den Glauben zu verbreiten sucht, als gehörten die Hexenfahrten nur ins Reich der Träume.«[32] Er empfahl den Hexenrichtern, diejenigen, die behaupteten, ihre Anwesenheit auf einem Sabbat gehe auf ein Trugbild durch den Teufel zurück, beweisen zu lassen, daß es sich tatsächlich um ein Phantasiegebilde handele, das allerdings immer nur mit Gottes Willen zustande komme. Die »Ketzergeißel« Jaquiers gab damit nicht nur den folgenden Hexenprozeßwellen keinerlei Möglichkeiten einer Beendigung aufgrund von Denunziationen und Mitanschuldigungen, die als Vortäuschungen Satans disqualifiziert werden konnten. Sie führte zusätzlich das Hexenmal als Beweismittel der Zugehörigkeit zur Hexensekte ein und betonte die unbedingte Vernichtung aller, auch reumütiger Hexen und Zauberer. Damit bahnte das Traktat zusammen mit dem Instrument der Folter den Weg für nicht enden wollende Prozeßfolgen und wellenartige Prozeßhäufungen. Es bewirkte außerdem das endgültige Außerkrafttreten des »Canon Episcopi« und der darin vertretenen Zweifel an einer realen Existenz von Nachtfahrenden, schadenstiftenden Dämonen und Zauberinnen sowie der unumschränkten Macht des Teufels über die Menschen – Bedenken, die erst wieder Hexenprozeßgegner wie Christian Thomasius 250 Jahre später öffentlich äußerten.[33]

Konnte Johann Hartlieb, herzöglicher Rat und Leibarzt Albrechts III. von Bayern, in seinem »Buch aller verbotenen Kunst« 1456 noch behaupten: »Der Mensch hat seinen freien Willen. Alle Gespenster können ihn nicht nötigen, wenn er nicht seinen Willen dazu gibt... Der Teufel reizt den Menschen mit bösen Gleichnissen und Ebenbildern, und sobald der Mensch seinen Willen dazu gibt, erdichtet er alles, woran der Mensch Wohlgefallen hat, und lehrt und hilft dazu«[34], so bestimmten im folgenden Ansichten wie die des Hofkaplans Friedrichs von der Pfalz, Mathias von Kemnat, die Haltung der geistlichen und weltlichen Herrschaften gegenüber dem Hexenproblem. Dieser berichtete von Hexen aus Heidelberg und der nördlichen Oberpfalz, die 1475 hingerichtet worden waren, daß sie »bei der Nacht fahren auf Besen, Ofengabeln, Katzen, Böcken oder anderen dazu dienenden Dingen«, zu der »Sinagoga« oder Hexenversammlung zögen, wo neue Sektenmitglieder dem Teufel übergeben würden, dem sie schwören müßten, Schaden zu stiften, kleine Kinder zu töten, auf seinen Ruf hin sofort zu erscheinen und Stillschweigen über all dies zu bewahren. Danach beteten sie den Teufel in Gestalt eines Bockes, einer schwarzen Katze oder eines Menschen an, buhlten mit ihm und feierten gräßliche Orgien, bei denen gebratene Kinder gegessen, Salben hergestellt und Unzucht getrieben würden. Rachgier, Wollust und das Verlangen nach gutem Essen und Trinken ließen der Hexensekte immer weitere Mitglieder zuströmen, die sich dem Teufel sogar mit ihrem eigenen Blut verschrieben.[35]

Derartige Imaginationen waren dem Vorstellungshorizont des einfachen Volkes, das an traditionellen Phantasien über Nachtfahrende, schadenstiftende, giftmischende oder wettermachende Zauberinnen, böse Geister und Dämonen, Werwölfe und Wechselbälge und an seiner überlieferten volksmagischen Kultur festhielt, fremd. Sie dienten aber der geistigen Elite Europas und den mächtigen Herrschaften zur Etablierung einer mit Prozeßaussagen, Geständnissen und Bibelzitaten abgesicherten Lehre von den Hexen sowie einer systematischen strafrechtlichen Verfolgung des Hexereideliktes. Die »Hexenbulle« Papst Innozenz' VIII. vom 5. Dezember 1484 und der »Hexenhammer« der in Oberdeutschland und am Rhein tätigen »Inquisitores haereticae pravitatis« Heinrich Institoris und Jakob Sprenger von 1487 bildeten somit nur den logischen Abschluß einer angestrebten Kriminalisierung traditioneller Zaubereivorstellungen, weitverbreiteter magischer Praktiken und Phantasien sowie der neuentdeckten Hexensekte. Beide verhalfen zur gleichen Zeit jedoch auch der schon eingeleiteten organisierten Verfolgung und Vernichtung von Zauberern und Hexen zur vorläufig nachhaltigsten Legitimation.

Die »Hexenbulle« führte letztlich durch den Auftrag an die Inquisitoren und ihre Unterstützer, den Inhalt des päpstlichen Schreibens unter

der Bevölkerung zu verbreiten, zur beginnenden Infiltration erster Elemente des kirchlichen Hexenbildes in das traditionelle System volkstümlicher Magie- und Zaubereivorstellungen. Dies war zugleich eine Voraussetzung für die spätere Beteiligung des Volkes an den Hexenverfolgungen. Der in der Hexenbulle formulierte Appell an die Mithilfe aller weltlichen Herrschaften, vor allem bei der Prozeßführung und Vollstreckung der Urteile, verwies die strafrechtliche Verfolgung des Hexereideliktes auf Dauer an die weltlichen Gerichte, die für die perfekte Abwicklung derartiger Prozesse weitaus besser ausgerüstet waren als die früheren Inquisitionsgerichte.[36] Nicht zuletzt aber diente die Hexenbulle sowohl vielen Hexenjägern, den Verfassern von späteren Hexentraktaten als auch den päpstlichen Nachfolgern von Innozenz zur Rechtfertigung ihres geforderten oder aktiven Vorgehens gegen die Hexensekte.[37]
Nur drei Jahre nach Erscheinen der Hexenbulle hatten Sprenger und Institoris ihre bisherigen Erfahrungen und Meinungen zur Verfolgung und Vernichtung aller Hexen und Zauberer im »Hexenhammer« niedergeschrieben.[38] Demzufolge galt der »Malleus maleficarum« als ein von der Kirche offiziell autorisiertes und von weltlichen Fürsten begrüßtes Lehr- und Erfahrungsbuch. Insgesamt brachte er jedoch keine wesentliche Neuerung des bereits von anderen Dämonologen in seinen Elementen geformten Hexenbildes, ebensowenig wie er die bisherige Verfahrensweise an weltlichen Gerichten grundlegend verändern konnte. Dennoch verlagerte er Akzente und schuf Popularitäten: Seine eindeutig frauenfeindliche Haltung mündete in eine erstmalige Zuweisung der Hexerei zum weiblichen Geschlecht; seine Ausführlichkeit und scholastische Genauigkeit machten ihn zum ersten systematischen Nachschlagewerk zu Fragen der offiziellen Hexenlehre und der strafrechtlichen Praxis besonders für Theologen und Juristen; sein Aufruf an die weltlichen Gerichte zur Mithilfe bei Hexenprozessen brachte deren Verlagerung vom geistlichen Inquisitionstribunal zum weltlichen Hochgericht, was wiederum eine aktive Teilnahme der weltlichen Herrschaften an den Hexenverfolgungen beschleunigte; sein Appell an alle Geistlichen, über die Taten der Hexen und ihre gotteslästerliche Gemeinschaft zu predigen, und an alle Laien, das Gehörte weiterzuverbreiten, brachte eine erste Popularisierungswelle der kirchlichen Hexenlehre über die Kanzel ans Volk und über eine Fülle neuer Hexentraktate an die gebildete Elite Europas, bestehend aus Theologen, Juristen, Ärzten und weltlichen Herrschern; seine seriös, gelehrt

und gewichtig erscheinende Aufmachung mit vorangestellten Empfehlungen, Gutachten und Befehlen zur Unterstützung und Übernahme inhaltlicher wie formaler Ausführungen verliehen ihm eine Autorität in ganz Europa und besonders in Deutschland, die für die gesamte Verfolgungsperiode unerreicht bleiben sollte. Der »Hexenhammer« führte damit den Kampf gegen Hexen und Zauberer in eine neue Phase. Bis zur eigentlichen organisierten Massenverfolgung von Hexen mußten allerdings noch etwa 100 Jahre vergehen, die der Etablierung des Hexenprozesses, der Verbreitung von Hexenlehre und Hexenangst im Volk sowie der Einrichtung eines geeigneten Überwachungsapparates aus Geistlichen und weltlichen Beamten dienten.

Verteufelung und Verfolgung

Gezielte Jagd auf Teufelsbündler

Bis zum Erscheinen der Hexenbulle und des »Hexenhammers« waren vor allem die Gegenden Südfrankreichs, Oberitaliens, der Dauphiné, Savoyens und der südwestlichen Schweiz, das heißt größtenteils französischsprachige Regionen, von Ketzer- und Hexenverfolgungen heimgesucht worden. Eingeleitete Hexenprozesse in Tirol, Nordfrankreich und Kurmainz blieben zunächst ohne Ergebnisse, und weite Teile Europas, etwa Skandinavien, England, die Niederlande, Portugal, viele östliche Länder und Deutschland, hatten bislang keinerlei Erfahrungen mit der systematischen Verfolgung von Hexen und Zauberern gemacht.[39] Die päpstliche Bulle von 1484 hatte ebenso wie der »Hexenhammer« zwar alle weltlichen Landesoberhäupter und alle geistlichen Territorialfürsten zur gemeinsamen Verfolgung aufgerufen, ihr besonderer Appell richtete sich jedoch an die Erzbischöfe von Köln, Mainz, Trier und Salzburg, in deren Zuständigkeitsbereich sich zahllose Bistümer, Städte und Sprengel befanden. Zu Hexenprozessen unmittelbar nach Erscheinen der ersten von insgesamt 26 Auflagen des »Hexenhammers« kam es in Köln 1487 und 1491, Metz 1488, Luzern und Solothurn 1490, Pforzheim 1491, Boppard und Frankfurt am Main 1492–1494, Koblenz 1494, Zwickau 1493 und 1495, Hildesheim 1496, Trier 1497 und 1501, Jülich-Berg 1499–1502, Cavalese im Bistum Trient 1501–1505, Bretten in der Pfalz 1504, Mainz 1505–1511, Völs

in Tirol 1506 und 1510, Calahorra in Nordspanien 1507, Pfeddersheim bei Worms 1509 und vereinzelt im Schweizer Kanton Fribourg, im Elsaß, in Nordfrankreich und Holland.[40]
Der in lateinischer Sprache verfaßte »Malleus«, dessen Ausführungen sich zunächst nur in gelehrten Kreisen von Geistlichen, Theologen und Juristen verbreiteten, übte wenige Zeit nach seiner Veröffentlichung jedoch auch Anziehungskraft auf künstlerische Kreise aus. 1491 entstand Albrecht Dürers Kupferstich »Die vier Hexen«, 1500 seine berühmte »Hexe«; im ersten Viertel des 16. Jahrhunderts schuf Hans Baldung Grien acht Hexenbilder, die Hexen beim Wetterzauber, bei der Zubereitung eines Trankes, beim Sabbat und auf einem Bock reitend zeigten.[41] Schließlich enthielten Ulrich Molitors Werk »De lamiis« in seinen verschiedenen Ausgaben von 1489[42], Geoffrey de Latour Landrys »Ritter vom Turn« von 1493, die »Schedelsche Chronik« von 1500 und Ulrich Tenglers »Layenspiegel« zahlreiche Holzschnitte zur Hexenthematik. Auch in den Kirchen zeigten Ende des 15. Jahrhunderts Altarbilder und Fresken erste Ausschnitte aus dem teuflischen Treiben der Hexen und Zauberer und verdeutlichten damit dem einfachen Volk die drohende Gefahr, die von der Hexensekte ausgehe. So bildete ein aus dem endenden 15. Jahrhundert stammendes Fresko Signorellis in der Kathedrale von Orvieto eine auf einem Teufel durch die Luft fliegende Hexe ab, zeigten die Altartafeln Hieronymus Boschs vom »Jüngsten Gericht« eine »Teufelsköchin« beim Brauen eines Hexentrankes und seine »Versuchung des heiligen Antonius« auf Besen, Stöcken und Fischen durch die Luft reitende Menschen, während die Altarbilder von Lucas Cranach als Hintergrundmotiv ein Heer von auf Pferden und Böcken reitenden Söldnern und Hexen darstellten. Abbildungen von Butterhexen aus derselben Zeit fanden sich in der Kirche von Scholen bei Sulingen, in der Pfarrkirche von Schönemoor bei Oldenburg, Motive von fliegenden Hexen in vielen Altardarstellungen, die die Versuchung des heiligen Antonius, das Jüngste Gericht, Höllenszenen oder die Begegnung Sauls mit der Hexe von Endor abbildeten.
Nicht nur die Phantasie von Vertretern der Hohen Kunst und der Volkskunst wurde durch die über das Erscheinen des »Hexenhammers« und das Bekanntwerden der Hexenbulle erneut aufflammende Diskussion um Verbrechen und Sünde der Hexerei angeregt. Vielmehr fanden sich innerhalb theologischer und juristischer Fachkreise schon sehr bald Sachverständige, die sich dem Hexenthema auf literarischem

Wege oder durch mündliche Propaganda widmeten. Zu ihnen zählte neben Ulrich Molitor der ebenfalls vom juristischen Standpunkt her urteilende pfalz-neuenburgische Landvogt Ulrich Tengler mit seinem 1509 erschienenen »Layenspiegel«, der sich in seinem Kapitel über »Ketzerei, Wahrsagen, Schwarze Kunst, Zauberei, Unholden« unmißverständlich der Argumentation des »Hexenhammers« anschloß.[43] Die Werke der Theologen Cassini von 1505, Dodo von 1506, Bernhard von Como von 1508, Alciatus von 1515, Prierias von 1520 und Bartholomäus de Spina von 1523, die Arbeit des Benediktinerabtes Johannes Trithemius von 1508 sowie das »Tractat über den Hexencontract« des Franziskanerkonventualen und Volkspredigers Thomas Murner von 1507 gehören ebenso in diese Frühphase.[44] Letzterer verfaßte parallel dazu wie viele seiner Kollegen auch Predigten, die das Hexenunwesen thematisierten[45], während Geiler von Kaysersperg in seinen Hexenpredigten und besonders in der »Emeis« von 1508 dem Volk mit lebensnahen Beispielen und Gleichnissen die Elemente der kirchlichen Hexenlehre und die Bedrohung durch Hexerei nahezubringen versuchte.[46] In Metz predigte zur gleichen Zeit der Dominikaner Nicolaus Savini ganz im Sinne des »Hexenhammers«, in Frankfurt am Main Ludwig Milichius, dessen »Zauber Teuffel« eine Predigtserie gegen Hexerei, Aberglauben und Volksmagie enthielt, ähnlich jener unter dem Titel »Theatrum diabolicum« von 21 lutherischen Pastoren und Theologen 1569 herausgegebenen Sammlung. Im Herzogtum Pfalz-Zweibrücken wirkte der reformatorische Prediger Johann Schwebel mit seinen Kollegen, in Straßburg schließlich unter entgegengesetzten Vorzeichen der reformatorische Gegner von Hexenprozessen Martin Butzer.[47] Das Hexenthema beschäftigte zu Beginn des 16. Jahrhunderts neben den Volkspredigern nun auch Volksliteraten wie Hans Sachs oder Johannes Pauli, war Gegenstand der Schwankliteratur, des »Volksbuches« von Till Eulenspiegel, des »Hexenspiegels« von Thomas Birk, der das Treiben und Wirken der Hexen nicht nur in Predigten, sondern in einem Bühnenstück darstellen wollte, sowie der mündlichen Tradition um »Doktor Faustus«, der Anfang des 16. Jahrhunderts als halbgelehrter Quacksalber und Zauberer durch die Welt zog.[48]

Gleichzeitig mit der populären Verbreitung der Hexenlehre über Kanzel und Traktate, der Publizierung der Hexenthematik über künstlerische Darstellungen, die in Kirchen auch der Bevölkerung zugänglich waren, und literarische Werke, die vielfach der Öffentlichkeit in Form von Lesungen oder Theaterstücken präsentiert wurden, war das Interesse an der Beschäftigung mit Bereichen von Magie, Alchimie und Aberglauben in gelehrten Kreisen enorm gestiegen. Theophrastus Paracelsus, ein aus Einsiedeln an der Sihl stammender Wundarzt, verfaßte in den 20er Jahren des 16. Jahrhunderts seine »Occulta Philosophia« und vermutlich auch die »Pansophie« und die »Gabalia«; Agrippa von Nettesheim, Stadtsyndikus von Metz und Advokat in Hexenprozessen, schrieb 1510 bereits seine Huldigung der weißen Magie und der Kabbala, 1529 eine Kritik an den Methoden der Inquisition.[49] Schon 1486 hatte Johann Pico della Mirandola mit seiner »Conclusio cabbalistica« die kabbalistische Tradition in Europa wieder wachgerufen und verfeinert, während Johann Reuchlin in seinen Arbeiten »De verbo mirifico« von 1494 und »De arte cabbalistica« von 1517 die Hauptlehren und Methoden einer christlichen Kabbala entwickelte und darstellte.[50] Es war auch keineswegs Zufall, daß 1510 die ersten Auflagen von »Doktor Faustus' dreifachem Höllenzwang«, einem auch beim Volk bekannten und beliebten Zauberbuch kabbalistischer Prägung, erschienen und sich Kirchengelehrte, etwa der in Pamplona lehrende Theologieprofessor Martin von Arles, der 1518 eine Abhandlung »Über die Arten des Aberglaubens« verfaßte, in dieser Zeit intensiver mit den magisch-abergläubischen Gebräuchen und Vorstellungen der einfachen Bevölkerung beschäftigten.[51] War ja gerade sie es, die aus Unwissenheit und Unerfahrenheit den teuflischen Einflüsterungen besonders stark ausgesetzt erscheinen mußte, wobei ihre magische Kultur aus der gelehrten Perspektive sicherlich eine große Nähe zu Formen der Hexerei aufwies.

Besonders in Kreisen gebildeter Künstler und Gelehrter hatte die Hexenlehre des »Hexenhammers« und der Kirche kurz nach ihrem ersten Bekanntwerden rasch Fuß fassen können; trotz gegenteiliger Bemühungen der Kirchenvertreter galt dies jedoch nicht für den größten Teil des Volkes und viele seiner Landprediger. Im Erzbistum Köln, in dem nach Erscheinen der Hexenbulle die Verfolgungen begonnen hatten, versuchten Priester die im Volk entstandenen Zweifel und Aufregungen durch Infragestellung der Realität des Hexereideliktes zu zerstreuen; in Abensberg sträubte sich der Ortspfarrer, Hexenpredigten zu halten und gegen angebliche Hexen in seiner Gemeinde vorzugehen; in Saragossa war der dortige Inquisitor 1485 vom Bruder einer als Hexe hingerichteten Frau ermordet worden. Und nachdem die Tiroler Landstände sich 1487 bei Erzherzog Sigismund darüber beschwert hatten, daß so »viele Personen gefangen, gemartert und ungnädiglich gehalten worden seien, was doch merklich wider Gott und Sr. Fürstl. Gnaden Seelen Seligkeit und wider den Glauben ist«, schrieb der Brixener Bischof in Kenntnis der ablehnenden Haltung des Volkes gegenüber Hexenprozessen an den dort weilenden Heinrich Institoris: »Euere Väterlichkeit sollte wirklich, wie ich schon vorher ihr zugeredet habe, in ihr Kloster zurückkehren... Ich habe es Euerer Väterlichkeit schon oft gesagt, daß sie unter den jetzigen Umständen in meiner Diözese nichts ausrichten, sondern dieselbe verlassen sollte.«[52]

Vielerorts trafen die Predigten der Geistlichen wohl deshalb auf Ablehnung und Skepsis bei Stadt- und Landbewohnern, weil diese von ihrem eigenen magischen Verständnis her schadenstiftende Zauberei, übernatürliche Kräfte, nächtlich durch die Luft fliegende Frauenscharen oder Tierverwandlungen unter besonderen Bedingungen durchaus als möglich und real betrachteten. Zunächst konnten sie jedoch keinerlei Verständnis für die Ideen vom Teufelspakt, der Buhlschaft und Kinderzeugung mit Dämonen, der Rolle des Teufels als eines absoluten Herrschers über Menschen oder für Schilderungen von Sabbatorgien aufbringen. Es bedurfte nach Erscheinen von Hexenbulle und »Hexenhammer« nachweislich noch nahezu eines Jahrhunderts, bis sich ein spezieller Hexenglaube des Volkes – Konglomerat aus alten, überlieferten Zaubereivorstellungen, der lebendigen volksmagischen Kultur und der vor dem Hintergrund dieser traditionellen Denk- und Verhaltensweisen rezipierten dogmatischen Hexenlehre – ausgebildet hatte. Nur dieser eigenständige Hexenglaube war imstande, nicht nur anfängliche Widerstände und Zweifel auszuräumen, sondern eine aktive Verfolgungsbeteiligung der Bevölkerung vieler europäischer Regionen in unterschiedlicher Form hervorzurufen.

In Europa setzte mit den 50er und 60er Jahren des 16. Jahrhunderts endgültig die eigentliche Zeit der Hexenverfolgungen ein, die sowohl Prozeßwellen und -schübe als auch kleinere Lokalverfolgungen, sogenannte »kleine Paniken«, kannte. Vorausgegangen waren in einer anfänglichen Periode die Prozesse von Arras in den 60er Jahren des 15. Jahrhunderts und eine Reihe von Prozessen im Gefolge der Verbreitung des »Hexenhammers« zwischen 1490 und 1510/15. Hatten sich vor allem die Prozesse des 15. Jahrhunderts auf Südeuropa und die Alpengegenden, die Pyrenäen und die südlichen Gebiete Frankreichs beschränkt, so fanden sich Ende desselben Jahrhunderts Hexenverfolgungen zusätzlich in jenen deutschen Territorien, in denen der kirchliche Einfluß garantiert war, und in den nördlichen Teilen vieler Länder, die bereits zuvor in Kontakt mit der Inquisition gekommen waren. Die noch zu Beginn des 16. Jahrhunderts anhaltende Verschiebung der Verfolgungsaktivitäten nach dem Norden Europas war mit dem Einsetzen intensiverer Hexenjagden in den 50er und 60er Jahren des 16. Jahrhunderts einem ungeordneten Aufflammen von Hexenprozessen in verschiedenen mitteleuropäischen Regionen gewichen. Die 50er Jahre kannten Verfolgungen in der Schweiz, in Burgund und Lothringen, ebenso aber auch erste Prozesse in Schleswig[53]; das folgende Jahrzehnt wies Prozesse im heutigen Baden-Württemberg, im Herzogtum Luxemburg, aber auch im Hochstift Osnabrück auf.[54] Die 70er Jahre zeigten Verfolgungstätigkeiten im Elsaß, in Lothringen, Quedlinburg, Baden-Württemberg, aber auch in Savoyen; ebenso auch die beginnenden 80er Jahre, in denen es sowohl in Baden-Württemberg, Lothringen und dem nördlichen Hessen als auch im Herzogtum Steiermark zu Hexenprozessen kam.[55] Schließlich war für die Jahre 1585–1592 eine deutliche Konzentration von Prozessen auf vorwiegend deutsche Territorien (Bayern, Franken, Ostschwaben, Saarraum, Kurtrier, kurkölnisches Westfalen, Stift Paderborn, nassauische Grafschaften, Herzogtum Westfalen, Grafschaften Lippe, Minden, Schaumburg, welfische Länder, Sachsen) und angrenzende Gebiete (Elsaß, Lothringen, Luxemburg, Mähren) zu verzeichnen. Deren beginnende Verschiebung Richtung Norden und erstmals auch Richtung Osten sollte sich in den nächsten Jahrzehnten allmählich durchsetzen. Während alte Verfolgungsgebiete wie Burgund, die Ardennen, Vorarlberg, Tirol oder die Normandie immer wieder Verfolgungsschübe erlebten, kam es erstmals Ende des 16. Jahrhunderts zu Prozeßwellen in England, Schottland, Mecklenburg und Thüringen sowie dem ungarischen Königreich.[56] Die Periode von 1603 bis etwa 1635 glich wiederum jener unsystematischen Anfangsphase der 50er und 60er Jahre des 16. Jahrhunderts, nur daß jetzt weitaus mehr Regionen in einem viel intensiveren Ausmaß an Hexenverfolgungen beteiligt waren.[57] Ab den 40er Jahren des 17. Jahrhunderts hatte Mitteleuropa, vor allem die meisten deutschen Gebiete, die Zeit der Hexenverfolgungen größtenteils überwunden; andererseits konzentrierten sich Prozeßwellen jetzt in Nordeuropa (um 1650 in England und der englischen Kolonie Connecticut, 1688–1693 in Salem/Massachussetts, 1666–1678 in Schweden und Finnland, 1669/70 und 1674/75 in Dänemark), im Osten Mitteleuropas (um 1700 in der polnischen Ukraine und zur

gleichen Zeit sowie zwischen 1716 und 1724 in Ungarn) und in Österreich.[58]
Für den gesamteuropäischen Bereich können – mit regionalen Varianten – drei große Verfolgungswellen ausgemacht werden, die sich um die Jahre 1590, 1630 und 1660 konzentrieren. In Gebieten, die vor 1650 ihre Verfolgungsaktivitäten eingeschränkt hatten, etwa in Baden-Württemberg, Luxemburg, Elsaß, Lothringen und dem Saarraum, kam es zu Prozeßhäufungen zusätzlich um das Jahr 1611 beziehungsweise zwischen 1616 und 1618.[59] Generell beendeten Territorien, in denen die Hexenverfolgung bereits sehr früh begonnen hatte, entsprechend früher die gerichtlichen Verfahren gegen Hexen und Zauberer. Dies gilt vor allem für Italien und Spanien, das Elsaß, das Waadtland, Vorarlberg, das Hochstift Osnabrück, Luxemburg, den Saarraum und Kurtrier.[60] Entsprechend reichen Hexenverfolgungen in Gebieten, die erst relativ spät mit einer systematischen Bekämpfung der Hexerei begonnen hatten, häufig bis ins 18. Jahrhundert hinein: Im Erzbistum Salzburg etwa fanden zwischen 1580 und 1600 insgesamt nur 15 Hexenprozesse statt, die Gesamtverfolgungszeit erstreckte sich hier aber bis zum Jahre 1762; im Herzogtum Österreich führte die Hexenverfolgung von 1570 bis 1600 zu 16 Prozessen, während in den nachfolgenden 30 Jahren ein Vierfaches an Prozessen geführt wurde, die sich in gleicher Intensität bis 1789 hinzogen; im Königreich Ungarn hatten Hexenverfolgungen an der Wende vom 16. zum 17. Jahrhundert kurzfristig Befürworter finden können, während die eigentlichen Hexenjagden erst 1688 begannen und 1724 endeten; im österreichischen Herzogtum Krain wurden zwischen 1596 und 1643 zwei Hexen zum Tode verurteilt, wogegen die Verfolgungsperiode sich von den 50er Jahren des 17. Jahrhunderts bis 1736 hinzog.[61]
Der Anteil von Frauen und Männern an Hexereiverfahren war ebenso regional unterschiedlich wie das zeitliche Einsetzen und Enden der Prozeßwellen oder das Durchgreifen von Landesherren oder Konfessionen. Im baden-württembergischen Südwesten ergab sich ein Frauenanteil von 72 bis zu 95 %, ebenso im Saarraum und in den wallonischen Gebieten Luxemburgs; im Bistum Basel, in Dänemark und in den Grafschaften Namur und Essex erreichte er sogar 92–95 %. Um 80 % lag die Verurteilungsquote von Frauen im Kanton Solothurn, im Département du Nord, im Kanton Neuchâtel im Jura, in Schottland und Norwegen, während sie in den deutschsprachigen Gebieten Luxemburgs, in der Franche-Comté, Genf, der Grafschaft Burgund und

in Toledo bis zu 70% ausmachte.[62] Anders lagen die prozentualen Verhältnisse im Waadtland mit 58% Frauen zu 42% Männern, in Wien mit 58,5% Frauen zu 41,5% Männern, in Niederösterreich mit 59,4% Frauen zu 34,2% Männern, im Herzogtum Steiermark mit 48% zu 34%, im Herzogtum Kärnten mit 40,2% weiblichem zu 58,8% männlichem Anteil an Hexenprozessen.[63] Dabei kann keineswegs festgestellt werden, daß der geschlechtsspezifische Anteil an den Verurteilten eine zeitliche Dimension aufwies, insofern frühere Verfolgungswellen oder relativ früh endende Verfolgungsperioden in Einzelregionen einen größeren weiblichen und spät einsetzende oder stattfindende Hexenprozesse einen größeren Anteil an männlichen Angeklagten gekannt hätten. Vielmehr lag der Prozentsatz verurteilter Frauen in Dänemark (90%) und Norwegen (80%), zwei Gebieten, die erst spät Hexenverfolgungen anstrengten, ebenso hoch wie in den frühen Verfolgungsgebieten Baden-Württembergs, Luxemburgs und des Saarraumes, während das Waadtland, das bereits im Jahre 1620 Hexenprozesse eingestellt hatte, einen hohen Männeranteil bei den Beschuldigten aufwies.
Regional unterschiedlich war auch das Vorgehen der einzelnen Konfessionen gegen Hexen und Zauberer, wobei generelle Aussagen über eine besondere Strenge und Brutalität einer Konfession gegenüber der nachsichtigen oder einsichtigen Milde einer anderen Konfession keinerlei Allgemeingültigkeit für Gesamteuropa beanspruchen können. Vielmehr gingen katholische Würdenträger und Landesherren im südwestlichen Teil des Deutschen Reiches, in Lothringen, Savoyen oder Frankreich ebenso eifrig ans Werk wie Hexenjäger im calvinistischen Waadtland, in den protestantischen Gebieten des Jura, im presbyterianischen Schottland, der Republik Genf oder in England. Besonders zurückhaltend war ihre Vorgehensweise dagegen in den katholischen Gebieten Ober- und Mittelitaliens, Spaniens und Portugals sowie in den protestantischen Teilen Südwestdeutschlands, des Saarraumes und des Elsaß.[64] Der Prozentsatz der von der Gesamtzahl der Angeklagten hingerichteten Personen war jedoch in den meisten katholischen Territorien oder den Gebietsteilen einer katholischen Herrschaft übereinstimmend höher als in protestantischen Nachbarterritorien oder protestantischen Teilregionen desselben Landesverbandes.[65]

Als ein in den deutschen Territorien zunächst sowohl von geistlichen wie weltlichen Gerichten geahndetes Vergehen wurde Hexerei seit der Reformation immer stärker ein ausschließlicher Gegenstand der weltlichen Jurisdiktion. Dazu trug in bescheidenerem Maße die Aufforderung des »Hexenhammers« zur Mithilfe der weltlichen Landesherrschaften an Hexenverfolgungen bei, viel entscheidender hingegen die mit den 30er Jahren des 16. Jahrhunderts einsetzende Flut entsprechender landesherrlicher Gesetzgebungen und juristischer Bestimmungen. Fand sich bis 1500 in den deutschen Territorien, der Schweiz, Österreich und bis 1520 in Metz noch ein päpstlich autorisierter »Inquisitor haereticae pravitatis«, so bestimmten in nachreformatorischer Zeit das Amt des Hexenbeichtvaters, des Seelsorgers und Predigers gegen das Hexenwesen, aber auch die Tätigkeit als Verteidiger und geistlicher Beistand bis zum Feuertod das Wirken der Geistlichen in Hexenprozessen.

Demgegenüber verschärften im Laufe des 16. Jahrhunderts fast alle deutschen Landesgesetze, ausgehend von den Bestimmungen der neuen Reichsgesetzgebung Karls V., ihre partikularen Bestimmungen zu Zauberei und Hexerei dahingehend, daß das Verbrechen der Hexerei nunmehr als »crimen exceptum« in einem Inquisitionsprozeß ausschließlich vor dem weltlichen Richter zu behandeln und mit dem Feuertod zu bestrafen sei. Hatten frühmittelalterliche Gesetzgebungen und Gewohnheitsrechte noch vornehmlich Geldstrafen oder die Verbannung vorgesehen, so enthielten schon die Zaubereiartikel des »Sachsenspiegels« von 1225 und des »Schwabenspiegels« von 1240 erste Bestimmungen, die bei »zoubere«, »vergiftnisse« und Teufelsbeschwörungen den Feuertod festsetzten.[66] Die 1508 von Freiherr Johann von Schwarzenberg für das Fürstbistum Bamberg erstellte Halsgerichtsordnung, die ab 1516 auch in den fränkischen Territorien Kurbrandenburgs Gültigkeit hatte, enthielt erstmals in zwei Artikeln genaue Bestimmungen zur »Straff der Zauberey«: »Item so yemant den leuten durch zauberei schaden oder nachteil zufügt, sol man straffen vom leben zum tod, und man sol söliche straff gleich der ketzerei mit dem fewer thun. Wo aber yemant zauberei gebraucht und domit niemant keinen schaden gethan hette, sol sunst gestrafft werden.«[67]

Die von der Bambergischen Halsgerichtsordnung vorgenommene Trennung in todeswürdige Formen des Schadenzaubers und nach »gelegenheit der sach« zu strafende Formen volkstümlicher Magie wurde von der 1532 von Karl V. erlassenen »peinlichen Halsgerichtsordnung«, der »Carolina«, für das gesamte Deutsche Reich übernommen.[68] Die Halsgerichtsordnung Karls V. schuf einerseits erstmals juristische und strafrechtlich einheitliche Festlegungen zum Delikt und der Bestrafung von Hexerei, die die gerichtliche Praxis in Hexenprozessen der meisten deutschen Territorien nunmehr bestimmten; sie bewirkte gleichzeitig die weitere Intensivierung juristischer, politischer, straf- und kirchenrechtlicher, theologischer und verwaltungstechnischer Auseinandersetzungen mit dem Hexenphänomen in den Einzelterritorien.[69] Spätere Rechtsordnungen, Landrechte oder Polizeiordnungen formulierten ihre Strafrechtsbestimmungen zu Zauberei, Hexerei und volksmagischen Praktiken in enger Anlehnung an die Artikel der Reichsgesetzgebung. Von den Bestimmungen des 16. Jahrhunderts waren es einzig die »Constitutiones saxonicae« für Kursachsen, deren Strafmaße für Hexerei und volkstümliche Magieformen über diejenigen der »Carolina« hinausgingen. Sie legten für Hexerei mit und ohne Schadenzauber die Hinrichtung durch Feuer, für Schadenzauber ohne die Hilfe des Teufels die Schwertstrafe fest – verschärfende Bestimmungen, die später auch Eingang in andere regionale Gesetzestexte erlangten.[70] Spezielle Hexenordnungen und Hexenmandate erschienen im beginnenden 17. Jahrhundert dann in Kurköln, im Fürstbistum Würzburg und im bayrischen Herzogtum.[71]

Auch in anderen Teilen Süd-, Nord- und Mitteleuropas hatten die weltlichen Gerichte die juristische Behandlung und strafrechtliche Verfolgung der Hexerei an sich ziehen können. Bereits 1522 war durch Karl V. die weltliche Inquisition in den Vereinigten Niederlanden eingeführt worden.[72] In England regelten eine 1541 gegen Beschwörungen, Zauberei und die Zerstörung von Kruzifixen erhobene Parlamentsakte und ein 1562 gegen Zauberei erlassenes Mandat den Umgang mit Verdächtigen. Zum Tod am Galgen wurden hier nur Personen verurteilt, die durch Hexenkünste Menschen zu Tode gebracht hatten. Allgemein diente zur Wahrheitsfindung nicht die Tortur, die in England keine gesetzliche Einführung erfuhr, sondern eine Variante der vielen anerkannten Hexenproben, etwa die Nadel-, Wasser- oder Tränenprobe.[73]

Am nach der Reformation in fast allen europäischen Territorien einsetzenden Trend einer Verselbständigung von Paragraphen zur Hexerei innerhalb der gültigen Strafgesetzgebungen beteiligten sich auch die französischen Verwaltungseinheiten. So hatte bereits 1390 das Parlament in Paris den Hexenprozeß den weltlichen Richtern übertragen; nach einer längeren Pause im Anschluß an die letzten Ketzerprozesse und vereinzelte Hexenprozesse in Nordfrankreich, Burgund und dem Elsaß, wurden diese jedoch erst ab den 40er Jahren des 16. Jahrhunderts tatsächlich vermehrt mit derartigen Prozeßverfahren konfrontiert.[74] In Frankreich diente im Gegensatz zu anderen mitteleuropäischen Regionen die Verstaatlichung der Hexenverfolgungen, die zugleich immer souveräne Angelegenheit der einzelnen Gerichtsbezirke und ihrer Gerichtsherren blieben, weniger einer systematischen und organisierten Durchführung von Hexenprozessen in großem Stil. Vielmehr war sie Katalysator für juristisch-rechtliche Macht- und Kompetenzstreitigkeiten, die letztendlich wiederum eine drastische Verschärfung und regionale Perfektionierung von Hexenjagden und Prozeßverfahren nach sich zogen.[75]

In den Ländern Nordeuropas brachte die vor allem in Deutschland, Frankreich, den Schweizer Kantonen und England generell seit der Reformation vollzogene Verlagerung von Hexenprozessen an weltliche Gerichte keineswegs jene sich dort abzeichnende organisierte Verfolgungspraxis von Staats wegen mit sich. Norwegen, Schweden und Dänemark behielten den auf Privatklage beruhenden Akkusationsprozeß bei, wobei in Norwegen die Folter zwar zugelassen war, aber kaum zur Anwendung kam. In Schweden blieb die Handhabe des Hexereideliktes weitgehend den lokalen Gerichtsinstanzen überlassen, deren nachsichtiger Umgang mit Verdächtigen schließlich zur Forderung von Hexenverbrennungen durch die Landbevölkerung führte. Ein Gesetz Christians IV. von 1547 verhinderte in Dänemark durch die Bestimmung, daß es Personen, die wegen Diebstahl, Verrat oder Zauberei verurteilt worden waren, nicht gestattet sei, als Zeugen vor Gericht gegen andere auszusagen, zusammen mit dem Verbot der Folter von vornherein, daß Hexenprozesse zu einem Massenphänomen werden konnten.[76] Die Verstaatlichung der Hexenverfolgungen führte in den nordeuropäischen Territorien zwar zur Etablierung der Straftat Hexerei in verschiedenen Gesetzesbestimmungen und zur strafrechtlichen Verfolgung vor weltlichen Gerichten. Sie brachte aber immer auch eine staatliche Kontrolle der Hexereiverfahren mit sich, die eher disziplinierend

(Folgende Doppelseite)
Abbildung 1: Flugblatt zum Hexenwesen im Bistum Trier, Kupferstich um 1620

Hört an new schrecklich abentheur
Von den vnholden vngeheur:
Im Bisthumb Trier, vnd andern statt
Man jhrer vil gefangen hat,
Welche man auch nach Gottes gebot
Vom leben hat gericht zum dot.
Was jhr nun hie thut sehn vnd lesen
Ihr eigen bekentnus ist gewesen:
a Etlich auf besemen in der lufft
Farn vber hoghe berg vnd klufft.

b Das ist jhr König gros vnd werth,
Vnd vf eim gulden wagen fehrt.
c Dis ist jhr dantz: ein krot vergifft
Hagst oben auf der seulen ligt.
d Weil dieße nit vf den dantzplatz wil
Koment der andern hexen vil
Vnd schmeissen sie mit ruten fort,
Ein dot pferdt reit sie an das ort.
e Dis sindt Character mancherley
Gehorig zu der zawberey.

Zwischen den katzen ein …
Druff etlich kertzen stehn …
f Ein vngewitter machens …
Das haus brent, vnd er hag…
g Der zechplatz vnd jhr speis…
Off eim baum oben sitzen …
Die reichen sauffen aus gold…
Aus kuhklawen die armen …
h Der leruts, wurdt vnden …
Vnd steht der bock vnd w…

A
E
W
K
L
P
Q
hexen so naturlich sindt
rben, werden hie verbrendt.
iesem brenkessel stehe ein becken
allerlej matery ettecken,
rig zu der zauberej.
schreiber si vffzeichnet frej,
vil zum schornstein fliegen aus.
verschlung ist vor diesem haus
verstorbenen zauberin,
mit wolln vff den dantzplatz hin,
Und ist jhr Konig mit bej jnn.
m Ein Doctor in der schwartzen kunst
Studirende. n Diese ist vnd sunst
Sitzende vff diesem docen rossen,
Lernent auch die zaubrisch bossen.
Die ein hie stehende sehr gekrencht
Under den armen wirdt gesenght.
o Rentmeister vnd Secretarius
Die krot vnd katz sindt den verdrun.
p Der bock im buch nachsucht geschwin
Wo das er werd gewisen hin
Zu faren mit dieser person.
q Und sitzt in diesem circkel schon
Ein warsager vnd zeichendewter,
Und nachforscher der zaubrisch kunst
Vil gleicher Tewfflisch bossen mehr
Die ich nit halb kan setzen her.
Ein jeder Gottes zorn bedenck,
Und faren lass des Sathans schwenck
Das in das ewig fewr nit brench

und verfolgungshemmend als legitimierend und verfolgungsaktivierend wirkte, wie dies in Mitteleuropa der Fall war.
Die Verfolgung von Hexen und Zauberern erfaßte im Zeitraum von 1560–1790 fast alle Teile Süd-, Mittel- und Nordeuropas. Ausgenommen blieben allein Portugal, die Republik Venedig, weite Teile Ostmitteleuropas, die unter islamischer Herrschaft standen, Kastilien, das griechisch-orthodoxe Rußland und das Gebiet des heutigen Jugoslawien. Die gezielte Suche nach Angehörigen der Hexensekte durch kirchliche und landesherrliche Obrigkeiten gründete auf einer gesetzlich-rechtlichen und instrumentellen Institutionalisierung des Hexereiverbrechens und seiner juristischen Bestrafung sowie einer systematischen Kriminalisierung des Strafdelikts der gottlosen Sünde der Hexerei. Als Resultat einer kombinierten Vergeltungs-, Vernichtungs- und Bestrafungskampagne, in deren konkreter Ausführung sich theoretische und praxisbezogene Ansichten der geistlichen und weltlichen Eliten Europas spiegelten, hatte die Hexenverfolgung ab der Mitte des 16. Jahrhunderts eine Beförderung und Perfektionierung auf verschiedenen Ebenen erfahren. Das Papsttum lieferte weitere Anordnungen zur Verfolgung von Hexen und Zauberern, legitimierte Hexenverfolgungen und schützte das Vorgehen der Inquisition. Die Bischöfe und Kleriker sprachen sich auf Synoden und Konzilien eindeutig für eine Ausrottung von Hexen und Zauberern, aber auch für die Bekämpfung abergläubischer Bräuche im Volk aus und sicherten Papst und weltlichen Gerichten ihre Hilfe zu. Territoriale Fürsten und Herrscher schließlich bewirkten durch entsprechende Gesetzgebungen, ein modifiziertes Strafrecht und den Ausbau des juristischen Apparates, ja durch eigene oder inszenierte Schriften zum Hexenwesen sowie den Aufruf zur Hexenverfolgung an Lehns- und Amtleute eine perfekt funktionierende Verstaatlichung der Verfolgungen auf Reichs- und Länderebene.
Da Hexenprozesse seit der Mitte des 16. Jahrhunderts unumstrittenes Terrain staatlicher Rechtsprechungs- und Bestrafungsinstitutionen waren, sah sich nun die Kirche dazu veranlaßt, vom verlorenen, zum Teil auch freiwillig abgetretenen Zuständigkeitsbereich der inquisitorischen Ketzer- und Hexenverfolgung zu einem neuen Aufgabenfeld überzuwechseln. Ihr lag nunmehr die Disziplinierung der der kirchlichen Kontrolle und dem geistlichen Monopol entzogenen, entsakralisierten und deshalb abergläubischen Glaubensinhalte und volkstümlichen Magieformen am Herzen. Die Verstaatlichung der Hexenverfolgungen und die damit entstandene Kompetenzlücke der Kirchen auf dem Ge-

biet der konkreten Teufelsbannung und der Bekämpfung der extremsten Feinde Gottes führten schließlich seit den 50er Jahren des 16. Jahrhunderts zwangsläufig zur Ausgrenzung und Kriminalisierung weiter Teile der volksmagisch-abergläubischen Kultur, die zuvor weitgehend unbeschadet und als eine mögliche alternative Weltdeutung neben und mit der christlichen Weltordnung hatte existieren können.

Die regionale Komponente: Systematische Kriminalisierung und institutionalisierte Verfolgung von Hexen und Zauberern im Saarraum

Der kirchliche Weg: Diskriminierungen und Verbote

Auch im Saarraum, der den regionalen Bezugspunkt unserer weiteren Untersuchungen bilden wird, hatte sich bis zu den 80er Jahren des 16. Jahrhunderts eine Entwicklung vollzogen, wie sie für andere mitteleuropäische Territorien bereits nachgezeichnet werden konnte. Das etwa 5000 Quadratkilometer umfassende und von 550 Dorfgemeinden und 11 Städten unterschiedlichster Größe bevölkerte Gebiet war in dieser Zeit ein herrschaftlich wie konfessionell heterogenes Gebilde, dessen agrarischer Charakter überwog. Die Ortschaften wiesen selten mehr als 100 Einwohner auf, und auch Städte wie Saarbrücken, Ottweiler, Wallerfangen oder Homburg umfaßten nur zwischen 600 und 2800 Einwohner. Den territorialen Kern des Saarraumes, eines weder historisch gewachsenen noch einheitlichen »Naturraumes«, bildete die Grafschaft Nassau-Saarbrücken. Neben den Grafen von Saarbrücken waren im Saarraum die Herzöge von Lothringen, die Herzöge von Pfalz-Zweibrücken, die Erzbischöfe von Kurtrier und die Metzer Bischöfe Landesherren.[77] Der herrschaftlich-administrativen Heterogenität entsprachen eine starke Differenzierung im juristisch-rechtlichen Bereich sowie konfessionelle Unterschiede. Bekannten sich die lothringischen und kurtrierischen Gebiete zum katholischen Glauben, so waren seit 1575 das lutherische Bekenntnis in der Grafschaft Nassau-Saarbrücken, seit 1588 der Calvinismus in den pfalz-zweibrückischen Gebieten offizielle Landeskonfessionen.[78] Trotz der herrschaftlichen wie konfessionellen Uneinheitlichkeit dieser Region hatten sich nach-

einander überall drei entscheidende Schritte vollzogen, die die weiteren historischen Geschehnisse bestimmen sollten: Zum einen hatten die Kirchen wie überall in Europa die juristische Verfolgung der Hexerei an weltliche Institutionen übergeben. Zum anderen war seit den 70er Jahren des 16. Jahrhunderts der Hexenglaube auch in die Dorfgemeinden des Saarraumes vorgedrungen und führte, mit Ausnahme lothringischer Ämter, in allen Herrschaftsbereichen zur Aushebung gemeindlich gewählter, örtlicher Hexenausschüsse, die eine von der Bevölkerung gewünschte und getragene ländliche Hexeninquisition betrieben. Zum dritten hatte sich das Betätigungsfeld der Konfessionen bereits seit den 40er Jahren des 16. Jahrhunderts zunehmend auf die intensive Verfolgung, Beobachtung, Diskriminierung und disziplinierende Bestrafung magisch-abergläubischer Vorstellungen und Praktiken verlagert.
Die systematische Beschäftigung mit Elementen und Praktiken der volksmagischen Kultur gerade zu diesem Zeitpunkt war eine logische Folge aus verschiedenen gewandelten Sachlagen und neuen Anforderungen, mit denen sich alle Konfessionen des Saarraumes konfrontiert sahen: Aufgrund der durch die Hexendiskussion angeregten Beschäftigung mit magischen und abergläubischen Vorstellungen oder Handlungen unter dem Aspekt des Teufelsbundes – Wahrsagerei, magische Schatzgräberei, Spiegelzauber, Geisterbeschwörungen liefen unter dem Stichwort Zauberei und konnten der Hexerei bezüglich des zugrundeliegenden Teufelspaktes gleichgesetzt werden –, sahen die Konfessionen vor allem in volksmagischen Spezialisten ebensolche Feinde Gottes und Gegner der kirchlichen Autorität und Institution wie in Hexen und Zauberern, die von weltlichen Gerichten verfolgt wurden. Zusätzlich degradierten die durch die Reformation erstmals eingebrachten Forderungen nach einer Reinigung der Lehre von abergläubischen und volksmagischen Elementen die Formen außerkirchlicher Magie und alle nicht in der konfessionellen Lehre verankerten Inhalte zu irrgläubigen Ketzereien, die in Gegnerschaft zur Kirche als der wahren Lehrmeisterin des Glaubens standen.
Die katholische Kirche, im Zugzwang, sich des Vorwurfs einer Überfremdung durch abergläubisches Gedankengut und durch Elemente heidnischen Ursprungs erwehren zu müssen, stand den protestantischen Bestrebungen nach einem gezielteren Vorgehen gegen volksmagische und in ihrem Sinne abergläubische Relikte in nichts nach. In gewisser Weise auch provoziert durch die Verstaatlichung der Hexenverfolgungen, sahen sich alle Konfessionen gezwungen, ihre Macht und

Einflußsphäre auf das dem Hexereidelikt naheliegende und mit ihm in Einzelelementen korrespondierende Repertoire an volkstümlichen Magie- und Aberglaubensformen auszudehnen, dessen Ahndung der weltlichen Gerichtsbarkeit bislang noch nicht unterstand. Dabei legten die klerikalen Vertreter in den Gemeinden, denen die Beobachtung und Berichterstattung über vorhandenes magisches Brauchtum, die gleichzeitige Belehrung der Irrgläubigen und die Bestrafung offenkundiger Vergehen mittels Kirchenstrafen oblag, größten Wert auf ein autonomes Vorgehen: Es war keineswegs das Anliegen der Konfessionen im Saarraum, Informationen über vermutete Zaubereien und Personen, die im Verdacht der Hexerei standen, an weltliche Instanzen weiterzuleiten und auf diese Weise der Hexenverfolgung durch Landesherren oder Amtleute Zulieferdienste zu leisten. Statt dessen waren die Landpfarrer und Gemeindegeistlichen darauf bedacht, den Bereich abergläubischer und magischer Denk- und Verhaltensweisen vom Delikt der Hexerei streng zu trennen. Zwar trieben sie die Verteufelung derartiger Vorstellungen und Praktiken konsequent voran; jedoch wurde in konkreten Fällen einer Anschuldigung die Beweisführung so gestaltet, daß eine Übergabe an weltliche Gerichte wegen Hexereiverdachts – und damit eine Kompetenzübertragung an die konkurrierende weltliche Macht – niemals notwendig wurde, was eine kirchlich monopolisierte Kontrolle und eine kirchenrechtliche Bestrafung volksmagischer und abergläubischer Vergehen garantierte. Die Kirchen nutzten gleichzeitig die ursprünglich aus ihren Reihen entfachte Hexenangst des ausgehenden 16. und 17. Jahrhunderts zum einen zur diskriminierenden Ausgrenzung unliebsamer oder unvereinbarer Vorstellungen und Praktiken der volksmagischen Kultur aus ihrem offiziellen Duldungsbereich. Zum anderen aber diente sie zur Bindung der Gläubigen an die Autorität der Kirchen als jener hilfeleistenden Instanz, die den Schutz vor der Hexengefahr, vor Schadenzauber oder magischen Praktiken in Form kirchlicher Segnungen, Exorzismen, Schutzmittel und -zeremonielle monopolistisch beanspruchte.
Kirchliche Behörden in den territorialen Einzelherrschaften des Saarraumes übernahmen als reine Glaubensinstitutionen weder auf dem Weg der disziplinarischen Überwachung noch durch entsprechende Anweisungen in Kirchenordnungen Initiativen zur Verfolgung und Vernichtung von Hexen. Sowohl die Formulierungen in Visitationsartikeln, Kirchenordnungen, kirchlichen Korrespondenzen und Zensur- oder Sendordnungen wie das tatsächliche Vorgehen kirchlicher

Instanzen und pfarrgemeindlicher Aufsichtspersonen richteten sich in erster Linie auf die Kontrolle und Ausmerzung volksmagischer Traditionen, vor allem der Formen der Wahrsagerei, der Segnerei, des Spiegelzaubers, aber auch der Teufelsbeschwörung und der Zauberei.[79] Der Zaubereibegriff der kirchlichen Anordnungen und Verordnungen wiederum sollte in seiner konkreten Wirkung und Rezeption bei der Bevölkerung neben dem Verbot zauberischer Praktiken eine Kriminalisierung ihres abergläubisch-magischen Brauchtums bewirken. In öffentlich verlesenen Kirchen- und Visitationsordnungen, in bischöflichen Erlassen oder landeskirchlichen Mandaten standen das Verbot von Wahrsagerei, Segnerei und das der Zauberei auf gleicher Stufe und wurden im selben Satz genannt. Diese Nivellierung diente der gleichrangigen Diskriminierung und Verteufelung verschiedener harmloser volksmagischer Praktiken über den Begriff der auf ketzerischer Teufelsbeschwörung basierenden Zauberei. Es ging den Konfessionen im Saarraum also um eine organisierte Beobachtung und um einen öffentlichen Aufruf zur Denunziation von Formen der Volksmagie, denen die offizielle Kirche, Theologen und Kirchenlehrer die Möglichkeit eines zugrundeliegenden Teufelspaktes unterstellten. Dies wiederum gründete in dem Umstand, daß sich die Bedeutung des Zaubereibegriffs aus kirchlicher Sicht seit dem 14./15. Jahrhundert nicht geändert hatte. Immer noch beinhaltete er eine auf teuflischem Einfluß oder der Beschwörung des Teufels beruhende Kraft zur Erzielung außergewöhnlicher, übernatürlicher Ergebnisse. Magischen Praktiken, wie der Wahrsagerei oder der Segnerei, wurde nun der Teufelspakt angehängt, und sie fielen gleichzeitig unter den Begriff der Zauberei. Keineswegs ging es der Kirche jedoch um einen Appell zur Verfolgung von Hexen im Sinne der dogmatischen Hexenlehre, wobei der Volksmund allerdings letztere noch bis ins 18. Jahrhundert als Zauberer und Zauberinnen bezeichnete.

Die Landbevölkerung reagierte – wie in einigen Ortschaften des Herzogtums Pfalz-Zweibrücken in der noch von Hexenprozessen freien Frühperiode der 40er Jahre des 16. Jahrhunderts – aufgrund der Verwendung des Zaubereibegriffes in den Kirchenvisitationen der Gemeinden zwar mit Zaubereibeschimpfungen, verband inhaltlich damit aber die alten, volkstümlichen Zaubereivorstellungen der schadenstiftenden Volksmagier, die durchaus ambivalente Züge auf sich vereinigten und ebenso heilend wie helfend wirken konnten. Sie unterlag dabei nicht etwa dem Irrtum, den Zaubereibegriff der Kirche mit dem neuen

Begriff der Hexerei verwechselt zu haben, denn mit Hexenverfolgungen und Hexenprozessen war seinerzeit noch niemand in Berührung gekommen. Vielmehr hatte das Volk den kirchlichen Zaubereibegriff, der auf dem Teufelsbund gründete, mit dem ländlichen Verständnis traditioneller Zauberei, die auf der Macht zur schwarzen Magie basierte, gleichgesetzt. Kirchliche Instanzen und Ortsgeistliche belegten derartige Zaubereibeschimpfungen, die durchaus Elemente der neuen Hexenlehre vorwegnahmen, insofern als die Hexenlehre der Kirche sich auch aus Teilen des traditionellen Zauberglaubens rekrutierte, mit kirchlichen Bußen, Geldstrafen und sozialer Ausgrenzung wegen Verleumdung, statt sie als vermutete Hexereidelikte an weltliche Gerichte weiterzuleiten. Nicht einmal in Fällen also, in denen kirchliche Behörden oder Würdenträger in rein geistlicher Funktion per Zufall mit einem Element der Hexerei in Form des Schadenzaubervorwurfs konfrontiert wurden, waren sie zur Mithilfe bei Hexenverfolgungen oder zum Aufruf zu derartigen Verfolgungen bereit. Zwar ließ allgemein das Zustandekommen der systematischen Hexenlehre, ihre Legitimierung durch die Hexenbulle, die Verbreitung der Hexenlehre unter der Bevölkerung, die ersten Hexenverfolgungen im 15. Jahrhundert sowie die anfängliche Unterstützung von Inquisition und Hexenjagden durch weltliche Obrigkeiten, die Kirchen zu den Hauptinitiatoren und maßgeblichen Betreibern der europäischen Hexenverfolgungen werden; doch konnte für den Saarraum ein deutliches Zurücktreten kirchlicher Instanzen und Geistlicher von der strafrechtlichen Verfolgung von Hexen zu einem Zeitpunkt ausgemacht werden, als die Verstaatlichung der gerichtlichen Aburteilung des Hexereideliktes bereits abgeschlossen war.

Organisierte Jagd auf »organisiertes Verbrechen«

Die einzelnen Herrschaftsteile des Saarraumes wiesen aufgrund ihrer unterschiedlichen Rechtsstellung, ihrer Zugehörigkeit zu verschiedenen Rechtsverbänden sowie der rechtlichen Zuständigkeit mehrerer Hochgerichtsherren in den geteilten Herrschaftsgebieten des Kondominiums Merzig-Saargau, des Nalbacher Tals oder der Herrschaft Lebach auch sehr unterschiedliche Rechtskodifikationen und Gerichtsorganisationen auf. Da jedoch alle Landesherrschaften sich seit den 80er Jahren des 16. Jahrhunderts mit einer intensiven Verfolgung des

Hexereidelikts befassen mußten, gestalteten sie Gesetzgebung und gerichtliches Verfahren entsprechend diesen Erfordernissen und der vorherrschenden Rechtsprechung ihres Territoriums um. Im Zuge der Verstaatlichung der Hexenverfolgungen, der Verankerung von besonderen Rechtsbestimmungen in den Landesgesetzen benachbarter Territorien und des ersten Auftretens von Hexenprozeßfällen im eigenen Gebiet beteiligten sich alle Landesherrschaften im Saarraum an einer Modifikation ihrer Strafrechtsbestimmungen im Bereich der Malefiz- und Inquisitionsverfahren. Auch sie stellten sich somit der neuen Situation einer herrschaftlich-hochgerichtlichen Zuständigkeit für die Verfolgung der neuartigen Sekte aus Hexen und Zauberern.
Als 1560 der zweibrückische Amtmann zu Meisenheim Johann Dheinen wegen des strafrechtlichen Vorgehens gegen zwei verhaftete Diebe sich an die zweibrückische herzogliche Kanzlei wandte, um dort Anweisungen bezüglich »deß Nachrichters, der anclag und unsers gnedigenn fürstenn unnd hern peinlich gerichtsordnung« zu erhalten, schrieben die verordneten Räte ohne Umstände zurück, es habe der Fürst »kain aigenn oder sondere peinlich gerichtsordnung«, weshalb er sich wie überall im Herzogtum üblich, »der Reichsordnung zu gebrauchen und darnach zurichtenn« habe.[80] Daß es sich dabei um eine Anweisung handelte, auf deren Beachtung der zweibrückische Herzog auch bei der gerichtlichen Verhandlung von Hexenprozessen größten Wert legte, beweisen Prozeßverfahren, die die »peinliche Halsgerichtsordnung« als Rechtsgrundlage ausdrücklich erwähnten, aber auch herzögliche Urteile bezüglich der Modifikation überhöhter Gerichtsgebühren und Entscheidungen zu Streitpunkten der Lehnsleute über Hochgerichtskompetenzen, worin er auf der Einhaltung der Bestimmungen der »Carolina« bestand.[81] So galt zumindest seit den 60er Jahren des 16. Jahrhunderts im gesamten Herzogtum die Reichsgesetzgebung, deren Gültigkeit 1720 durch eine entsprechende Verordnung bestätigt wurde[82] – mit ihrer Einführung als Rechtsgrundsatz jedoch zugleich auch das Inquisitionsverfahren, die Anwendung der Folter als Beweismittel in Malefizprozessen sowie die Aufhebung des herrschaftlichen Konfiskationsrechtes. Da sich die zweibrückischen Amt- und Lehnsleute besonders bei der Kostenbegleichung von Hexenprozeßverfahren nicht an die Vorschriften der »Carolina« hielten und mehr als die Summe der Gerichtskosten von Hinterbliebenen der Verurteilten einzogen, sah sich der Herzog oftmals genötigt, persönlich einzuschreiten und daran zu erinnern, daß die »Reichs Constitution, zu welchem die Con-

fiscationen aufgehoben« seien, in seiner Herrschaft gelte, ja bei Zuwiderhandlung sogar das Gerichtspersonal eines Hochgerichts durch Inhaftierung zur Rückerstattung übermäßiger Gerichtskosten zu zwingen.[83] Trotz massiver Schwierigkeiten bei der Durchsetzung von Bestimmungen der Halsgerichtsordnung in Hexenprozessen kam es im Herzogtum Pfalz-Zweibrücken weder in der Regierungszeit Wolfgangs (1544–1569), noch in der Johanns I. (1569–1604), seines Sohnes Johann II. (1604–1635) oder seines Nachfolgers Friedrich (1635–1661) zum Erlaß spezieller Hexenmandate oder der Anordnung gerichtlicher Verfahrensweisen ausschließlich für Hexenprozesse. Statt dessen legte eine Verordnung »wegen des Scharfrichters Gebühren bey verfallenden Executionen« lediglich allgemein einen angemessenen Lohn für verschiedene Bestrafungsarten, unter anderem auch die Feuerhinrichtung, fest, regelte eine weitere Verordnung zu Malefizprozessen die Verpflegung der Inhaftierten und bestimmte eine dritte Order die einheitliche Bezahlung der Gerichtsschöffen in Inquisitionsprozessen.[84] Das Herzogtum Pfalz-Zweibrücken schien sich damit trotz verschiedentlicher Mißachtungen in der gesamten Periode der Hexenverfolgungen ausschließlich auf entsprechende Passagen der »Carolina« zu berufen, die in Artikel 44 bestimmte, daß Personen bereits aufgrund eines Verdachtes oder Gerüchtes zur Folter abgeurteilt werden konnten.[85] Auf eine möglichst umfassende Einhaltung der strafrechtlichen und verfahrenstechnischen Festlegungen durch dieses Reichsgesetz legte vor allem Johann I. ausdrücklichen Wert. Ihm wurde zugleich nachgesagt, er hege nicht nur Zweifel an der Effektivität von Hexenprozessen zur Bekämpfung satanischer Umtriebe, sondern lehne derartige Strafverfahren auch grundsätzlich ab.[86]

Für die Gemeinden der Grafschaft Nassau-Saarbrücken existierte seit dem beginnenden 16. Jahrhundert ein kodifiziertes Zivil- und Strafrecht mit Bestimmungen zu erbrechtlichen, eigentums-, personen- und landesrechtlichen Sachverhalten, jedoch ohne eigene Gerichts- und Prozeßordnung.[87] Für Hexenprozeßverfahren in den Oberämtern der Grafschaft fand sich ein alternatives Rekurrieren auf die Bestimmungen der »Carolina« bestätigt: In einem Schreiben des Amtmannes auf Schaumburg wegen der Gerichtskosten für hingerichtete Hexen von 1595 verwies dieser gegenüber Graf Ludwig auf die Bestimmungen der kaiserlichen Gerichtsordnung, zugleich aber auch auf das geltende Gewohnheitsrecht, welches, wie er anmerkte, andere Bestimmungen kenne.[88] Graf Ludwig selbst bezog sich allerdings in einem Schreiben

an die Lehnsleute Philipp Daniel von Hagen und Bernhard von Löwenstein 1596 in einer ähnlichen Angelegenheit ausschließlich auf die Formulierungen des örtlichen Schöffenweistums. Dies taten ebenso die Untertanen der nassauischen Gemeinde Uchtelfangen, die den Einzug der Kosten für die Exekution mehrerer Leibeigener des Grafen wegen Hexerei nach dem lokalen Schöffenweistum geregelt wissen wollten.[89]
Weder gräfliche Entscheidungen noch Prozeßprotokolle gaben mithin die Halsgerichtsordnung Karls V. als einzige Rechtsgrundlage bei Malefiz- und Hexenprozessen an. In der eigentlichen Periode der Hexenverfolgungen in der Grafschaft schien man sich – so lassen die Prozeßprotokolle und unterschiedliche Korrespondenzen erkennen – vor allem bezüglich tatsächlicher und ausreichender Indizien, in Bestimmungen zur Folteranwendung und der Hinzuziehung von Rechtsgutachten dennoch auf die Vorgaben durch die »Carolina« zu beziehen, in Fragen des Prozeßverfahrens, beispielsweise der Stellung von Bürgen, der Inhaftierung und Prozeßdauer und bezüglich der Kostendekkung jedoch auf die Bestimmungen der lokalen Weistümer. Dies war durch die »Clausula Salvatoria« der »Carolina«, die ausdrücklich der Partikulargesetzgebung gleichen Stellenwert mit dem Reichsgesetz einräumte, zu einer weitverbreiteten Verfahrensweise in deutschen Territorien geworden.[90]
Die lokal zwar unterschiedliche, durch Partikularbestimmungen sowie die Artikel der »Carolina« jedoch festgelegte rechtlich-juristische Verfahrensweise bei Hexenprozessen in der gesamten Grafschaft machte demnach ausgesprochene Hexenmandate der Herrschaft oder Bestimmungen zur Denunziation von Hexen in der vom Landesherrn für alle Ämter verfaßten Kirchenordnung überflüssig. Anders als Graf Johann VI. von Nassau-Dillenburg, ein Verwandter der ottonischen Linie des Hauses Nassau, der 1582 in einem Schreiben seine Schultheißen dazu aufforderte, ihm Mitteilung über Namen, Indizien, vermutete Schadenzauberfälle und Beweismöglichkeiten derselben, den Lebenswandel und das soziale Verhalten aller angeklagten Hexen seiner Herrschaft zu machen[91], beschränkte der Saarbrücker Graf seine wenigen Anordnungen zu Malefiz- und Hexenprozessen entweder auf allgemeine oder strafrechtliche Regelungen oder auf Teilbereiche der Prozeßführung, die speziell in seinen Zuständigkeitsbereich als oberster Gerichtsherr fielen. Landesherrliche Kanzlei-Taxen bestimmten die Gerichtsgebühren für Kriminalprozesse allgemein, bemaßen die Löhne des Gerichtspersonals und das Zeugengeld und regelten den Einsatz und Gebrauch

der Folter, die erst in der »Canzley- und Proceßordnung« von 1778 endgültig abgeschafft wurde.[92] Eine vermutlich aus dem beginnenden 17. Jahrhundert stammende Kostentaxe für Inquisitions- und Hexenprozesse, die Mißbräuche und den überhöhten Einzug von Prozeßkosten bei den Hinterbliebenen verurteilter Hexen zu verhindern suchte, legte sämtliche Ausgaben für Löhne, Verpflegung und Unterkunft aller am Prozeß beteiligten Personen genauestens fest.[93] Der Graf antwortete damit auf eine ganze Reihe von Beschwerdeschriften seiner Untertanen aus den 90er Jahren des 16. Jahrhunderts, die eine Rückerstattung überzogener Gerichts- und Prozeßkosten verlangten; er reagierte damit auch auf Bittgesuche gemeindlicher Ausschüsse, die sich mit dem Aufspüren von Hexen und Zauberern befaßten, jedoch die aufgeworfenen Kosten abgeschlossener Hexenprozesse von den Gemeinden nicht eintreiben konnten und deshalb von der regionalen Herrschaft belangt wurden, sowie auf Forderungen seiner Bediensteten nach angemessener und gleicher Entlohnung.

Eine einheitliche Gerichtsorganisation und Rechtsmodifikation wiesen auch die lothringischen Gebietsteile des Deutschen Bellistums mit seinem Hauptverwaltungssitz in Wallerfangen nicht auf. Vor allem die Vorrechte des Adels, die besonderen Bestimmungen für souveräne Rittergeschlechter und die Sonderrechte einzelner Lehnsleute verhinderten bis zur Neuorganisation der lothringischen Verwaltungseinheiten unter Herzog Leopold 1698 und der Vereinheitlichung der Rechtsprechung im »Code Léopold« von 1707 die einmütige Anerkennung eines allgemein geltenden Gewohnheits- und Strafrechts.[94] Zwar existierte bereits seit 1594 ein kodifiziertes Gewohnheitsrecht in den »Coutumes générales anciennes et nouvelles du duché de Lorraine pour les Bailliages de Nancy, Vosges et Allemagne«, das auf einer Vereinbarung des lothringischen Herzogs mit den Ständen basierte, diesem fehlten jedoch die Bestimmungen zur Kriminalgerichtsbarkeit. Eine Ordonnanz des Herzogs »sur l'instruction des procès criminels des Hautes Justices d'icelle«, die für alle Hochgerichte Gültigkeit haben sollte, bewahrte andererseits nicht nur die altertümlichen Prozeßformen und -verfahrensweisen, sondern beließ die Hochgerichtsherren in gewisser Unabhängigkeit von der herzoglichen Gerichtsbarkeit. Sie anerkannte in großzügigem Umfang das souveräne Entscheidungsrecht der Gerichtsschöffen, sicherte den Hochgerichtsherren den Blutbann und die freie Entscheidung über den verfahrenstechnischen Ablauf der Malefizprozesse zu.[95]

Aufgrund der Privilegierung lothringischer Hochgerichte fanden sich Hinweise, die eine sehr unterschiedliche Handhabung der Kriminaljustiz und damit auch der Hexenprozesse nahelegen. Wie in der Grafschaft Nassau-Saarbrücken richteten viele Hochgerichtsherren ihre Entscheidungsfindung nach den örtlichen Partikularrechten, vereinzelt nach der »Carolina« und nach Sonderbestimmungen. Zugleich erforderte, ja erlaubte die Rechts- und Gesetzesvielfalt in den saarländischen Gebietsanteilen unter lothringischer Herrschaft sowie die den Lehns- und Amtleuten durch den Obergerichtshof in Nancy eingeräumte Autonomie in der Rechtspflege keine hoheitlichen Regelungen, die dem Verstaatlichungsprozeß der Hexenverfolgungen auch in dieser Region des Herzogtums Rechnung getragen hätten. War in den lothringischen Stammlanden, vor allem bei den Verhandlungen am Obergerichtshof in Nancy, ein Jurist, der Generalinquisitor und Geheime Rat Nicolaus Remigius, seit Mitte der 90er Jahre des 16. Jahrhunderts bis 1612 mit der gerichtlichen Verfolgung der Hexerei beauftragt und galten hier die von ihm in der »Daemonolatria« niedergeschriebenen juristischen Handhabungen und Ansichten zum Hexenwesen, so kannten die Gebietsteile der Bailliage d'Allemagne weder einen Sonderbeauftragten in Hexenangelegenheiten noch spezielle Hexenprozeßordnungen.[96] Hexenprozesse in lothringischen Hochgerichtsbezirken des Deutschen Bellistums blieben mithin Angelegenheiten der einzelnen Hochgerichtsherren, die allerdings seit 1569 dazu verpflichtet waren, vor der Vollstreckung eines Todesurteils eine Advise vom Obergerichtshof in Nancy einzuholen. In einem Schreiben des Giesbert Schenk von Schmidburg, Landkomtur des Deutschen Ordens Beckingen, an den Hochmeister des Ordens in Mergentheim vom 18. Januar 1575 heißt es zu diesem herzöglichen Mandat anläßlich der Verurteilung zweier Frauen aus Pachten wegen Hexerei: »In ansehung es durch die Ritterschafft, Stande und Lehenleuth des Hertzogtumbs Lotteringen fur sechs jaren were bewilligett und angenommen, das keiner, Ritter, Stand, Lehenman und beguter in der Souverinitet und Hertzogtumb Lotteringen seßhaft und uber halß und bein zu richten, einigen mißthedigen, nach dem er peinlich gefragt und bekanndt, hinrichten lasse, es werde dan solche urgicht durch die furstliche Lotteringische darzu verordnete zu Nansei Räthe examinirt und was darauf zuthun ime schrifftlich wieder zugeschickt.«[97] Gleichzeitig betonte der Landkomtur, daß die lothringische Regierung auf der Einhaltung dieser Regelung schon unter Einsatz gewalttätiger Mittel bestanden habe: Nachdem Wirich von Criechingen eine Frau ohne Einholen einer Advise aus Nancy hatte hinrichten lassen, seien ihm, so der Berichterstatter, seine Güter und Schlösser in lothringischem Gebiet als Strafe für kurze Zeit entzogen worden, und dem Abt von Wadgassen habe, nach einem ähnlichen Vergehen, ein »Infall« lothringischer Truppen die Advisenbestimmung wieder ins Gedächtnis gerufen.[98] Im Antwortschreiben des Hochmeisters empfahl dieser seinem Landkomtur des Ordenshauses Beckingen, der zugleich Hochgerichtsherr der beiden Hochgerichte Beckingen und Pachten war, trotz des rechtlich unabhängigen Status der Besitzungen des Deutschen Ordens ebenfalls, Advisen auf die ergangenen »Urgichten« der zwei verurteilten Frauen aus Pachten in Nancy einzuholen.[99]

Daß es sich bei der vom Herzog 1569 mit den Ständen vereinbarten Regelung einer herrschaftlichen Kontrolle von Urteilen über Leben und Tod um ein auch von den Hochgerichtsherren eingehaltenes landesherrliches Hoheitsrecht handelte, zeigen entsprechende Vermerke in Protokollen und Prozeßakten. Eine Bestimmung im Rechnungsbuch des Amtmannes Jean Cicignon auf der Siersburg von 1584 legte für »les executions criminels« fest, das Gericht sollte nach Aufnahme der Prozesse und Beschluß der Todesstrafe »consulte aux maires et echevins de Nancy, suyvant l'advis desquelles«.[100] 1598 erfolgte im Hochgericht Saargemünd die Hinrichtung der Reutter Wendels Catharin aus Neunkirchen wegen Hexerei, »uff daß Nancisch erfolgte Advis, so durch die herren Meisterschöffen und Schöffen zu Nancig zugetheilt«; die Kostenaufstellungen für fünf Hexenverbrennungen im Amt Schaumburg vom Jahre 1618 erwähnen jeweils einen gesonderten Kostenbetrag »für Einholung einer Advice von Nancy«, und 1618 beschickte man das Oberste Gericht in Nancy während eines Hexenprozesses gleich mehrmals wegen der Undurchsichtigkeit und Kompliziertheit des Falles.[101]

Die Einholung von Urteilsbestätigungen und rechtlichen Stellungnahmen vor Exekutionen, die für alle Lothringen verpflichteten Adligen mit Blutbann obligatorisch war, ergab zwar eine gewisse herrschaftliche Kontrolle der Hochgerichtsbarkeit und der Anwendung verschiedener lokaler Kriminalordnungen, sie übte jedoch auf die regional unterschiedlichen Verfahrensweisen und Wege der Urteilsfindung in Hexenprozessen keinerlei direkten Einfluß aus: In Hexenangelegenheiten entschied der Obergerichtshof in Nancy nach den Vorgaben des Hexenjägers Nicolaus Remigius, welcher den ohnehin vorhandenen Wunsch der lothringischen Untertanen der Bailliage d'Allemagne nach

Verfolgung der Hexerei in keiner Weise zu behindern und die Exekutionen auch nicht durch zusätzliche Gutachten, Zeugenverhöre oder Folterungen zu verzögern suchte.
In der Herrschaft Criechingen-Püttlingen, die als einziger Teil des heutigen Saarlandes zum fürstbischöflich-metzischen Territorium gehörte und der Bailliage von Vic unterstand, wurde nach dem »Coutume de l'évêché de Metz« und dem französischen Recht geurteilt. Daß vor allem bei Hexenprozessen jedoch auch auf die »Carolina« rekurriert wurde, die hier neben dem alten Recht der Weistümer und Jahrgedinge zur Anwendung gelangte, legen verschiedene Hinweise nahe: So versuchten 1594 die Einwohner der Gemeinde und des Gerichts Püttlingen, indem sie Georg von Criechingen, den dortigen Hochgerichtsherrn, auf die Bestimmungen der »Carolina« und die noch in Kraft befindlichen Anweisungen des örtlichen Jahrspruches in einem Beschwerdebrief verwiesen, den Gerichtsherrn davon zu überzeugen, daß er weitere übereilte Hexenurteile und überhöhte Kosteneintreibungen seines Amtmannes Königsdorfer endlich untersage. Explizit verwiesen Meier, Gericht und Gemeinde auf die Artikel 35, 37, 42, 51, 63, 64, 177 und 182 der »peinlichen Halsgerichtsordnung«, die sie sich aufgrund ihrer Regelung von Fragen zu Indizien, Beweismitteln, zum Verteidigungsrecht, der Kosten- und Verpflegungsmodi sowie der Beschwerung von Hinterbliebenen mit noch fälligen Gerichtskosten von einem Schreibkundigen aus der Ordnung hatten »ausschreiben lassen«; außerdem wiesen sie auf die Bestimmungen ihres Schöffenweistums bezüglich der Güterkonfiskation bei Malefizprozessen hin.[102] Wo die »Carolina« das Recht der Hochgerichtsherren auf Einzug des Vermögens zum Tode Verurteilter aufgehoben hatte, besagte das Gewohnheitsrecht, das in diesem Punkt auch weiterhin die Rechtspflege in der Herrschaft Criechingen-Püttlingen bestimmen sollte, »daß der Oberkeit der Mißthätigen Personen Gut soll heimgefallen sein«. Das Fehlen weiterer Bezugnahmen auf die Reichsgesetzgebung als Verfahrensgrundlage oder auf Einzelbestimmungen der »Carolina« sowie die gleichzeitigen Erwähnungen von Güterkonfiskationen in Urteilen und Rechnungsbüchern der Hochgerichtsherren legen generell den Schluß nahe, daß – ebenso wie in der Kriminaljustiz der Einzelherrschaften des Bellistums d'Allemagne – auch in Hexenprozessen der Herrschaft Criechingen-Püttlingen die Rezeption der »Carolina«, aber auch diejenige des in Frankreich geltenden Rechts, von den Lehnsherren abgelehnt wurde.

Das Kurfürstentum Trier nahm innerhalb der anderen Landesherrschaften im Saarraum einen gewissen Sonderstatus ein, insofern der Erzbischof auf zweierlei Ebenen, einmal als Kirchenvorstand durch Kirchenordnungen, erzbischöfliche Erlasse, Send- und kirchliche Verordnungen, zum andern als Regent durch Gesetzesbestimmungen, juristische Entscheidungsinstanzen, Polizei- und Kriminalordnungen für die Bekämpfung der Hexerei einzutreten hatte. Kirchen- und vor allem Sendordnungen von 1589 und 1599 enthielten jedoch keinerlei Bestimmungen zum Umgang mit dem Verbrechen der Hexerei und verdächtigen Personen, sondern vielmehr die auch in den nassauischen und zweibrückischen Kirchenordnungen üblichen Formulierungen zu volksmagischen Praktiken und der mit ihnen in einem Atemzug genannten Zauberei.[103] Während sich der Erzbischof in seiner geistlichen Funktion aus Fragen der juristischen Hexenverfolgung heraushielt (wie auch die kirchlichen und mit kirchlichen Angelegenheiten betrauten Würdenträger anderer deutscher Territorien), nahm er andererseits als Territorialherr regen Anteil an der Verfolgungspraxis und deren juristischer Grundlage. So ließ er auch theologische Auseinandersetzungen mit dem Hexenphänomen von hohen Geistlichen seines nächsten Umkreises, besonders jene des Trierer Weihbischofs Petrus Binsfeld, durchaus zu.[104]
Allgemein galten in den Ämtern und Dekanaten des Erzstiftes die Texte der »Carolina«, die durch Spezialverordnungen des Erzbischofs an die Amtleute und Kellner ergänzt worden waren. So regelte eine Gerichtsordnung aus dem 16. Jahrhundert die Schriftlichkeit aller Prozeßverfahren und die Aufbewahrung der angefertigten Protokolle, legte die Dauer von Verhören durch die Amtleute auf sechs Wochen fest und bestätigte das Appellationsrecht bei der kurfürstlichen Kanzlei.[105] Ein Erlaß vom 14. Mai 1574 an die Amtleute, Kellner, Land- und Amtsschreiber der Herrschaft setzte die Höhe von Freveln und Bußen fest und betonte die Kostenfreiheit der »kundtlich armen unvermögenden Partheien« in allen Prozeßangelegenheiten«.[106] Kriminalordnungen bestimmten wiederum die Löhne des Gerichtspersonals, der Henker und Bediensteten, die Grade der Folter, die in einer Verordnung für Akkusations- und Inquisitionsprozesse von 1765 immer noch in vollem Umfang als Mittel der Beweisführung bestätigt wurde, und die Strafmaße für die einzelnen Delikte.[107] Bis zur Neuordnung des gesamten Gerichtswesens unter Erzbischof Ludwig 1719, die den Patrimonialgerichten nur noch die Voruntersuchung in Strafprozessen zubil-

TRACTAT

Von Bekanntnuß der Zauberer vnd Hexen. Ob vnd wie viel denselben zu glauben.

Anfängklich durch den Hochwürdigen Herrn Petrum Binsfeldium, Trierischen Suffraganien/ vnd der H. Schrifft Doctorn/ kurtz vnd summarischer Weiß in Latein beschrieben.

Jetzt aber der Warheit zu stewr in vnser Teutsche Sprach vertiert/ durch den Wolgelerten M. Bernhart Vogel/ deß löblichen Stattgerichts in München/ Assessorn.

EXOD XXII. CAP.

Die Zauberer solt du nicht leben lassen.

Gedruckt zu München bey Adam Berg.

ANNO DOMINI M. D. XCI.

Mit Röm: Kay: May: Freyheit/ nit nachzudrucken.

Abbildung 2: Titelseite von P. Binsfeld, Tractat von Bekanntnuß der Zauberer und Hexen, München 1591

ligte, während die Akten selbst an die Hofgerichte in Koblenz und Trier weitergegeben werden mußten, galt für die Untergerichte sowie die Hochgerichte eine aus dem Jahre 1537 stammende Schöffenordnung, die die Besetzung des Gerichts festlegte.[108]
Speziell für die juristische und administrative Verfahrensweise bei anfallenden Hexenprozessen im gesamten Erzstift hatten zunächst Erzbischof Johann 1591 und 1639 sein Nachfolger Phillip Christoph Hexenprozeßordnungen erlassen. Bereits 1580 verwies Erzbischof Jacob von Trier bei der Handhabung von Hexereidelikten ausdrücklich auf die Befolgung der Anweisungen der Halsgerichtsordnung Karls V. und untersagte Güterkonfiskationen nach Hinrichtungen; sein Amtsnachfolger Johann von Schöneberg sah dagegen 1584 seine Aufgabe zunächst darin, Amtleute und Räte damit zu beauftragen, Nachforschungen über vermutete »haimbliche Congregationen und Versamblungen« und über eingerissene »gifftige Ketzerei« anstellen zu lassen.[109]
Derselbe Johann von Schöneberg erließ 1591 an seine Stadthalter, Amtleute, Vögte, Schultheißen und Kellner eine detaillierte Hexenprozeßordnung mit Anweisungen zur juristisch korrekten und zugleich ökonomischen Abwicklung von Hexenprozessen. Unter ausdrücklichem Verweis auf die »Carolina«, die »bei diesen Criminalsachen, die zauberey belangendt, vor ein Richtschnur« gelten sollte, trat der Erzbischof für die Einstellung des Einzugs übermäßiger Gerichtskosten, des eigenmächtigen Vorgehens der Gerichte bei Beweissammlung und Prozeßführung und des unqualifizierten Verhaltens der Richter ein. Er forderte zugleich die Abschaffung der konfiskationsähnlichen Gerichtskosten, der gemeindlichen Hexenausschüsse und ihrer Verfolgungsaktivitäten sowie die Berücksichtigung juristischer Gutachten. Gleichzeitig betonte das Hexenmandat prinzipiell jedoch die Notwendigkeit, daß »das hochsträfflich laster der Zauberey, so ein zeithero eingerissen, durch ordentliche mittel außgerottet werde«. Es unterstrich das Erfordernis der Geheimhaltung aller Prozeßaussagen durch Scharfrichter und Gerichtspersonal, der Einholung von Gutachten bei den Obergerichtshöfen in Koblenz und Trier vor Anwendung der Tortur und zur Bestätigung des Urteils sowie die rechtliche Unzulässigkeit der Wasserprobe.[110]
Die Hexenprozeßordnung von 1591 konnte sich nur in geringem Umfang und in Einzelpunkten durchsetzen, wie die später sich häufenden Beschwerdebriefe der Untertanen an den Erzbischof über unangemessene Kosteneinziehungen durch die Amtleute, über unsachgemäße, ja

rechtswidrige Vorgehensweisen von herrschaftlichen Bediensteten und Gerichten und die fortgesetzte ungestrafte Tätigkeit der Gemeindeausschüsse beweisen. Es schien jedoch seit 1591 durchaus auch in den kurtrierischen Hochgerichten des Saarraumes üblich geworden zu sein, in Hexenprozeßfällen juristische Stellungnahmen der kurfürstlichen Kanzlei in Trier anzufordern, die entweder die Anwendung der Folter, die Freilassung oder die Verurteilung zum Tode bestätigen sollten.[111] Bereits am 7. Februar 1630 erging abermals an die Amtleute ein offizielles Schreiben Erzbischof Phillip Christophs, in dem er zur Abstellung der erneut eingerissenen Mißstände und »neuen modi« bezüglich der Einziehung von ungebührlichen Gerichtskosten und der Verschwendung von Gerichtsgeldern, der Anwendung von Foltermethoden und des Umgehens kurfürstlicher Rechtsgutachten in Zaubereiprozessen aufrief.[112] Am 8. Juni desselben Jahres folgte dann der Erlaß des Kurfürsten »Zauberey sach im Erzstift Trier betreffent«[113], der sich inhaltlich an seinem früheren Schreiben orientierte, zusätzlich aber das Fehlverhalten der gemeindlichen Hexenausschüsse besonders betonte, die Amtleute zu deren Kontrolle und zur Beaufsichtigung des Prozeßverfahrens aufrief sowie mehrmals auf die Verordnung des Erzbischofs Johann von Schöneberg von 1591 als der noch immer gültigen Hexenprozeßordnung des Erzstiftes verwies. Spätere Jahre kannten bis zum endgültigen Verbot der Hexenprozesse im gesamten Kurfürstentum Trier 1679 keine speziellen Bestimmungen der Landesherrschaft zu Fragen der Behandlung von Hexereiverdächtigen mehr, was sowohl mit dem vorläufigen Ende der Hexenprozesse im Erzstift während der Periode des Dreißigjährigen Krieges und unmittelbar danach als auch mit der Erfolglosigkeit derartiger herrschaftlicher Verordnungen in Zusammenhang stehen konnte.

Die Hexe des Volkes

Volksmagie und Hexenglaube im Dorf: Erneuerter Zauberglaube – neuartiger Hexenglaube?

Die Fachliteratur zum Themenkomplex Hexenverfolgungen, »Hexenwahn«, Hexenprozesse und Hexerei versucht das Phänomen des Hexenglaubens und seiner über zwei Jahrhunderte währenden Bekämpfung fast ohne Ausnahme einerseits durch das Zusammenspiel von Entwicklungslinien seiner verschiedenen Ursachen, Wurzeln, Grundmotive und Ursprünge, das heißt seiner mehr oder weniger heidnischen und theologischen Vorgeschichte zu erklären, andererseits mit der damit verbundenen langsamen Entwicklung einer kirchlichen Hexenlehre, die ein »Hexen-Bild«[114] oder »Hexenmuster« zum Ergebnis hatte, das eine systematische Verfolgung legitimierte. Die Vorgeschichte der Hexe, die ideologischen bzw. kulturhistorischen Wurzeln, aus denen der Hexenglaube und seine spätere Dogmatisierung entstanden, scheint den meisten Hexenbuchautoren zur Untersuchung der historischen Gestalt der Hexe, so stellt es sich jedenfalls bislang noch dar, vollends zu genügen. Daß dieser Perspektive der Hexengeschichtsschreibung weitaus eher Fragestellungen nach traditionellem Muster und nach den Kategorien Staat, Kirche, Obrigkeit, Konfession, Justiz etc. in den Blick geraten, die sich mit Phänomenen des konfessionellen Gegensatzes von Reformation und Gegenreformation, mit Fragen zum fiskalischen Interesse von Staat und Herrschaft an Hexenprozessen und dem strategischen Einsatz von Hexenverfolgungen zur Bevölkerungspolitik durch die Kirche sehr viel stärker auseinandersetzen als mit tiefer schürfenden Erklärungsversuchen, liegt sicherlich zu einem nicht geringen Teil in der großräumigen Zugangsweise vieler dieser Arbeiten begründet. Zu filigraneren Erklärungen gezwungen ist doch zumeist nur der, der sich etwa bei einer detaillierten Regionalstudie, die eine viel intensivere Auseinandersetzung auch mit sogenannten Randphänomenen erfordert, plötzlich mit überraschenden Ergebnissen konfrontiert sieht. Zu diesen gehört in dem hier relevanten Zusammenhang, daß etwa eine herrschaftliche Abneigung gegen Aberglaube und Magie eine lange Tradition besaß, ohne daß es vor dem 16. Jahrhundert zu Hexenverfolgungen gekommen wäre, daß fiskalische Motive der Obrigkeiten eine nur sehr untergeordnete Rolle bei Hexenverfolgungen spielten oder daß die Herrschaft kein besonderes Interesse an Hexenprozessen hatte, wohl aber die Landbevölkerung, die eine wahrhaft dörfliche Hexeninquisition etablierte. Solche Entdeckungen auf empirischer Basis lassen nun den Schluß zu, daß bisherige Forschungen den Einfluß der kirchlichen Hexenlehre, die niemals in den Landgemeinden in der intendierten Form einen funktionalen Platz gefunden hatte, oder etwa der Ausbildung eines begünstigenden Strafsystems und eines entsprechenden juristischen Apparates, die beide ohne die Mithilfe der Bevölkerung und deren Denunziationsbereitschaft wertlos gewesen wären, viel zu hoch veranschlagt haben. Sie erfordern zugleich, nicht zuletzt auch bei der Untersuchung längst veröffentlichter Fakten, etwa der Prozesse selbst, unter einem ganz anderen Blickwinkel und mit geänderten Fragestellungen zu operieren.

Eine durch die verwirrende Einsicht geänderte Perspektive, daß beispielsweise im Saarraum das Volk die Hexeninquisition betrieb, führt zunächst selbstverständlich zur Verschiebung der Akteure. Im folgenden wird uns deshalb interessieren, welche Denk- und Handlungsmuster die saarländische Landbevölkerung, nicht etwa Kirche oder Staat, zur Initiierung von Hexenprozessen motivierten. Zwangsläufig müssen wir uns dabei zunächst nach dem geistigen und emotionalen Horizont erkundigen, vor dem sich seit Mitte des 16. Jahrhunderts die Hexenlehre allmählich zu entwickeln begann.

Bevor die Bevölkerung des Saarraumes von der Existenz und dem schadenstiftenden Tun sogenannter Hexen und Hexer hörte, was sicherlich nicht vor Mitte des 16. Jahrhunderts, ja eher später geschah, existierten in den Dorfgemeinden traditionelle Vorstellungen von Dämonen, Geistern, Nachtfahrenden, Werwölfen, Zauberinnen und Zauberern, denen der tradierte Glaube an magische Kräfte, die im Außer- und Überirdischen ebenso wirkten wie in diesseitigen Gegenständen und Personen, ein reales Vorhandensein zuschrieb. Dieser magische Volksglaube des 15. und frühen 16. Jahrhunderts bildete eine neben der christlichen Weltinterpretation bestehende Möglichkeit der Deutung von Alltagsgeschehnissen und Lebenszusammenhängen. Nicht als geschlossene magische Weltsicht, sondern als überlieferte Überzeugung davon, daß mittels magischer Beeinflussungen »Weltveränderung« in positiver und negativer Ausprägung stattfinde, war die magisch geleitete Interpretationsmöglichkeit zu einem kulturellen Erklärungsmuster geworden. Sie hatte einen fest definierten und kontextuell geregelten Stellenwert bei der Bewältigung, Regulierung und dem Schutz gesellschaftlicher Existenzsituationen erlangt. So gab es traditionelle kollektive Übereinkünfte, die von den Dorfgemeinschaften vermittelt, legitimiert und in Praxisformen eingebettet wurden.

Die Magie umfaßte ein Spektrum von Vorstellungen und Handlungen, die einander entsprachen und sich gegenseitig bedingten, so daß bestimmte magische Praktiken aus korrespondierenden Vorstellungen resultierten und umgekehrt sich aus magischen Überzeugungen spezielle magische Rituale entwickelten. Ob die angestrebte Wirkung, die die Durchführung einer magischen Praktik erzielen sollte, eine verändernde, heilende, helfende, abwehrende, schützende oder aber eine überbrückend-erklärende sein sollte, immer war sie an die einem Ritus, einem Gegenstand, einer Person oder einem überirdischen Wesen zugeschriebenen magischen Eigenschaften und Qualitäten gebunden.

Immer schon kannte das volksmagische Spektrum aber auch eine dem Charakter der Magie entsprechende ambivalente Praxis. Dem Dualismus einer jeweils magisch besetzten Dimension des Außerirdischen oder Überirdischen einerseits, des Irdischen, Diesseitigen andererseits, entsprachen magische Rituale, die eine Partizipation an beiden Magiebereichen garantierten oder deren eigenes Magiepotential abzuwehren halfen. Dieser Ambivalenz des Gebrauchs magischer Mittel oder Kräfte zum Vor- oder Nachteil anderer entsprachen Unterscheidungskriterien in den Formen »weißer« und »schwarzer« Magie mit den dazugehörigen Praktiken. Vor allem der ambivalente Einsatz magischer Kräfte und Gegenstände zum Guten wie zum Schaden anderer Individuen oder des gesellschaftlichen Kollektivs, über den es keine umfassende Kontrolle geben konnte, verlieh der Volksmagie eine zugleich verheißende wie unheimliche, unkalkulierbare Macht, die die Phantasien der Menschen seit alters beflügelte. Dabei bildete besonders der schwarzmagische Bereich, den die Merkmale des Geheimnisvollen, der Dunkelheit, der Nacht, des Grauenvollen und Schadenbringenden kennzeichneten, weit mehr an volkstümlichen Imaginationen und Schreckfiguren aus als der positiv bewertete weißmagische.

Zudem stand nach der Überlieferung in fast allen europäischen Ländern seit der Antike die Frau viel stärker als der Mann im Ruch der Ausübung von Magieformen, die dem Bereich der gefürchteten schwarzen Magie zugeordnet wurden oder sich die oberen dämonischen Kräfte anzueignen suchten. Immer schon unterstellte man

Frauen nicht nur die Fähigkeit, leichter und häufiger mit der Geister- und Dämonenwelt, deren magische Kräfte ihnen zur Schadenstiftung zur Verfügung standen, in Verbindung treten, sondern sich auch mit Hilfe von Salben in Vögel, Eulen, Katzen, Esel und Steine verwandeln zu können, auf Holzstücken, Besen oder dämonischen Tieren durch die Lüfte zu reiten, um auf Geheiß der Göttin Diana oder ihrer germanischen Entsprechung, der Freya oder Holda, Schädigungen an Mensch und Tier, Haus, Hof und Feldern zu begehen. Außerdem traute man ihnen zu, Zauber- und Gifttränke zu brauen, Liebeszauber und Nestelknüpfen durchführen, böse Träume, Unwetter und Tod verursachen, ja sogar in Eulengestalt zu den Wiegen der Kinder fliegen zu können, um ihnen das Blut aus den Körpern zu saugen.[115] Das weibliche Geschlecht, aus der männlichen Perspektive gesehen in gewisser Weise unkontrollierbar und geheimnisvoll, nicht mehr Tier und noch kein vollwertiger Mensch, war demgemäß schlechthin prädestiniert, den ambivalenten und unberechenbaren Einsatz der Magie für seine Zwecke und Vorhaben auszunutzen. Diese geheimnis- und machtvolle Unberechenbarkeit der Frau, die Lebensspenderin und Todbringerin zugleich war, Mutter des Welterlösers sein durfte und zur größten Sünderin der Menschheit werden mußte, war es jedoch nicht allein, die dafür sorgte, daß in der Zeit vor den ersten Hexenverfolgungen in erster Linie auf sie bereits die Bezeichnungen der »Zauberin«, der »Zauberschen« und des »zaubern könnens« fielen, Bedeutungsattributionen, die nach zeitgenössischer Auffassung jenen unheimlichen, weil unkontrollierbaren Menschen galten, denen man sowohl Kenntnisse in und Umgang mit weißer wie schwarzer Magie unterstellte. Es kam vielmehr hinzu, daß sich der Begriff der Zauberei traditionellerweise in seiner Negativausprägung mit dem des Schadenzaubers verband, welcher wiederum Schädigungen in von der Gemeinschaft festgelegten Bereichen und in einem ungewöhnlichen Ausmaß bezeichnete.
Ebenso wie magische Praktiken nur in solchen Alltagssituationen zum Tragen kamen, die als existenzbedrohend und wegen ihrer Ungewöhnlichkeit als verunsichernd empfunden wurden[116], ist Schadenzauber nur in denjenigen Fällen auch als solcher interpretiert worden, die eine Gefährdung oder Bedrohung von Personen, deren Existenzgrundlagen und der kollektiv gewünschten Ordnungsprinzipien darstellten. Da es vor allem den Frauen im Dorf oblag, die existenzsichernden und reproduzierenden Bereiche zu beaufsichtigen, indem sie für einen Großteil der Nahrungsmittelzubereitung und Konservierung, die Pflege

des Viehs, der Kinder und die Kontrolle des häuslichen Eigentums, den Beistand bei Geburt und Tod sowie die Krankenpflege verantwortlich waren, wurden Schädigungen, die in derart bedeutsamen Zusammenhängen oft genug als Schadenzauberei gedeutet wurden, meistens auch den jeweiligen weiblichen Aufsichtspersonen zur Last gelegt. Die Bezichtigung der Zauberei traf – dies zeigen vor allem die dem Ortsgeistlichen angegebenen frühen zweibrückischen Zaubereibeschimpfungen – allein schon von daher, daß die alltäglichen Situationen und lebensweltlichen Zusammenhänge, in denen nach kollektiver Meinung Schadenzauber vorkommen konnte, oft weiblich besetzt und verwaltet waren, besonders in der Zeit vor den Hexenprozessen fast ausschließlich Frauen. So waren von den insgesamt zwölf zwischen 1544 und 1569 im Herzogtum Pfalz-Zweibrücken bei der Kirchenbehörde vorgebrachten Zaubereiverdächtigungen elf gegenüber Frauen geäußert worden. Zugleich verwiesen diese Schadenzaubervorwürfe auf Sachverhalte und Handlungsweisen, die häufig in Beziehung zu den von Frauen dominierten Aufgaben- und Arbeitsbereichen standen. Sie beinhalteten etwa den Verdacht des Butter- oder Milchzaubers, des Schadenzaubers an Kühen und anderen Haustieren, der schadenstiftenden Segnerei oder der Verursachung von Krankheiten und Tod bei anvertrauten Personen oder Nachbarn.[117] Gleichzeitig spielten in die frühen Zaubereibeschimpfungen auch traditionelle Vorurteile gegenüber dem weiblichen Geschlecht hinein, die zum imaginären volkstümlichen Bild von der Zauberin gehörten oder vorchristlichen, mythologischen Wurzeln entsprangen. In einem Falle sollte der Brudermeister von Hanweiler im Auftrag des Ortsgeistlichen darauf achten, ob die beschuldigte »Zaubersche« nachts zu Hause sei oder das Haus zum nächtlichen Flug durch die Luft verlasse, in anderen ging es um die im Volk verbreitete Vorstellung, daß magische Kräfte und Fähigkeiten in den Körpersäften gespeichert und deshalb vererbbar seien, in wieder anderen Anzeigen spielten alte Vorstellungen von der Tierverwandlung eine Rolle.[118]

Für die Periode, die im saarländischen Raum den ersten Hexenprozeßwellen mit einem Abstand von etwa 30 Jahren vorausging, das heißt für einen Zeitabschnitt, in dessen Verlauf die Untertanen des Saarraumes mit großer Sicherheit mit der kirchlichen Hexenlehre und ihren Elementen noch nicht in Berührung gekommen waren, wohl aber eine kollektive Zaubereivorstellung kannten, läßt sich anhand der wenigen, aber inhaltlich übereinstimmenden Quellen eine magische, speziell ländliche

Grundeinstellung rekonstruieren. Im Hinblick auf die in dieses Glaubens- und Deutungssystem später eindringenden kirchlichen Hexenvorstellungen lieferte sie gute Rezeptionsvoraussetzungen und hielt eine Verständnisbasis für die neuen Ideen einer schadenstiftenden Hexensekte bereit:

– Seit früher vorchristlicher Zeit waren dem Volk vielerlei Vorstellungen, Phantasien und Praxisformen eigen, die auf dem Glauben an die Existenz und Beherrschbarkeit magischer Kräfte gründeten. Magie als eine Möglichkeit, mit geheimnisvollen Mitteln und Künsten Ergebnisse und Wirkungen zu erzielen, die dem menschlichen Erfahrungshorizont unbegreiflich und den naturgegebenen Kräften und Fähigkeiten des Individuums weit überlegen waren, wurde einerseits als eine Kraft oder Macht begriffen, die dem Dämonenreich und damit auch dem Teufel und seinem Anhang zugerechnet wurde. Sie galt aber weit mehr als Eigenschaft irdischer Substanzen und ganz gewöhnlicher Menschen, die sie sich angeeignet oder ererbt hatten. Nicht nur durch die volkstümlichen Praktiken der Geister-, Dämonen- und Teufelsbeschwörungen, sondern auch durch die frühen Versuche aller Konfessionen im Saarraum, magische Praktiken über den Begriff der Zauberei mit dem Teufel in Verbindung zu bringen, hatte die Vorstellung von der magischen Kraft des Teufels und der Möglichkeit des Menschen, diese zu erlangen und für irdische Zwecke nutzbar zu machen, eine Tradition innerhalb des magischen Denkens, Interpretierens und Handelns der Dorfbewohner ausgebildet, lange bevor die kirchliche Hexenlehre den Teufelspakt zum Ausgangspunkt aller Hexenmacht erklären sollte. Dem volksmagischen Denken war es zunächst allerdings fremd, alle Magieformen auf teuflischen Einfluß zurückzuführen und Zauberei, selbst in ihrer negativen Form als Schadenzauber, ausschließlich als Teufelswerk anzusehen sowie ein passives Ausgeliefertsein des jederzeit verführbaren Menschen an die Macht des Teufels anzunehmen. Vielmehr bezog sich die volkstümliche Denk- und Handlungskonstellation auf die durch den menschlichen Willen und das Wissen um die richtigen Rituale mögliche aktive Nutzung und Verfügbarkeit auch der vom Teufel oder seinen dienstbaren Geistern herrührenden übernatürlichen Kräfte und Mittel. Der wissende Mensch wurde nicht als Opfer, sondern als Beherrscher derartiger Machtmittel gedacht, der zudem immer dem Schutz Gottes unterstand.

– Einen besonderen Platz im volksmagischen Denken nahm die traditionelle Vorstellung einer persönlichen bzw. personenabhängigen magischen Qualität ein, die der einzelne von seinen Vorfahren über die Körpersäfte ererben oder sich durch die Berührung magischer Substanzen, Personen oder Gegenstände auf Dauer rituell aneignen konnte. Dieser bereits im Volk existierende Glaube an eine mögliche magische Kraft »in personam« spielte beim Vordringen der kirchlichen Hexenlehre nun insofern eine rezeptionserleichternde Rolle, als die neue dogmatische Figur der mit teuflischer Macht ausgestatteten und deshalb von allen anderen Magiemitteln unabhängigen Hexe leicht als die Nachfolgerin der mit persönlichen magischen Qualitäten ausgestatteten traditionellen Zauberin interpretiert werden konnte.

– Das volksmagische Denken war lange vor den ersten Hexenprozessen im Saarraum auch bereits vertraut mit einer Trennung zwischen magischen Kräften zum Guten, Nützlichen bzw. zur »weißen Magie« und magischen Kräften zur Ausübung schädigender, Unglück verursachender »schwarzer Magie«. Zur weißen Magie gehörten nach zeitgenössischem Verständnis alle magischen Bräuche und Anwendungen, die positive Ziele verfolgten, auch wenn hierfür die Zuhilfenahme der Geisterwelt – eigentlich ein Aspekt der schwarzen Magie – notwendig wurde. Zur schwarzen Magie zählten demgemäß Magieformen, die, gemessen an der allgemein vorherrschenden Interessenlage, negative Wirkungen zu erzielen suchten. Ein Schadenzauber – allgemein der schwarzen Magie zugerechnet –, der beispielsweise einen vermuteten kriegerischen Feind, einen Dieb oder Räuber mit einer Krankheit belegen sollte, galt jedoch nach diesem Verständnis aufgrund seiner Zielsetzung als eine Form der weißen Magie.

– Die Kirchen, vor allem die protestantischen Glaubensrichtungen, hatten durch ihr in den pfalz-zweibrückischen Gebietsanteilen bereits in den 30er und 40er Jahren des 16. Jahrhunderts einsetzendes Diskriminierungskonzept gegenüber der tradierten Volksmagie und der magisch verfremdeten Volksfrömmigkeit die Unterscheidung in gute und böse Magieformen bei der Landbevölkerung erneut ins Gespräch gebracht. Die bereits Jahre vor den ersten Hexereiverdächtigungen eingeleitete Sensibilisierung der Bevölkerung für schlechte, vor allem schädigende Magieformen, die herkömmlicherweise mit dem Prädikat der Zauberei belegt wurden, bereitete schließlich einer massenhaften Beteiligung der Bevölkerung an den dörflichen Hexenverfolgungen den Weg. Diese benutzte das neue Mittel des Hexenprozesses, wie zuvor die Möglichkeit der Zaubereibeschimpfung vor der Kirchenbehörde, jedoch weiterhin zur Ausgrenzung unerwünschter und gefährlicher, existenzbedrohender magischer Handlungsweisen.[119] Schließlich hatte zudem auch die weibliche Besetzung des volksmagischen Repertoires, besonders die weibliche Dominanz bei allen Formen der außerirdischen, der schwarzen und existentiell gefährdenden Praktiken, eine jahrhundertelange Tradition, noch bevor der »Hexenhammer« die Frauen zu Agentinnen und Hauptwerkzeugen des Teufels degradierte.

Der zumeist Frauen hartnäckig angelastete Umgang mit negativen Magieformen ist eine aus vorchristlicher Zeit belegbare, aber durch die frauenfeindliche Propaganda der katholischen Kirche des Mittelalters sicherlich in ihrer Weiterexistenz bekräftigte Beschuldigung des weiblichen Geschlechts allgemein. In der volkstümlichen Figur der Zauberin trafen sich Vorstellungen, die dem ambivalenten Charakter magischer Kräfte und der Imagination körpereigener magischer Eigenschaften und Qualitäten Rechnung trugen, die den Glauben an die Möglichkeit einer schadenstiftenden magischen Praxis und die Vorurteile gegenüber Frauen stärkten, die man sich mit überdurchschnittlichem magischem Wissen und besonderen Fähigkeiten ausgestattet vorstellte. Im alten Bild der Zauberin waren zugleich aber schon einige der Elemente angelegt, die das spätere kirchliche Bild der Hexe bestimmen sollten: die Vorstellungen vom Flug durch die Luft, von der Tierverwandlung, von der Herstellung verschiedener Zaubermittel und -tränke und von unterschiedlichen Arten des Schadenzaubers an Mensch, Tier und Nahrungsmitteln.
Als seit der Mitte des 16. Jahrhunderts allmählich die kirchliche Hexenlehre der »Hexenbulle« von 1484 und des »Hexenhammers« von 1487 über die Kanzeln die Landgemeinden im Saarraum erreichte, stieß sie auf unterschiedliche Rezeptions- und Verständigungsebenen innerhalb der Dorfbevölkerung, die eine gewisse Akzeptanz und modifizierende Uminterpretation, zugleich aber auch eine verständnislose Ablehnung ihrer Einzelbestandteile bewirkten. Letzteres traf zunächst vor allem auf die neuen Elemente der elaborierten Hexenlehre, besonders die unwiderrufliche Verbindung der Hexe zum Teufel durch Teufelspakt und Buhlschaft und den Sektencharakter der Hexengemeinschaft zu, der orgiastische Zusammenkünfte, grauenhafte Vergehen und diabolische Teufelsverehrung mit einschloß – beides Kennzeichen, die bislang in

das traditionelle volksmagische Denken keinen Eingang gefunden hatten, wohl aber die fremdartige Einmaligkeit dieser neuen Teufelsbündler und ihre grenzenlose Macht unterstrichen. Auf der anderen Seite aktualisierte das zunächst imaginäre Bild der neuen Hexe, Resultat einer theologischen Hochstilisierung der schadenbringenden, schwarzen, dämonischen und phantastischen, zugleich aber auch weiblich besetzten Seite der Magie, jene im volksmagischen Denken verankerten Vorstellungen über schadende magische Möglichkeiten, weibliche Unberechenbarkeit und phantastische Gestalten der mündlichen Volkskultur. Es aktivierte neue Imaginationen und leitete eine Verknüpfung alter volkstümlicher und volksmagischer Denk- und Handlungsweisen mit den Elementen der als Hexerei neuartig definierten magischen Möglichkeit ein, aus der heraus sich ein spezieller volkstümlicher Hexenglaube entwickeln konnte.

Am Ende des 16. Jahrhunderts hatte sich der Glaube an die Existenz und Wirksamkeit negativer und positiver magischer Kräfte in dreierlei Gestalt und Ausprägung ausdifferenziert: In den Dörfern existierte weiterhin die von jedermann ausgeübte, unspektakuläre und in alltäglichen Situationen verwendete Volksmagie, die wiederum hauptsächlich mit Elementen der weißen Magie operierte; es lebte auch der volkstümliche Zauberglaube weiterhin fort, der die Möglichkeit der unkalkulierbaren Ausübung von Schadenzauberei betonte, die man vor allem Frauen zutraute. Hinzugekommen war aber nunmehr der volkstümlich interpretierte und mit Elementen der Volksmagie angereicherte neue dörfliche Hexenglaube, der die spektakuläre Inanspruchnahme jenseitiger magischer Kräfte des Teufels, die schwarze Seite der Magie und die Möglichkeit einer endgültigen Ausgrenzung derart beängstigender Formen der Magieausübung durch Hexenprozesse auf sich vereinte. Diesen drei Vorstellungsebenen, die durchaus Bezüge zueinander hatten, da sie demselben Grundgedanken eines im heil- oder unheilbringenden Sinne erfolgreichen Wirkens magischer Kräfte folgten, entsprachen prototypisch die drei Gestalten der Heilkundigen, der Zauberin und der Hexe. Die Heilkundige war diejenige Frau, welche mit natürlichen Mitteln oder mit den im Diesseits vorfindlichen magischen Kräften von Pflanzen, tierischen Organen oder Alltagsgegenständen zum Wohle ihrer Mitmenschen öffentlich operierte; die traditionelle Zauberin war diejenige, welche – entgegen der kirchlichen Vorstellung von der Sünde der Zauberei – zwar ebenfalls diesseitige magische Mittel und Substanzen verwandte, sie jedoch nach volkstümlicher Auffassung ebensogut auch zum Schaden ihrer Umwelt einsetzte; dagegen war die Hexe eine Person, die nach öffentlicher kirchlicher Version magische Kräfte aus dem Jenseitigen bezog und durch ihren Bund mit dem Teufel die uneingeschränkte Möglichkeit besaß, diese zu Schädigungen jeder Art zu gebrauchen. Dem ländlichen Vorstellungsmuster entsprechend blieb das Bild der »neuen« Hexe in vielen seiner Elemente jedoch dem der »alten« Zauberin weit stärker verbunden als den neuartigen Ideen von Teufelsbund, Buhlschaft, Sabbat und Hexensekte: Sie war eine schadenstiftende Magierin, die allerdings nicht öffentlich, sondern immer im geheimen arbeitete, sich entsprechend sonderbar verhielt und durch ihre Unkontrollierbarkeit den größten bisherigen Unsicherheits- und Angstfaktor im gesamten magischen Feld bildete.

Die sowohl von seiten der im Saarraum etablierten Kirchen betriebene als auch durch das langsame Eindringen der kirchlichen Hexenlehre in die magisch geprägte Gedankenwelt der Dorfbevölkerung beförderte Ausdifferenzierung des traditionellen volkstümlichen Magieverständnisses zeitigte am Ende des 16. Jahrhunderts verschiedene Auswirkungen. Sie schlugen sich im Handlungs- und Denkspektrum der Landbewohner nieder:

1. Ein Resultat dieser semantisch wie pragmatisch sehr ungenauen, aber dennoch nicht zu leugnenden Differenzierung war jenes Bedeutungsgewirr, welches die Begriffe Hexe, Zauberer, Zauberin, zaubern-können, hexen, bezaubern, behexen und verzaubern umgab, das von einer stark variierenden Assoziationsbreite dieser Begriffe zu anderen ergänzt wurde.[120] Da die Genese von Begriff und Bedeutung der Hexe keine geradlinige war, gab es im Verständnis der Landbevölkerung nicht »die Hexe«, sondern nur verschiedene Variablen, die dem »Hexen-können« oder dem »Zaubern-können« zugeordnet wurden und das »Hexe-sein« ausmachten. Dieses Zuordnungsprinzip eröffnete eine Vielzahl von Möglichkeiten, Auslegungen und Modifikationen entsprechend der sozio-ökonomischen Struktur der Einzelgemeinden und den mikrosozialen Umständen innerhalb von Familien, Nachbarschaften oder Bekanntschaften. Im folgenden soll es als »Hexendeutungsmuster« bezeichnet werden.
2. Die Rezeption der kirchlichen Hexenlehre in den Gemeinden des Saarraumes führte keineswegs zur unkritischen und unreflektierten Übernahme des theologischen Hexenbildes; vielmehr kam es zur Ausbildung eines in die dörfliche Lebenswelt und den bäuerlichen

Erfahrungshorizont integrierbaren ländlichen Hexenglaubens, der zugleich unerwünschte Magieformen auszugrenzen suchte. Konsequenz der interpretierenden und modifizierenden Aufnahme von Elementen der kirchlichen Hexenlehre und der Idee einer endgültigen Vernichtung aller schadenstiftenden Hexen in das volkstümliche Denken war ein Hexenverfolgungen befürwortendes, unterstützendes Verhalten der ländlichen Bevölkerung.

3. Hatte seit den 30er Jahren des 16. Jahrhunderts die Übernahme des kirchlichen Diskriminierungs- und Disziplinierungskonzepts zur Unterdrückung und Ausmerzung abergläubischer und zauberischer Praktiken ein Muster zur Ausgrenzung unliebsamer Aktivitäten und Personen an die Hand gegeben, so ermöglichte das den dörflichen Verhältnissen und Denkgewohnheiten der dort lebenden Menschen angepaßte Kriminalisierungsmuster der Hexerei seit den 80er Jahren eine variable Vielzahl von Ausgrenzungsmöglichkeiten. Sie kamen kollektiven wie individuellen Ansprüchen und Wünschen gleichermaßen entgegen. Durch seine in gewissem Umfang geregelte und kollektiv festgelegte Multifunktionalität, die vor allem auf der variablen Offenheit des dörflichen Hexenmusters und der mit dem Mittel der Hexenprozesse verbundenen Macht zur endgültigen Ausgrenzung verschiedenster Verhaltensweisen und Personen basierte, war der Hexenglaube des Volkes zu einem begründeten, plausiblen sozio-kulturellen Denk- und Handlungsmuster geworden. Er war jetzt imstande, eine von dörflichen Interessen geleitete, gemeindliche Initiative zur Verfolgung speziell dörflicher Hexen wachzurufen, die von genossenschaftlich gewählten Hexenausschüssen über ein Jahrhundert lang monopolisiert werden konnte.

Die hier in groben Zügen nachgezeichnete Verschmelzung traditionaler Konzepte mit neuen, fremdartigen Vorstellungen von Zauberei und Hexerei sowie die Überlagerung alter neuen Bedeutungen, Relevanzen und Funktionen des Glaubens an schadenstiftende Magie führte im saarländischen Gebiet zu über 590 nachweislichen, meistenteils von den Gemeindeausschüssen eingeleiteten Hexenprozessen, die über 460 Menschen das Leben kosteten.

Hexenverfolgungen auf dem Land: Ein Zusammenspiel von dörflicher Eigendynamik und offizieller Strafpraxis

Die Verfolgten: Räumlich-zeitliche Verteilung des Prozeßgeschehens

Im Vergleich mit anderen deutschen Territorien läßt sich vorwegnehmend feststellen, daß der Saarraum – unter Berücksichtigung von geographischer Ausdehnung, Besiedlungsdichte und Bevölkerungszahl – zu den verfolgungsintensivsten Gebieten der Hexerei gehörte. Konnten etwa für das knapp 38000 Quadratkilometer umfassende, von 1,4 Millionen Menschen bewohnte Gebiet Südostdeutschlands, also das Herzogtum Bayern mit seinen Enklaven, Schwaben und die Oberpfalz, etwas mehr als 900 Hexenhinrichtungen im Zeitraum von 1560–1730, für das flächenmäßig fast gleich große Territorium des heutigen Bundeslandes Baden-Württemberg im Südwesten zwischen 1561 und 1670 insgesamt 3229 Hexenverbrennungen registriert werden und beliefen sich Schätzungen für das gesamte Herzogtum Lothringen und das Kurfürstentum Trier auf Angaben zwischen je 1000–1500 Hinrichtungen[121], so liegen die Zahlen für den Untersuchungsraum im Verhältnis weitaus höher als selbst in dem zu den Kernzonen der Hexenverfolgung zählenden baden-württembergischen Territorium. Bei einer Flächengröße von etwa 5000 Quadratkilometern, einer Ansammlung von vielleicht 700 Dörfern und kleinen Städten mit einer Bevölkerungsanzahl von insgesamt höchstens 100000 Menschen erreichte die Hexenverfolgung hier eine Gesamtzahl von mindestens 591 angestrengten Hexenprozessen. Sie endeten in 467 Fällen mit dem Tod auf dem Scheiterhaufen, in drei Fällen mit dem Tod im Gefängnis und in nur 23 Fällen mit einem Freispruch. Dagegen ist der Ausgang in weiteren 101 Prozessen nicht überliefert, wohl jedoch Hinweise, die in den meisten Fällen auf eine spätere Hinrichtung deuten. Allein die Hochrechnung der gesicherten Todesurteile ergibt für Gebiete in der Größenordnung der untersuchten Regionen Südost- und Südwestdeutschlands eine Gesamtzahl von jeweils 7538 Hinrichtungen, was bedeutet, daß im saarländischen Raum die Hexenverfolgungen in Relation zu den Bevölkerungszahlen ungefähr achtmal so viele Opfer forderten wie in Südostdeutschland und etwas mehr als das Doppelte derjenigen im baden-württembergischen Südwestdeutschland. Im Unterschied zu anderen mitteleuropäischen Herrschaftsgebieten waren es allerdings im Saarraum gemeindliche Hexenausschüsse, die über ein Jahrhundert hinweg eine gezielte ländliche Hexeninquisition betrieben. Sie allein entschieden – unter Mithilfe der Bevölkerung – über die Opfer und deren Anklage vor den herrschaftlichen Gerichten.

Bei den insgesamt 591 sicher geführten Prozessen an den Hochgerichten des Saarraumes handelte es sich in 340 Fällen um Frauen und in 130 Fällen um Männer, die der Hexerei angeklagt waren, wogegen in den übrigen 121 Prozessen das Geschlecht der beschuldigten Personen nicht ermittelt werden konnte. Daraus ergibt sich ein Anteil von insgesamt 72,34 % Frauen und 27,66 % Männern, was einem Prozeßanteilsverhältnis von 2,6 : 1 entspricht. Dieses Ergebnis zeigt, daß in den untersuchten Gebieten der männliche Anteil der wegen Hexerei hingerichteten Personen etwas höher lag als in anderen deutschen Territorien.[122]

Für den Beginn des 16. Jahrhunderts können für den saarländischen Raum vereinzelt und in Abständen von mehreren Jahren erste Zaubereiprozesse zwischen 1500 und 1570 ausgemacht werden. Bei diesen recht frühen Prozessen handelte es sich einerseits ausschließlich um Verfahren gegen Frauen, zum anderen um die Ergebnisse erster Verfolgungsaktivitäten in rein katholischen Gebieten. Ihr Ende fanden die Prozeßwellen – gemeint sind damit zeitlich bestimmbare Perioden, in denen ohne Unterbrechung Hexenprozesse in größerem Ausmaß stattfanden – in den Jahren zwischen 1679 und 1700 mit einigen Einzelprozessen, deren Ausgang entweder unbekannt blieb oder die mit einer kirchlichen Exkommunikation endeten.[123] Zusammenfassend ergeben sich für den saarländischen Raum insgesamt fünf in ihrer Intensität und Dauer unterschiedliche Abschnitte der Hexenverfolgung, die sich als eine von vereinzelten Hexenprozessen gekennzeichnete Vorphase, eine Vorwelle zwischen 1569 und 1586, eine erste Hauptwelle von 1587–1605, eine zweite Hauptverfolgungswelle von 1609–1634 und eine abschließende Auslaufphase ab 1646 charakterisieren lassen. Die Prozeßzahlen der einzelnen Hochgerichtsbezirke unter verschiedenen Landesherrschaften schwanken zwischen 222 Prozessen für Gemeinden unter lothringischer Oberhoheit, 165 Prozessen in kurtrierischen Besitzungen, insgesamt 44 Prozessen am Hochgericht Merzig, 29 Verurteilungen am Hochgericht Nalbach, 52 Prozessen in der Grafschaft Nassau-Saarbrücken sowie 54 Hexenprozessen in den Gebietsanteilen des Herzogtums Zweibrücken.[124] Verglichen mit den Verfolgungswel-

len für die deutschen Territorien ergibt sich eine Übereinstimmung mit den Verfolgungsperioden im Saarraum bei Konzentrationen in den Jahren um 1590 und 1630, wobei in den einzelnen Herrschaftsgebieten wiederum Verschiebungen im Einsetzen und Ausklingen von Prozeßwellen beobachtet werden können.[125] Generell setzte die gerichtliche Verfolgung der Hexerei in katholischen Gebieten des Untersuchungsraumes zeitlich früher ein und fand mithin auch ein früheres Ende als in den nichtkatholischen Regionen, in denen Hexenprozesse später begannen und länger weitergeführt wurden.
Eine Besonderheit stellt die bereits um 1500 einsetzende Vorphase der eigentlichen Verfolgungsperiode dar, die im europäischen Raum in lothringischen und französischen Territorien, aber auch im Herzogtum Luxemburg und in Kurtrier anzutreffen ist und sich vielleicht von hier aus auf den Saarraum auswirkte.[126] Innerhalb des Untersuchungsgebietes kann, abgesehen von Konzentrationen in katholischen Gebietsanteilen während der Anfangsphase, eine Ausbreitungsrichtung der Verfolgung ausgemacht werden: Sie erstreckte sich von den Grenzräumen im Norden und Westen (Kurtrier, Luxemburg, Lothringen) auf das Innere des Saarraumes sowie von Südosten in das östlich gelegene Herzogtum Pfalz-Zweibrücken. Während der Hauptverfolgungsperiode können derartige räumliche Verschiebungen in bestimmte Richtungen jedoch nicht mehr festgestellt werden. Vielmehr begannen die einzelnen Verfolgungswellen gleichzeitig in voneinander getrennten Hochgerichtsbezirken. Andererseits ist zu beobachten, daß sich entweder in den lothringischen und kurtrierischen Gemeinden und Hochgerichten, die in unmittelbarer oder mittelbarer Nähe der entsprechenden übergeordneten landesherrlichen Verwaltungseinheit lagen, oder aber in lothringischen, kurtrierischen und nassau-saarbrückischen Grenzorten zu jeweils anderskonfessionellen Gemeinden eine besondere Häufung an einheimischen Prozeßbeteiligten abzeichnet.
An der strafrechtlichen Verfolgung von Hexereidelikten waren die Gemeinden und Gerichte unter lothringischer Herrschaft zu 37,56 %, die kurtrierischen Gebiete zu 28 %, das zwischen Kurtrier und Lothringen geteilte Kondominium Merzig-Saargau zu 7,41 %, das ebenfalls geteilte Hochgericht Nalbacher Tal zu 4,9 %, die Grafschaft Nassau-Saarbrükken zu 8,79 % und die pfalz-zweibrückischen Ortschaften zu 9,64 % beteiligt. Die aus katholischen Gemeinden stammenden Angeklagten in Hexenprozessen stellten allerdings nicht nur den weitaus größten Teil der wegen Hexereiverdachts verfolgten Personen (76,81 %), son-

dern wurden im Vergleich zur Handhabung an nichtkatholischen Gerichtsstätten auch zu einem höheren Prozentsatz zum Tode verurteilt (95,45 %). Der relativen Milde sowohl in der gesamten Verfolgungs- wie der Verurteilungspraxis der protestantischen Herrschaften stand jedoch eine gegenüber der Vorgehensweise von Gerichten in katholischen Gebieten noch intensivere Verfolgung von Frauen gegenüber. Wenn es hier überhaupt zu Hexenprozessen kam, richtete sich der Verdacht in 80 % der Fälle gegen Frauen, von denen etwa 92 % schließlich als überführte Hexen verbrannt wurden, während es sich bei den Angeklagten in katholischen Gebieten zwar nur in 71,69 % der Fälle um Frauen handelte, jedoch über 98 % von ihnen hingerichtet wurden.

Was wiederum die in den vorausgegangenen Abschnitten aufgelisteten Zahlenverhältnisse und die zeitliche Verteilung von Hexenprozessen innerhalb eines Dorfes oder einer Anzahl benachbarter Gemeinden für das Alltagsleben, das soziale und ökonomische Geflecht wie auch die mentalen und emotionalen Erfahrungen der dort lebenden Menschen bedeuteten, mag andeutungsweise die folgende vergleichende Darstellung vermitteln: In den kurtrierischen Besitzungen der Herrschaft Schwarzenburg wurden allein im Ort Weierweiler, der Ende des 16. Jahrhunderts nicht mehr als 50 Erwachsene zählte, innerhalb von nur fünf Jahren 16 Personen, also nahezu ein Drittel der erwachsenen Gemeindemitglieder, wegen Hexerei zum Tod auf dem Scheiterhaufen verurteilt. Im gleichen Zeitraum wurden weitere acht Dorfbewohner durch Mitanschuldigungen in Hexengeständnissen ebenfalls in Hexenprozesse verwickelt.[127] Etwa die Hälfte der Weierweiler Einwohner war damit in unmittelbarer, persönlicher Weise mit dem Phänomen von Hexereibeschuldigung und -verfolgung konfrontiert worden. Ähnliches geschah auch in den Nachbarorten Noswendel und Mettnich, aus denen insgesamt 17 Personen, 13 Frauen und vier Männer, als Hexen verbrannt wurden, während weitere zehn Personen allein aus Noswendel zusätzlich in Hexereiverdacht gerieten.[128] Im lothringischen Herrschaftsbereich kam es in der Gemeinde Besseringen mit vielleicht 20 Haushaltungen innerhalb von sechs Jahren zu 16 Verurteilungen wegen Hexerei. In Honzrath und Rehlingen waren je 17 und 16 Prozesse eingeleitet worden, die zum Teil in starker zeitlicher Konzentration aufeinander folgten und 34 Besagungen und Denunziationen nach sich zogen.[129] Während in der lothringischen Herrschaft Schaumburg nur die Orte Eppelborn mit sechs über mehrere Jahre verteilten Prozessen und Thalexweiler mit sieben Prozessen im Jahre 1618 stärker betroffen waren, bot sich im Amt Wallerfangen ein erschreckenderes Bild: In der Stadt Wallerfangen, der Hauptstadt und dem Verwaltungssitz der Bailliage d'Allemagne, wurden allein zwischen 1587 und 1605 im Zuge der ersten Verfolgungswelle 25, zwischen 1618 und 1621 wieder fünf der insgesamt 36 Hexenprozesse, in denen Stadtbewohner vor Gericht standen, geführt. In den weiteren Zentren der Hexenverfolgung im Amt Wallerfangen konzentrierten sich die Prozeßfälle dagegen auf ein, höchstens zwei Jahre: So kamen sämtliche Hexereiverdächtige aus Fraulautern im Jahre 1593, alle aus Lebach und dem benachbarten Schwarzenholz in den Jahren 1610/11 vor den Hexenrichter. Zwar bildete im Kondominium Merzig-Saargau die Stadt Merzig mit insgesamt 22 Hexenprozessen innerhalb einer Zeitspanne von 15 Jahren die zahlenmäßige Spitze der Verfolgung, eine stärkere Betroffenheit von Verlusten durch Hexenverbrennungen mußten jedoch die kleineren Ortschaften des Kondominiums erleben. Hatte beispielsweise in Merzig selbst durchschnittlich nur jeder zehnte Haushalt ein Familienmitglied durch einen Hexenprozeß verloren, so waren es in Bachem bereits fünf der sieben vorhandenen Haushaltungen und in Wellingen jede vierte Familie.[130] Aus Nalbach selbst, dem Hochgerichtsort des Nalbacher Tals, stammte über die Hälfte der hier aus den umliegenden Orten des Gerichtsbezirks verurteilten 29 Personen. Für die Grafschaft Nassau-Saarbrücken ergaben sich jährliche Konzentrationen von neun und sieben Prozessen für die Orte Wadgassen und Uchtelfangen, die gleichzeitig auch Hochgerichtssitze waren. In Wadgassen wurden von den insgesamt neun angeklagten Personen allein im Jahre 1593 sechs Frauen zum Tode verurteilt. Weitaus extremer waren jedoch die zweibrückischen Gemeinden Bliesransbach und Gonnesweiler von der Hexenverfolgung betroffen: In Bliesransbach starben im Jahre 1580 13 Frauen aus dem Dorf als überführte Hexen auf dem Scheiterhaufen, vermutlich also die Hälfte aller Dorfbewohnerinnen, während in Gonnesweiler von den insgesamt 17 in Hexenprozesse verwickelten Einwohnerinnen zehn im gleichen Jahr den Tod fanden.

Eine großräumigere Betrachtung von Dorfgemeinschaften in einem Umkreis von fünf bis zehn Kilometern zueinander macht deutlich, daß von den Hexenverfolgungen nicht nur einzelne Familien und Dorfgemeinschaften hart getroffen werden konnten, sondern auch die sozialen, verwandtschaftlichen und freundschaftlichen Bande zwischen den Gemeinden erhebliche Störungen erlitten. Für die dort lebenden Menschen bedeuteten die zahlreichen Hexenbrände in der Umgebung ihres

Dorfes nicht nur die Bewältigung emotionaler Betroffenheiten und individueller, schmerzlicher Verluste, sondern auch eine ständige Konfrontation mit der nicht enden wollenden Vernichtung von Menschen ihres direkten sozialen Umfeldes auf den Scheiterhaufen der eigenen und benachbarten Hochgerichte. So erlebten die Einwohner der Orte im Umkreis von zehn Kilometern um Wadern innerhalb von zehn Jahren insgesamt 44 Hexenverbrennungen[131], die Nachbarorte Wallerfangen, Fraulautern und Roden in der Zeit von 1591–1597 in jedem Jahr zwischen vier und fünf Hexenprozesse und die Gemeinden um Saarwellingen insgesamt 36 Hinrichtungen, davon allein 17 in den Jahren 1610 und 1611.[132] Auch an den Gerichtsstätten um Honzrath loderten zwischen 1591 und 1603 in jedem Jahr ein, in der Zeit von 1628–1634 sogar jährlich vier Scheiterhaufen.[133] Häuften sich in den Orten um Selbach innerhalb von nur zwölf Jahren insgesamt 25 Hexenhinrichtungen, so war in den Gemeinden des Nalbacher Tals mit seinen um 1623 etwa 110 Haushaltungen fast jeder dritte Haushalt mit einer ihm angehörenden Person in einen Hexenprozeß verwickelt, der für diese tödlich endete.[134]

Für die Gemeinden des Saarraumes und die dort lebenden Familien waren die intensiven Verfolgungswellen und die Hexenprozesse, die Mitglieder des eigenen Dorfes oder eines Nachbarortes als Hexen vor Gericht brachten, Geschehnisse ihrer unmittelbaren Alltagserfahrung, die das Leben in der Gemeinde und in den Familien auf vielfältigste Weise beeinflußten. Der Verlust eines Familienmitgliedes hatte nicht nur eine persönliche emotionale Betroffenheit, sondern auch soziale und ökonomische Nöte und die Angst vor der Mitanschuldigung zur Folge, die jeder Hexenprozeß mit sich brachte. Die anhaltenden Ketten immer neuer Prozesse schürten sowohl den schon vorhandenen Hexenglauben und ließen aus der Angst vor Schadenzaubereien eigens entwickelte volksmagische Hexenabwehrzauber entstehen. Sie beförderten zugleich aber auch die Bereitschaft zur Rezeption von Alltagsgeschehnissen im Zeichen der allgegenwärtigen schadenstiftenden Hexen, die Bereitschaft also zu Denunziationen und Hexereibeschimpfungen.

Anders als bei Denunziationen oder Hexereiverdächtigungen, die an gerichtliche Institutionen weitergeleitet wurden und als Indizien zur Einleitung eines Hexenprozesses dienten, handelte es sich bei Hexerei- und Zaubereibeschimpfungen oder den für die zweibrückischen Gebiete charakteristischen Zaubereiverdächtigungen entweder um ehrenrührige Beleidigungen oder aber um die Unterstellung zauberischer

Handlungen, die dem Angeschuldigten Gelegenheit geben sollte, sich zu rechtfertigen. Er sollte seine Unschuld auch vor Gericht unter Beweis stellen können, bevor weitere Schritte gegen ihn unternommen wurden. Hexereibeschimpfungen, die ein Beschuldigter allerdings auf sich beruhen ließ, dienten, wenn sich weitere Verdachtsmomente gehäuft hatten, oft als wertvolles Indiz der selbsteingestandenen Schuld einer der Hexerei bezichtigten Person. Die vor allem in den Hauptverfolgungsperioden unter Umständen lebenswichtige Bereinigung derartiger Hexerei- und Zaubereibeschimpfungen mag erklären, warum gerade sie oft zum Gegenstand von Beleidigungsklagen vor Amtsgerichten oder zum Inhalt von Beschwerden vor der Ortsgeistlichkeit wurden, auch wenn eine Schadenzauberei nicht ausdrücklich unterstellt worden war.

Insgesamt sind aus der Zeit von 1535 bis zur Mitte des 18. Jahrhunderts im Untersuchungsraum 182 Fälle von Hexerei- und Zaubereibeschimpfungen und 22 Fälle von Zaubereiverdächtigungen, die bei kirchlichen und weltlichen Behörden aktenkundig wurden, überliefert. Von Hexerei- und Zaubereibeschimpfungen waren 127 Frauen und 55 Männer, von Zaubereiverdächtigungen jedoch 20 Frauen und nur zwei Männer betroffen. Mit 69,78 % lag damit die Beschimpfung von Frauen als »Hexen« unter dem ermittelten Anteil von Frauen, die in Hexenprozessen vor Gericht standen; die andererseits über 90 %ige »Zaubereiverdächtigung« von Frauen in der Vorphase der eigentlichen Verfolgungsperiode der Hexerei lag jedoch um fast 20 % über ihrem Anteil in Hexenprozessen. Da es sich bei den genannten Zaubereianschuldigungen stets um Äußerungen aus der Dorfbevölkerung handelte, liegt der Schluß nahe, daß die Dorfbewohner Frauen in stärkerem Maße mit dem alten Muster der Zauberei in Verbindung brachten als mit jenem neuen der Hexerei. Andererseits schien dieses neue inquisitorische Hexenmuster, in dem auch Männer ihren Platz hatten, in der Bevölkerung erst relativ spät zu greifen, worauf nicht nur die bis in die 90er Jahre anhaltende Beschimpfung von Frauen als »Zaubersche« oder Zauberinnen und Männern als Zauberer, sondern auch die in dieser frühen Phase weitaus höhere, ja zum Teil ausschließliche Verunglimpfung von Frauen als Zauberinnen hindeuten. So erstaunt es nicht, daß in der Vor- und Anfangsphase der Hexenverfolgungen im Saarraum 84,61 % aller Zaubereibeschimpfungen und Zaubereiverdächtigungen auf Frauen entfielen, während sich in der Hauptverfolgungszeit zwischen 1587 und 1634 nur etwa zwei Drittel, dagegen in der End- und Auslauf-

phase ab 1650 wiederum 86,84% der Beschimpfungen gegen Frauen richteten.
Allgemein stieg die Zahl der Hexerei- und Zaubereibeschimpfungen während der Perioden der ersten und zweiten Hauptverfolgungswellen. Konzentrationen fielen, außer in den Jahren 1588, 1600, 1609/10 und 1619, jedoch nicht mit den Höhepunktsjahren der Hexenverfolgungen und Hexenverbrennungen zusammen. Vielmehr traten sie in größerer Häufigkeit in den relativ ruhigen Zeiten entweder vor oder nach Jahren, die durch ein massiveres gerichtliches Vorgehen gegen Hexereidelikte gekennzeichnet waren, oder in Jahren nach der eigentlichen Hauptperiode der Verfolgung, beispielsweise zwischen 1655 und 1657 und in den Jahren 1665 und 1669, in Erscheinung. Charakteristisch ist jedoch auch für die späten Kulminationspunkte, daß sie in unmittelbarer zeitlicher Nähe zu den in den 50er und 60er Jahren des 17. Jahrhunderts erneut auftretenden Prozeßjahren standen.
In den verschiedenen landesherrschaftlichen Gebilden des Saarraumes äußerte sich das Phänomen der größtenteils straf- oder kirchenrechtlich sanktionierten Hexerei- und Zaubereibeschimpfungen unterschiedlich. Der Vergleich regionaler Ergebnisse erbringt eine anteilsmäßige Verteilung der Hexerei- und Zaubereibeschimpfungen mit 50,72% auf die kurtrierischen, mit 10,14% auf die lothringischen Gebietsanteile, 14% auf die Region des Kondominiums Merzig-Saargau, 8,21% auf die Grafschaft Nassau-Saarbrücken und 16,93% auf die zweibrückischen Besitzungen. Im Verhältnis zur Intensität der einzelnen Herrschaftsbereiche bei der Verfolgung der Hexerei ist damit ein deutliches Hervortreten kurtrierischer Gemeinden in der Bereitschaft zu Hexerei- und Zaubereibeschimpfungen gegenüber einem vorsichtigeren Kommunikationsverhalten lothringischer Dorfbewohner festzustellen. Diese Divergenz könnte zum einen mit einer entschiedeneren und höheren Bestrafung derartiger Beleidigungsangelegenheiten durch die in den lothringischen Herrschaftsteilen ausschließlich hierfür zuständigen Amtsgerichte in Verbindung gestanden haben. Dagegen wurde im kurtrierischen Raum von kirchlicher Seite, wenn nicht ganz auf eine Geldstrafe verzichtet wurde, nur eine geringe Buße erhoben; ja selbst von Amtsgerichten verhängte Strafgelder waren niedriger als jene der lothringischen Gerichte. Andererseits ist gerade im Hinblick auf die im lothringischen Bereich insgesamt am intensivsten durchgeführte Hexenverfolgung die Vermutung nicht auszuschließen, daß jene Hexerei- und Zaubereibeschimpfungen, die Elemente des kirchlichen Hexen-

musters enthielten, nicht zum Gegenstand von Beleidigungsklagen vor den Amtsgerichten, sondern zu Beweismitteln eingeleiteter Hexenprozesse wurden. Darauf deutet auch die Tatsache hin, daß der Vorwurf des Schadenzaubers nur in jenen Beschimpfungsfällen aus dem lothringischen Bereich fehlt, die in die Zeit der eigentlichen Hexenverfolgungsperiode fielen und erst nach Beendigung der Hexenprozesse hier vereinzelt wieder in Erscheinung trat.

Ein Blick auf die Bezeichnungsweisen bezichtigter Personen, auf Begrifflichkeiten und daran gebundene Bedeutungen eröffnet nun allgemeine Tendenzen der Veränderung, die das allmähliche Eindringen der kirchlichen Hexenlehre in die Dorfgemeinden sichtbar werden lassen: Mit nur zwei Ausnahmen erhielten sich in den kurtrierischen Gemeinden die Bezeichnungen Zauberin oder »Zaubersche« für beschuldigte Frauen und die ausschließliche Bezeichnung »Zauberer« für verdächtigte Männer bis zum Jahre 1653, während sich in der Zeitspanne von 1654–1688 die Bezeichnungen »Zauberin« und »Hexe« und die Bezeichnungen »Zauberer«, »Hexenpfeiffer« und vor allem »Werwolf« als Beschimpfungsmöglichkeiten abwechselten.[135] Nach 1688 richtete sich die Reihe der Beschimpfungen schließlich nur noch gegen die weiblichen Dorfbewohner, die nunmehr ausschließlich als Hexen diffamiert wurden. Auf der begrifflichen Ebene verdeutlicht die zeitliche Abfolge der Bezeichnungen für Personen, die mit Ereignissen, Sachverhalten oder Verhaltensweisen in Verbindung gebracht wurden, die die kurtrierische Landbevölkerung den Zauberinnen, Zauberern, Hexen und Werwölfen unterstellte, eine recht späte und sukzessive Übernahme des inquisitorischen Begriffes der »Hexe« für Frauen, wogegen eine adäquate Bezeichnung für Männer als »Hexenmeister« oder »Hexer« ausblieb. Statt dessen verband sich mit der Bezeichnung und Vorstellung des Zauberers auch die des Werwolfs, die allerdings in zwei Fällen ebenso Anwendung auf Frauen fand.[136] Ab den 90er Jahren des 17. Jahrhunderts schien man schließlich mit dem übernommenen Begriff der Hexe und dem Tatbestand der Hexerei nur noch Frauen in Verbindung zu bringen.

Obwohl ein direktes zeitliches Zusammentreffen von stattfindenden Hexenprozessen und gehäuft auftretenden Hexerei- und Zaubereibeschimpfungen in den kurtrierischen Gebieten nicht festzustellen, wohl aber eine gewisse zeitliche Nähe zu Hauptprozeßjahren durchaus zu bemerken ist, standen inhaltliche Vorwürfe aus derartigen Beschimpfungen weniger in Korrelation zu gerichtlich verwertbaren Indizien, die spätere Hexenprozesse auslösten. Vielmehr hatten sie Bezug zu einem ländlichen Hexenglauben, der eine klare Vorstellung und ein Bedeutungsgefüge von dem beinhaltete, was für die Dorfbewohner eine Zauberin, ein Zauberer, eine Hexe oder ein Werwolf waren oder welche Eigenschaften derartige Wesen haben mußten. Keine dieser Beleidigungsklagen, ob sie vor einem weltlichen oder einem geistlichen Gericht vorgebracht wurden, veranlaßte eine nähere Untersuchung der Vorwürfe zu Lasten des Beschuldigten oder führte gar zur Aufnahme eines Hexenprozeßverfahrens wegen angegebener und vermuteter Schadenzaubereien. In über 30 Beleidigungsfällen bezog sich die Beschimpfung allerdings direkt auf ein inhaltliches Element, das entweder dem dörflichen oder dem inquisitorischen Hexenbild entstammte. So lag etwa insgesamt elf derartigen Beschimpfungen aus der Zeit von 1583–1606 der Vorwurf der Schadenzauberei zugrunde, der nur noch in drei weiteren Fällen der Jahre 1656 und 1665 wieder auftauchte. In allen Fällen wurden jedoch die Verursacher nicht als Hexen, sondern als Zauberer oder Zauberinnen, die Tat selbst als Zauberei bezeichnet.[137] Ebenso handelte es sich bei den wenigen zwischen 1576 und 1619 überlieferten Beschimpfungsfällen, in denen der Vorwurf sich auf die Annahme einer Vererbbarkeit zauberischer Fähigkeiten stützte, immer um Wendungen in Verbindung mit dem Begriff der Zauberei, beispielsweise um die Beschimpfung als »Zaubersche Kinder«, »Zaubersche tochter«, in einem Fall sogar als Abkömmling eines »Ketzergeschlecht[s]«.[138] Seltene Beschimpfungen, die Elemente des inquisitorischen Hexenmusters, zum Beispiel die Fahrt zu einem Hexentanzplatz, aufgriffen, wurden vom jeweiligen Beleidiger gemäß seinem eigenen Hexenbild und Hexenglauben entweder umgeformt, oder man wählte Bestandteile des inquisitorischen Hexenmusters, die sowieso einen Bezug zur bäuerlichen Welt besaßen, wie etwa die Beschuldigung, einer Hexengesellschaft zum Tanz aufgespielt zu haben – eine Form der Unterhaltung, die vom ländlichen Feiertagsbrauchtum her bekannt war. Bestand in frühen Beschimpfungen dieser Art die Beleidigung in dem Vorwurf, jemand sei ein »schwarzer Pfeifer« oder ein »zaubersen pfeifer«, so tauchen ab den Jahren 1659 und 1688 Bezeichnungen wie »Hexenpfeifer« und »Hexentanzplatz«[139] auf, ohne daß jedoch mit ihrer Übernahme eine stärkere inhaltliche Annäherung an die inquisitorische Hexenvorstellung stattgefunden hätte.

Rund 40 Hexerei- und Zaubereibeschimpfungen hatten dagegen eigentliche Ehrverletzungen zum Gegenstand, wobei gerade die in

Kombination dazu auftretenden Begrifflichkeiten Hinweise auf das dörfliche Hexenbild vermitteln. In etwa 20 Fällen trat mit der Hexereibeschimpfung von Frauen auch die Bezeichnung »Hure«, in insgesamt sechs Beleidigungsklagen wegen Zaubereibeschimpfungen gegenüber Männern die Verunglimpfung als »Dieb« und »Schelm« parallel auf.[140] Weitere elf Fälle stellten mit dem Vorwurf, eine Person lüge wie eine Hexe oder Zauberin, eine Verbindung zwischen Unredlichkeit, Verlogenheit und Hexerei her.[141] Diese Art ehrenrühriger Beschimpfungen, wie sie zum größten Teil erst ab 1630, also nach der eigentlichen Verfolgungszeit und der Periode umfangreicherer Hexenbrände, in Verbindung mit der Bezichtigung als Hexe, Zauberin oder Zauberer vorkamen, verdeutlichen einen veränderten, zumindest eingeschränkten Bedeutungs- und Vorstellungskomplex des Hexenbegriffes. Eine Hexe oder Zauberin war nunmehr in dieser späteren Zeitphase für die Dorfbevölkerung der kurtrierischen Gemeinden eine vor allem sittlich verwerfliche, hinterlistige und unehrliche Person, die Verkörperung von Unmoral und Unehrenhaftigkeit, der Zauberer Inbegriff des weniger unmoralischen als ehrlosen Schurken.
Erste Beschimpfungen – auch hier zu über 64 % von männlichen Dorfbewohnern ausgestoßen – bedienten sich in den lothringischen Gebietsanteilen bis zum Jahre 1622 der Bezeichnungen »Zauberin«, »sorcière« und in einem Falle »Hechsin«, ab diesem Zeitpunkt jedoch ausschließlich nur noch der Bezeichnung »Hexe«.[142] Männer wurden demgegenüber, bis auf eine Ausnahme im Jahre 1665, durchgängig als »Zauberer« betitelt. Dabei handelte es sich bei den meisten Beleidigungsklagen vor den Amtsgerichten um die gleichen ehrenrührigen Verunglimpfungen, wie sie für den kurtrierischen Bereich aufgezeigt wurden; hingegen spielten Schadenzaubervorwürfe nur in zwei späteren Beschimpfungsfällen der 60er Jahre des 17. Jahrhunderts eine Rolle.[143]
Hexerei- und Zaubereibeschimpfungen schienen daher in den lothringischen Herrschaftsteilen des Saarraumes über den Zweck einer verletzenden Beleidigung hinaus keine tatsächlichen Diffamierungen nach Bedeutungselementen des ländlichen Hexenglaubens zu beinhalten. Sie drückten in ihrer Kombination mit den wohl schlimmsten Schimpfwörtern damaliger Zeit – Hure, Dieb und Schelm – eher nur die Verachtung und Geringschätzung von Hexen und Zauberern durch die Dorfbevölkerung aus. Die Hexenangst selbst verschaffte sich dagegen in der strafrechtlichen Verfolgung, der Denunziation und Vernichtung

der Agenten Satans auf dem Scheiterhaufen gerade in diesem Gebiet ein deutliches Ventil.
Hexereibeschimpfungen erstreckten sich in der Grafschaft Nassau-Saarbrücken über den Zeitraum von 1535–1734, allerdings lassen die beträchtlichen Überlieferungslücken zwischen 1581 und 1620 sowie von 1631 bis zum beginnenden 18. Jahrhundert eine Verteilungsanalyse nicht zu. Augenfällig ist dennoch, daß hier Männer wie Frauen gleichermaßen zu Hexereibeschimpfungen bereit waren, wogegen derartige Vorwürfe, mit einer Ausnahme im Jahre 1609[144], ausschließlich Dorfbewohnerinnen trafen. Sie wurden bereits sehr früh und durchgängig als »Hexin« oder »Hexe« bezeichnet. Entsprechend handelte es sich bei dem einzigen Mann, dem eine Hexereibeschimpfung zugedacht wurde, um einen »Hexenmeister«. Diese Überrepräsentanz von Frauen stand damit nicht nur in Korrelation zur besonders intensiv gegen Frauen gerichteten Hexenverfolgung dieses Gebietes, sondern dürfte vor allem mit in der Tatsache gegründet haben, daß es sich bei den Hexereibeschimpfungen in über 70% der Fälle um schwerwiegende Schadenzaubervorwürfe handelte, die ja in dieser Region auch im Zusammenhang mit Hexendenunziationen und Zeugenaussagen in Hexenprozessen vor Gericht in weitaus größerem Maße auf verdächtige Frauen fielen. Schon früh hatte sich hier die Koppelung von Zauberei und Schadenstiftung auf die Kombination von Hexerei und Schadenzauber übertragen.
Inhaltlich schlossen Hexereibeschimpfungen den Vorwurf der Blindhexung, des Butterzaubers, der Krankhexung von Menschen und Tieren sowie die Luftfahrt mit ein. Derartig massive Schadenzaubervorwürfe finden sich in der Grafschaft durchgehend bis in die 20er Jahre des 18. Jahrhunderts. Auffallend ist für den nassauischen Bereich, daß Hexereibeschimpfungen hier durchaus an die Grenze zur Hexendenunziation stießen, vielleicht sogar wegen der Schärfe ihrer Anschuldigungen und zur Vermeidung von Hexenprozessen als einfache Beleidigungsklagen vor die Amtsgerichte gelangten.
Sowohl von den frühen Zaubereiverdächtigungen seit 1558 als auch von späteren Hexereibeschimpfungen waren über die gesamte Zeit ihres Auftretens in den Gemeinden des Herzogtums Pfalz-Zweibrücken fast ausschließlich Frauen betroffen, die in Zaubereiverdächtigungen durchgängig als »Zauberinnen« oder der »Zauberey« bezichtigte Personen bezeichnet wurden. Dagegen änderte sich die Benennung ab 1596 bis zum Jahre 1620, als nunmehr entweder die Doppelbezeich-

Abbildung 3: Butterhexe mit Teufeln, Fresko aus der St. Katharinen-Kirche Schönemoor, 15. Jahrhundert

nung »Hexe und Zauberin« auftrat, die darauf hindeutet, daß mit den beiden Begriffen eine jeweils andere Vorstellung verbunden war oder eine der Benennungsmöglichkeiten allein, überwiegend dann die Bezeichnung »Hexe«, gewählt wurde. In der Spätphase der 60er und 70er Jahre des 17. Jahrhunderts existierte schließlich nur noch die Beschimpfung als Hexe.

Mit der Bezeichnung als Zauberin und dem Begriff der Zauberei in vor den Kirchenbehörden verhandelten Zaubereiverdächtigungsfällen verbanden sich im pfalz-zweibrückischen Raum Vorwürfe von ausgeübten Schadenzaubereien, die von der Blindhexung über die Krankhexung bis hin zur Tötung durch Zauber reichten, stets aber von hinzugezogenen gerichtlichen Behörden überprüft wurden. Die Betonung einer durch ein Hexengeständnis vorliegenden Besagung und die Berufung auf ein allgemein verbreitetes Gerücht von den Zauberfähigkeiten der beschuldigten Person, dem in mehreren Fällen durch die Amtleute und Kellner nachgegangen wurde, blieben hier jedoch ebenso ergebnislos wie die Überprüfung von Schadenzaubervermutungen.[145] Demgegenüber handelte es sich bei den späteren Beschimpfungsverfahren vor weltlichen Gerichten weitestgehend um Beleidigungsklagen, in denen die Bezeichnungen Hexe und Zauberin als Schimpfwörter zurückgewiesen wurden, wobei allerdings der Vorwurf eines unmoralischen Lebenswandels durch die Beschimpfung als »Hure« immer nur in Kombination mit dem Begriff Hexe auftrat.[146]

Andererseits fehlte in Beschimpfungsangelegenheiten, die neben der Bezeichnung Hexe auch den der Zauberin anführten, nie der Vorwurf der Schadenzauberei.[147] Ähnlich wie in der Grafschaft Nassau-Saarbrücken dürfte im zweibrückischen Gebiet die stärkere Bereitschaft zur Verfolgung von Frauen und die weibliche Besetzung der Hexerei, hier jedoch besonders der Zauberei, die wiederum mit der Ausübung von Schadenzauber gleichgesetzt wurde, den Grund zur Bereitschaft von Zaubereiverdächtigungen, Hexerei- und Zaubereibeschimpfungen besonders gegenüber Frauen geliefert haben. Der Begriff »Hexe« schien jedoch im Zweibrückischen viel stärker eine sittlich-moralisch verwerfliche Frau als eine zum Sabbat reitende Teufelsbuhlerin zu beinhalten.[148]

Außer für die Grafschaft Nassau-Saarbrücken, in der bereits sehr früh und ausschließlich die Begriffe Hexe, Hexer oder Hexenmeister existierten, kann für alle anderen Landesteile des Saarraumes eine allmähliche Begriffsverschiebung ausgemacht werden: Spätestens seit den

50er Jahren des 17. Jahrhunderts hatte die Bezeichnung »Hexe« die der »Zauberin« abgelöst, während sich der Begriff »Zauberer« durchgängig erhalten konnte. Inhaltlich verbanden sich mit dem Begriffsfeld der Zauberei, sehr viel stärker als mit dem der Hexerei, Vorwürfe des Schadenzaubers und Elemente der traditionellen Zaubereivorstellung. Die erst nach dem Ende der Verfolgungsperiode auftretende Bezeichnung »Hexe« schien dagegen, vor allem in Verbindung mit den Vorwürfen der Hurerei und Verlogenheit, zum Synonym weiblicher Unmoral und Unehrenhaftigkeit geworden zu sein. Parallel zur Bezeichnungsveränderung ergibt sich damit auch ein Bedeutungswandel, der eine Ablösung des Zaubereibegriffs der Verfolgungszeit und der ihm besonders in dieser Periode zugeordneten Schadenzaubervorstellungen durch die Bezeichnung »Hexe« und die dieser Benennung inhärenten sittlich verwerflichen und ehrlosen Eigenschaften in der Endphase und nach Beendigung der Hexenprozesse beinhaltete.

Die Verfolger: Dörfliche Hexenausschüsse und »gute Nachbarn«

Im Saarraum wurden Hexereiverdächtigungen mit nur wenigen Ausnahmen[149] von gemeindlich bestimmten Hexenausschüssen, die eine Art dörfliche Inquisition betrieben und Eigeninitiativen zur Bekämpfung überhandnehmender Hexereibeschuldigungen entwickelten, vor den herrschaftlichen Hochgerichten anhängig gemacht. Die Tatsache einer von der Bevölkerung ausgehenden Verfolgungsaktivität gegenüber Hexen und Zauberern erfordert eine nähere Untersuchung dieser kommunalen Vertreterschaften alter Tradition, handelte es sich bei diesen Ausschüssen doch um ein durchaus auch in anderen Zusammenhängen gebräuchliches und für die unterschiedlichsten Aufgabenbereiche speziell von den wahlberechtigten Gemeindemitgliedern berufenes Kollektivorgan. Nur war es in diesem Falle einzig mit der Bewältigung des ganz neuen, aber um so beängstigenderen Problems der zunehmenden Hexerei in den Dorfgemeinden betraut.
Als um das Jahr 1540 die 21jährige Dienstmagd des Gerichtsschöffen Becker Diebold aus Habkirchen, ein ansonsten redliches, ehrliches Mädchen aus St. Wendel, ohne ersichtlichen Grund drei Tage lang sprachlos zu Bette lag und »endlich durch Gottes Hilf und Mittel eines von Meister Hans zubereiteten und ihme eingegebenen Trunk der

Sprach wieder habhaft worden«, ließ es zunächst den Kirchendiener, später die drei Gerichtsschöffen und den Scharfrichter des Ortes, Meister Hans, zu sich kommen, um diesen das nächtliche Erscheinen von vier Frauen an seinem Bett anzuzeigen, die – sie hatte alle vier als Bewohnerinnen des Ortes identifizieren können – versucht hätten, ihr einen Trunk einzuflößen und sie mit Worten zu bezaubern.[150] Die Gerichtsschöffen mitsamt dem Scharfrichter, die das Mädchen und die von ihr nach Erscheinen der Zauberinnen ausgeschiedenen Glasstücke, Haare und »andere seltzame verworrene Materie mehr« in Augenschein genommen hatten, waren es wiederum, die daraufhin ein Bittgesuch zur Bestrafung derartiger »freventliche[r] übertretungen« an Johann Friedrich von Eltz, den Amtmann zu Blieskastel, verfaßten.
Nachdem in einem anderen Fall 1558 Margreth von Hanweiler, eine ursprünglich von Schaumberg zugezogene Frau, in den Verdacht der Zauberei geriet, wurde der Brudermeister des Ortes mit ihrer Beobachtung und der Sammlung von Indizien beauftragt, die er an den Kellner zu Nohfelden weiterleiten sollte.[151] Und als im selben Jahr zwei weitere Frauen in Thallichtenberg öffentlich der Zauberei besagt worden waren, war es der Amtmann von Meisenheim, der den Fall vor die Obrigkeit brachte.[152] »Von Bilschen Debolds fraue zu Muschbach zeigt der Schultheis an«, heißt es in einem Bericht über die Kirchenvisitation von 1567 in Brenschelbach, »daß er vor ettlich jaren sie auß bevelch der oberkeit, da sie der zauberey bezichtiget, gefencklich gehn Zweybrükken fueren hab mussen«.[153]
Die Beispiele zeigen, daß es in der Frühphase erster Zaubereiverdächtigungen – die in der Regel der Kirchenbehörde mitgeteilt wurden, in sehr gravierenden oder Wiederholungsfällen jedoch auch herrschaftliche Aufmerksamkeit erregten – zum Zuständigkeitsbereich obrigkeitlicher Beamter und des Gerichtspersonals gehörte, Zaubereivorwürfen nachzugehen und ausreichend verdächtige Personen den herrschaftlichen Gerichten zu übergeben. Ein gemeindliches Ausschußwesen war zu diesem Zeitpunkt noch ebenso ungebräuchlich wie die Anklage eines Verdächtigen durch die gesamte Bewohnerschaft einer Gemeinde. Mit der Etablierung des Hexenglaubens in den Dörfern des Saarraumes seit den 80er Jahren des 16. Jahrhunderts schien jedoch der Wunsch nach einer vermehrten Ahndung des Hexereideliktes anzuwachsen, was zugleich zur Ausbildung gemeindlicher Hexenausschüsse besonders in den pfalz-zweibrückischen, den kurtrierischen, den nassauischen und den zwischen zwei Landesherren geteilten Gebieten, erst später und

vereinzelter auch in lothringisch verwalteten Hochgerichtsbezirken, führte. So treffen wir erstmals um 1589/90 im pfalz-zweibrückischen Hochgericht Neunkirchen/Nahe im Zusammenhang mit der Anklage von vier Personen aus Selbach wegen Zauberei auf folgende Eintragung: »In sachen der Zauberey etzlicher hingerichter personen im hochgericht Neunkirchen: Erstlich daz gewiß im jar 1589 in dem hochgericht Neunkirchen under den underthanen sich ausschuß erhoben, so zum oftermal bey gemeinen hochgerichtshern umb ettliche gedachte personen der Zauberey inziechung und Exequirung angehalten.«[154] Nachweislich existierten im Neunkircher Hochgericht derartige Ausschüsse unbeschadet mehr als 40 Jahre weiter, entstanden aber auch in den zweibrückischen Hochgerichtsbezirken Bosen und Zweibrükken.[155] Fast zur gleichen Zeit, im Jahre 1588, machten die Ausschüsse der Pflege Saargau vor dem Merziger Hochgericht drei Prozesse wegen Zauberei, der verordnete »außschuß der gantzen gemeindt keuchingen und Mettloch« einen Zaubereiprozeß beim selben Gericht anhängig.[156] Insgesamt existierten im zwischen Kurtrier und Lothringen geteilten Kondominium Merzig-Saargau mindestens acht derartige Ausschüsse, deren rege Tätigkeit erst mit dem relativ frühen Ende der Hexenprozesse in diesem Gebiet erlosch. Im Nalbacher Tal, einem ebenfalls von Kurtrier und Lothringen gemeinsam verwalteten Gerichtsbezirk, hatte auf die Bitte der Untertanen 1591 noch einer der Hochgerichtsherren, der trierische Amtmann zu Grimburg, eine Person wegen Zaubereiverdachts inhaftieren lassen; spätestens seit 1602 agierten aber auch hier nachweislich gemeindliche Ausschüsse in den Dörfern Nalbach, Körprich, Bilsdorf, Diefflen und Piesbach.[157]
Während für die kurtrierischen Gebiete außerhalb des Saarraumes die Musielsche Sammlung bereits für die Jahre 1588/89 die Existenz und Tätigkeit von Ausschüssen in den Gemeinden Fell, Issel, Lorscheid, Walscheid, Meinrath, Hurell und Lorsch bestätigt, sind sie für saarländische Hochgerichte unter kurtrierischer Landesherrschaft zwar erst ab 1593 belegbar, waren wohl aber bereits zuvor dort etabliert.[158] Ausschüsse gab es in den kurtrierischen Dörfern Mandern, Niederkell, Wadern, Weierweiler, im Hochgericht Schwarzenburg, den Gemeinden Reinheim, St. Wendel, Wahlen und Blieskastel.[159]
Noch 1578 war es in der Grafschaft Nassau-Saarbrücken üblich, daß die Herrschaft den Befehl zur Inhaftierung einer der Zauberei verdächtigen Person erteilte, ohne vorher vom gemeindlichen Ausschuß dazu aufgefordert worden zu sein. Spätestens ab 1595 hatte sich aber auch in

den Hochgerichtsbezirken der Grafschaft ein aktives Ausschußwesen entwickeln können, das vor allem im Hochgericht Uchtelfangen, aber auch in benachbarten Dörfern dem Hexenwesen sehr rege entgegenzuwirken suchte.[160] Schließlich fanden sich ebenfalls in den lothringischen Gebieten des Saarraumes gemeindliche Ausschüsse, die sich speziell mit der Verfolgung von Hexen beschäftigten; sie kamen allerdings zu unterschiedlichen Zeitpunkten, meist erst im 17. Jahrhundert, und nicht so zahlreich zum Einsatz wie in den anderen saarländischen Regionen. Ein Interesse an der juristischen Verfolgung des Hexereideliktes durch die Bewohner des Ortes Pachten, der der Hochgerichtsbarkeit des Deutschen Ordens in Beckingen unterstand, manifestierte sich bereits 1575, als zwei Frauen aus Pachten wegen Zaubereiverdachts von den Dorfbewohnern zum Hochgericht nach Beckingen geführt wurden. Zwar war die Komturei Beckingen ein freies, lehnsunabhängiges Rittergut des Deutschen Ordens, der Hochmeister dieses Ordens hatte aber im Zusammenhang mit bereits erwähnten Hochgerichtsfällen eine den Forderungen des lothringischen Herzogs entsprechende rechtliche Unterordnung unter die Kontrolle des Obergerichtshofes in Nancy angeordnet.[161] In den lothringischen Hochgerichten Schwarzenholz, Düppenweiler und Honzrath traten Hexenausschüsse des öfteren in Erscheinung: 1603 leiteten »khell hansen und landtwein Petern dero gemeindt Duppenweiler außschöß Clegern« einen Hexenprozeß gegen eine Dorfbewohnerin namens Putz Catharina ein, der wenige Tage später mit der Exekution der Angeklagten endete.[162] Im Hochgericht Schwarzenholz strengten die beiden Ausschußmitglieder des Schwarzenholzer Gemeindeausschusses Meyer Cuntz und Clain Jackel 1611 allein drei Prozeßverfahren wegen Hexerei an, die vom Fraulauterner Kloster als Hochgerichtsinstanz angenommen und durchgeführt wurden.[163] Die jedoch nur sporadisch und in wenigen Bezirken der lothringisch verwalteten Region des Saarraumes auftretende gemeindliche Hexeninquisition der Ausschüsse[164] läßt darauf schließen, daß in den lothringischen Gerichtsbezirken, ebenso wie im Herzogtum selbst, Hexenverfolgungen prinzipiell eine Angelegenheit der weltlichen Obrigkeit und ihrer Vollzugsbeamten bleiben sollten, auch wenn explizite Verbote des Ausschußwesens oder herrschaftliche Maßnahmen zur Unterdrückung der Bildung derartiger Gemeindeorgane nicht nachweisbar sind. Das weitgehend einstimmige Interesse lothringischer Lehns- und Amtleute an der Verfolgung von Hexen und Zauberern und der Durchführung von Hexenprozessen erübrigte darüber hinaus vielleicht gerade in den lothringischen Hochgerichtsbezirken die notwendige Ausbildung immer neuer Hexenausschüsse, deren Tätigkeit für die Gemeinden durchaus auch eine Kostenfrage war.

Welche Art Institution bildeten nun diese Ausschüsse, und welche Mitglieder rekrutierten sie aus den Dorfgemeinden? Waren es wirklich herrschaftlich unabhängige Interessenkörperschaften der Bevölkerung, in deren Vorgehen, Verhalten und Argumentation sich die Gedanken, Gefühle, die Wünsche und der Wille der ländlichen Gemeinschaft eines Ortes widerspiegelten? Die wenigen Zeugnisse über ihr Zustandekommen und Wirken lassen dies vermuten:

Um das Jahr 1627 schien im Amt Grimburg wieder einmal das Hexenwesen überhandnehmen zu wollen. Menschen waren zu Schaden gekommen, Vieh war verendet, und zudem schien sich auch eine Mißernte anzukündigen. Vor allem in den Gemeinden Niederkell und Mandern waren in diesem Jahr bereits sechs Hexen, vier Frauen und zwei Männer, verbrannt worden, und weiteren Personen, durch sie mitangeschuldigt, wollte man den Prozeß machen.[165] Zu dieser Zeit trafen sich die Gemeinden unter der Dorflinde, dem gemeindlichen Versammlungs- und Gerichtsplatz, um über weitere Vorgehensweisen und Aktivitäten zur Bannung der Hexengefahr zu beraten. Dem Zufall, der Tatsache nämlich, daß einer der Anwesenden, der sich gegen die fortgesetzte Verfolgung von Hexen aussprach, nur wenige Monate später selbst zum Angeklagten eines Hexenprozesses werden sollte, ja dem seine frühere Weigerung auch noch als Indiz der Zugehörigkeit zur Hexensekte ausgelegt wurde, verdanken wir einige wenige Anhaltspunkte über das Zustandekommen und die Wahl der Dorfausschüsse.[166]

Die Gemeindemitglieder von Niederkell und Mandern fanden sich also im Herbst 1627 zu einer Lagebesprechung unter der Manderner Dorflinde ein, da in den bereits eingeleiteten Hexenprozessen auf der Grimburg schon über 30 Personen aus den Orten Mandern, Niederkell und Schellingen mitangeschuldigt worden waren, die vorher zum Teil in öffentlichem Verdacht standen. Trotz der Hinrichtung zweier Frauen aus Niederkell hatte sich an der miserablen Lage der Dorfbewohner nichts geändert. Wie üblich in derart ausweglosen Situationen, war ein Großteil der Bewohner bereit, wieder einmal »ausschuß zuerkusen, die Zauberer zuverfolgen«. Es scheint uralte Tradition gewesen zu sein, daß die wahlberechtigten männlichen Dorfmitglieder aus ihrer Mitte

Vorschläge machten, die dann zur Abstimmung gelangten, wobei die Dienstzeit der beiden mehrheitlich gewählten Ausschußmitglieder wohl nicht länger als ein Jahr, vielleicht auch nur ein halbes Jahr dauerte. Wir treffen von März bis Dezember 1628 jedenfalls im Hochgericht Mandern nur noch zum Teil auf dasselbe Ausschußpersonal, zum Teil auf neue Namen.[167]

In den im Herbst des Jahres 1627 in Mandern aufgestellten Ausschuß wurde auch Marx Claser aus Mandern gewählt, der die Wahl mit den Einwänden zurückwies, die Hexenverbrennung von zwei Verdächtigen, Kremers Gertraudt und Potters Sunnen, hätte keinerlei Verbesserung gebracht, es sei ganz im Gegenteil nur schlimmer geworden, und »die oberkeit wußte nuhn woll who die zauberer wheren, als der außschues unnottig«, da so viele Anschuldigungen durch die Verurteilten bereits vorlägen. Letztendlich gab jedoch auch Marx Claser, auf das Zureden und den massiven Druck der Gemeindemitglieder hin, »Handtastung« zu diesem Amt. Die kommunale Aufgabe, Ausschußmitglied eines Dorfes oder Hochgerichtsbezirkes zu sein, war also eine zwiespältige: Einerseits war sie notwendig, von kollektivem Interesse und deshalb sozial honoriert; sie bot zugleich Schutz vor Verdächtigungen, da ein Ausschußmitglied sich sichtbar für den ganzen Ort für die Ausrottung von Hexen und Zauberern einsetzte und verdient machte. Andererseits war eine derartige Aktivität immer auch mit dem Risiko verbunden, selbst Opfer einer Mitanschuldigung durch Personen zu werden, die man irgendwann einmal als Ausschußmitglied der Obrigkeit angezeigt und übergeben hatte. Dieses Schicksal traf nicht nur Ausschußpersonen selbst, sondern auch deren Familienmitglieder. Umgekehrt stellte der Verdacht, selbst ein Zauberer zu sein oder einem Zauberergeschlecht anzugehören, weil bereits mehrere Angehörige als Hexen verurteilt worden waren, keinen Ausschlußgrund von diesem öffentlichen Amt dar.[168]

Auf den ersten Blick scheint die Wahl von gemeindlichen Ausschüssen zur Verfolgung von Hexen und Zauberern eine auf traditionellen kommunal-demokratischen Grundregeln basierende Angelegenheit gewesen zu sein, ebenso wie ihr Wirken von obrigkeitlichen Eingriffen unbehelligt blieb. Der Fall des Marx Claser aus Niederkell verdeutlicht jedoch, daß das Ausschußamt kein besonders begehrtes, lukratives Geschäft vor allem in jenen Hochgerichten war, die nach der »Carolina« keine Gewinne aus der Hinterlassenschaft verurteilter Hexen ziehen durften. Denn nach Clasers Ablehnung standen nicht etwa andere be-

reit, die das Amt übernommen hätten, sondern es blieb nichts anderes übrig, als den Drückeberger in die Pflicht zu zwingen. Die Zeugenaussagen im Falle Clasers geben zugleich aber auch eindeutige Hinweise darauf, daß es sich bei den Dorfausschüssen, die seit den 80er und 90er Jahren des 16. Jahrhunderts mehrheitlich in den saarländischen Herrschaftsbereichen entstanden, um tatsächlich von der örtlichen Obrigkeit unabhängige Interessenzusammenschlüsse und Abordnungen ganzer Dorfgemeinschaften handelte, die ohne Zutun und Vorschlagsrecht der Herrschaft ihre Mitglieder aus den eigenen Reihen rekrutierten und auch auf den alleinigen und gemeinsamen Wunsch der Dorfbevölkerung hin gebildet und mit Befugnissen ausgestattet wurden.
Über soziale Herkunft, ökonomische und familiäre Verhältnisse der einzelnen Ausschußmitglieder sind, wenn sie überhaupt in den Quellen mit Namen genannt werden, nur sehr spärliche Angaben zu finden. Der in allen Hochgerichtsbezirken nachweislich häufige Amtswechsel der Ausschußmitglieder machte es jedoch notwendig, wohl nahezu alle amtsberechtigten männlichen Dorfmitglieder irgendwann einmal zu berücksichtigen. Zumindest bei sämtlichen identifizierbaren verordneten Ausschüssen scheint es sich um ehrbare, unbescholtene Dorfmitglieder gehandelt zu haben, die sich weder an dörflichen Streitigkeiten beteiligt, keine unehrlichen Berufe ausgeübt noch sich auf dem magisch-abergläubischen Gebiet oder bei Hexenbeschimpfungen besonders hervorgetan hatten. Es finden sich weder Hinweise in Amtsprotokollen, in denen Hexereibeschimpfungsfälle aktenkundig geworden waren, noch Angaben in anderem Zusammenhang, die auf eine besondere Stellung des einen oder anderen Ausschußmitgliedes innerhalb der Gemeinde deuten. Als Vertreter der Gemeinden galten sie auch der Obrigkeit als ehrenhaft und ehrsam, Zusätze, mit denen sie nicht selten in den herrschaftlichen Prozeßprotokollen tituliert wurden. Vielleicht war es ihr guter »Amtsruf«, der sie in der Regel eher vor Hexereibeschuldigungen und Mitanschuldigungen in Hexengeständnissen bewahrte, da keiner der tatsächlich ergangenen Anschuldigungen ein Prozeß folgte, ja die vernehmenden Richter gerade in derart offensichtlich aus Rache verübten Beschuldigungen gegen Ausschußmitglieder auf eine in anderen Fällen unübliche sofortige Konfrontation oder ein nochmaliges Überdenken der Mitanschuldigung drängten. Im Bekenntnis der Anna Scheffer aus Niederkell, die in ihrem Prozeß 1628 das Ausschußmitglied Potter Theis, ebenfalls ein Dorfmitglied, mitbesagt hatte, hieß es, »daß sie Potter Theißen, ausschuß auch uff der

Dantzplatz gesehen, aber ermanth und circumstantialiter anzeigh zuthun, sagtt, eß seie ein verblentes Werckh, ... wiße sonsten nichts boses von ihme«.[169] Als 1593 Lauers Barbell von Merchingen den Merchinger Ausschuß Schieffer Heinrich mitbeschuldigte, kam es zu einer direkten Begegnung beider, wobei Barbell bei ihren Vorwürfen blieb, Schieffer Heinrich jedoch alle Angaben mit den Worten abstritt, »sie Barbell beliege innen aus grossem neydt und haaß«.[170] Ihre Aussage, auf die hin sie sogar den Tod erleiden wollte, blieb auch diesmal für das Ausschußmitglied ohne Konsequenzen.

In den saarländischen Gebieten Kurtriers, Pfalz-Zweibrückens und Nassau-Saarbrückens, den lothringischen Hochgerichtsbezirken, in denen sich das Ausschußwesen etabliert hatte, und in Regionen unter geteilter Gerichtsbarkeit hatten die Gemeindeausschüsse den dörflichen Auftrag zur Vorbereitung, Einleitung und Überwachung kollektiv erwünschter und befürworteter Hexenprozesse. Die je nach Größe des Ortes und Hochgerichtsbezirkes mit ein bis vier Personen besetzten Vertreterschaften, über deren persönliche Lebensumstände auch Steuer-, Einwohnerlisten und Visitationsberichte keine näheren Auskünfte erteilen, waren kollektiv dazu legitimiert, Verfolgung und gerichtliche Einleitung des strafrechtlichen Weges in Hexereifällen vorzubereiten – Aufgaben, die in anderen deutschen Territorien den obrigkeitlichen Hexenjägern und herrschaftlichen Beamten zufielen. »Es werden Euer gnaden sich gnedig zu entsinnen wissen«, schrieb der Amtmann des nassauischen Hochgerichts Uchtelfangen 1595/96 an den Grafen von Nassau-Saarbrücken, »welcher gestalt die underthanen des gemeinen hochgerichts Uchtelfangen sich einmiettiglich entschlossen mit hilff und beystand gemeiner oberkeit des ortts, das Laster der Zauberey wie dan an andern benachbartten Ortten beschehen auszurotten, auch daruber unter innen etliche außschütz erwelt, welche solches bey gemeiner oberkeitt gespürlicher weisse anspringen sollen ... Dieweill dan offtgemelte ausschütz ein weibs person, so uns mitt Leibaigenschafft zugehort, gnugsam verhafft, auch solche punkten und Inditia der Zauberey uff sie erwissen, das nachdem wir solche ... klag punkten bey Rechtsgelehrten consultiern habenn lassen nicht umbgehen können, sonder uff gnugsam caution und bürgschafft solche unsere Leibaigene Person angreiffen miessen«.[171] Es war also Sache der Hexenausschüsse, Verdächtigungen, gemeindlichen Gerüchten und Besagungen durch andere Hexen nachzuspüren, Beweismittel und Zeugen zu beschaffen, die vor Gericht genügend Aussagekraft hatten, und die

»Verklagpunkte« im Namen der Einwohnerschaft des gesamten Dorfes der Obrigkeit, deren Amtleuten oder Gerichtspersonen vorzutragen. Meistenteils entschied nach einer Prüfung der Indizien zwar das Schöffenkollegium oder eine übergeordnete Instanz, etwa die Obersten Gerichtshöfe in Trier, Saarbrücken und Nancy, ob eine Festnahme erfolgen sollte, manchmal unternahm jedoch der Ausschuß bereits eine vorläufige Arrestierung der Verdächtigen. Da die Ausschußmitglieder als Bürgen für die Zahlung der aufgegangenen Gerichts- und Unkosten fungierten, die zugleich die Verpflichtung eingingen, derartige Kostensummen bei Hinterbliebenen der Hingerichteten oder der Gemeinde einzutreiben oder aber im Falle einer Ablehnung der Anklage beziehungsweise der Freisprechung die angefallenen Kosten bei den Gemeindemitgliedern einzuziehen, waren sie erst dann zu einer Weitergabe der Beweispunkte und einer offiziellen Anklage von berüchtigten Personen bereit, wenn mit der Annahme des Prozesses gerechnet werden konnte. Das neue Strafverfahren des Inquisitionsprozesses unterstützte dabei durch Verzicht auf Privatkläger diese genossenschaftliche Eigeninitiative zur Hexenjagd.

Das Stattgeben eines Hexenprozesses beinhaltete gleichzeitig den Befehl zur Gefangennahme und Inhaftierung der vermuteten Hexen und Zauberer, was in den meisten saarländischen Gemeinden zum Aufgabenbereich der Ausschüsse gehörte. Es waren so etwa die Ausschußmitglieder Theißen Peter und Potter Theis aus Niederkell, denen nach Vorlage der Indizien gegen Stephan Meyers Frau und Marx Claser vom Burggrafen auf Grimburg befohlen wurde, »sich mit den schutzen gefast zu machen« und die verklagten Personen »in gewarsamb gefencklich zunehmen, nacher Grimburgh in den kercker zufhuren«.[172] In anderen Fällen konnten auch die Schützen oder der Meier zusammen mit den Schützen den »Angriff« vornehmen, so daß die Verhaftung und Einkerkerung der Beschuldigten nicht zwangsläufig zum Aufgabenfeld der Ausschußmitglieder gehören mußte.[173]

Immer jedoch war es das Hauptanliegen der gemeindlichen Hexeninquisitoren, möglichst eindeutige Beweise zu sammeln, schriftliche Bestätigungen in Form von Prozeßauszügen bereits angeklagter oder hingerichteter Hexen zu beschaffen, in denen die verdächtigte Person mitangeschuldigt wurde, und genügend Belastungszeugen, die die vorgebrachten Anklagepunkte als wahr und richtig bestätigten oder ergänzten, zu gewinnen. Bei den öffentlichen, im Namen der ganzen Gemeinde vor Gericht schriftlich eingereichten Beschuldigungsartikeln handelte es sich zumeist um Ergebnisse von Recherchen, die die Ausschüsse in den Dörfern vorgenommen hatten. Es ging um die Systematisierung dörflicher Gerüchte, Verdächtigungen, Spekulationen und tatsächlicher Geschehnisse sowie um die Wiederbelebung alter Streitigkeiten, Beleidigungsfälle und sozialer Konflikte und neuer oder weiter zurückliegender Besagungen durch überführte Hexen. Den Ausschußmitgliedern oblag daher die Vernehmung von möglichen Zeugen und die Anhörung von Informanten, die Überprüfung vermuteter Schadenzauberfälle, manchmal mit Hilfe örtlicher Hexenkundiger, von Scharfrichtern oder Abdeckern, die den unnatürlichen Tod von Tieren untersuchen sollten, sowie die Kontaktaufnahme mit den Amtsstuben und Gerichtspersonen, die Hexenprozeßprotokolle oder Hexereibeschimpfungsakten verwalteten, sofern diese als Beweismittel angefordert werden mußten. Vielerorts stand den zumeist schreibunkundigen Gemeindevertretern ein juristisch geschulter herrschaftlicher Anwalt oder Notar zur Seite, der die Korrespondenzen erledigte, Abschriften anfertigte und eventuelle Streitigkeiten mit der Obrigkeit, etwa bei Kostenbegleichungen, regelte. Dies alles setzte eine rege Unterstützung durch die Gemeindemitglieder voraus, die nicht nur eine Bereitschaft zur Information, Denunziation und öffentlichen Beschuldigung einer Person mit dem Risiko, des Meineides überführt und bestraft zu werden, eingehen mußten, sondern auch eine finanzielle Hilfe und Verbürgung zur Zahlung der ausstehenden Unkosten zu leisten hatten.

Gerade letzterer Punkt gehörte wesentlich zum Aufgabenbereich der Ausschußmitglieder, da ein Prozeß ohne die gemeindliche Zusage einer Kostenübernahme in Fällen, in denen die Angehörigen der Verurteilten die Höhe der veranschlagten Gerichtskosten nicht aufbringen konnten, nicht oder nur widerwillig von den Gerichten angenommen wurde. Dies galt allerdings nicht für die Ausschußmitglieder derjenigen lothringischen Herrschaften, in denen sich das Ausschußwesen ebenfalls verbreitet hatte, da hier das gesamte Vermögen überführter Hexen eingezogen und davon auch die Gerichtskosten beglichen wurden. In den übrigen Regionen unter kurtrierischer, zweibrückischer, nassau-saarbrückischer und geteilter Hochgerichtsbarkeit fungierten daher die Ausschüsse als Bürgen der Gemeinden oder als Beauftragte der Orte, die für die Angabe von Bürgen sorgten, wenn zusätzliche Zeugenverhöre anstanden oder die Unkosten das übliche Maß zu übersteigen drohten.[174] Nach der erfolgreichen Beendigung eines Hexenprozesses, in dem die Ausschußmitglieder zunächst als formelle Ankläger eines

Ortes oder einer Gemeinschaft, als Bürgen für die fiskalische Begleichung anfallender Kosten sowie mancherorts in polizeilicher Funktion als mit der Verhaftung und Inhaftierung beauftragte Gemeindevertreter agiert hatten, war es ihre Pflicht, für die Erstattung aller ausstehenden Unkosten, die die Familie des Hingerichteten nachweislich nicht erbringen konnte, Sorge zu tragen. So war bei Hexenprozessen am Neunkircher Hochgericht 1592 eine Summe von 851 Gulden an Unkosten zusammengekommen, wobei es die Aufgabe der Ausschußmitglieder war, 527 Gulden bei den Angehörigen der Verbrannten einzutreiben, den restlichen Betrag, der von Gemeindemitgliedern bereits vorgelegt worden war, vom zuständigen Hochgerichtsherrn, Georg Wilhelm von Soetern, wieder zurückzuverlangen.[175] Diese Kostenbeteiligung der Herrschaft, die nach der »Carolina« dann einsetzte, wenn Verwandtschaft und Gemeinde unvermögend waren, schien von den Ausschußpersonen besonderen Einsatz zu verlangen. Im geschilderten Fall hieß es in einem Beschwerdebrief der Ausschüsse an den zweibrücker Herzog über die noch ausstehenden Rückerstattungen, daß sie »von ietzgerürtem Junckern zu großem schadenn allerdings noch unbezahlt aussenn stehenn, inn betrachtung wir etlich gellt hierzu entlehnt. ... wir auch den Schuldtleutenn dasselb zum theil noch schuldig, undt wegenn deß nitt halttenns, inn grossenn schaden gefürt worden, wiewohl wir auch bey gedachtem Junckern des ausstandts halben angehalttenn, so hatt unß doch noch nichts erfolgen wollen«.[176] Andererseits wurden die Ausschußmitglieder selbst, sofern die Familien der Verurteilten oder die Gemeinde keine Kosten zahlten, als gemeindliche Bürgen von der Herrschaft belangt und um Zahlung der Gelder ersucht. Als 1602 die wegen mehrerer Hexenverbrennungen im Hochgericht Uchtelfangen noch immer ausstehenden »altten unkosten« nicht beglichen waren, erging das herrschaftliche Urteil, die Ausschußmitglieder zunächst zur Eintreibung der zu zahlenden Kosten für den Lebacher Wirt, den Hochgerichtsmeier und mehrere andere Personen anzuhalten, das dann jedoch noch »säumige« Geld durch die Meier »von dem ausschuß zu pfenden«.[177] In der Praxis kam es zu derartigen Maßnahmen der Herrschaft gegenüber verordneten Gemeindeausschüssen wohl nicht, zumindest fehlen Hinweise auf die Verarmung oder Enteignung von ehemaligen Ausschußpersonen oder deren Inhaftierung aufgrund noch offener Gerichts- und Unkostenforderungen, die die Landesherren oder deren Beamte eingefordert hatten. Derartige gerichtliche Vorgehensweisen der Obrigkeit hatten vielmehr eher den

Stellenwert von Drohgebärden und Machtdemonstrationen, denn den einer wirklichen finanziellen Forderung.

Die Hexenausschüsse in den Gemeinden erwiesen sich, wie anhand der überlieferten Zeugnisse ersichtlich wird, als kommunale Organe der strafrechtlichen Verfolgung vermuteter Hexen und Zauberer. Es waren im ursprünglichen Sinne und nach den üblichen ländlich-demokratischen Prinzipien unter der Linde mehrheitlich gewählte Angehörige der Dorfgemeinschaft. Die wichtigste Aufgabe der Dorfausschüsse, die ohne obrigkeitliches Zutun gebildet wurden und auch ohne herrschaftliches Veto ihre Tätigkeiten ausübten, bestand in der Sondierung möglicher Beweise und Indizien sowie ihrer Zusammenstellung zu einer nach den Rechtsgrundlagen des Herrschaftsbezirkes eindeutigen Anklageschrift, deren »Artikel« eine gerichtliche Verhandlung des vorgebrachten Falles garantierten. Ihr Tätigkeitsbereich umfaßte weiterhin die Aufstellung von Bürgen oder die eigene Leistung von Bürgschaft bezüglich der Kostenregulierung sowie die in allseitigem Einvernehmen durchzuführende Eintreibung und Weiterleitung der Gerichtskosten. Ihre Macht bestand jedoch in der anerkannten Eigenschaft als Vertretung des gemeindlichen Kollektivs, was eine gegenseitige Unterstützung und Hilfe zwischen Gemeinde- und Ausschußmitgliedern garantierte und den Ausschußpersonen selbst die Vollmacht gab, von den übermittelten Informationen und Beweisstücken Gebrauch zu machen, sie zu vertuschen oder zu bagatellisieren. In ihrer Funktion als Schützer vor der gefürchteten Hexengefahr, deren Beobachtungen und Bespitzelungen jeder zum Opfer fallen konnte, waren sie gefürchtet und anerkannt zugleich. So hing es entscheidend von den Recherchen der Ausschußmitglieder, die wiederum auf die Aussagewilligkeit und die Anklagebereitschaft der Einwohnerschaft angewiesen waren, ab, ob eine Person überhaupt in Hexereiverdacht und in einen Hexenprozeß geriet, ohne dann einer Verurteilung noch entgehen zu können. Dies wiederum lag zu einem guten Teil in der Entscheidungsbefugnis der Ausschüsse, die darüber urteilten, ob Zeugenaussagen und Beweismittel zur Angabe und öffentlichen Beschuldigung einer verdächtigen Person ausreichten oder nicht, ob Beweismittel überhaupt angefordert und berücksichtigt wurden, und die damit auch zugleich entschieden, wer Opfer eines Hexenprozesses werden sollte und wer nicht.

Der Macht- und Aufgabenbereich der dörflichen Hexenausschüsse hatte sich gegen Ende des 16. Jahrhunderts, innerhalb von weniger als zehn Jahren seit ihrem ersten Auftreten also, derart ausgeweitet, daß

selbst herrschaftliche Bestimmungen, die das Ausschußwesen verboten, keinerlei Veränderung mehr bewirkten. In den saarländischen Gebieten unter kurtrierischer Oberhoheit war ihre Tätigkeit durch einen Erlaß des Kurfürsten bereits 1591 ausdrücklich verboten worden, und 1598 hatten die Hochgerichtsherren von Dagstuhl erneut ihr Wirken untersagt.[178] Sowohl die Hexenprozeßprotokolle späterer Jahre, die noch immer Ausschüsse der Gemeinden als verordnete Kläger benennen, als auch weitere herrschaftliche Bestimmungen und Verbote, etwa die des Trierer Erzbischofs von 1630, die das Ausschußwesen wieder einmal abzuschaffen anordneten, geben jedoch Zeugnis davon, daß obrigkeitliches Einschreiten in diesem Bereich der Selbstverteidigung auf Zurückweisung stieß und deshalb keine praxisrelevanten Folgen zeigte.[179] Letztendlich müssen auch Landesherren, zumindest doch ortsansässige Lehns- und Amtleute, diese genossenschaftliche Abordnung zur Hexeninquisition immer wieder anerkannt haben. Wie sollte sich sonst die Tatsache erklären, daß auch nach obrigkeitlichen Verboten die Gerichte derselben Obrigkeiten erneute Klagen der Ausschüsse, die wie zuvor als gemeindliche Prozeßführer auftraten und inquiriert hatten, ohne Zögern oder Auflagen zur Verhandlung annahmen?
Im regionalen Vergleich läßt sich feststellen, daß der Saarraum sich bezüglich seines speziellen Ausschußwesens in einer alle Herrschaftsteile erfassenden Geschlossenheit sowie in der völligen Verdrängung des Privatklägers durch den gemeindlichen oder herrschaftlichen Formalkläger, nicht jedoch in der Ausbildung eines ländlichen Ausschußwesens überhaupt, von anderen deutschen Territorien unterschied. Bezeichnenderweise existierten gemeindliche Hexenausschüsse, die generell in Mitteleuropa selten vorkamen, in relativer regionaler Nähe zum Saarraum: Die kurtrierischen Landgemeinden etwa bedienten sich dörflicher Ausschüsse ebenso, wie sie die Einleitung eines Hexenprozesses durch Privatkläger und deren Bürgen oder obrigkeitliche Bedienstete im Namen der Herrschaft akzeptierten. Als Kläger fanden sich hier daher Gemeindeausschüsse, Vertreterschaften von Zehndnern und Gemeinde sowie herrschaftliche Kläger »ex officio« ebenso wie private Dorfbewohner, Äbte, Adlige, Amtleute und Anwälte der Hochgerichtsherren.[180] Auch in pfalz-zweibrückischen Ämtern, vor allem aber im Herzogtum Luxemburg, hatte sich entgegen den Verboten des dortigen Provinzialrates ein gut funktionierendes gemeindliches Ausschußwesen ausbilden können, das jedoch teilweise einer

herrschaftlichen Kontrolle und Reglementierung unterworfen war und nicht völlig unabhängig agieren konnte.[181] Ebenso arbeiteten in Nassau-Idstein, einer dem Hause Nassau und der walramschen Linie zugehörigen Grafschaft südlich der Lahn, die zwischen 1605 und 1629 von Nassau-Saarbrücken mitregiert wurde, noch unter der Regentschaft des Grafen Johann von Nassau-Saarbrücken in den 60er Jahren des 17. Jahrhunderts genossenschaftliche Hexenausschüsse.[182] Generell scheint das Ausschußwesen jedoch vor allem in den nördlichen Regionen Europas zumeist unbekannt geblieben zu sein, wobei sich dort Privatklage und Akkusationsprozeß weiterhin erhalten hatten oder Privat- und Amtsklage nebeneinander existierten.[183] Zur Ausbildung gemeindlicher Hexeninquisitionsorgane kam es vor allem in jenen Herrschaften Mitteleuropas, die von starken Hexenverfolgungen heimgesucht wurden und zudem – wie etwa im herrschaftlich zersplitterten Saarraum – keiner strengen Zentralgewalt unterstanden, die Hexenverfolgungen als »Staatsangelegenheit« oder christliche Pflicht betrachtete. Ebenso existierten sie in verfolgungsintensiven Regionen, die von einer an den Hexenprozessen relativ desinteressierten Zentralmacht regiert wurden, wie etwa den zweibrückischen und luxemburgischen Herzogtümern.

Stereotype Mechanismen der Verfolgung

Das Vorverfahren: Indizien und Zeugenaussagen aus dem Dorf

Die in den meisten Ortschaften des Saarraumes als Interessenvertretung in der Bekämpfung und Bestrafung des Hexereideliktes fungierenden unabhängigen Ausschüsse der Gemeinden bewirkten durch ihre Tätigkeiten eine regionalspezifische Ausprägung des Verfolgungs- und Vernichtungskonzeptes von Hexen, wie es in anderen deutschen Territorien nur selten üblich war. Die beiden eng miteinander in Zusammenhang stehenden stereotypen Mechanismen einer »polizeilichen« Verfolgung durch obrigkeitlich eingesetzte Hexenjäger und einer durch landesherrliche Hochgerichte und deren Gerichtspersonal vorgenommenen gerichtlichen Verhandlung der Hexerei als strafrechtliches Vergehen, deren Zusammenwirken in den meisten mitteleuropäischen

Herrschaftsbereichen eine rein obrigkeitlich organisierte Hexenverfolgung garantierte, erfuhren durch die gemeindliche Organisation von Hexenausschüssen im saarländischen Raum eine Zäsur: Die Ausschüsse, als demokratisch bestimmte Vetreterschaften einzelner Ortschaften oder Hochgerichtsbezirke, deren spezifische Anliegen, Interessen und Deutungsweisen sie vertraten, übernahmen bei der ländlichen Hexeninquisition im Saarraum nicht nur die »Verfolgung« verdächtiger Personen, sondern auch die Einleitung des strafrechtlichen Weges. In den Herrschaften des Saarraumes lieferten somit die Vertreterorganisationen der Bevölkerung in Zusammenarbeit mit den Einwohnern die juristisch notwendigen und organisatorischen Voraussetzungen zum Einsetzen einer mit der Zulassung der Folter beginnenden Automatik, der die gesamte Hexenverfolgung auf dem Kontinent ihr Ausmaß verdankte. In den übrigen Territorien des Deutschen Reiches setzte dieser Automatismus bereits mit der starren bürokratischen, für den einzelnen zumeist ausweglosen, obrigkeitlichen Hexenjagd im Vorfeld eines Hexenprozesses ein. Unterschiedliche Kriterien der Beurteilung darüber, wer unter welchen Umständen als Hexe identifizierbar war, ließen daher auch den Typ der verfolgten und mittels juristischer Strafe vernichteten Hexe in den Ländern mit rein obrigkeitlicher Verfolgungspraxis ganz anders ausfallen als in Ländern mit einer zum Teil von der Bevölkerung bestimmten Verfolgungspraxis.

Die neue Form des Inquisitionsprozesses, die eine Prozeßeinleitung von Amts wegen oder durch einen Formalankläger vorsah und damit zugleich auf einen Privatkläger verzichtete, der persönlich Bürgschaft leisten und bei Ablehnung des Prozesses eine Entschädigung, bei Freispruch des Angeklagten die aufgelaufenen Kosten zahlen mußte, förderte in den Regionen des Saarraumes die Möglichkeiten dörflicher Hexeninquisition und gemeindlicher Anklägerschaft. Der Wegfall des persönlich haftenden Privatklägers, dessen Wiedereinführung etwa in den Hexenprozessen Schleswig-Holsteins zu einer raschen Reduzierung von Hexenanklagen geführt hatte und in den Territorien Nordeuropas für eine Begrenzung von Hexenprozessen sorgte[184], machte den Hexenprozeß inhaltlich und formal zu einer Gemeinschaftsangelegenheit ganzer Ortschaften oder Hochgerichtsbezirke. Dabei schien die formale Zuständigkeit der Dorfgemeinschaften für Inhaftierung, Verpflegung, Bewachung, vor allem aber für die Begleichung der damit verbundenen Unkosten, teilweise auf größere Probleme zu stoßen als die inhaltliche Zuständigkeit für Beweismittel und ausreichende Zeu-

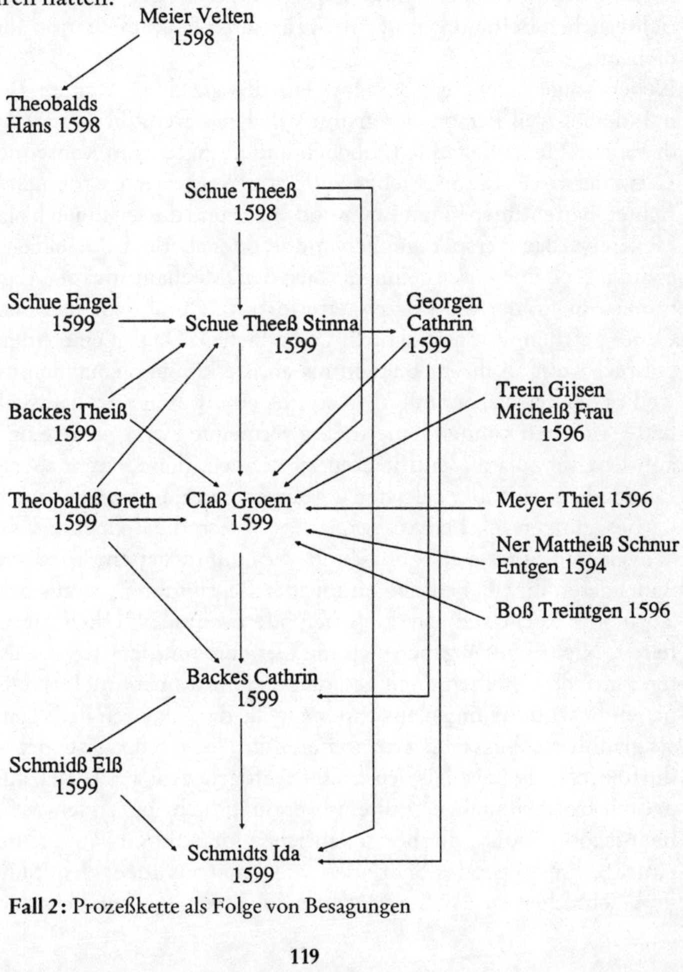

gen. So wurden von den insgesamt 591 angestrengten Hexenprozessen im Saarraum nur sehr wenige mangels Beweisen ganz oder »biß sterckere Inditia und vermutungen einkommen wurdten« zurückgewiesen und nur 23 mit einem Freispruch beendet.[185] Dieser traurige Tatbestand deutet nicht nur auf eine gute Zusammenarbeit zwischen Dorfbewohnern und Ausschüssen in der Vorphase eines Hexenprozesses hin, wo es um die Bereitschaft zur Denunziation, öffentlichen Zeugenaussage, die Zulassung und Vermehrung von Gerüchten sowie die Verbreitung von Besagungen ging. Er bezeugt ebenso ein gutes Einvernehmen zwischen den die Anklage vorbereitenden Ausschüssen und dem juristischen Apparat der Herrschaft: Es war Sache der Gemeindemitglieder und der Ausschußpersonen, qualitativ und quantitativ ausreichende Beweismittel beizubringen, die wiederum vom Gerichtskollegium oder einer übergeordneten beziehungsweise hinzugezogenen Instanz in Übereinstimmung mit geltenden Rechtsgrundlagen akzeptiert werden konnten und auch wurden.
Wenden wir uns zunächst jenen stereotypen Mechanismen zu, deren immer gleicher Weg von der Verdächtigung zur Anklage und über das Vor- und Beweisverfahren, das Hauptverfahren sowie die Urteilsfindung zur Hinrichtung mehrerer hundert Menschen im Saarraum führte. Formal war es Angelegenheit der anklagenden Ausschußmitglieder, zuvor gesammelte und überprüfte Beweise der Schuld in schriftlicher Form und durch einzelne Anklagepunkte systematisch aufgelistet, den herrschaftlichen Hochgerichten vorzulegen. Vielfach lag dieser Liste von »Verclagpunkten« auch bereits eine Aufstellung von Zeugen bei, die zu den einzelnen Punkten Angaben zu machen hatten. Das Schöffenkollegium – zumeist bestehend aus zwei bis acht von der Herrschaft ernannten oder nach Zahlung eines Geldbetrages eingesetzten Schöffen – entschied daraufhin unter Vorsitz des Richters oder Hochgerichtsmeiers über eine vorläufige Annahme des Prozesses, dessen Weiterführung von der Zustimmung der Obersten Gerichtshöfe in Trier, Saarbrücken, Zweibrücken oder Nancy abhing. Diese war wiederum vom nun folgenden Beweisverfahren abhängig, das mit der Zielsetzung des Inquisitionsprozesses eine Änderung dahingehend erfahren hatte, daß es im Prozeßverlauf ein inoffizielles Vorverfahren bildete, in dem alle bisherigen Ermittlungen, Zeugenverhöre, Konfrontationen und angeforderten Extrakte aus Bekenntnissen zum Tode verurteilter Hexen zur Wahrheitsfindung herangezogen wurden. Da nach Auffassung vieler Rechtsgelehrter und Inquisitoren, auch des lothringi-

schen Hexenjägers Nikolaus Remigius und des Trierer Weihbischofs Binsfeld, Anschuldigungen verurteilter Hexen und Zauberer, trotz deren schlechten Leumunds, Beweiskraft zugebilligt und ihren Ausführungen Glauben geschenkt wurde[186], erfolgte ein eigentliches Beweisverfahren kaum im inquisitorischen Vorverfahren, sondern vielmehr erst im anschließenden Hauptverfahren. Wo dennoch Zeugenverhöre vor der Anforderung von herrschaftlichen Advisen stattfanden oder vorgebrachten Beweisen nachgegangen wurde, bestätigten diese nur vorgefaßte Vermutungen, ohne sie tatsächlich beweisen zu können. Bei Hexenbesagungen und reinen Spekulationen war dies wohl auch kaum möglich, wie die folgenden Fälle belegen:

Als im Jahre 1599 im Hochgericht Schwarzenburg Claeß Groen von Weierweiler der Prozeß gemacht werden sollte, lautete neben der Besagung durch sieben verurteilte Hexen und Zauberer ein weiterer Anklagepunkt auf Tötung eines Pferdes durch Schadenzauber. »Zu mehrer sicherheit aber und erckundigungh der warheit«, so hieß es im Vorverfahren, habe Hans Gerhardt von Enschringen, damaliger Hochgerichtsherr zu Weierweiler, den herrschaftlichen Notar mit der Überprüfung des Vorfalls beauftragt, welcher vom Sohn des verstorbenen Pferdebesitzers erfuhr, daß dessen Pferd vor 15 Jahren ganz plötzlich »des morgents todt funden worden und etwas gebissen gewesen, doch nit vil, man hette nit spueren konne, daß eß der wolf gethan«[187] – eine Aussage, die den vermuteten Schadenzauber zur Genüge bewies.

Bei der Beschuldigung der Engel Anthes von Gonnesweiler, der der Ausschuß ihre Fähigkeit, mehr Butter zu erzielen als ihre Nachbarn, als Hexenwerk auslegte, ergab eine Befragung des Butterkrämers, dem sie ihre Ware verkaufte, keinerlei Anhaltspunkte für ein unnatürliches Zustandekommen der Buttermengen oder der Butter selbst. Dennoch blieb es bei dem offiziellen Schadenzaubervorwurf. Ein weiterer Anklagepunkt der Ausschüsse, die Beklagte habe am Walpurgistag etliche Fäden über den Weg gespannt, an denen kleine Säckchen hingen, und damit einen Schadenzauber ausführen wollen, der sich im Laufe des Vorverfahrens als Ulk benachbarter Kinder richtigstellen ließ, wurde keineswegs zurückgenommen.[188] Und auch bei Augstgen Matheis aus Lisdorf, der 1619/20 angeklagt wurde, blieb, trotz des Nachweises, daß seine drei Söhne an einer in Lisdorf grassierenden Epidemie, die viele Opfer gefordert hatte, gestorben waren, der ursprüngliche Verdacht der Tothexung bestehen.[189]

Andere Fälle geben weniger Hinweise auf den zweifelhaften Beweischarakter vorgebrachter Indizien als auf die zur Überprüfung angewandten Methoden: Neben verschiedenen Hexenidentifikationszaubern, die von Hexenkundigen oder geschädigten Personen selbst durchgeführt werden konnten, gab es die sogenannte »Barprobe«, wobei die Hexereiverdächtigen ihr angeblich totgehextes Opfer berühren mußten, welches – es handelte sich um eine Form des Gottesurteils – nach Gottes Willen ein Zeichen geben konnte. So wurde 1617 im Verlauf einer Verleumdungsklage zwischen Closter Kett und Meyer Cunen von Bübingen deren mehrere Jahre zurückliegende Hexereiverdächtigung darauf zurückgeführt, daß, nachdem ein Einwohner aus Bübingen sie kurz vor seinem Tod für sein Siechtum verantwortlich gemacht hatte und sie den Toten vor Zeugen hatte berühren müssen, von diesem eine schwarze Flüssigkeit abgegangen war. Dies war Beweis genug für eine Verhaftung der Frau wegen Hexerei.[190]

Die angeführten Beispiele verdeutlichen, daß das Vorverfahren in Hexenprozessen, welches über die Annahme oder Weiterleitung von Prozessen zur Begutachtung entschied, keineswegs ein Beweisverfahren nach modernen Gesichtspunkten darstellte. Vielmehr lag es in der Natur der zu verhandelnden Sache, daß viele der Anschuldigungen – etwa Besagungen durch andere Hexen oder die Beobachtung eines Hexentreffens durch einzelne Dorfbewohner – nicht beweisbar waren, bei anderen wiederum, nach geltendem Recht etwa der »Carolina«, Verdachtsmomente genügten, um auf Schadenzauber zu plädieren. Derartige Ungenauigkeiten waren allerdings mit der Form des Inquisitionsprozesses sowie den juristischen Anleitungen und Maßstäben zur Verhandlung von Hexereidelikten insofern vereinbar, als allein das außerhalb der Folter von den Angeklagten erbrachte freiwillige Geständnis als tatsächlicher Beweis galt.

Schon nachdem die Ausschüsse als Formalkläger der Gemeinde ihre Anklageschrift beim Hochgericht hinterlegt hatten, oder nach Annahme des Prozesses durch das örtliche Richterkollegium oder die entsprechenden Obergerichtshöfe, wurde die Gefangennahme und Inhaftierung der Verdächtigen angeordnet. Sie oblag in den kurtrierischen Hochgerichtsbezirken vielerorts den Ausschußmitgliedern oder den Schützen der Herrschaft, im Hochgericht Nalbacher Tal den Schützen allein, die jedoch vom Hochgerichtsmeier begleitet wurden, in anderen Hochgerichtsbezirken, etwa Wahlen und Neunkirchen, den Gerichtsboten der einzelnen Gemeinden.[191] Ob die Gefangennahme gleich mehrerer Frauen aus Bübingen wegen Zaubereiverdachts eine Ausnahme bildete oder derartige Verhaftungen üblich waren, ist anhand der Quellen nicht zu beurteilen: Hier waren um 1580 Remmers Paulußen Elß, Kiefer Barbel und Closter Kett »uff geleitertem waagen« durch den ganzen Ort »hinweeg nacher Hornbach« ins herrschaftliche Gefängnis gebracht worden.[192] Üblicherweise erfolgte die Inhaftierung entweder im Gefängnis des Hochgerichtsortes selbst, im Kerker der ortsansässigen Obrigkeiten oder – wenn mehrere Herren die Blutgerichtsbarkeit innehatten – in allen herrschaftlichen Gefängnissen nacheinander. So kamen die kurtrierischen Angeklagten von Weierweiler auf Burg Schwarzenburg in den Turm, die des Wahlener Hochgerichts auf die Saarburg, lothringische Gefangene aus Lebach und Schwarzenholz nach Fraulautern, obwohl Schwarzenholz ein eigenes Hochgericht hatte, Lisdorfer und Ensdorfer Einwohner in eine kleine Kammer des Wallerfanger Augustinerturms, Gefangene aus Merchingen auf die Burg Montclair, aus Dillingen in den Dillinger Schloßturm.[193] Die Gefangenen des geteilten Kondominiums Merzig-Saargau wurden zum Teil erst auf der lothringischen Siersburg, dann auf der kurtrierischen Saarburg inhaftiert, kamen oft jedoch auch nur in eines der beiden Gefängnisse, während Verdächtige des gemeinschaftlichen Hochgerichts Nalbacher Tal entweder nur in den Dillinger Schloßturm geliefert oder zuvor noch auf der Grimburg eingekerkert wurden.[194] Wer, wie Augstgen Matheis aus Lisdorf, recht wohlhabend war, hatte die Möglichkeit, sich auf eigene Kosten »in ein bequemlich gemach außerhalb der gefencknus« umquartieren zu lassen, wenigstens so lange, bis mit der Anwendung der Folter begonnen wurde.[195]

In der Regel verbrachten die Angeklagten eine mehr oder weniger lange Haftzeit unter schlimmsten Bedingungen, waren froh, sich nach der Folter am Feuer etwas aufwärmen zu können, ja versprachen Geständnisse, wenn man sie nicht sofort wieder in den Kerker brachte. Dieser war entweder im Turm einer Burg, eines Schlosses oder Klosters untergebracht oder lag unter der Erde, vielfach ohne Fenster, mit einem Zugang von oben, den ein Stein verschloß, oder mit kälte- und regendurchlässigen Luken versehen. In den Gefängnissen des Saarraumes starben in der Zeit der Hexenverfolgungen sicher mehr als nur die zwei nachweisbaren Personen aus Prozessen der Jahre 1581 und 1595.[196] Damit sich die Gefangenen nicht selbst das Leben nahmen, was nicht selten bereits vor der Inhaftierung geschah, nahmen die Wächter ihnen »hosen, bendel, harschnur« und andere Gegenstände ab.[197]

Bei derart ungenügenden Haftbedingungen kam es oft auch zu Fehlern und technischen Pannen, die eine gemeinsame Inhaftierung mehrerer Hexereiangeklagter in einem Raum oder die Kontaktaufnahme von Gefangenen mit der Außenwelt ermöglichten. So hatte man Engel Anthes von Gonnesweiler, die 1630 wegen Hexerei im Hochgericht Neunkirchen / Nahe gefangengenommen worden war, wahrscheinlich mit anderen Verdächtigen, die sie entweder mitbeschuldigt hatten oder durch Engel mitangeklagt worden waren, zusammengesperrt.[198] Daß es während des Verfahrens Verbindung zwischen den Angeklagten und ihren Verwandten oder anderen Dorfbewohnern geben konnte, zeigt folgender Fall: Ein Lisdorfer Einwohner war wegen vermuteter Zauberei ins Turmgefängnis von Wallerfangen gesperrt worden. Der Beklagte gestand wenig später vor Gericht, »das sein Dochter hiebevorn bey der Muhlen bey der Statt vor dem Augustiner Kloster kommen, darin er Behaffter gefencklich gelegen, und geweinnet, daruff Behaffter zu gedachter seinner Dochter gesagt, sie solten ime vorstehen, damit er auß der gefencknus komme«. Nachdem man den Delinquenten in ein Privatquartier verlegt hatte, versuchten seine Söhne mit Hilfe des lothringischen Rentmeisters und in dessen Gegenwart mit dem Vater zu reden, was jedoch vom Aufsichtspersonal, das geschworen hatte, niemanden zum Gefangenen zu lassen, zurückgewiesen wurde.[199] Unachtsamkeit der Wächter, Korruption, aber auch die primitiven Haftverhältnisse waren der Grund dafür, daß es sicher nicht selten zu den geschilderten Unzulässigkeiten kam, die vorzüglich dazu geeignet waren, Informationen und weitere Gerüchte ins Dorf zu tragen oder aber Geständnisse zu manipulieren.

Die Gefängnisse selbst, meist nur schmutzige Löcher, in denen die Verhafteten auf ihre Vernehmungen, die Verurteilten auf die Hinrichtung warteten, ohne daß sich jemand besonders um sie kümmerte, ermöglichten manchem Angeklagten aber auch die Flucht. Nachdem die angeklagte Lauers Barbell aus Merchingen bereits über drei Wochen in Haft gelegen hatte und ihr die Bestechung der Wachmannschaft auf Burg Montclair, wo sie in einer Kammer gefangengehalten wurde, mißlungen war, glückte es ihr nach sechswöchiger Haft dennoch, einen großen Stein aus der Mauer des Gefängnisses, in das sie nach ersten Geständnissen und Anwendung der Folter verlegt worden war, herauszubrechen und zu entkommen. Nur drei Tage später konnte sie der Kellner von Burg Montclair bettelnd in Losheim wieder auflesen und erneut ins Gefängnis werfen lassen.[200] Wie für sie, so endeten derartige

Fluchtversuche mehrheitlich mit einer erneuten Gefangenschaft und brachten die Geflohenen jetzt erst recht in Verdacht.
Bildete die Inhaftierung einer der Hexerei verdächtigten Person das Ergebnis von Ermittlungen, Zeugenverhören, Konfrontationen und Besagungen, die den »Angriff« rechtfertigten, so war damit auch das Beweis- und Vorverfahren abgeschlossen. Keineswegs aber galten die nochmalige Anhörung weiterer Zeugen, erneute Konfrontationen und Recherchen als beendet, die in vielen Verfahren erst jetzt einsetzten.

Hauptverfahren und Urteilsfindung: Das herrschaftliche Plazet

Das Hauptverfahren, in dem es in erster Linie nach den Bestimmungen des Inquisitionsverfahrens darum ging, den Beweis der Schuld der Angeklagten in Form ihres freiwilligen Geständnisses zu erhalten, entsprach in den an saarländischen Hochgerichten geführten Hexenprozessen fast immer dem gleichen formalen Schema, besonders ab der Anwendung der Folter. Inhaltliche Aussagen, welche einen Einblick in den Hexenglauben der Dorfbevölkerung vermitteln und zur Klärung der Frage nach Opfern, Denunzianten und deren Beweggründen sowie der Funktion von Hexereibeschimpfungen und -anklagen beitragen können, dienen deshalb im folgenden zunächst einer eher formalen Ermittlung. Sie soll einen Einblick in die Maschinerie und die Mechanismen des Gerichtsverfahrens liefern, mit denen sowohl Beschuldigte als auch Zeugen, im Verdacht stehende Personen, Ausschußmitglieder und Gemeindeschöffen sich auseinandersetzen mußten.
Die Einleitung des Hauptverfahrens bestand meistenteils in der »gütlichen Befragung« des Angeschuldigten, welche die Vorführung vor Gericht, die Bestätigung der Personalien und erste Fragen zu vorgebrachten Beschuldigungspunkten umfaßte. Dem Richter und seinem Schöffenkollegium standen dazu Fragenkataloge zur Verfügung, die jedoch in den saarländischen Territorien – hier fehlen monotone, gleichlautende und in gleicher Reihenfolge abgespulte Auskünfte der Beschuldigten – keine große Verwendung fanden. Derartige Kataloge sind für einen Hexenprozeß des Hochgerichts Schwarzenholz von 1611 und einen weiteren Prozeß des Ottweiler Hochgerichts von 1679 überliefert, weisen aber große Unterschiede auf. Während die ältere Frageliste von 1611 Angaben über persönliche Daten, den Lebenswandel und Be-

kanntschaften der Verdächtigen mit bereits hingerichteten Hexen, die auf sie bekannt hatten, verlangte und eine Stellungnahme zu den Mitanschuldigungen erwartete, war die jüngere Liste weitaus detaillierter in ihren Fragestellungen. Ihr ging es viel stärker um die Bestätigung und das Geständnis von Schadenzaubereien, die als solche jedoch auch von den Angeschuldigten ausgewiesen werden mußten.[201] In der Regel wurden der beschuldigten Person nach dem ersten Verhör die angeforderten »Extracten« bereits gerichteter Hexen und Zauberer vorgelesen, und es kam, falls diese noch lebten, zur Konfrontation, in der die Mitanschuldigung den Angeklagten »ins Gesicht« oder »unter die Augen« wiederholt wurde. Zu den aus den umliegenden Hochgerichten angeforderten Kopien von »Urgichten« verbrannter Hexen und den bisher eingegangenen Zeugenaussagen wurde die beschuldigte Person ebenso vernommen wie zu den Anklagepunkten der Ausschüsse, die sich größtenteils mit den Zeugenaussagen deckten, da die Ausschüsse ja die Zeugen befragt und angegeben hatten. Aus den insgesamt 69 vollständigen Prozeßprotokollen ergibt sich, daß bereits zu diesem Zeitpunkt 17 Angeklagte zu einem Geständnis bereit waren, entweder weil man ihnen eine Entlassung aus dem Gefängnis versprochen hatte, weil man ihnen mit der Folter drohte, die Folterinstrumente gezeigt hatte oder weil ihnen eingeredet worden war, durch ein Geständnis ihre Seele retten zu können.[202] In den übrigen Fällen kamen die Angeklagten zurück ins Gefängnis und wurden zumeist schon am folgenden Tag der Folter unterzogen.

Die »peinliche Frage«, die vom Scharfrichter vorgenommen wurde, welcher entweder für ein ganzes Hochgericht bzw. eine ganze Herrschaft zuständig war oder von einer Herrschaft an die andere ausgeliehen werden konnte, umfaßte mehrere Foltermethoden und Härtegrade. In saarländischen Prozeßverfahren kamen nur Folterungen des zweiten Härtegrades in sehr unterschiedlicher zeitlicher Ausdehnung zur Anwendung, wobei es der Erfahrung des Scharfrichters überlassen blieb, wie lange er eine Foltereinheit ansetzte. Die Angaben schwanken hierzu in den Protokollen von eineinhalb Stunden bis zu zwei Tagen, eine zeitliche Ausdehnung, die es ermöglichte, während einer Folterung mehrere Male anzusetzen, was nach der »Carolina« verboten war, die nur eine dreimalige Folter erlaubte. Übliche Folterpraxis des zweiten Grades war das Aufziehen, wobei der Delinquent an den Händen gebunden und an einem Strick hochgezogen wurde, der über eine Rolle lief. Beim ersten Aufziehen durften die Füße noch den Boden berühren, bei der zweiten Tortur wurde dann bereits ein Stein an die Füße gehängt, die jetzt über dem Boden schwebten. Besonders ungeständige, starrhalsige Personen ließ man einige Male bis dicht über den Boden herunterfallen, eine Foltermethode, die zum Auskugeln der Armgelenke führen konnte. In einigen Fällen spannte der Scharfrichter den Aufgezogenen einen Strick oder Stock von Fuß zu Fuß und trat darauf herum, oder er benutzte Daumeneisen und den »Rosenkranz«.[203] Das peinliche Verhör kannte im saarländischen Raum weder die Suche nach dem Teufels- oder Hexenmal noch eine der vielen Hexenproben. Allerdings registrierten Anwesende und Protokollführer sehr aufmerksam, ob die Gepeinigten bei der Folter Schmerzen empfanden, schrien und weinten oder keinerlei Regung zeigten, ein sicheres Zeichen dafür, daß sie ihr Herr und Meister, der Teufel, schmerzunempfindlich gemacht hatte.[204]

Einen Einblick in den Mechanismus eines Foltersystems, dem kaum jemand entrinnen konnte, ohne nicht wenigstens an Leib und Seele geschädigt und sozial geächtet zu sein, gibt folgende Schilderung: Am 3. November 1599 war Ida, die Frau von Schmidß Cleser aus Weierweiler, vom Ausschuß der Hexerei angeklagt und von den Boten ins Gefängnis auf Burg Schwarzenburg gebracht worden. Nachdem eine Konfrontation mit zwei bereits verurteilten Hexen und einem Zauberer, die sie mitbeschuldigt und ihr dies auch »inß angesicht gesagt« hatten, kein Geständnis bewirken konnte, schritt der Scharfrichter zur Folter, »welcher sie angebonden und ufgezogen, jedoch daz sie mit den fussen die erde berhuren mogt. Und ob sie wol ein weilgen alßo gestanden war, so jedoch nit verfenglich, und sagt, Gott wird sie nit lassen sagen waz sie nit wist. Alß ist sie etwaz hoch, doch nit von der erden ufgezogen. Uber ein weil batt sie sich herab zulassen, sie wil sich in die handt gottes geben und anzeigen, welchß alß ir gestattet, wolt sie kaum ein wort reden noch antworten, worumb sie wierumb etwaz scherpffer ufgezogen worden, und ein mhal oder 2 in der folter geschockelt und alß sie ein gutte weil alß gehangen, daz nhur mit den zeen die erde berurete, wolt sie doch nicht bekennen, sondern schrie daz es gott erbarmen mußte, daz man sie zwingen wolt ihr seel selbst zuverdammen und zusagen, waz sie nit wüste; Und alß man sie befragt ob sie sich uber die sachen etwa ein uhre bedencken wolt, so sol man sie herabe lassen, sie aber antwort, sie hienge wol, da sie nhur wuste zuerdencken etwaz, wolt sie daz thun, damit sie nhur zum todt und auß der pein keme. Alß aber alles onverfenglich ist sie heraben gelassen und inß gefengnuß gelegt worden, sich uf nachmittagh zubedencken. Beiseinß obgemelter Scheffen und mein Notarius hatt der woledel vest Hans Gerhardt von Enschringen herr zu Schwarzenburgh, sie Ida in loco tortura widerumb vorgenommen, in der gutte lengst erinnert, und alß die gutliche frag kraftloß, ist sie herter ufgezogen, alß auch daß sie in der luft geschwebt, und alßo schwebent an die sechß mahl in der Tortur ist ufgeschwencket worden und strack gezerret, wolt sie nichts bekennen, demnach ein weil herab gelassen und gutlich erinnert, pliebe sie in vorgeweßen. Alß darumb sie wieder von der erden ein mahl 4 oder 5 ufgezogen, jedoch daz dennoch mit den fussen die erden berhuren kont, und alß sie ein mißerere langh oder 2 alßo gestanden und nicht beken wollen, ist sie widerumb in gewarsamb hingelegt worden, sich uf kunftige fragh zu erclern. Und hatt vor dißmahl ein dapffer torturn ungepahr in die 3 Stundt außgestanden. Negst folgenden donnerstags morgenß zu acht uhre ist Ida widerumb in loco Torturae, uf der Speich zue Schwarzenburgh... vorgenhommen und erstlich gutlich, und demnach peinlich gefragt und jedoch nit von der erden ufgezogen worden. Verhielte sich erstlich ungephar 1 stundt, alß were sie keiner peine empfindtlich, wolt kein antwort geben. Alß darumb man sie remittirt und nidersitzen lassen, hilt sich vor wie nach, darum etwaz scherpffer ufgezogen... Wolt aber mehr nichts bekenen, derowegen der scharpfrichter ir ein korden in beide große zeen angelegt und ein stangh zwischen den beyden beinen durchgestoß, sie Iden von der erden ufgezogen und uf die durchgehende stangh etlich mhal getreten und sie alßo geschockelt ein mhal 5 oder 6. Und alß sie in schwachheit gefallen, ist sie herab gelassen und uf ein stuhl, jedoch mit noch gebonden henden gesezt worden. Alß aber nichts verfenglich, ist sie widerumb in behaft gelegt; ist dißmahl ungephar in peinlicher fragh ein stund und 1 quartal außgestanden. Nachmittags ist Ida durch den scharpfrichter, vermoge im gethanen befelchs, in der gefengnuß besuchet und nach der verfhurungh in gutte befraget worden, ...fienge alßbaldt an. Bekant in der gutte und sagt...«.[205] Es erstaunt kaum, daß nach derartigen Malträtierungen, die immer wieder durch Gefängnisaufenthalte und Verhöre unterbrochen wurden und sich im geschilderten wie in vielen anderen Fällen über einen Zeitraum von zwei oder drei Tagen erstreckten, nur ganz wenige Angeklagte weiterhin ungeständig blieben.

Nicht nur die Verfahrensweisen der Beweisführung, des Verhörs und der Folter, sondern auch die geschilderten Geständnisse entsprachen einem bestimmten stereotypen Muster, das jedoch durch persönliche

Erlebnisse und Erfahrungen der Angeklagten sowie ihre Lebensumstände wiederum individuelle Züge annahm. Der Teufel erschien in den meisten Fällen seinem Opfer, wenn dieses sich gerade in psychischer oder physischer Not befand, oft an einem entlegenen Ort, um seine Hilfe anzubieten, zumeist Geldgeschenke, die sich nach seinem Entschwinden in »Muhl«, Mist, Kot, Laub oder in Luft verwandelten. So begegnete er Krämers Gertrud, als ihr Mann für längere Zeit »abwesend« war, das heißt entweder im Gefängnis saß oder sie allein gelassen hatte. Lamprecht Kleinadam erschien er, nachdem ihn seine Eltern aus dem Haus gejagt hatten, und Wendels Lorenz, als ihn sein Bruder aus dem Haus vertrieb, nachdem er das restliche Brot, ohne es mit den andern Familienangehörigen zu teilen, aufgegessen hatte. Welsch Katharina bot der Teufel seine Hilfe an, als sie sich nach einem Streit mit ihrem Ehemann auf der Flucht vor dessen Schlägen befand, ebenso der Müllers Sunna und der Frau des Stephan Meyer aus Mandern, die gerade durch Diebstahl ihr Vermögen verloren hatte und zudem von ihrem Mann übel beschimpft worden war, während er der Schue Theeß Stinna auf der Flucht vor ihren Verleumdern und Anklägern erschien. In Situationen persönlichen Unglücks waren auch Thyssens Marey, die ihre Freundin, Kätchen von Wellingen, soeben durch eine Hexenhinrichtung verloren hatte, Schaeffer Hansens Frau Maria, deren Ehemann im Gefängnis eingesperrt worden war, und Marx Claser, der sich auf dem Weg zum Pastor von Hentern wegen seiner kranken Frau befand, mit ihm ins Geschäft gekommen. Dagegen versprach der Teufel Catharina Backes, Reuter Wendels Catharin, Claß Groen und Weiß Caspars Meigetten finanzielle Unterstützung zur Begleichung von Schulden, der Anna Scheffer silbernes Geld, damit sie sich in der teuren Zeit Korn kaufen könne. Ida, der Frau des Schmidß Clesers, begegnete er in Gestalt eines feindlichen Landsknechts, nachdem ihr Haus von »Freybeuter[n]« geplündert worden war und sie vor dem Ruin stand.[206] Und schließlich gab auch Marxen Marey ihm nach einer ähnlichen Geschichte ihr Einverständnis: »Es seyen ungefar zwantzig, vier oder funff jar, daß die Soldaten zu Waderen geschlagen und fortgetrieben worden, umb selbige zeit alß sie behafftin ireß ersten kindts im Kindbett gelegen und schwermuttig gewesen, weil berurte Soldaten damals gestreifft und zwey weiber in einem schutz erschoßen, ir vich ein lehnhamel entzogen und sie in irem hauß uberlauffen worden. Seye der boeß fayandt deß nachts, in abwesens ires Manß, zu ir ins bett kommen...«[207], so berichtete sie später ihren Richtern.

Die Gestalt des Teufels, der in den saarländischen Hexenprozessen eine nur untergeordnete Rolle spielte und zum Teil nicht einmal als passiver Teilnehmer bei Hexensabbaten oder Zaubereien in Erscheinung trat, wurde höchstens im Zusammenhang mit der ersten Verführung personifizierend beschrieben. Angeklagten Frauen erschien dieser sehr menschliche, ganz und gar nicht abschreckende Teufel in Gestalt eines »großen mans«, eines »schwartzen mans«, eines »jungen Knaben« oder »gesellens« und als »landßknecht«.[208] Währenddessen begegnete er den Männern in »weibsgestalt«, in »gestalt eines jungen frauwen menschen« oder »einer feiner gestalt einer frauen pershonen«.[209] In mehreren Fällen vermeinten die Geständigen, ihren Ehepartner im Teufel zu erkennen, was bei drei derartigen Angaben auch zu deren Anklage und Verurteilung führte.[210] Nähere Beschreibungen charakterisierten den Teufel als »mahn mit gespalttenen füßen« oder mit nur einem Fuß, der entweder schwarze oder braune Kleider, einen gestickten Rock oder ein »gestreiftes blau Kröeß«, auf dem Kopf einen Hut mit Feder oder eine Spitzenhaube trug und einmal sogar einen gelben Bart hatte.[211] In einer Art Gegentaufe gab Satan seinen Opfern oft auch neue Namen wie »Schöngen«, »Schweinfueß«, »Grunettgen«, »hans Bock Cathrin«, »Heusprunk« oder »Bockliche« und stellte sich selbst als »guatz«, »Beltzebockelen«, »hannen feder«, »Feder hantz«, »Deumpgen«, »Kulischer«, »spitzhut« oder »Kleintges« vor.[212]
Entsprechend einer der Lebenswelt und dem bäuerlichen Erfahrungshorizont angepaßten Rezeption des Hexenglaubens spielten die eigentlichen Elemente des neuen, inquisitorischen Hexenmusters – Teufelspakt, Buhlschaft, Abschwur – keine überwiegende Rolle in den Hexengeständnissen. Die Vorstellung vom Treiben der Hexen scheint also auch bei den Angeklagten, die ihr Wissen wie alle Dorfbewohner aus der mündlichen Dorfkommunikation und den öffentlich vorgetragenen Urteilen verurteilter Hexen und Zauberer schöpften, stark mit den alten Elementen des Zauberglaubens verbunden geblieben zu sein, auch wenn sich dieser alte Zauberglaube durch Assimilation an jene neue doktrinäre Hexenlehre verändert hatte. Daß gerade aber das »Maleficium«, die Herstellung von Zaubermitteln und der Hexenflug eine Dominanz aufweisen, lag sowohl in der Tradition dieser dem alten Zauberglauben wohlbekannten Elemente als auch in der Tatsache begründet, daß vor allem der Schadenzauber ein auf vielerlei Ereignisse anwendbarer und am deutlichsten sichtbarer Bestandteil des Hexereideliktes war. Schadenzauber war gefürchtet, konnte leicht

mit einer berüchtigten Person in Zusammenhang gebracht werden und war eines der glaubwürdigsten Indizien, da man dafür sichtbare »Beweise« erbringen konnte. Da nun die Angeklagten bereits vor ihrer Gefangennahme von den Gerüchten und Besagungen gehört hatten, welche ihnen den einen oder anderen Schadenzauber anlasteten, und über die seltsamen Ereignisse im Dorf und der näheren Umgebung, die als Hexenwerk gedeutet worden waren, Information erlangten, bestätigten sie größtenteils in ihren Bekenntnissen gerade aktuelle oder aufsehenerregende Vorfälle als ihre eigenen Zaubertaten. Zudem gehörte das »Maleficium« zum Kernbestand der inquisitorischen Hexenlehre, weshalb auch den Richtern daran gelegen sein konnte, derartige Schadenzaubergeständnisse zu erhalten.

Mit dem Bekenntnis des Hexenfluges zum Hexentanzplatz und zur Versammlung der Hexensekte begann die Schilderung einer teuflischen Antiwelt, die den Kontrast bildete zur wahren, guten, tugendhaften und harmonischen christlichen Welt. Hier herrschten Laster, Bosheit, Gewalt, Grausamkeit, »Unnatur«, das Häßliche und Abstoßende. Die Hexenversammlung traf sich als eine Art Geheimsekte immer weit ab von menschlicher Besiedlung an entlegenen, manchmal magisch besetzten, alten kultischen Plätzen wie dem Hochsberg, dem Falscheider Wald, der Niederlosheimer oder Konfelder Heide, dem »Hirtzpuel« bei Niederlosheim, dem »entenpoel« bei Weierweiler, dem »Schafborn« bei Mandern, der Niederlosheimer Sägemühle, »uf dem geißrech« bei Gonnesweiler, bei der Wölferdinger »Zeil Eich« oder beim Manderner »Eichbusch«.[213] Ebenso wie sich Glaubensgemeinschaften einen besonderen Wochentag zu Gebet und religiösem Ritus aussuchen, begingen auch die Hexen ihre Versammlungen oft an Donnerstagen oder in der Fronfastenwoche.

Die Teufelsverehrung, die den Kern der kirchlichen Hexenlehre bildete und im Hexensabbat ihre Kultstätte hatte, wurde im Gegensatz zu Hexenbekenntnissen aus anderen deutschen Territorien in den saarländischen Prozeßakten nicht erwähnt oder nur angedeutet. Hier standen das teuflische Gelage, Vergnügungen an Essen, Trinken, Musik, Tanz und Schadenzaubereien im Mittelpunkt der Schilderungen, während Teufelsanbetungen, Kinderopfer, ausschweifende Orgien und phantastische Erlebnisse unerwähnt blieben. Mit nur wenigen Ausnahmen folgte das Zeremoniell der Hexenversammlung etwa folgendem Schema: Nachdem die Sektenmitglieder – es konnten einige wenige bis über hundert sein – auf bestrichenen Besen, Stöcken, Gabeln oder auf dämonischen Tieren den Versammlungsplatz erreicht hatten, erfreute sich die Gesellschaft an einem Eß- und Trinkgelage; danach wurde musiziert und getanzt. Den krönenden Abschluß bildeten gemeinsam verübte Zaubereien, die jedoch nicht immer gelangen. Wie es bei einer dieser Hexenzusammenkünfte zuging, schilderten viele Angeklagte ähnlich wie Bruch Catharina von Labach, die 1611 vor dem Hochgericht Schwarzenholz stand: »Item sagt, daß des andern tags darnach ermelter ihr boelh, der boeß feindt, ahn der nacht zu ihr bei die kue kommen, und ihr einen schwatz bock bracht, ... und alß sie hinauß kommen, hette er sie in des teuffels nhamen thun, zur lincker seitt daruff sietzen und also hienach gefahren, uff selbigen hockes bergh und alda ire hochzeitt gehallten, hetten hammel fleisch zueßen gehabt und weißen wein gedruncken, aber kein brodt und saltz gehabt, daselbsten hette ein befelchhaber sie in des teuffels nhamen zusammen geben, Darnach hetten sie mitt einander hinderrucks gedantzet, nach dem dantz er sie uff seits gefurt, und seinen willen geschaft, sein gemecht wehr geweßen wie eiß, Folgendts wehren ihrer geselschaft ein ziembliche anzahl hinunder in das Nalbacher dalh genendt, in den orth an der briems, gefahren, daselbsten hetten sie in des teuffels nhamen heßel roden von jarlings abgebroch, und in selbigen nhamen, in die briems geschlagen, und einen nebel gemacht, gestalt den ecker, darumb damitt zuverderben, wehr aber nitt vor sich gangen, weill die Nalbacher klocken gelaudt...«.[214] Andere Angeklagte berichteten von Eß- und Trinkgelagen mit grauem gebratenem und gekochtem Fleisch, grünem Rindfleisch und Hammelfleisch, das unnatürlich oder wie »getretene Ruppen« schmeckte, nicht schmackhaft, verdorben oder ganz ohne Geschmack war[215], von weißem und rotem Wein, der in steinernen Kelchen, »rauligen khue hornern«, »guldt kaeppen und glaßern« und anderen absonderlichen Gefäßen gereicht wurde.[216] Immer wieder betonten die Geständigen, daß es beim Essen weder Brot noch Salz gegeben habe, beides Nahrungsmittel, die nach der christlichen Glaubenslehre Symbole des erhaltenden Prinzips waren. Salz diente dabei zum Schutz vor Fäulnis und Verwesung, Brot zum Erhalt des Lebens, da es ein sättigendes Grundnahrungsmittel war, auf dem Gottes Segen ruhte. So befanden sich auf der Tafel des teuflischen, zerstörenden Prinzips zwar eßbare Lebensmittel, sie waren jedoch ungenießbar oder von schlechtem Geschmack.[217] Nach dem Mahl, bisweilen auch parallel dazu, begann der Hexentanz, zu dem die Musiker auf Bockshörnern, einem »schlimmen Stab«, einem umgestürzten »ronckbaum«, der bereits halb verwest war, einem »weißbaum«, auf Rohren, Pferdeschädeln und Messingpfeifen aufspielten. Es wurde entweder »lingß herumb« oder »hinderrucks«, zuweilen auch nach der linken Seite und mit den Rücken zueinander getanzt.[218]

Wenngleich der Teufel selbst bei den Zusammenkünften keine Rolle spielte, so daß seine Anwesenheit auf dem Tanzplatz unerwähnt blieb, wurde die Hexengemeinschaft auch ohne sein Zutun ständig bewacht und kontrolliert. Ähnlich dem mittelalterlichen Feudalsystem mit seinem auf Treue, Pflichterfüllung und Nutzen basierenden Gefolgschaftswesen war auch die Hexensekte hierarchisch gegliedert, wobei hier weniger Standesunterschiede als vielmehr das Wirken im Dienste Satans den Rang bestimmten. Bei vielen der größeren Versammlungen traten ein so titulierter »Oberster« oder eine »Oberste« in Erscheinung, die im Namen des Teufels die Versammlung leiteten, bestimmten, was geschehen sollte und welcher Schadenzauber zu vollführen sei. Sie thronten auf einem goldenen Sessel, verteilten Getränke und prosteten den Mitgliedern zu, stifteten die teuflischen Hochzeiten oder beaufsichtigten das Treiben der anderen. Wer sich ihren Anordnungen widersetzte, mußte entweder sich selbst Schaden zufügen oder aber ein Bußgeld »nachst grosse des Excess« hinterlegen.[219] Daneben existierte alle Jahre in der Fronfastwoche die Verpflichtung zur Zahlung einer Geldabgabe, wobei die Vermögenden dem Obersten »zwen pfennigh geben mußten, und die armen, so kein gelt gehabt, hettenn ime in statt deßen, in den hindern blaßen mußen«, ein Brauch der Hexengemeinschaft, der auch außerhalb des Abgaberituals ausgeübt wurde.[220] Schließlich gab es, wie bei jeder besonders feierlichen Zusammenkunft, beim großen Hexentreffen auf dem Hochsberg sogar eine »fennrichin«, welche ein »blau fennelein gehabt«.[221]

Der im Zusammenhang mit Malefizien verrichtete Zauber wies ebenfalls fast immer dieselben Vorgehensweisen und Mittel auf: Wurden Menschen oder Tiere verhext, nahm die Hexe dazu oft die auf Anweisung des Teufels gebrauten oder von ihm übergebenen Salben und Tränke zu Hilfe; sollten Unwetter aufziehen, schlug die Hexenversammlung mit Ruten, Stäben oder Ästen im Namen des Teufels auf die Erde oder ins Wasser, wodurch dann Nebel, Kälte, Regen, Reif, Sturm und »Schloosen« entstanden, die in der Umgebung die Nahrungsmittel verdarben.[222] Ein Wetterzauber gelang auch, wenn bestimmte Substanzen wie Asche, Kuhdung oder Blütenteile in die Luft geworfen wurden, die Behexung von Mensch und Tier durch deren Bestreichen oder An-

blasen.[223] Nur selten sprach aus der Schilderung derartiger Schadenzauber allerdings ein diabolischer Charakter, der schon wegen der undifferenzierten Anwendung von Substanzen, über deren Zusammensetzung das Gericht nur selten Angaben verlangte, oder der Verwendung ganz gewöhnlicher alltäglicher Mittel nur spärlich zum Ausdruck kam. So gingen trotz vorheriger Anwendung von Salben und Tränken manche Zaubereien vonstatten, die ganz augenfällig gar keine waren: Angebliche Hexen trieben ein Pferd in einen Sumpf, in dem es steckenblieb und »zuschanden« kam; ein anderes Tier wurde in einen Bach gestoßen und ersäuft, oder die Hexen stellten es so an, daß das Tier stürzte und sich ein Bein brach. Tothexungen von Menschen kamen dagegen zustande, indem jenen, die schon eine gute Weile von Pest behaftet dem sicheren Tod entgegengingen, »pestilenzische Luft« eingeblasen oder ein Zaubertrank eingegeben wurde.[224]
Im Bereich der Hexenkünste und -kräfte mag eine Betrachtung der teuflischen Fortbewegung, der Hexensalben und giftigen Tränke gleichermaßen aufschlußreich sein: Es erschien, so die Geständnisse, gleich nach dem Abfall von Gott der Buhle mit einem dienstbaren Geist in Tiergestalt, auf dem die Hexe Platz nahm und ohne jegliche Anstrengung zum Tanzplatz geführt wurde. Oder aber sie selbst verwandelte sich in ein Tier, um durch Fenster, Löcher, Türen, durch den Schornstein oder das Hühnerloch »under allen Brunen auß und uber alle Bremen« zur Versammlung oder in einen verschlossenen Raum zu gelangen. Keine der angeklagten Personen lüftete allerdings das Geheimnis von Flug und Verwandlung, und nur wenige sorgten sich, daß ihre Abwesenheit bemerkt werden könne. So hatte eine Komplizin der Frau des Weiß Caspar, die 1598 als Hexe vor Gericht stand, den Rat gegeben, »wan sie von irem Man fahre, daß ers nicht innen werdt, sie sol ein staub ins Bett legen, so könnt ir Man ires auffstehens nicht gewar werden«, welchen diese auch befolgte.[225] Zwar entlarvten ältere Theologen wie Erzbischof Balduin von Trier oder »aufgeklärte« Männer wie Spee, Weyer, Cornelius Loos und selbst einige Rechtsgelehrte wie jener unbekannt gebliebene, der 1598 im Auftrag von Johann Friedrich von Eltz ein Gutachten zum Prozeß der Simons Elsa aus Wustweiler erstellte, den Hexenflug als »dämonische Illusionen und Vorspiegelungen«, als »Träume und mächtige Visionen«. Andererseits versetzten ihn sowohl der »Hexenhammer« als auch die Schriften von Nikolaus Remigius und Petrus Binsfeld, den beiden Dämonologen der benachbarten Landesterritorien, so sehr aus dem Bereich illusionärer Vorstellungen in die

Welt realer Vorgänge, daß es die Gerichte im Saarraum wohl kaum mehr als nötig erachteten, derartige Schilderungen zu hinterfragen.[226]
Gleiches schien für Angaben zu jenen zauberkräftigen Salben und Tränken zu gelten, die sowohl zum Schadenzauber als auch zum Bestreichen der Fluginstrumente oder der Hexen und Zauberer selbst dienten. Hier war zwar die Rede von zum Teil so undefinierbaren Bestandteilen wie »schmalwen polffer«, Korn, Ruß, »Geschmeiß«, Gift und Knospen oder von der Asche toter, ausgegrabener Kinder, Hostien, Schwefel, »mocken und vlien«, Blut, Eidechsen und »Kuhkraut«. In keinem Falle erschien es dem Gericht jedoch notwendig, wie es der Rechtsgelehrte im Gutachten zum Prozeß gegen Simons Elsa empfahl, zunächst einmal zu untersuchen, »was es für Dräncke undt worauss sie zugericht gewesen, damit sie das Vihe umbringen hellfen, damit man sehen möge, ob es solche Materien gewesen, darauss ein solcher effectus volgen können«.[227] Nur selten machte sich das Gerichtspersonal die Mühe, die zahlreichen Angaben zum Standort und Versteck eines Salbentopfes zu überprüfen, um Aussagen über die Verwendbarkeit seines Inhaltes treffen zu können. Ebenso allerdings wie die Versammlungsplätze befanden sich auch die Verstecke der Zaubermittel an magisch besetzten Orten, etwa »in einem holen baum«, im Kuhstalle »uff dem durchschlagh zwischen den Khuen und Pferdten«, »under der schwellen« einer Scheune oder eines Stalls.[228]
Anhand eines Vergleiches von Prozeßfällen, bei denen Prozeßdauer, Anzahl der Folterungen, Härte des Foltermaßes, Anschuldigungspunkte und Geständnisse erhalten sind, sollen im folgenden gewisse Abhängigkeiten zwischen Prozeßbedingungen und Aussageintensität sowie inhaltlichen Varianten herausgearbeitet werden. Es war, so zeigen es die meisten Prozeßabläufe, nicht die Länge der Haft, sondern eher die kurze, von Folterungen begleitete Gefangenschaft, die einen Einfluß auf die Aussage- und Anschuldigungsintensität ausübte. So verbrachte etwa Eschen Peter insgesamt 23 Tage im Gefängnis, dennoch beschuldigte er nur zwei weitere Personen und gestand wenige geringfügige Schadenzaubereien. Schneider Augustin, der 16 Tage in Haft zubrachte und nur einmal gefoltert wurde, verriet eine Person und gab ebenfalls wenige Hexereien zu. Bartholomäus Hoff, der in seiner viermonatigen Gefangenschaft dreimal gefoltert worden war, mußte wegen seiner Ungeständigkeit sogar freigesprochen werden. Im Gegensatz dazu wiesen die Bekenntnisse der vier am schwersten und in-

Abbildung 4: Fahrt zum Hexensabbat, Federzeichnung von Jacques de Gheyn II. (1565–1629)

nerhalb kürzester Zeit gefolterten Personen wiederum die typischen Elemente des inquisitorischen Hexenmusters in weit größerem Umfang auf als die Geständnisse in eher langwierigen Prozessen. Dabei handelte es sich keineswegs nur um Prozesse einer späteren Phase, in der, wie noch zu zeigen sein wird, die elaborierte Hexenlehre generell ihren Einzug in die Hexengeständnisse gehalten hatte.[229]

Der Vergleich von Haftdauer und Torturanwendung verdeutlicht neben der Abhängigkeit zwischen dem Ausmaß von Geständnissen und der Intensität der Tortur bei inhaltlicher Betrachtung auch eine Manipulation der Geständnisse. Zwar bestimmte die »Carolina« ausdrücklich in Kapitel 56: »Keynem gefangnen die umbstende der Missenthat vorzusagen, sonder ine die gantz vonn ime selbst sagen [zu] lassen«[230]; Fragenkataloge, Konfrontationen, das Verlesen der Urgichten am Urteilsstock oder der Auszüge von Hexengeständnissen, die Mitanschuldigungen enthielten und genaue Zeit-, Orts- und Vergehensangaben lieferten, wirkten dieser Bestimmung jedoch entgegen. Derartige verfahrensinterne Mängel führten nicht selten zusammen mit der Verbreitung von Anklage- und Geständnispunkten durch die Zeugen und das Gerichtspersonal zu übereinstimmenden oder gleichartigen Bekenntnissen. Darüber hinaus ergibt eine Untersuchung von Aussagen verschiedener Angeklagter, daß in Prozessen, die zunächst wegen anderer Kriminalvergehen wie Diebstahl, Mord, Ehebruch oder Kindsmord eingeleitet worden waren, nach der ersten Folterung eine Wende zu Zaubereidelikten erfolgte. Die Angeklagten gaben dabei nach der ersten Tortur auf die gezielte Nachfrage der vernehmenden Schöffen oder Nachrichter an, die ihnen vorgeworfenen Kriminaldelikte nur mittels Zauberkünsten oder der Hilfe Satans zuwege gebracht zu haben. Die vielerorts im Zusammenhang mit der Hexenproblematik diskutierte befördernde Rolle der Folter und der Scharfrichter bei der Manipulation von Geständnissen scheint hier zuzutreffen, zumal gerade im saarländischen Raum die Henker unter den einzelnen Hochgerichten ausgetauscht wurden und mit der Handhabe von Kriminalprozessen, die in Hexenprozesse mündeten, vertraut waren.[231]

Der inhaltliche Vergleich von Geständnispunkten verschiedener Inhaftierter, die auf unterschiedliche Weise während ihrer Prozesse miteinander in Kontakt gekommen waren, weist ebenfalls offensichtlich manipulierte Übereinstimmungen auf. In Fällen, in denen von anderen Personen stammende detaillierte Angaben in Gegenwart der Beschuldigten gemacht oder diese vorgelesen wurden, tauchten sehr häufig diese belastenden Aussagen im gleichen oder auffallend ähnlichen Wortlaut wieder als neue Geständnispunkte auf. Insgesamt zeigen die Prozeßakten damit auch auf der qualitativen Ebene Übereinstimmungen in den Aussagen von Personen, die entweder gleichen oder ähnlichen Prozeßbedingungen in Form von Folterungen, Haft, Prozeßdauer, Fragepunkten aus Bekenntnissen anderer Hexen und Denunziationen unterlagen oder mit wörtlichen Aussagen während ihres Prozesses konfrontiert worden waren. Diese Feststellung läßt Rückschlüsse auf eine durch die Verhörmethoden und den verfahrenstechnischen Verlauf der Prozesse bedingte direkte richterliche Beeinflussung der Geständnisse zu, die Friedrich Spee in seiner »Cautio Criminalis« als den »Hauptbetrug und das Kernstück des ganzen Schwindels«, der von Folter und Befragung in den Hexenprozessen herrühre, bewertete.[232]

Eine Untersuchung der Aussagen geständiger Angeklagter in chronologischer Abfolge ergibt, daß in den ersten Prozeßprotokollen von 1570–1588 die eigentlichen Elemente des inquisitorischen Hexenmu-

sters wie Pakt, Abschwur, Hexenflug, ausgedehnte Schilderungen von Hexenzusammenkünften, Hostienschändungen und Angaben zur Zusammensetzung von Zaubersalben noch fehlten. Dagegen kannten diese Prozesse relativ wenige Denunziationen und Zeugen sowie ein starkes Abheben auf den Schadenzauber. Er machte nicht nur den Hauptbestandteil der Aussagen aus, sondern wurde als eigentliche Begründung für die Verurteilung angegeben.[233] In der Folgezeit ab 1593, der Hauptverfolgungsperiode im Saarraum, ist dagegen eine wachsende Bedeutung von Elementen der inquisitorischen Hexenlehre zu vermerken. Erstmals berichteten die Angeklagten ausführlich und mit Orts- und Zeitangaben über ihre Zaubereien, über das Treiben auf den Tanzplätzen oder über Herstellung und Versteck der Zaubermittel, machten Angaben über die Determinanten ihrer vollführten Malefizien sowie über Aussehen und Verhalten Satans bei der ersten Begegnung. Auffallend ist ein Anstieg der Mitanschuldigungen sowie eine größere Präzision bei der Beschreibung von Tätigkeiten, die den Hexen nach der kirchlichen Hexenvorstellung unterstellt wurden.[234]
Der Wandel der Geständnispunkte, der nicht überall, so doch tendenziell zu verzeichnen ist, läßt zweierlei Rückschlüsse zu: Zum einen darf angenommen werden, daß in der beginnenden Hauptverfolgungswelle das Hexereidelikt als Verbrechen eine ernstzunehmende Bedeutung erlangt hatte und deshalb Hexenprozesse meistenteils nunmehr von geschulten Richtern und Notaren geleitet wurden, was zuvor nicht selbstverständlich gewesen zu sein scheint. Interpretationen, fachliche Kenntnisse, Eigenvorstellungen und die berufliche Praxis, die sie mit der Führung von Hexenprozessen vertraut gemacht hatten, bewirkten schließlich eine Veränderung von Fragestellungen der prozeßführenden Richter, die stärker als bisher auf die Elemente der in gebildeten Kreisen jetzt vermehrt rezipierten inquisitorischen Hexenlehre abhoben. Fragen nach den Mechanismen des Hexenfluges, nach Gestalt und Auftreten des Teufels, der in der gelehrten Hexenvorstellung eine weit größere Rolle spielte als im ländlichen Hexenglauben, sowie nach detaillierten Zauberpraktiken und ihren Begleitumständen erschienen angemessener als Fragen nach eventuellen Verwünschungen oder Drohungen, nach Tierverwandlungen oder Zaubereien, die allein verübt worden waren und deshalb keine Angaben zu Komplizen enthielten. Die Korrespondenz mit Rechtsgelehrten, Theologen und damit den Obergerichtshöfen, die Advisen erstellten, sowie die persönliche Teilnahme von Würdenträgern wie dem Trierer Weihbischof und Dämo-

nologen Binsfeld an einzelnen Prozessen trugen sicherlich ihr übriges zur zeitgemäßen Korrektur der Fragestellungen in den Prozessen bei. Zum anderen deuten die bereitwilligen Geständnisse, vor allem aber auch gewandelte Zeugenaussagen, die jetzt vermehrt volkstümliche Interpretationen von Elementen der kirchlichen Hexenlehre enthielten, darauf hin, daß sich der alte Zauberglaube allmählich mit Ideen der neuen Hexenlehre zu vermischen begann, ohne jedoch zunächst seine ursprüngliche Bedeutung zu verlieren.
Ab 1611 verzeichnen die Prozeßakten neben der Verschiebung von Aussageinhalten in Richtung auf die elaborierte Hexenlehre ein augenfälliges Anwachsen ihres Umfangs. Dies kann als Anzeichen dafür gedeutet werden, daß den Gerichten noch stärker als zuvor daran gelegen war, mit ausgedehnten und detaillierten Fragestellungen genauere Schilderungen der Missetaten und vor allem der daran beteiligten Personen zu erhalten. Größter Wert wurde nunmehr auch auf umfängliche und vermehrte Zeugenaussagen und Denunziationen von Hingerichteten sowie auf eine exakte Protokollierung der Folterungen gelegt, was der eigenen gerichtlichen Absicherung dienen sollte.[235] Zusammen mit der sich ändernden Bezeichnungsweise der der Hexerei verdächtigten und beschuldigten Personen verweisen die in den Bekenntnissen und Zeugenaussagen geschilderten Vorgänge auf eine chronologisch fortschreitende, gemeindespezifische Rezeption der kirchlichen Hexenlehre, ohne daß diese allerdings kritiklos übernommen worden wäre. Wie bereits festgestellt werden konnte, war in den lothringischen Herrschaftsgebieten der Begriff der Zauberin durch den der Hexe ab 1622, ebenso in den pfalz-zweibrückischen Regionen ab 1620 allmählich abgelöst worden. Hierbei ließen sich auch inhaltliche Verschiebungen aufzeigen, die von einer starken Konzentration auf Schadenzaubervorwürfe zu Beschuldigungen von Schadenzauber zusammen mit Vergehen nach dem inquisitorischen Hexenmuster und später in Zusammenhang mit sittlich verwerflichen und ehrlosen Verhaltensweisen erfolgten.[236] In Übereinstimmung mit den Ergebnissen, die die Untersuchung amtlicher Beschimpfungsklagen und bei Kirchenbehörden anhängiger Zaubereiverdächtigungen erbrachte, zeigen nun auch Hexenprozeßprotokolle, daß das Hexenbild der Landbevölkerung und damit auch ihr Hexenglaube ab den 20er Jahren des 17. Jahrhunders ganz allmählich von der kirchlichen Hexenlehre unterwandert und mit den neuen dämonologischen Ideen angereichert wurde. Letztere erreichten die Landgemeinden jedoch erst nach vielfältigen

Interpretationen durch Ortsgeistliche, Schöffen, Richter oder Juristen.
Verglichen mit den Prozessen des ersten Drittels des 17. Jahrhunderts bietet ein saarländischer Hexenprozeß aus dem Jahr 1669, der aber nur bruchstückhaft Informationen über die Endphase der Hexenverfolgungen geben kann, inhaltlich ein ganz anderes Bild: Die richterliche Handhabe erscheint bei weitem vorsichtiger und skeptischer als in der Hauptverfolgungszeit zwischen 1593 und 1635.[237] So beauftragte die Ottweiler Kanzlei gleich nach dem Geständnis und vor Einsetzen der Folter die juristische Fakultät in Straßburg mit einem Gutachten, in dem wiederum eine erneute Befragung der Angeklagten, eine Beratung der Richter sowie die Hinzuziehung von Geistlichen bei einem so »abenteuerliche[n] crimen« vorgeschlagen wurde. Das Fehlen eines Verhörprotokolls läßt keine weiteren Schlüsse darüber zu, ob und wie sich der ländliche Hexenglaube im letzten Drittel des 17. Jahrhunderts verändert hatte. Die Überprüfung von Hexereibeschimpfungsprotokollen für alle Gebietsanteile des Saarraumes konnte einen derartigen Wandel allerdings bereits belegen.[238]
Kehren wir zurück in die Gefängnisse, Folterkammern und Verhörstuben. Nur sehr wenige Hexen und Zauberer waren aufgrund einer dreimal überstandenen Folter oder einer Begnadigung zum Landesverweis dem stereotypen Verfolgungsmechanismus entkommen. Und nur ganz wenigen Angeklagten war es gelungen, zu undeutliche oder keine Besagungen geliefert zu haben, während die meisten Prozesse durch Mitanschuldigungen mindestens einen neuen Prozeß nach sich zogen. Bei näherem Hinsehen und einer gründlichen Entwirrung des Prozeßmaterials lassen sich für eine kleine Region mit mehreren Ortschaften sogar ganze Besagungsnetze rekonstruieren. Die beiden folgenden sollen deshalb exemplarischen Charakter haben:
Im Fall 1 handelt es sich ausschließlich um Personen aus den Orten Saarwellingen, Schwarzenholz, Obersalbach, Reisweiler, Labach, Falscheid und Körprich, das heißt einem geschlossenen, etwa 90 km^2 großen Gebiet mit vielleicht 350 Einwohnern. Hier hatte im Jahre 1602 Ciriacus aus Körprich die Luden Cathrin und eine Bruch Keth besagt. Zu Beginn des Prozesses gegen Luden Cathrin im Jahre 1604 erinnerte sich diese an eine frühere Beschuldigung der Bruch Keth, die bereits 24 Jahre zuvor von Bruch Claßen Stin und im selben Jahr ihres Prozesses von Gertrud, der Frau des Waldförsters, denunziert worden war. Als im Jahre 1609 noch Eschen Peter und zwei Jahre später auch Odils Hansen

Barbel die Bruch Keth mitbeschuldigten, kam es zum Prozeß, aus dem noch im gleichen Jahr sechs weitere Verfahren resultierten. Eine ähnliche Prozeßkette lösten die Mitanschuldigungen des Eschen Peter im Jahre 1609 aus: Die Beschuldigung der Odils Hansen Barbel führte bereits im Jahre ihrer Hinrichtung zu neun weiteren Prozessen. Das Beispiel der von Eschen Peter und Ciriacus ausgelösten Prozeßfolgen verdeutlicht besonders eindringlich seit dem Jahre 1611 eine Verkettung zweier Denunziationsstränge. Dies ist sicherlich als Ergebnis des kommunikativen Austauschs innerhalb einer begrenzten Region zu werten.

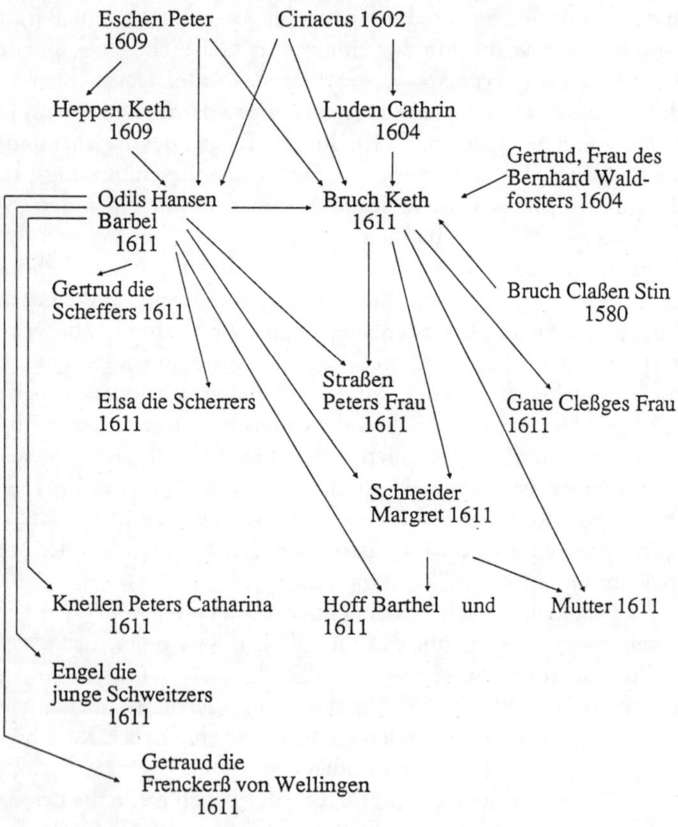

Fall 1: Prozeßkette als Folge von Besagungen

In Fall 2 kamen die Mitangeschuldigten aus den Nachbardörfern Weierweiler, Nunkirchen, Konfeld und Rappweiler. Anders als im ersten Fall läßt sich eine zeitlich auf nur wenige Jahre beschränkte Prozeßwelle verfolgen, die durch das Verfahren gegen Meier Velten 1598 ausgelöst wurde. Frühere Beschuldigungen aus den Jahren 1594 und 1596 wurden zwar als ergänzende Beweise in die Prozeßkette von 1598/99 mitaufgenommen. Auffallend sind jedoch hier die gegenseitigen Bezichtigungen von Personen, die zur gleichen Zeit im Gefängnis desselben Hochgerichts inhaftiert waren und Kenntnisse über die laufenden Verfahren hatten.

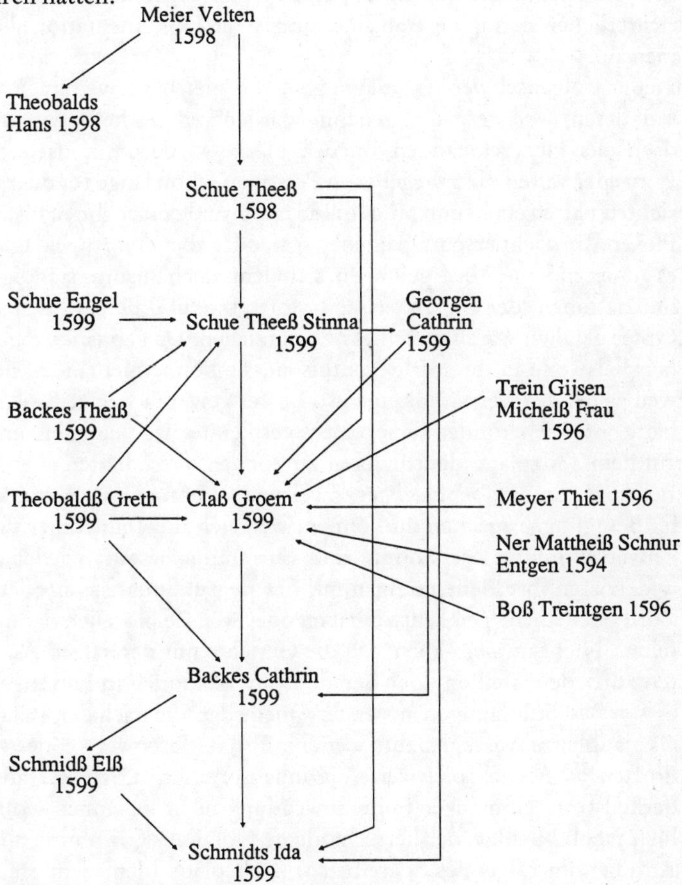

Fall 2: Prozeßkette als Folge von Besagungen

Die Besagung, die neben dem Gerücht zum eindeutigsten Indiz für die Zugehörigkeit zur teuflischen Gesellschaft gehörte, nahm dort außergewöhnliche Ausmaße an, wo harte Haft- und Folterbedingungen die Angeklagten dazu trieben, ihre Richter durch umfängliche Geständnisse und Namensnennungen möglichst schnell zufriedenzustellen, um aus der Pein zu kommen. Sie besaß auch dort einen besonderen Stellenwert, wo außergewöhnlich viele Hexenprozesse in regional eng begrenzten Gebieten und innerhalb einer kurzen Zeitspanne geführt wurden. Schließlich weisen die Hexenprozesse des 17. Jahrhunderts ab 1611 ein Anwachsen der Besagungslisten als Ergebnis einer intensiven richterlichen Befragung und einer präziseren Dokumentation aller Namen auf.

Neben folgenschweren Besagungen, die gleich in weitere Prozesse mündeten, weil Personen genannt worden waren, die bereits im Verdacht der Hexerei standen, blieben andere wiederum konsequenzlos. Entweder waren die angegebenen Personen schon lange tot oder hingerichtet, hatten einen guten Leumund, aufgrund dessen ihnen bislang ein Hexereiverdacht erspart geblieben war, oder aber den Angeklagten war es auf irgendeine Weise gelungen, sich dem Mechanismus ständiger Denunziationen, der die Prozeßkette fortsetzte und dem sie selbst zum Opfer gefallen waren, geschickt zu entziehen. Da gab eine Angeklagte beispielsweise in ihrem Bekenntnis an, sie könne niemanden nennen, weil es bei den Versammlungen so finster gewesen war, daß sie keinen hätte erkennen können; eine andere vermeinte zwar, einige Komplizen auf dem Tanzplatz identifizieren zu können, diese hätten aber keinen Beistand zum Zauber geleistet. Zwei weitere Frauen gaben vor, keinerlei Besagungen machen zu können, weil sich die Teilnehmer der Hexenversammlung »verstoppt« und vermummt hatten; wieder andere widerriefen ihre Benennungen mit der Begründung, sie aus Schmerz, Zorn oder Rache gemacht zu haben oder weil sie plötzlich daran zweifelten. Nicht immer gaben sich die Gerichte mit derartigen Ausflüchten zufrieden, stellten doch gerade Denunziationen in Hexengeständnissen Beschuldigungen aus erster Quelle dar, die nach der »Carolina« als glaubhafte Aussagen zum weiteren Prozessieren verwendet werden durften.[239] Als beispielsweise die inhaftierte Anna Scheffer aus Niederkell trotz einmaliger Folteranwendung nicht bekennen wollte, erhielt Jacob Nicolay, der herrschaftliche Notar auf Grimburg, auf seine Anfrage hin folgendes Schreiben von Nicolaus Iden, dem Stabhalter und Schultheißen zu St. Matthias in Trier: »...hab ich derselben

haltzsterige verneinungh ersehen, bin derohalben dieser meinungh, daß Scheffer Anna nach vorhergehender fleißiger ermahnungh und berattungh noch einer peinlicher fragh derselben leibs constitution und natur gemeeß applicirt werden solte, sie alßdan bekendtlich werden, und Segelen Trein besagen, hette man dieselbe gleichmeßiger tortur nachmahlen zuunderwerffen«.[240] Dem Trierer Rechtsgelehrten ging es darum, mit Scheffer Annas Mitanschuldigung zugleich auch einer anderen Frau, Segelen Trein, die mit ihr zusammen inhaftiert und vermutlich auch besagt worden war, habhaft zu werden. So wie Scheffer Anna nach der folgenden Tortur gleich in ihrem ersten Bekenntnispunkt jene Segelen Trein als Anwesende auf den Tanzplätzen denunzierte, wußte auch Engel Anthes aus Gonnesweiler vom Mechanismus der immer neuen Mitbeschuldigungen, den sie zwar zu unterlaufen suchte, letztendlich aber resignierend eingestehen mußte: »die andern wurden es woll sagen, so nach ir kemen«.[241]
Ein Urteil konnte nach der Halsgerichtsordnung Kaiser Karls V. nur dann gefällt werden, wenn ein Angeklagter ein hinreichendes Geständnis abgelegt hatte, nachdem er von der Folter genommen war. In den Hochgerichten des Saarraumes wurde eine Verurteilung nach Ablauf des Hauptverfahrens, das ein Schuldbekenntnis der Angeklagten nach höchstens dreimaliger Folter erbracht haben mußte, von den verordneten Schöffen und dem Richter des Hochgerichtes ausgesprochen, das manchmal auch gemeinsam mit anwesenden Rechtsgelehrten der Obergerichtshöfe, dem Hochgerichtsherrn und anderen Bediensteten abgestimmt wurde. Wie im kurtrierischen Hochgericht Mandern in einem Hexenprozeß von 1628 dürfte sich auch in anderen – zumindest kurtrierischen Hochgerichten – das Ritual der Urteilsfindung abgespielt haben: Hier waren der Angeklagten zunächst ihre Bekenntnisse nochmals in Gegenwart des trierischen Notars Iden, des Grimburger Burggrafen, des Schultheißen von Kell und eines Manderner Schöffen vorgelesen worden. Und »weillen dan sie alles waß sie außgeredt wahr zusein bekendt, als ist sie hienaußer nacher manderen zue dem hochgericht gefuhrtt worden«, wo sich die sieben Schöffen von Mandern und Niederkell zusammen mit Dr. Iden einfanden und einen Kreis bildeten, in den die Angeklagte geführt wurde. Nachdem der protokollführende Notar alle Bekenntnisse vor den Anwesenden ein zweites Mal Punkt für Punkt mit lauter und deutlicher Stimme verlesen und die Angeklagte jeden einzelnen bestätigt hatte, »hadt obengenandter herr doctor Idenus die Scheffen angemahndt ihre wolmeinungh daruber von sich

zugeben, urtheill Kayser Carls des funfften Hochloblicher peinlicher Haltzgerichts ordnungh gemeß daruber zuefaßen undt zuelaßen, warauff sie Scheffen abgestrafft, solche Bekandtnußen in Deliberation gezogen und nach gehabter deliberation sein wieder zueruck getretten, mihr Notarien die Urtheill zue handen gestelt, sich zue gericht niedergesetzt, gestalt dieselbe auffzuleßen, welche dan ich auch mit heller stim auffgeleßen«.[242]

In anderen Hochgerichten war die Urteilsfindung mit der Hinrichtung insofern stärker gekoppelt, als den Angeklagten ihre Bekenntnispunkte am Urteilsstock vorgelesen wurden, auf deren Bestätigung hin dann der Amtmann der jeweiligen Herrschaft die Schöffen zur Urteilsfindung ausbelud: Delinquenten, die auf Schloß Dagstuhl inhaftiert waren, wurden auf die Brücke zwischen den beiden Pforten des Schlosses gebracht, wo dann alle Anklage- und Geständnispunkte bestätigt werden mußten, worauf die Schöffen des Hochgerichts, aus dem der Angeklagte stammte, das Urteil fällten, welches gleich darauf am Richtplatz vollstreckt wurde.[243] Angeklagte aus Haustadt, die zunächst im Bekkinger Gefängnis saßen und dort verhört wurden, führte man nach Bestätigung ihrer Geständnisse zurück nach Haustadt unter die Dorflinde, wo jetzt die örtlichen Schöffen das Urteil fällten, das danach vollzogen wurde. Zwischen Urteilsverkündung und Hinrichtung oder auch schon vor dem Urteilsspruch wurde den Verurteilten ein Priester zugebilligt, bei dem die Angeklagten beichten konnten, manchmal auch ihre Bekenntnisse widerriefen, der sie jedoch selten zum Richtplatz begleitete.[244] Mit der Fällung des Urteils, das später oder sofort veröffentlicht, das heißt in Gegenwart des Gerichtspersonals, der Hochgerichtsherren und der Gemeindemitglieder vorgelesen wurde, war der »inoffizielle« Teil des Inquisitionsprozesses abgeschlossen. Die Hinrichtung selbst setzte nur noch den öffentlichkeitswirksamen und abschreckenden Schlußstrich hinzu.

Hinrichtung und Prozeßfolgen:
»... den guten zu Gutem und Schirm, den Bösen
aber zur Straf und Rach«

Die Hinrichtung bildete zusammen mit der öffentlichen Verlesung der Bekenntnisse und des Urteils der Hochgerichtsschöffen den offiziellen Abschluß des Strafverfahrens. Das damit verbundene Ritual, das herrschaftlicher Machtdemonstration ebenso diente wie der Abschreckung weiterer Übeltäter und der Hervorhebung der Macht der Gemeindeausschüsse, hatte in den Hochgerichtsbezirken unterschiedliche Formen und Zeremonien ausgebildet. Im lothringischen Hochgericht Saargemünd wurden zwei der Hexerei überführte Frauen 1598 in Gegenwart des Gerichtspersonals und einer Zuschauermenge zunächst in Halseisen gelegt, dann zur Hinrichtungsstätte gebracht, dem Nachrichter überstellt, der sie erst würgte, dann verbrannte, jedoch so, daß sie »die hitz des feuwers etwas fülen« sollten.[245] Im ebenfalls lothringisch verwalteten Hochgericht Schwarzenholz brachte man die Angeklagten zum Urteilsstock, wo in Anwesenheit der Ausschußmitglieder, der Schöffen, des Meiers und der Gemeinde das Urteil verlesen wurde. Danach übergab der Meier die verurteilte Person, während er einen weißen Stock über ihr zerbrach, dem Scharfrichter, der sie auf den Katzenberg zur Richtstätte brachte. Dort wurde sie in »viller umbstehendt gegenwahrt«, wie es heißt, zunächst stranguliert und später verbrannt.[246] Das zweibrückische Hochgericht Neunkirchen / Nahe kannte eine weitere Variante: Hier wurden alle Bekenntnispunkte der Verurteilten im Beisein der Hochgerichtsherren, der Amtmänner, eines Rechtsgelehrten, des Meiers von Selbach, des Schultheißen von Gonnesweiler und sieben Hochgerichtsschöffen von Neunkirchen am Urteilsstock verlesen und wiederum bestätigt, danach das schon getroffene Urteil öffentlich verlesen. Nach der Übergabe an den Scharfrichter zogen alle zum Hochgericht, an dem die Verurteilte stranguliert und ihr Leichnam verbrannt wurde.[247] Kurtrierische Hochgerichte führten zumeist folgendes Ritual durch: An einem öffentlichen Platz wurde das Urteil gefällt und dem Publikum verkündet, dann übernahm der Scharfrichter die Delinquenten und führte sie zum jeweiligen Richtplatz des Hochgerichtsortes, wo diese die Gelegenheit hatten, ihr Verbrechen noch einmal öffentlich zu bestätigen und Gott um Verzeihung und Gnade zu bitten. Dann wurden sie mit einem Seil stranguliert und nach Eintreten des Todes verbrannt.[248] Ähnlich verliefen auch die Hinrichtungen im geteilten Hochgerichtsbezirk Merzig-Saargau, wo der Amtmann nach Publikation des Urteils am Urteilsstock die Verurteilte dem Scharfrichter übergab, der sie zur Hinrichtungsstätte brachte, jedoch »mit dem feuhr vom leben zum thot«, das heißt ohne vorherige Strangulierung, hinrichtete.[249] Daß Verbrennungen bei lebendigem Leib nicht nur in dieser Region üblich waren, sondern durchaus öfter vorkamen, zeigen andere Quellen, in denen eine

Abbildung 5: Verbrennungsszene aus der Wickiana (1560–1587), kolorierte Zeichnung

runde Hütte erwähnt wird, in die man die Verurteilten einschloß, bevor sie angezündet wurde. Diese Hütten aus Stroh, die auf den Scheiterhaufen standen, verhinderten einen öffentlichen, spektakulären Todeskampf der Verurteilten, weil der aufsteigende Qualm einen schnellen Erstickungstod brachte. Gleichzeitig erlaubte dieses Verfahren bei lebendigem Leib aber auch eine Hinrichtungsverschärfung bei besonders schwerwiegenden Hexereigeständnissen.[250]

Die Hinrichtungen selbst scheinen bei der Bevölkerung des jeweiligen Vollzugsortes und den benachbarten Gemeinden rege Anteilnahme gefunden zu haben. Waren es doch die Gemeindemitglieder, die den Prozeß durch bereitwillige Zeugenaussagen, Auskünfte gegenüber den Ausschußmitgliedern und die Verbreitung entsprechender Gerüchte sowie die Anklageschrift ihrer Hexenjäger ins Rollen gebracht und zudem für die Herrichtung der Richtstätte, die Holzlieferung und andere Dienste gesorgt hatten. Angaben darüber, welche Personen der Exekution einer Hexe oder eines Zauberers beigewohnt haben, und genaue Wiedergaben aus den verlesenen Geständnissen der Verurteilten zeigen ein allgemeines Interesse, das weniger von Schaulust als dem Anliegen geleitet war, sich über das, was die Hexen gesagt und vor allem wen sie besagt hatten, Informationen aus erster Hand zu beschaffen. So fehlen derartigen Erwähnungen zwar eingehende Darstellungen des Hinrichtungsvorganges, des Verhaltens der Menge und der Verurteilten selbst. Inhaltliche Aussagen des am Urteilsstock vorgetragenen Bekenntnisses und des hier oder zuvor gefällten Urteils waren den Zuschauern jedoch auch späterhin stets präsent. Inwieweit die Anwesenheit der Gemeindemitglieder des jeweiligen Hochgerichtsortes verpflichtend war oder freiwillig erfolgte, muß ungeklärt bleiben, da nur ein einziges Weistum des Saargauer Hochgerichts von 1529 bestimmte, daß alle Männer des Hochgerichtsbezirkes mit ihren Waffen am Richtplatz erscheinen mußten, alle anderen darüber aber schweigen.[251] Zumindest läßt die Anwesenheit von Frauen auf den Hinrichtungsplätzen darauf schließen, daß auch viele Freiwillige aus Neugierde, Anteilnahme oder anderen Interessen der Exekution beiwohnten. Eine dieser Augenzeuginnen gab später in einem Injurienstreit zu Protokoll, bei der Verbrennung zweier Frauen dabeigewesen zu sein, jedoch »nitt so nahe zum Gericht kommen, dann mann laße die weiber nitt so nahe darzu«. Ein anderer Zeuge derselben Hinrichtung gab weitere Hinweise auf den Vorgang der Hinrichtung: Beide Frauen seien mit einem Leiterwagen zum Urteilsstock gebracht worden, wo der versammelten Gemeinde deren Bekenntnisse mitsamt dem Urteil vorgelesen wurden, während die Verurteilten Kommentare dazu abgaben und andere Personen lautstark immer wieder mitbeschuldigten. Diese Darbietung öffentlicher Denunziation setzte sich auch weiterhin fort, denn, so der Augenzeuge, »hettens auch noch also geredt inn der hütten an den stuelen und wie das feuer unden an der hütten schon gebrent, auß der hütten alle beede herauß geruffen«.[252]

Das öffentliche Schauspiel der Hinrichtung diente einerseits der Kundgabe der von der Gerichtsbarkeit aufgedeckten Wahrheit und offenbarte zugleich eine als wirksam angesehene Methode der Hexenbekämpfung, die Erfolg versprach und Sicherheit innerhalb der Bevölkerung schuf. Zum anderen hatte das Hinrichtungsritual die Aufgabe, die überführte

Person von ihrer Schuld zu reinigen, bevor sie vor Gottes Thron treten mußte, wozu der Feuertod als besonders geeignet erschien. Schließlich war eine öffentliche Exekution das deutlichste Mittel zur sichtbaren Abschreckung weiterer Übeltäter. So hieß es in den Urteilen nicht selten, ihre Vollstreckung diene »wolverdientter straff, auch andern zum abscheulichen exempel«.[253]

Das vollzogene Urteil brachte der Bevölkerung und den Gerichten dreierlei Vorteile: Einmal hatte man ein Mitglied der Hexensekte vernichtet, damit weiteren Schaden durch dieses unterbunden und gleichzeitig ein abschreckendes, aber auch von der Bevölkerung befürwortetes Exempel statuiert. Man besaß zusätzlich weitere Anschuldigungen und Besagungen, um die Reihe der Prozesse weiterzuführen, und man hatte, was besonders für die saarländischen Gebiete unter lothringischer Verwaltung von Bedeutung war, das Recht zur Konfiskation der Hinterlassenschaft verurteilter Hexen und Zauberer. War im Erzstift Trier, und damit auch in den kurtrierischen Besitzungen im Saarraum, entsprechend der »Carolina« der Einzug des Vermögens untersagt – ebenso wie dies auch für die Besitzungen der Grafen von Nassau-Saarbrücken und der Herzöge von Pfalz-Zweibrücken galt –, so wurde in den von Lothringen abhängigen Gebieten die Hälfte des Wertes oder der gesamte Wert der zuvor taxierten Hinterlassenschaft eingezogen, von dem die Gerichtskosten an die Gerichte, der übrige Betrag an die Hochgerichtsherren und die herzogliche Kanzlei gingen. Es schien nun in den kurtrierischen Hochgerichten üblich zu sein, das Vermögen der Verurteilten zunächst zu schätzen und davon dann die Gerichtskosten einzutreiben, die sich auf kleine Summen, aber auch auf Beträge von 239 Gulden und mehr erstrecken konnten. Das Eintreiben dieser Beträge war wiederum Aufgabe der Ausschußmitglieder.[254]

Ähnlich hohe Gerichtskosten wie in den kurtrierischen Besitzungen kamen in den zweibrückischen Hochgerichten zustande, während sie in der Grafschaft Nassau-Saarbrücken zwischen 17 und 456 Gulden schwankten. Daß gerade in den kurtrierischen und zweibrückischen Gebieten bezüglich der Gerichtskostenerhebungen große Mißstände herrschten, zeigen etliche Beschwerdebriefe von Gemeinden, Ausschüssen oder Angehörigen hingerichteter Personen, die zur Eintreibung, Vorstreckung oder Zahlung der Summen veranlaßt, ja teilweise gezwungen wurden.[255]

Der Tatsache, daß die zu erstattenden Unkosten oft eine solche Höhe erreichten, daß sie einer Konfiskation gleichkamen und damit Hinterbliebene der Verurteilten an den Bettelstab brachten oder ganze Dörfer in Schulden stürzten[256], versuchten nicht nur die Untertanen in ihren Bittgesuchen selbst entgegenzuwirken. Auch die Landesherren wollten derartigen Mißständen begegnen, indem sie Unkostenbeträge »moderierten«, ihre Lehns- und Amtleute zur Rückerstattung eines Teilbetrages aufforderten und durch Erlasse und Verordnungen Abhilfe zu schaffen suchten – wohl aber mit nur geringem Erfolg. So beschwerten sich bereits 1592 die Gemeindemitglieder des Hochgerichtsbezirkes Neunkirchen/Nahe beim Landesherrn Johann von Zweibrücken über den Einzug überhöhter Gerichtskosten für die Verurteilung mehrerer Hexen durch ihren Hochgerichtsherrn Georg Wilhelm von Soetern.[257] Nachdem bereits zwei Jahre zuvor vermutlich ein ähnlicher Vorfall dazu geführt hatte, daß die Ausschüsse desselben Hochgerichts die Zahlung zu hoher Unkosten für vier Hexenhinrichtungen verweigert hatten, erging diesmal die herzogliche Order, den Ausschüssen das hinterlegte Geld innerhalb von sechs Wochen zurückzuerstatten. Es sei von den Erben der Hingerichteten »durch pfandung und gewaldt, wider jetzbemelte Kheysserlich Peinliche halßgerichts ordnung« eingetrieben worden, so die Begründung des Landesherrn.[258] Auch in der Grafschaft Nassau-Saarbrücken, vor allem im Hochgericht Uchtelfangen, scheint es wegen der Verbrennung mehrerer Hexen 1595/96 zu Schwierigkeiten bei der Erstattung der Gerichts- und Unkosten gekommen zu sein, was sowohl ein persönliches Eingreifen des Saarbrükker Grafen Ludwig erforderlich machte als auch die Ausschüsse auf den Plan rief. Diese wandten sich an den Grafen mit der Bitte, bisherige Haftregelungen, die mit großen Unkosten verbunden seien, so zu ändern, daß »die hinderlassene nicht ins verderben und an betelstab gesetzt« und die »underthanen im unkosten... verschonet werden möchten«.[259] Noch 1633 beschwerten sich mehrere Untertanen aus Gonnesweiler beim Pfalzgrafen über die wegen der Exekution dreier Frauen erhobenen Unkosten durch den Hochgerichtsherrn Christoph Braun zu Schmittburg. Im Antwortschreiben des Pfalzgrafen auf die Beschwerde der Untertanen heißt es, die Lehnserben des Christoph Braun zu Schmittburg sollten sich mit den Klägern vergleichen, »angesehen die ihnen abgenommene gelder und anders, als eine Confiscation vermöge den rechten nit gegründet, sonder den Reichs Constitution, zu welchem die Confiscation ufgehoben, schnur stracks zu wider«.[260] Schließlich kam es wenig später zu einem Anhörungsverfahren der »Jungfrau Bräunin von Schmidtburg«, der Tochter und Erbin Christophs, und nunmehr sechs klageführenden Gonnesweiler Untertanen, deren Angehörige als Hexen hingerichtet worden waren, vor dem Hochgerichtsmeier von Neunkirchen und Johann Reinhardt von Soetern als Mithochgerichtsherrn. »Es bedunke sie«, so lautete der allgemeine Tenor der klageführenden Untertanen, »alles viel zu sein, nach respect andern executionen in der Nachpaschafft, die sich nit pflegen, so hoch zu belauffen, verhoffen gehalten zu werden wie die benachbarte in andern hochgerichten, und deßhalb seie vor allem die ursach, warumb sie supplicirt, wie sie underthanen hiebevorn mehrmals in vorgefallenen notturfften nach Zweibrucken supplicirt.«[261] Der eine beschwerte sich über einzelne zu hoch veranschlagte Kosten für das Gerichtspersonal, ein anderer, daß er für den zweistündigen Haftaufenthalt seiner Frau, die sich dort erhenkt hatte, eine ungeheure Summe zahlen mußte, ein dritter verlangte eine detaillierte Kostenaufstellung, aus der die Zusammensetzung des Kostenbetrags ersichtlich sei. Eine weitere Person beschuldigte den verstorbenen Junker des Betrugs, da er von seinem Verwandten sechs oder sieben Morgen Land übereignet bekam, »weil der Juncker ime versprochen, daß er ohnangesehen der damaligen denunciationen der captur und execution verschont pleiben solle«. Ein letzter Kläger schließlich beklagte das Schicksal des hinterlassenen Kindes einer Exekutierten, welches wegen Zahlung der Unkosten alles Vieh, Pferde und Geld verloren hatte und dessen »guter einem frembden umb die frön und dienst eingeraumbt« worden waren.

Gerade die letzten Beispiele zeigen, daß auch in Herrschaftsbereichen, in denen nach der »Carolina« niemand durch die Gerichtskosten »uberflussig beschwerdt« und auch keine Konfiskation vorgenommen werden durfte, weil sie »Weib und Kinder an Bettelstab« bringe[262], in denen sogar ausdrückliche Bestimmungen wie die erzbischöflichen Erlasse von 1580, 1591 und 1630 oder die einschreitenden Moderationen und Anordnungen des Zweibrücker Grafen genaue Verhaltensweisen vorschrieben, Hochgerichtsherren und andere Personen nicht davor zurückschreckten, Kostenbeträge einzutreiben, die einer Güterkonfiskation gleichkamen. Hinterbliebene wurden enteignet und deren Besitz eingezogen, ja mancher Hochgerichtsherr stand sogar im Ruch der Bestechlichkeit. Daß in den saarländischen Gebietsanteilen, in denen die »Carolina« Gültigkeit besaß, tatsächlich Summen für Hexenprozesse und Hinrichtungen eingetrieben wurden, die Familien und Gemeinden verschuldeten, ja total verarmen ließen, zeigen folgende Vergleiche: Für Nassau-Saarbrücken waren Beträge bis zu 456 Gulden für eine Hinrichtung ergangen, was nach der üblichen Umrechnung einem Betrag von etwa 116736 Pfennigen entsprach. Im Vergleich dazu zahlten die nassau-saarbrückischen Haushaltungen bei einer Türkenschatzung 1542 durchschnittlich 62 Pfennige.[263] Für pfalz-zweibrückische Prozesse beliefen sich die Kosten einmal auf 324, ein anderes Mal auf 225 und 114 Gulden, zuzüglich 5 Reichstalern, was einer Umrechnung in 54000, 27360 und 1800 Pfennigen entsprach.[264] Im Vergleich dazu besaß ein Malter Korn etwa den Wert von 3 Gulden oder 720 Pfennigen. Dies bedeutet, daß eine Sippe oder ein Dorf bis zu 75 Malter oder 450 Fässer mit Getreide oder Güter in einem entsprechenden Gegenwert liefern mußte, um nur einen der vielen Hexenprozesse finanzieren zu können, wobei Hexenprozesse wiederum nur einen Teil derjenigen Gerichtsverfahren ausmachten, die mit Exekutionen endeten und kostspielig waren.

In den Regionen des Saarraumes, in denen nun das Konfiskationsrecht angewandt wurde, herrschten auf der fiskalischen Seite noch weit größere Mißbräuche und Auflagen für einzelne Familien und Dorfgemeinschaften vor. Im lothringischen Bellistum war das Recht auf Einzug der Hinterlassenschaft Hingerichteter durchaus gesetzlich erlaubt, während es sich in den gemeinsam von Lothringen und Kurtrier verwalteten Gebieten, trotz trierischer Einsprüche und der Anweisung an die erzbischöflichen Amtleute, nur die Gerichtskosten einzuziehen, letztendlich unausgesprochen auch hier in Anlehnung an die lothringischen Gepflogenheiten durchsetzen konnte. So ging man in lothringischen Gebieten dazu über, das hinterlassene Vermögen von Verbrannten durch den zuständigen Amtmann im Beisein des Meiers und seines Notars schätzen zu lassen und es entweder, wenn es sich um fahrende Habe handelte, auf dem nächsten Wochenmarkt zu versteigern, oder aber, handelte es sich um Häuser, Äcker, Gärten, Wiesen und dergleichen, zu einem festgesetzten Termin öffentlich zu verkaufen. Durch das Konfiskationsrecht fielen der Obrigkeit in den lothringischen Gebietsanteilen an beweglicher und unbeweglicher Habe Güter in Form von Gärten, Äckern, Wiesen, Heu, Häusern, Töpfen, Kesseln, Pfannen, Scheunen, Tieren oder ein ganzer Hausrat mitsamt zugehörigen Liegenschaften zu. Ehemann und Kinder der Reutter Wendels Catharina etwa mußten einer öffentlichen Versteigerung von 14 ganzen und einem halben Acker, mehreren Gärten und Wiesen im Wert von insgesamt 514 Franken zustimmen, die Erben der Weiß Caspars Meigett dem Verkauf des ganzen Hausrates. Die Hin-

terbliebenen des Ehepaares Stock von Roden, das 1593 hingerichtet worden war, verloren durch Versteigerung ein Haus im Wert von etwa 1000 Franken, wobei 455 Franken konfisziert wurden, andere »Meubles... bien Immeubles«, die bei öffentlichen Verkäufen zwischen 72 und 105 Franken erzielten.[265]
In vielen Fällen wurde den Angehörigen ein Vorkaufsrecht zugestanden, was etwa die Kinder der Reutter Wendels Catharina für die fahrende Habe der Mutter und der Ehemann für die liegenden Güter in Anspruch nahmen.[266] Auch andere Hinterbliebene versuchten, ihre Habe auf diesem Weg zu retten, was jedoch oft genug daran scheitern mußte, daß keine entsprechenden Geldbeträge vorhanden waren oder ausgeliehen werden konnten. Andererseits gab es auch Konfiskationen, die keinen Ertrag brachten, weil nachweislich kein Vermögen vorhanden war bzw. von den versteigerten Gütern gerade nur die Gerichtskosten beglichen werden konnten, oder weil die eingezogene Habe zu einem weit geringeren Preis an einen Käufer abgegeben werden mußte. So heißt es etwa nach dem Versuch, die geschätzten Güter der Reutter Catharina öffentlich zu verkaufen, es sei »gleichwohl niemandt vorhanden gewesen, so solche vor pur Gelt vor soviel haben wöllen... gleichwohl kein bahr gelt vorhanden, dann das Volck gar verarmpt... und waren gar nicht zuverkauffen«, weshalb es wohl auch dem Ehemann der Hingerichteten gelingen konnte, alles zusammen für etwas mehr als die Hälfte des Schätzwertes zu erlangen.[267]
Für in lothringischen Hochgerichtsbezirken geführte Hexenprozesse wurden nach den überlieferten Quellen Konfiskationssummen von acht bis 1500 Franken je Prozeß eingetrieben, was einem Gegenwert von einem halben bis zu 66 Ohm Wein (= 1188 Maß) oder etwa 106 Maltern Korn entsprach. Im Vergleich dazu mußten bei einer Türkenschatzung 1588 die Ortschaften Aussen, Bettingen, Goldbach, in einer anderen von 1567 Saarwellingen und in einer Schatzung von 1585 der Ort Limbach insgesamt mit allen 64 Haushaltungen nicht mehr als 300 Franken zahlen.[268] An den Hochgerichten der Bailliage kamen nach den vorhandenen, keineswegs vollständigen Quellen in den Jahren 1593 bis 1633 allein durch Güterkonfiskationen bei Hexenprozessen 12000 bis 13000 Franken zusammen, von denen nur ein kleiner Teil den Gerichten zur Entlohnung für Gerichtspersonal und andere Helfer zukam. Der weit größere Teil mußte der herrschaftlichen Kanzlei in Nancy überstellt werden.
Die eingezogenen Gelder, die sich durchschnittlich auf eine Summe

von 380 Franken beliefen, überstiegen bei weitem die Beträge, wie sie für Gerichtskosten und eine, wie es in den kurtrierischen Protokollen heißt, »nahmhafft bouß« in den anderen Regionen des Saarraumes abverlangt wurden, und riefen vielerorts Proteste der Gemeinden und Beschwerden einzelner Hinterbliebener bei der Herrschaft hervor. So versuchten 1634 mehrere Angehörige hingerichteter Frauen aus Honzrath eine Revision der angeordneten Güterkonfiskationen durch Klage vor dem Hochgericht in Beckingen. Drei der klagenden Ehemänner weigerten sich, die verlangten Beträge, vor allem die Gerichtskosten aus den Prozeßverfahren ihrer Frauen zu zahlen, wobei einer von ihnen argumentierte, »hoffe nichts schuldig zu sein, seine frau seye in kein verwiesen noch folther kommen«; ein anderer gab an, er »verhoffe vermögh brauchs im landt nichts schuldig [zu sein], hette man hinter ihr funden, daß sie schuldig gewesen, hette man sie tractieret wie andere, weil man aber nichts hinder ihro gefunden, seye er kein costen schuldig«, während der dritte Schuldner, dessen Frau ebenfalls freigesprochen worden war, vermerkte, »die gemeind habe seine Frau einziehen lassen, solle auch die costen zahlen, wisse weiter nichts zu geben«.[269] Wurden die beiden ersten von ihrer Zahlungspflicht aufgrund der erwiesenen Unschuld ihrer Frauen befreit, so erging im letzten Fall die Order, daß die 14 Gemeindeoberhäupter, die einen Hexenausschuß eingesetzt hatten, zur Deckung der Kosten von 280 Franken je 20 Franken erlegen mußten. Andere Kläger, wie Schneider Pauluß aus Honzrath, der bereits für die Hinrichtungskosten seines Vaters Schneider Augustin, welcher 1603 wegen Zauberei hingerichtet worden war, aufkommen mußte und jetzt für die Exekution seiner 1628 verurteilten Frau Gertrud belangt wurde[270], stellten die ihnen abverlangte Summe zur Disposition oder gaben auf die Frage, warum sie ihrer Zahlungsaufforderung nicht nachkommen wollten, zur Antwort, weder sie noch ihre Ehefrauen besäßen irgendwelches Vermögen. Deshalb sei es ihnen nur möglich, einen kleineren Betrag von vielleicht 50 Franken zu bezahlen, wollten sie nicht »baldt den bettlern nachgehen« – ein Einwand, der vor Gericht wohl keinen großen Eindruck gemacht haben dürfte.
Die geschilderten Vorgänge zeigen, daß sich in der Gerichtspraxis der lothringisch verwalteten Hochgerichte, außer im Hochgericht Schwarzenholz, wo ausdrücklich »von der ubelthatterin guettern der billigh gerichts kosten abgerichtet und folgendts der oberigkeitt eine namhafte Bouß, nach rechtlicher meßigungh erlegt werden solle«, wie die Bestimmung in einem Urteil lautete[271], das Konfiskationsrecht in einer

für die Hinterbliebenen existenzgefährdenden Weise durchgesetzt hatte. Dafür blieben aber die Gemeinden, da hier die Ausschüsse meistenteils fehlten, von Kostenvorschüssen oder -erstattungen mangels Vermögen der Angehörigen größtenteils verschont.
Sowohl ausdrückliche Bestimmungen in Hexenurteilen, Beschwerdeschriften der Untertanen als auch die Höhe der veranschlagten Summen deuten darauf hin, daß in Gebieten mit zwischen Lothringen und Kurtrier geteilter Hochgerichtsbarkeit in der Praxis die Güterkonfiskation beider Gerichtsherren vorherrschte. Kurtrierische Amtleute durften der »Carolina« gemäß zwar die Hinterlassenschaft von Hingerichteten nicht einziehen, strichen jedoch, nachdem die lothringischen Gerichte eine Gesamtsumme der taxierten Habe erstellt hatten, ebenso wie diese die andere Hälfte des erhaltenen Geldes ein. So lautet ein Eintrag von 1597 im Rechnungsbuch des lothringischen Amtes Siersburg für zwei Hexenhinrichtungen in Besseringen, das zum geteilten Kondominium Merzig-Saargau (Siersburg/Saarburg) gehörte, folgendermaßen: »Item demnach die Confiscation zu Besseringen uff der vogtey und forsthoben (vermögh Scheffen weisthumbs) zwischendt beiden Chur und fursten gemein, ... und dan Arnolts Hans Lehnmeyer zue Besseringen hiebevorn wegen Zauberey hingerichtet, und deswegen seine verlassenschafft durchauß meinem gnedigsten herrn in Confiscation zuziehen heimgefallen... welches halb zu Sarburg gehörigh, thutt also alhie nhur – 500 Franken.«[272] An anderer Stelle hieß es 1588, die von lothringischer Seite durch das Gericht in Nittel ohne Vorwissen des kurtrierischen Amtmanns wegen der Hinrichtung mehrerer Personen anberaumte Güterschätzung habe »zu großem Nachtheil unser churfürstlichen Excellenz habender gerechtigkett, darum das sulchem befelch durch beyde Amptleuth coniunction und nicht divisam geschehen und geben muß«, geführt. Schließlich beschwerten sich sogar die kurtrierischen Beauftragten 1593 mit Erfolg beim lothringischen Amtmann darüber, daß die Erben einer wegen Hexerei hingerichteten Frau dem lothringischen Hochgerichtsherrn »in statt der confiscation noch hondert und funffzig francken über die unkosten... heimlich geben« hätten, wogegen sie bislang leer ausgegangen seien.[273] Auch in dem vom lothringischen Siersburg und kurtrierischen Saarburg gemeinsam verwalteten Hochgericht Merzig-Saargau mit seinen um 1600 insgesamt 20 Ortschaften und 237 Haushaltungen wurden Konfiskationsbeträge von 40 bis zu 1000 Franken eingezogen, wobei die Gerichtsentscheide betonten, daß die »verlassene guitter conviscations weiß in gnadt und ungnadt dern hochge-

richts hern einem jedem nach gepuer, mit abtragh alles costens und schadens verwiesen« sein sollten – eine ähnliche Regelung, wie sie auch in lothringischen Hochgerichten anzutreffen war.[274] Dabei war es durchaus auch möglich, daß die durch die Schätzung des hinterlassenen Vermögens eingeforderte Konfiskationssumme von den Hochgerichtsherrn »moderiert« wurde, also wie in den pfalz-zweibrückischen Gebieten auf eine niedrigere Summe herabgesetzt werden konnte. Hier allerdings geschah dies nicht als korrigierendes Einschreiten der Landesherrschaft gegenüber ihren Amtleuten, sondern als souveränes Privileg und Gnadenerweis der in dieser Frage unabhängigen lothringischen und der sich anschließenden kurtrierischen Hochgerichtsherren.
Im ebenfalls zwischen Kurtrier und Lothringen geteilten Hochgericht des Nalbacher Tals mit seinen etwa 120 Haushaltungen riefen die Kostenregelung bei Hexenprozessen und die dabei eingeforderten Summen Untertanen und betroffene Hinterbliebene, aber auch die trierischen Hochgerichtsherrn zu Protesten beim Erzbischof auf. Von kurtrierischer Seite aus war die Kostenfrage in Fällen, in denen die Angehörigen für die aufgelaufenen Gerichtskosten nicht aufkommen konnten, durch ein örtliches Schöffenweistum und Jahrgeding seit alters wie folgt geregelt: »So einer im genannten thal mißthat halber gefenglich angenommen und vom leben zum todt geurtheilt, und die ufgangene uncosten nit bezahlen kan, daß alß dan die kosten der gefengnus ein Stifft zu St. Simeon, die Vögt aber die kosten der execution abtragen und bezahlen sollen.«[275] Dies bedeutete, daß überhöhte Kostenrechnungen des Gerichtspersonals, kostspielige Verzögerungen der Verhandlungen oder umfängliche Zeugenbefragungen bei mittellosen Angeklagten einen finanziellen Mehraufwand für die Hochgerichtsherren mit sich brachten. Derartige Fälle veranlaßten 1612, 1616 und vermutlich auch 1621 Propst, Dechant und Kapitel des St. Simeon Stiftes in Trier zu einer Serie von Beschwerdebriefen an den Erzbischof. Dieser wies bereits 1611 den trierischen Amtmann auf Grimburg an, besonders auf die »unordtnung in processen und ubermessigkeit der kosten« zu achten, während zur gleichen Zeit eine »Tagsatzung« zwischen einem Vertreter des St. Simeon Stiftes und dem Dillinger Hochgerichtsherrn von Braubach stattfand, bei der beide Parteien sich darauf einigten, derartige Auswüchse in Zukunft durch gezielte Kontrollen zu vermeiden.[276] Der Betrag von insgesamt über 293 Franken für die bereits 1608 erfolgte Hinrichtung des Eschen Peter aus Nalbach wegen Zauberei und Sodomie, den das Simeon-Stift, da man »ahn des hinge-

richten gutteren nit holen kan, ohne weiteren aufschub, wie von alters herkommen, guttwillig entrichten und bezahlen« sollte, jedoch seit nunmehr vier Jahren damit im Rückstand war, führte endlich nach einer erneuten Beschwerde des Kapitels beim Erzbischof zum gewünschten Erfolg. Dieser »moderierte« den im einzelnen aufgelisteten Unkostenbetrag von über 293 Franken auf 196 Franken, was zur Einstellung weiterer diesbezüglicher Beschwerden des Stiftes führte.[277]

Die Erstattung von Kosten für Verfahren, Haft und Hinrichtung von Hexen und Zauberern war in den Dörfern des Nalbacher Tals wie in anderen Regionen des Saarraumes jedoch nur zu einem kleinen Teil Angelegenheit der Obrigkeit als vielmehr eine Bürde für die Nachkommen, die Gemeindeausschüsse und ganze Ortschaften des Hochgerichtsbezirks. So waren um das Jahr 1627 wegen mehrerer Hexenhinrichtungen einmal 1250 Franken und zusätzlich 26 Franken, dann 700 Franken für zwei Verurteilte von deren Erben eingetrieben worden, Beträge, die jenen nicht nachstanden, die man in den lothringischen Teilen als Konfiskation betitelte. Nicht nur die überhöhten Gerichtskosten, welche die Angehörigen der Hingerichteten mit Sicherheit finanziell und ökonomisch ruiniert hatten, veranlaßten daher die Untertanen des gesamten Nalbacher Tals zur Eingabe einer Supplik beim trierischen Statthalter und Amtmann auf Grimburg. Ebenso war es das ungesetzliche Vorgehen des kurfürstlichen Meiers und des braubachschen Schultheißen, das auf Kritik stieß. So hatten sich beide zum einen geweigert, die den Ausschüssen bei ihrer Tätigkeit aufgelaufenen Kosten aus der Summe des beschlagnahmten Vermögens der Hingerichteten zu bezahlen und diese Kosten der Gemeinde angelastet; zum andern verlangten Meier und Schultheiß für ihr Tätigwerden weitere 26 Franken von den Einwohnern, die eine solche Zusatzzahlung jedoch verweigerten. Daraufhin ließen die herrschaftlichen Bediensteten den vier örtlichen Zehndnern ihr gesamtes Vieh pfänden. Schließlich sei vom trierischen Meier noch vor kurzer Zeit eine Forderung von weiteren 90 Franken an die Gemeinde gestellt worden. Das Bittschreiben der »samptliche[n] underthanen Nalbacher Talß« an den Hochgerichtsherrn auf Grimburg mahnte deshalb einerseits die Wiederherstellung alten Rechts und die Rückerstattung des Viehs, Geldes und der Auslagen des Gemeindeausschusses an, andererseits die Überprüfung des Verbleibs der von den Offizianten einkassierten Kostenbeträge, über deren Unterschlagung in der Gemeinde, wohl nicht zum erstenmal, spekuliert wurde.[278] Die ständigen Untertanenbeschwerden über konfiskations-

ähnliche Gerichtskostenaufstellungen sowie die Moderationsgesuche zahlungspflichtiger Hochgerichtsherren veranlaßten sicherlich den Erzbischof zu seinem Erlaß von 1630, in dem er auf eine Reduzierung der Kosten bei Hexenprozessen drängte, »damit die exorbitantien und nottwendige clagen vermitten bleiben, oder wir zu ernstlicher bestraffung nit verursacht werden«.[279] Erwähnenswert ist bei dieser Anordnung, daß der Erzbischof vor allem den Ausschüssen und weniger seinen Bediensteten und deren Beauftragten die Schuld am Zustandekommen der überhöhten Kostenaufstellungen für Hexenhinrichtungen zuschrieb. Dies war eine Einschätzung der Sachlage, die nicht nur auf eine schlechte oder verfälschte Information des Kurfürsten zurückzuführen ist, sondern einem zum Teil durchaus begründeten Argwohn gegenüber dem Ausschußwesen entsprang, auf dessen Hintergründe noch einzugehen sein wird.
Mit der Hinrichtung und der darauf folgenden fiskalischen Regelung der Auslagen für Gerichtsleute, Transporte, Verpflegung, Botengänge, Zeugenaussagen, Versteigerungen bis hin zu Hinrichtungsmaterialien oder der Konfiskation der Hinterlassenschaft Verurteilter endete ein von Leiden, Qual, Erniedrigung und Verzweiflung gekennzeichneter Verfahrensablauf für die Angeklagten und ein im allgemeinen juristischen Geschehen wenig ungewöhnlicher Akt der Prozeßführung, Verurteilung und Strafvollstreckung. Zugleich begann damit der Leidensweg vieler Angehöriger der Hingerichteten, die nicht nur eine Person aus dem Familienkreis verloren hatten und die Schande, eine Hexe oder einen Zauberer in der Verwandtschaft zu haben, über Generationen ertragen mußten, sondern wegen Zahlung der Gerichtskosten oder bei Einzug des Erbes einer auch ökonomischen Existenzgefährdung ausgesetzt wurden.

Hexenprozesse im Spannungsfeld zwischen Gemeinde- und Herrschaftsinteressen

Bei der Nachzeichnung der verschiedenen Mechanismen, welche der Verfolgung von Hexen und Zauberern im Saarraum zugrunde lagen, blieb vor allem die Frage nach der Rolle der Obrigkeit und ihrer Beteiligung an der von den Gemeinden eingeleiteten gerichtlichen Verfolgung

der Hexerei sowie die Frage nach den Interessen der an der Verfolgung direkt partizipierenden dörflichen und herrschaftlichen Gruppierungen noch ungeklärt. Vor allem die aus der finanziellen Begleichung angefallener Unkosten oder aus dem herrschaftlichen Recht der Güterkonfiskation bei Hinrichtungen resultierenden Summen deuten letztlich doch auf eine fiskalische Dimension auch von Hexenverfolgungen auf dem Land hin. In der bisherigen Hexendiskussion wurden bislang immer nur alleine der obrigkeitlichen Seite diesbezügliche Motive und Interessen unterstellt. Die Tatsache jedoch, daß im saarländischen Raum in erster Linie die Einwohner der Landgemeinden die eigentlichen Initiatoren der Verfolgungen und Prozesse waren, erfordert eine differenziertere Betrachtung des Rollenspiels, in welches die verschiedenen sozialen Gruppen jeweils von der Beschuldigung bis zur Verurteilung von Einzelpersonen involviert waren.
Gehen wir zur Frage des Zustandekommens einzelner Verfolgungswellen, von denen im Untersuchungsraum eine Vor- und zwei Hauptwellen ausgemacht werden konnten, zurück, und fragen wir auch hier nach den Mechanismen ihrer Auslösung und Kontinuität: Ein jeder Gerichtsherr konnte, so sah es das Recht des Blutbannes vor, von sich aus seine Justizbehörde zum polizeilichen und juristischen Vorgehen gegen Hexen und Zauberer veranlassen. Weder durch entsprechende Erlasse und Verordnungen noch durch ein energisches, generelles Eingreifen in eine etwa stockende oder milde Verfolgungs- und Gerichtspraxis gaben jedoch saarländische Landesherren ihrem herrschaftlichen Willen nach einer solchen obrigkeitlich gewünschten Hexenjagd Ausdruck. Den Dorfgemeinden ihrerseits war an einer unkomplizierten Ausgrenzung unliebsamer magischer Elemente und der damit in Beziehung stehenden Personen gelegen, wenngleich es ihnen wiederum an der notwendigen herrschaftlichen Handhabe, an institutionellen Möglichkeiten, Rechten und der ausreichenden Macht fehlte. Sie verfügten jedoch über das Recht der Untertanenpetition und – wie die folgenden Ereignisse zeigen werden – über eine gewisse, zumindest in der Hauptverfolgungszeit ausreichende Überzeugungskraft, der Hexenproblematik gegenüber der ortsansässigen und der weiter entfernt residierenden Herrschaft immer wieder Gewicht zu verleihen. So versuchten die Einwohner und das Gerichtspersonal von Habkirchen bereits 1540, ihre Bedenken gegen die zauberischen »unmäßige[n] freventliche[n] Übertretungen« beim Amtmann Johann Friedrich von Eltz auf der Blieskasteler Burg geltend zu machen und ihn an seine obrigkeitlichen

Pflichten zu erinnern. Von Gott sei es der Herrschaft verordnet, so das Schreiben der Hintersassen, daß sie »Gottes Wille und Ordnung exequiere und die Unschuldigen wieder solche Mutwillige und der billigkeit, göttlichen und weltlichen Satzungen und Rechten... Übertretungen handhabe und beschütze, auch fernerem Unrat zufürkomme«.[280] Die Petition stand sicherlich in direktem Zusammenhang mit den kurz zuvor im Blieskasteler Amt durchgeführten Hexenprozessen von 1535 und 1537, die wahrscheinlich eine Anzahl neuer Besagungen und Gerüchte nach sich gezogen hatten, welche aber wegen fehlender nachfolgender Prozesse noch immer nicht beigelegt werden konnten. Zwar folgten unmittelbar auf diesen Antrag der Untertanen auf erneute Hexenverfolgungen im selben Hochgerichtsbezirk keine weiteren Prozesse, ein Überblick über sämtliche Verfahren im Saarraum vor 1570 zeigt allerdings, daß von insgesamt zwölf Hexenprozessen fünf am Hochgericht Blieskastel stattfanden, das sich sehr früh für die Durchführung von Hexenverfolgungen eingesetzt hatte.[281]
Hingegen war bei den folgenden Bittgesuchen die Obrigkeit gewillt, den gemeindlichen Verfolgungswünschen unmittelbar zu entsprechen: Auf einen Antrag der Gemeinden des Amtes Schaumburg von 1592 gab der dortige Amtmann sogleich den Befehl zur Festnahme der Angeschuldigten und ließ den Scharfrichter aus dem benachbarten Hochgerichtsbezirk Wadern kommen. Nach einer Petition der Untertanen des Nalbacher Tals von 1591 erklärten beide Hochgerichtsherren ihr Einverständnis zur sofortigen Verhaftung verdächtiger Personen. Und auch die Bittgesuche der Untertanen des Hochgerichts von Neunkirchen/Nahe aus den Jahren 1589 und 1590, die Forderungen von Einwohnern aus vier Orten der Herrschaft Montclair an den Grafen von Sulz 1629 sowie die Bitten der Ausschüsse des Schwarzenburger Hochgerichts um Verfolgung besagter Personen von 1628, führten zur Einwilligung der jeweiligen obrigkeitlichen Bediensteten, zu deren aktivem Eingreifen wie zum Beginn von Prozeßwellen.[282] Als 1595/96 die Untertanen des Hochgerichts Uchtelfangen mit der Bitte an den Grafen von Nassau-Saarbrücken herantraten, mit »hilff und beystand gemeiner oberkeit des ortts das laster der Zauberey, wie dan an andern benachbartten Ortten beschehen«, ausrotten zu dürfen und zugleich Hexenausschüsse mit der Verfolgung und Indiziensammlung betrauten, berichtete der dortige Amtmann nach der Einwilligung des Grafen zur Hexenjagd von den bisherigen Vorgängen in Uchtelfangen auf eine Art und Weise, als sei er von den Untertanen regelrecht zur Aufnahme von Prozessen gezwun-

gen worden. Er habe es, trotz der Konsultierung von Rechtsgelehrten, aufgrund der vorgebrachten Indizien und Anklagepunkte »nicht umbgehen können, sonder uff gnugsam caution und bürgschafft« die verdächtigen Personen »angreiffen muessen«, schrieb er dem Grafen nach Ablauf der Prozesse in einem fast entschuldigenden Ton.[283]

In den Worten des Berichterstatters kommt eine der vielen Situationen zum Ausdruck, die auf typische Weise das eigentlich umgekehrte Aktivitätsverhalten von Obrigkeit und Untertanen bezüglich der Verfolgung und juristischen Bekämpfung des Hexereideliktes im Saarraum verdeutlichen und dementsprechend einen für beide Parteien akzeptablen Kompromiß verlangten. Gab es bei dem von der Herrschaft ausgehenden Wunsch nach Hexenverfolgungen kaum Schwierigkeiten einer schnellen, juristisch abgesicherten und legitimen Durchführung derselben, so bedurfte es bei einer eher passiv abwartenden Haltung des Hochgerichts- und Landesherren und der gleichzeitigen Forderung der Gemeinden nach Verfolgung, wie dies im Saarraum die Regel war, einer Lösung, die den Gerichtsherrn zwischen seine eigene Entscheidungsfreiheit und seine Rolle als Beschützer der Untertanen und Rechtswahrer verwies. Die Gemeinden und ihre Vertreter sahen sich demgegenüber veranlaßt, zwischen Forderung und untertäniger Bitte auf geschickte Weise zu taktieren.

Die für die meisten deutschen Territorien ungewöhnliche Verteilung des auslösenden Handlungspotentials, das sich im Saarraum, außer in den lothringischen und geteilten Hochgerichten, fast ausschließlich auf die Landbevölkerung konzentrierte, brachte zusammen mit dem ausschließlich bei der Herrschaft befindlichen Legitimations- und Machtpotential, das speziell zur gerichtlichen Bekämpfung von Hexen notwendig war, erst unter ganz speziellen Voraussetzungen eine Verfolgungswelle ins Rollen. Erst dann nämlich, wenn der Hochgerichtsherr sich dem Drängen seiner Untertanen stellte und von »oben« durch Anordnung polizeilicher und juristischer Maßnahmen den angestauten Prozeßwünschen von »unten« entsprach. Die einzigen Mittel der Bevölkerung, von Herrschaftsseite die Legitimation für ein Vorgehen gegen das Hexenunwesen zu erhalten, waren verschiedene Wege einer öffentlichen Dokumentation ihrer ernstgemeinten Absichten, etwa durch die Bildung von Hexenausschüssen, durch öffentliche Zusammenrottungen und offizielle Schreiben an die Obrigkeit. Besonders die Bitt- und Beschwerdebriefe der Untertanen, die diese durch Rechtsgelehrte oder schreibkundige Einwohner aufsetzen ließen, scheinen mit dem ihnen eigenen, im bäuerlichen Umgang mit der Herrschaft durchaus verbreiteten Jargon der um Unterstützung bittenden Drohung beziehungsweise der von Drohungen begleiteten Bitte offenbar Argumente geliefert zu haben, deren Aussagekraft zur Überzeugung und Beeinflussung bislang tatenloser Hochgerichtsherren ausreichte. Ein Blick auf die immer wieder vorgebrachten Begründungen und auf mitgeteilte Beweggründe, die den Gerichtsherren eine Entscheidung zugunsten erneuter oder weiterer Hexenverfolgungen erleichtern sollten, läßt Überschneidungen erkennen, die sich auf wenige stichhaltige Argumentationsstränge konzentrierten.

Eine erste Gruppe von Bittgesuchen zur Verfolgung Verdächtiger, denen bereits genau bezeichnete Delikte angelastet werden konnten, legte ihr Hauptaugenmerk auf die Schilderung unerhörter, ungewöhnlicher und inhumaner Vorgänge, die die Herrschaft zum schnellen Handeln veranlassen sollte, bevor noch mehr derartige Geschehnisse vonstatten gehen könnten. Die Habkircher Untertanen gaben in ihrem Schreiben von 1540 beispielsweise die gespenstische Schilderung der nächtlichen Begegnung zwischen einer unbescholtenen Dienstmagd und vier Hexen wieder, welche das Mädchen psychisch und physisch mißhandelt, ja versucht haben sollten, es mit einem Trank zu vergiften. Diese »schröckliche, unchristliche und ja rechte satanische Unthat« gab den Anstoß zu einem Bittgesuch der Gemeinde um Verfolgung der namentlich bekannten Übeltäterinnen.[284] Andere Petitionen versuchten ihrem Antrag auf Hexenverfolgungen durch den Vermerk Nachdruck zu verleihen, daß der von ungestraft weiter agierenden Hexen und Zauberern verursachte Schadenzauber ökonomischen und sozialen Schaden in den Gemeinden bewirke.[285] Weitere Bittgesuche der saarländischen Gemeinden glaubten, die Obrigkeit als Landesherrschaft an ihre Beschützerpflichten erinnern zu müssen, um auf diese Weise auch die obrigkeitlichen Schutzmaßnahmen, das heißt die Aussonderung vermuteter Hexen durch Inhaftierung und Verurteilung, in Anspruch nehmen zu können. Als dritte Argumentationskette schien es schließlich den Gemeinden immer wieder sinnvoll und erfolgversprechend, ihre Herrschaft als Inhaberin der Gerichtsrechte auch auf die mit dem Strafdelikt der Hexerei verbundenen juristischen Möglichkeiten und Pflichten aufmerksam zu machen. Es sei Aufgabe der Obrigkeit, »Gottes Wille und ordnung [zu] exequiere[n]«, das hochsträfliche, »göttlichen und weltlichen Satzungen und Rechten unmäßige« Laster der Zauberei zu ahnden und so die »Strafwürdige« auf rechtlichem Weg von den Gemeinden auszusondern.[286]

All diese vorgebrachten Argumente unterstützte nachhaltig ein Verweis auf das aktivere Einschreiten benachbarter Territorialherren oder die dort bereits in Gang befindlichen Hexenprozesse. »Zu außrottung deß greulichen und verfluchten lasters der Zauberey, welches (:Gott erbarmß:) nunmehr uberhandt genohmen, und im Stifft Trier auch dieser orten herumb ein grosse merkliche antzahll desselben lasters halb exequirt«, sei es nun auch im Dagstuhler Hochgericht an der Zeit, mit der Ergreifung Zaubereiverdächtiger zu beginnen, so die Ausschußmitglieder des Waderner Hochgerichts 1599.[287] Die durch Verfolgungen in benachbarten Bezirken oder Territorien erwachsene Unruhe erinnerte in den eigenen Orten an bestehende oder seit der letzten Prozeßwelle andauernde Gerüchte und Besagungen, denen immer noch nicht auf den Grund gegangen worden war. Das strafrechtliche Einschreiten der nachbarlichen Obrigkeit wiederum sollte der eigenen Herrschaft als Vorbild vor Augen gestellt werden.

Entsprechende Anweisungen der Gerichtsherren an die Ausschüsse oder das Gerichtspersonal, die jetzt mit der Gefangennahme von Verdächtigen beauftragt wurden, sowie in unmittelbarer zeitlicher Nähe zu den Gemeindepetitionen aufflammende Prozeßwellen zeigen an, daß den explizit und energisch geäußerten Verfolgungswünschen der Untertanen seitens der Herrschaft in allen überlieferten Fällen mehr oder weniger umfänglich entsprochen wurde. Dabei kam den zuständigen, meist ortsansässigen Amtleuten oder Adligen bei der Einleitung einzelner Verfolgungswellen und der von den Gemeinden und ihren Ausschüssen initiierten Jagd auf verdächtige Personen eine zunächst nur legitimierende Funktion zu. Wenngleich auch der weltlichen und geistlichen Herrschaft des Saarraumes eine gewisse Bereitschaft zur Hexenverfolgung unterstellt werden muß, so machte sie sich durch ihre prinzipielle Kompromißbereitschaft gerade beim Auftakt zu neuen Hexenprozessen in erster Linie aber zum Instrument der sowohl die Opfer als auch den zeitlichen Beginn der Verfolgungswellen bestimmenden Dorfschaften. Erst nach Einleitung des herrschaftlich-juristischen Abschnitts der stereotypen Verfolgungspraxis und mit Inkrafttreten der Verhandlungen versuchte auch die Obrigkeit durch Reglementierung der Gerichtspraxis und – vor allem im Falle Lothringens – Bereicherung an Konfiskationsgeldern sowohl herrschaftliche und private Vorteile zu gewinnen als auch ihre Herrschaftsmacht unter Beweis zu stellen. Erst zu diesem Zeitpunkt erhielten Hexenprozesse ihre Bedeutung, Funktion und Handlungsmotivation für die regionalen und überregionalen Herren, aber auch für ihre Bediensteten in den verschiedensten Aufgabenbereichen als Amtleute, Schreiber oder Schützen. Letztere wiederum konnten, da sie zudem Gemeindemitglieder waren, bereits früher agieren, etwa bei der Wahl der Ausschüsse, der Verbreitung von Gerüchten und Besagungen, als betroffene Opfer oder als Zeugen der Ausschüsse.

Beleuchten wir im folgenden also die Motive und Interessen der einzelnen am Prozeßgeschehen beteiligten Gruppierungen: Zunächst sprechen die Prozeßzahlen der lothringischen und kurtrierischen Gebiete für eine verstärkte Verfolgungsbereitschaft auch seitens der dort zuständigen Obrigkeiten, zumal das Ausschußwesen in lothringisch verwalteten Gebieten eine geringere Ausbildung erfahren hatte und Hexenverfolgungen hier weit stärker als in den andern Herrschaftsbezirken eine Angelegenheit der Hochgerichtsherren und ihrer Beamten waren. Andererseits zeigen einzelne Handlungsweisen von Herrschaften gerade dieser verfolgungsintensiven Gebiete eine ebenso deutliche Ablehnung von Todesurteilen um jeden Preis wie auch die Bereitwilligkeit zu Milde und Begnadigung. In beiden Herrschaftsgebieten kam es zu Begnadigungen, Freisprüchen oder der Einstellung der Verfahren wegen Mangels an Beweisen, jeweils allerdings aus unterschiedlichen Gründen. So zeigten die lothringischen Gerichtsherren liberale Tendenzen der Rechtsprechung nicht als Reaktion auf den Zustand der Gerichtspraxis oder äußere, unliebsame Umstände, sondern in erster Linie aus eigenem, meist undurchsichtigem Antrieb, was dementsprechend allerdings recht selten vorkam. Dagegen nahm sich die Milde kurtrierischer Landesherren in den meisten Fällen wie eine Schutzmaßnahme gegen den ungezügelten Verfolgungsdrang der dörflichen Ausschüsse aus, die auch entgegen ausdrücklicher und mehrmaliger erzbischöflicher Verbote und gemeinsamer herrschaftlicher Anweisungen der criechingischen, flersheimischen, fleckensteinischen und pallantschen Amtleute weiterhin in den kurtrierischen Besitzungen des Saarraumes agierten.[288] Milde und Gnade speisten sich jedoch manchmal aus weiteren Quellen, die gleichfalls nichts mit Humanität gegenüber den Opfern der Hexereianklage zu tun hatten: Als sich die Gemeinde Püttlingen 1594 bei Georg von Criechingen, dem Lehnsherrn der Metzer Bischöfe, wegen des unrechtmäßigen Vorgehens des Püttlinger Amtmannes bei Hexenprozessen und Unkosteneintreibungen beschwerte, kam in der Beschwerdeschrift – neben Unbotmäßigkeiten, Übereilung von Verurteilungen und anderen Unzulänglichkeiten des

Amtmannes – die Klage der Untertanen zum Ausdruck, daß sie sich durch das eigenmächtige Vorgehen des herrschaftlichen Bediensteten in ihrer Zeugenfunktion und als mögliche geschädigte Opfer übergangen fühlten. Umgekehrt sollte also hier die Obrigkeit die Untertanen vor dem allzu eifrigen Vorgehen ihrer Dienstleute bei Hexenverfolgungen schützen und unlautere Prozesse zugunsten eines guten Verständnisses zwischen direkter Herrschaft und Untertanen unterbinden.[289]

Die Grafen von Nassau-Saarbrücken, die als Landesherren »vor Ort« im Gegensatz zu den räumlich entfernten lothringischen oder kurtrierischen Landesoberhäuptern die Behandlung von Hexereidelikten überwachen konnten, schienen auf den ersten Blick – so legen es zumindest die relativ wenigen Hexenprozesse mit einer zudem hohen Freispruchquote nahe – Zurückhaltung und Vorsicht in der Hexenverfolgung zu üben. Obwohl gerade nassau-saarbrückische Hochgerichtsherren nach dem Willen der Landesregierung tatsächlich mit gewisser Vorsicht ans Werk gingen[290], deuten andere Vorgehensweisen und Bestimmungen des Landesfürsten zugleich jedoch auf eine eher strenge, unnachgiebige Haltung in Hexenangelegenheiten. Die Hochgerichtsherren von Uchtelfangen, Philipp Daniel von Hagen und Bernhard von Löwenstein, wandten sich 1595 an Graf Ludwig mit der Bitte um Auskunft über die Regelung der Unkostenfrage in dort durchgeführten Hexenprozessen, wobei es um die spezielle Frage ging, wer einen ausstehenden Restbetrag, der aus der Hinterlassenschaft der Verurteilten nicht beglichen werden konnte, zahlen sollte. Nach der »peinlichen Halsgerichtsordnung«, die in der Grafschaft gerade in Verfahrens- und Kostenangelegenheiten Gültigkeit besaß, wäre in einem solchen Falle eine finanzielle Mithilfe der Obrigkeit verpflichtend gewesen. Dagegen antwortete Graf Ludwig seinen Lehnsleuten umgehend mit ausdrücklichem Verweis auf die bisherige Handhabe, die er energisch verteidigte, die Angehörigen der verurteilten Hexen sollten auch diesmal zur Zahlung aller angefallenen Unkosten, die zum Teil von Untertanen vorgestreckt oder ausgelegt worden waren, gezwungen werden. In einem späteren Fall ordnete das herrschaftliche Gericht eine sofortige Bezahlung der fälligen Unkosten an und drohte den für die Ablieferung des Geldes verantwortlichen Ausschüssen mit Pfändung.[291] Hatte der saarbrückische Graf noch 1595/96 der Bitte seiner Amtleute und der lothringischen Mithochgerichtsherren in Grafschaftsgebieten entsprochen und einer neuen Regelung zur Gefangennahme von Hexen und Zauberern zuge-

stimmt, die auf eine Inhaftierung zunächst im Gefängnis der einen, dann in dem der anderen Hochgerichtsherren zugunsten einer Haft im Gefängnis des Leibherrn der verdächtigen Person verzichtete, so war diese vordergründig humane Regelung spätestens seit 1613 in den nassauischen Gebieten revidiert worden. Hier galt in peinlichen Sachen, daß die »gefangene von 14 Tagen zu vierzehn Tagen bey jedem herren gefänglich gehalten« werden sollte, eine Bestimmung, wie sie vor der Neuregelung in der Grafschaft üblich war.[292] Ein Vergleich der Vorgehens- und Verhaltensweisen von ortsansässigen Amt- und Lehnsleuten der Grafen einerseits und der Landesherren andererseits legt insgesamt den Schluß nahe, daß die Saarbrücker Grafen bei der Durchführung von Hexenprozessen und der Handhabe damit verbundener Probleme eine gewisse Strenge zeigten, die sich nicht unbedingt in der Anzahl von Hexenprozessen manifestieren mußte. Andererseits war wiederum den saarbrückischen Lehns- und Amtleuten in verschiedensten Kontexten sehr daran gelegen, sowohl Hexenprozesse zu verhindern als auch die äußeren Bedingungen bezüglich Inhaftierung, Kostenfrage und des Schicksals Hinterbliebener in erträglichen Grenzen zu halten.[293]
Genau umgekehrt stellten sich die Verhältnisse in den Gebieten des Herzogtums Pfalz-Zweibrücken dar. Der Landesherr, Herzog Johann I., versuchte hier ebenso wie seine Nachfolger gegen die Machenschaften seiner Amtleute im Saarraum einzuschreiten, indem er erhobene Gerichtskosten moderierte, Streitigkeiten zwischen den Untertanen und Lehnsleuten zu schlichten suchte, ja bei extremen Zuwiderhandlungen seiner Untergebenen zu Strafmaßnahmen überging. Aus einer Klageschrift des Conrad von Soetern beim Speyerer Reichskammergericht von 1592 geht hervor, daß Johann die Gerichtsschöffen des Hochgerichts Neunkirchen/Nahe hatte einsperren lassen, um auf diese Weise die Rückerstattung rechtswidrig eingezogener Unkosten für Hexenprozesse von den Hochgerichtsherren zu erzwingen.[294]
Als sich 1633 die Hinterbliebenen verschiedener am Hochgericht Gonnesweiler wegen Hexerei verurteilter Personen über die üblen und rechtswidrigen Vorgehensweisen des dortigen Hochgerichtsherrn beschwerten, ordnete der Herzog eine gerichtliche Verhandlung vor dem Hochgericht Neunkirchen/Nahe an, zu der die Baronin Braun von Schmidtburg als Nachfolgerin ihres Vaters und Bruders zusammen mit den gemeindlichen Klägern erscheinen mußte.[295] Gerade Herzog Johann I. (1569–1603), von dem bekannt war, daß er Hexenprozesse als Mittel zur Bekämpfung satanischer Umtriebe als unnütz

und ineffektiv verworfen und sich zudem überhaupt ablehnend gegenüber Hexenverfolgungen geäußert hatte[296], versuchte auch auf die Prozeßpraxis Einfluß zu nehmen. Wie später seine Nachfolger wollte er durch Kostenmodifikationen, Begnadigungen und Freisprüche das Schlimmste abwenden. Andererseits war ihm dabei das große Interesse der vor Ort befindlichen Amt- und Lehnsleute an der Durchführung und Ausnutzung von Hexenprozessen für eigene, zumindest fiskalische Interessen deutlich im Wege. Herzogliche Maßnahmen und Untertanenbeschwerden deuten auf erhebliche Mißbräuche der Hochgerichtsrechte, auf Bestechlichkeit, Bereicherungsabsichten und Gewaltanwendungen hin, die hier allerdings nicht nur den Hochgerichtsherren, sondern auch den anderen an den Prozessen beteiligten Gruppierungen zugute kamen.
Eine Zusammenschau führt zunächst zu folgenden Ergebnissen: Trotz der vereinzelten Versuche einer Disziplinierung und Rechtswahrung von »oben« in jenen Gebieten, in denen die Amtleute oder Ausschüsse oder beide Gruppierungen zusammen aktiv waren, und trotz des einschränkenden und korrigierenden Vorgehens von Amt- und Lehnsleuten in den Bezirken, in denen die Landesregierung selbst oder die Gemeindeausschüsse an der Durchführung von Prozessen interessiert waren, blieben Hexenprozesse, außer in einigen lothringisch verwalteten Hochgerichten, im Saarraum generell eine Angelegenheit der Gemeinden und ihrer Vertreter. Die auf einem Kompromiß zwischen Obrigkeit und Untertanen beruhende Einleitung von Verfolgungswellen entzog sich dem Einfluß der räumlich weiter entfernten Herrschaften und ihren Kontrollmöglichkeiten, da aufgrund der räumlichen Entfernung sowohl die eingesetzten Amtleute als auch die örtlichen Ausschüsse relativ unbeaufsichtigt ihren Eigeninteressen nachgehen konnten. Die von den Landesherren an ihre Lehnsleute gerichteten Zurechtweisungen erzielten keine anhaltend abschreckende Wirkung, worauf stete Wiederholungsfälle verweisen.
Die nähere Untersuchung von Verhaltensweisen der verschiedenen obrigkeitlichen Gruppierungen bei Einzelprozessen läßt erkennen, daß es jeweils andere, im Hochgericht vertretene Personengruppen waren, die sich für die Durchführung von Hexenprozessen einsetzten oder der Verfolgung und Verhandlung des Hexereideliktes mit skeptischen Einschränkungen gegenüberstanden. Grob ergeben sich folgende vorläufige Muster: Wo, wie in Kurtrier und Zweibrücken, Ausschüsse besonders aktiv agierten, neigten auch die Amtleute zu einer durchgreifenden

Verfolgungspraxis. Ja, hier mußte die Landesherrschaft mancherorts gegen eigene Lehnsleute vorgehen und die Gemeinden vor deren Zugriff schützen. Wo Ausschüsse weniger in Erscheinung traten, wie in den nassau-saarbrückischen Dörfern, oder kaum existierten, wie in der deutschen Bailliage, schien das Interesse der Landesherren und zum Teil auch ihrer Amtleute an Hexenprozessen höher zu sein, während hier gemeindliche Verfolgungsforderungen gänzlich fehlten.

Welche Interessen bewegten nun aber die verschiedenen an Prozessen beteiligten Parteien zum Einsatz für oder zur Ablehnung von Hexenverfolgungen? Wir sind von der Annahme ausgegangen, daß in den Regionen des Saarraumes, in denen die Landesherrschaft aufgrund der hier geltenden Bestimmungen der »Carolina« kein Konfiskationsrecht besaß, Hexenprozesse zumindest für die Landesobrigkeit keinen finanziellen Anreiz boten. Vielmehr war dem Landesherrn oft genug in seinen Anweisungen und Korrekturen nur an der Verringerung oder prinzipiellen Eindämmung der anfallenden Kosten gelegen, die nicht zuletzt ja seinen Geldbeutel belasten konnten. Im erzbischöflichen Edikt von 1591 wurden demnach die kurtrierischen Amtleute erstmals angehalten, darauf zu achten, daß keine übermäßigen Gerichtskosten eingezogen, keine Gelder bei Wirtshausaufenthalten, Verköstigungen oder Dienstleistungen unnötig ausgegeben oder Prozesse ohne Grund verzögert wurden, damit sich die anfallenden Unkosten in Grenzen hielten. Dies war eine Forderung, die in der Verordnung von 1630 wiederholt werden mußte.[297] Der Erzbischof selbst moderierte in mehreren Fällen auf die Bitte von Untertanen und Hochgerichtsherren hin aufgestellte Gerichtskosten, besonders dann, wenn nachweislich der gesamte Unkostenbetrag von den Angehörigen der Verurteilten nicht bezahlt werden konnte. Er war zu Einschreitungen gegenüber seinen Amtleuten dann bereit, wenn Petitionen der Untertanen durch unverblümte Enthüllungen auf die finanzielle und wirtschaftliche Seite der Verfolgungspraxis aufmerksam machten und das Landesoberhaupt vor fiskalischen Einbußen warnten. 1627 formulierten die Gemeindemitglieder des Nalbacher Tals in ihrem Beschwerdebrief über den trierischen Meier, der nicht nur Gerichtskosten veruntreue, die Hinterbliebenen um ihr Vermögen bringe, im Wirtshaus sitze und mit »freßen und souffen«, Untätigkeit und Angeberei den Tag verbringe, ihre Einschätzung künftiger finanzieller Begleichung von Gerichtskosten wie folgt: Sofern der Meier, welcher sie an den finanziellen Ruin bringe, »nit abgeschafft wirdt, so macht er unser viel so nöth und arm, daß wir unsere gepietende oberkeit nit mehr mit sack und beutel bezalen kunden, wie sich das gebürtt«[298] – eine bestechende Logik, der entsprechende Konsequenzen folgten.

Auch der zweibrückische Herzog, dem an der Durchführung der Bestimmungen der »Carolina« gelegen schien, hatte selbst keinerlei Interesse an der Verhandlung kostspieliger Hexenprozesse. Er moderierte sowohl auf Bitte von Untertanen und Angehörigen die aufgestellten Gerichtskosten, erinnerte an die Bestimmungen der Halsgerichtsordnung bezüglich der Kostenhöhe, der Initiierung und Verzögerung von Prozessen und erbat von seinen Amtleuten – wenn auch selten erfolgreich – die Rückerstattung konfiskationsartiger Summen.[299] In seinem wie im kurtrierischen Herrschaftsgebiet spielten bei der Verfolgung von Hexen jedoch die Amt- und Lehnsleute als auch die an den Prozessen beteiligten Gemeindemitglieder eine nicht nur bei der Einleitung von Hexenprozessen katalysierende Rolle. So erhielten zumeist die Hochgerichtsherren und herrschaftlichen Bediensteten sowie Gemeindemitglieder, die Materialien, Kost und Logis oder ihre Hilfe zur Verfügung gestellt hatten, einen zusammengestellten Unkostenbetrag, welcher in der Regel von den Erben der Verurteilten oder deren Schuldnern zu entrichten war. Die Herrschaftsbediensteten oder ihre Meier wiederum verteilten das Geld entsprechend den geleisteten Diensten und den dafür angeführten Löhnen oder aufgewandten Unkosten, nicht ohne für sich selbst einen durchaus beachtlichen Teil als Herrenbuße oder angebliche Unkosten zurückzubehalten. Amtleute, Gerichtspersonen sowie hilfeleistendes Personal waren also in denjenigen Gebieten, in denen nach der »Carolina« den Landesherren selbst eine Bereicherung an Hexenprozessen untersagt war, die Gruppierungen, welche aus der Durchführung von Hexenprozessen finanzielle Gewinne erzielen konnten. Dies um so mehr, je größer die Möglichkeiten des Einzugs der Gerichtskosten waren und wo dies, besonders in geteilten Herrschaftsgebieten, ohne großen Aufwand gelang. So verwundert es nicht, daß die erzbischöflichen Erlasse bei Anprangerung von Mißständen bezüglich überhöhter Unkosten, verschwendeter oder zu hoch veranschlagter Gerichtskosten und Löhne, zunächst die Ausschüsse verantwortlich machten. Gerade sie waren es, die eine Aufstellung der Kosten vornahmen, welche die an den Prozessen partizipierenden Gemeindemitglieder und das Gerichtspersonal für sich beanspruchten, und sich dabei keineswegs an die kurtrierischen Kostentaxen von 1591 hielten.[300]

An einem 1629 im Wahlener Hochgericht durchgeführten Prozeß mit

anschließender Hinrichtung einer Frau verdienten demnach höhere Herrschaftsbeamte ebenso wie kleine Bedienstete und Gemeindemitglieder. So erhielt der Saarburger zusammen mit dem Büschfelder Amtmann insgesamt 69 Gulden 10 Albus, die Schultheißen beider Herrschaften insgesamt etwa 104 Gulden, der herrschaftliche Notar 22 Gulden 6 Albus, die Schöffen pro Person dreieinhalb Gulden und Mundkosten, Schützen und Boten jeweils 15 Gulden, der Nachrichter 30 Gulden 6 Albus, der Beichtvater und Pastor über 10 Gulden. Ein örtlicher Wirt erhielt für Verpflegung der Verurteilten und Mundkosten des Gerichtspersonals etwa 14 Gulden und die Ausschußmitglieder über 80 Gulden von beiden Herrschaften zusammen.[301] Bei einer 1616 im Nalbacher Tal durchgeführten gerichtlichen Verhandlung wegen Zauberei und Sodomie fielen allein bei Dorfwirt Eussel durch die Mahlzeiten des Meiers mitsamt den Boten, Schützen, dem Notar und dem Nachrichter über 87 Franken an Unkosten an. Die Schützen jedes Hochgerichtsherrn bekamen über 7 Franken und Mundkost, der Nachrichter 81 Franken und Mundgeld, der Notar 12 Franken und Verköstigung, der trierische Meier neben mehreren freien Mahlzeiten beim Nalbacher Wirt noch zusätzlich über 19 Franken 10 Albus, die Amtleute von Dillingen und Grimburg je 18 Franken Buße zuzüglich des Turmgeldes und kostenloser Verpflegung und der Nalbacher Pastor 4 Franken.[302] Von einer Entschädigung der Ausschüsse, die im Wahlener Prozeß insgesamt 80 Gulden verlangt hatten, und in einem späteren Prozeß vor dem St. Wendeler Hochgericht allein beim Wirt »Wilhelm Laux alß man hexen brennen sollt, verzert 73 Gulden, 18 albus«, war im Nalbacher Tal keine Rede.[303] Neben den genannten Gruppen erhielten weitere Dorfmitglieder für ihre Hilfe finanzielle Entschädigungen: Den Zeugen standen in einem in Nittel 1609 eingeleiteten Prozeß je 8 Batzen, auswärtigen Zeugen 1 Gulden und 1 Batzen als Entlohnung zu. Weitere 422 Gulden gingen allein für die Verköstigung des Gerichtspersonals, der Zeugen und Amtleute an Wirte aus Wallerfangen, Biringen, Siersburg, Beuren und Nittel.[304]
Diese von verschiedenen Dorfmitgliedern in unterschiedlichen Funktionen bei Hexenprozessen einnehmbaren Geldbeträge waren jedoch hier wie in anderen Gebieten, in denen nicht die Landesherrschaft, sondern örtliche Obrigkeiten und ihre Beamten über die Verteilung der eingeforderten Summe entschieden, kein Gegenstand von Gemeindeklagen über zu hohe Gerichtskosten. Vielmehr beschwerten sich die Untertanen in erster Linie einzig über die von den Amtleuten zurück-

behaltenen Gelder für Dienstleistungen und Materialien, die sie selbst bislang noch ohne Entgelt geleistet oder geliehen hatten, oder über die überhöhten Gebühren höherer Gerichts- und Amtspersonen. Gegenstand der Beschwerde des ganzen Nalbacher Tals beim Erzbischof 1627 war daher keineswegs die für die Hinrichtung einer Person anberaumte, generell überhöhte Gerichtskostensumme von 1250 Franken, die auch die von Gemeindemitgliedern einkassierten Löhne und Entschädigungen enthielt; statt dessen argumentierte man mit überhöhten Forderungen des herrschaftlichen Meiers, seiner Verschwendungssucht und der Veruntreuung von Geldern, die der Gemeinde und der Landesobrigkeit eigentlich zustünden.[305] Als sich in einem anderen Fall die Hinterbliebenen mehrerer Hingerichteter beim zweibrückischen Herzog wegen der ihnen angelasteten Gerichtskosten beklagten, ging es auch hier keineswegs um zu hohe Löhne für Dienstleistungen der gemeindlichen Gruppe von Prozeßhelfern, sondern ganz konkret um Summen, die der örtliche Hochgerichtsherr zusätzlich eingefordert oder unter falschen Versprechungen hinterlegt bekommen hatte, ebenso um die Verpflegungskosten für den Notar, die Exekutions- und besonders Scharfrichterkosten, den notariellen Lohn und obrigkeitliche Gebühren.[306] Eine weitere Beschwerde des Gonnesweiler Einwohners Hans Lauer von 1633 wegen der durch die Hinrichtung zweier verwandter Frauen aufgelaufenen Gerichtskosten enthielt als Begründung einen beigefügten Rechnungsbeleg mit den Summen, die der Hochgerichtsjunker, der Schultheiß, der Scharfrichter, der Notar und der herrschaftliche Kellner für sich beansprucht hatten. Auch hier war nirgends die Rede von überhöhten Geldern für die an den Prozessen partizipierenden Gemeindemitglieder.[307]

Die inhaltliche Akzentuierung in den gemeindlichen Beschwerdebriefen an die Landesobrigkeiten in Trier und Zweibrücken zeigt ein deutlich unangemessenes finanzielles Interesse der mittleren Herrschaftskreise und Hochgerichtsherren aus Amtleuten, Adligen, Lehnsleuten und herrschaftlichen Meiern. Sie läßt zugleich aber auch eine gewisse Selbstverständlichkeit und eine allgemein tolerierte großzügige Berechnung für Ausgaben und Dienste von Gemeindemitgliedern in ihren Funktionen als Zeugen, Ausschußmitglieder, Handwerker, Wirte, Gerichtspersonen oder Gelegenheitshelfer erkennen; andererseits zogen aber auch eine Gruppe gebildeter Rechtsgelehrter und niederer Beamter wie Schultheißen, Schützen, Boten, Wächter oder Scharfrichter einen beachtlichen finanziellen Gewinn aus Hexenprozessen. Die Konzentration des Profits, ausgerichtet auf diese Bevölkerungsteile, hing zum einen mit einer von »unten« organisierten und kontrollierten Verfolgungspraxis zusammen, die automatisch größere Bevölkerungsgruppen am Prozeßgeschehen beteiligte und zugleich die Ausschüsse als gemeindliche Bürgen mit der Verwaltung finanzieller Ausgaben betraute. Zum anderen kamen dieser Entwicklung auch die räumliche Entfernung vom eigentlichen Landesterritorium und die dadurch bedingten landesherrlichen Beaufsichtigungslücken der Hochgerichtsherren entgegen. Dies wiederum traf mit einer durch die rechtlich untersagte Bereicherungsmöglichkeit an Hexenprozessen bewirkten relativ nachgiebigen Haltung der Landesherren zusammen, die sich mit einem großzügigen Verhalten, etwa gegenüber der Konfiskationspraxis trierischer Amtleute im Kondomium Merzig-Saargau, wo ebenfalls die Ausschüsse mit der örtlichen Obrigkeit zusammenarbeiteten, weder Nachteile noch Feinde verschaffen wollten und deshalb diplomatisch agieren konnten.

Ist vor allem der kurtrierischen und zweibrückischen Landesregierung ein finanzielles Interesse an der Durchführung von Hexenprozessen abzusprechen, so war der fiskalische Anreiz für einen Landesherrn mit Rechtsanspruch auf Güterkonfiskation besonders groß. Dies gilt vor allem für die lothringischen Gebiete: Sowohl der herzöglichen Kanzlei in Nancy wie den lothringischen Adligen und Lehnsleuten im Saarraum flossen anteilsmäßig durch die hohen Konfiskationssummen, selbst nach Abzug der reinen Gerichtskosten, noch ungeheure Geldbeträge zu, die durchaus ein herrschaftliches Bereicherungsmotiv darstellten. Anhand verschiedener Rechnungseintragungen für unterschiedliche Dienste bei Hexenprozessen ist jedoch festzustellen, daß die darüber hinaus am Prozeßgeschehen beteiligten Gruppierungen von der Herrschaft mit festgesetzten Beträgen entlohnt wurden, die weit niedriger lagen als in den Gebieten, in denen die Ausschüsse die Rechnungen aufstellten und die Gelder im Einverständnis mit den örtlichen Hochgerichtsherren unter den Gemeindebewohnern verteilten. So erhielt ein Bote zur Einholung einer Advise von Nancy als Botenlohn etwa 6 Gulden, ein kurtrierischer Bote dagegen für denselben Dienst und eine Reise nach Trier mehr als 10 Gulden.[308] Einem Tabellion kamen im lothringischen Hochgericht Wallerfangen für das Verhör und Schreibarbeiten pro Tag 2 Franken, seinem kurtrierischen Kollegen etwa 7 Franken für dieselbe Tätigkeit zu.[309] Belief sich die Verköstigung des Gerichtspersonals bei einem Prozeß im kurtrierischen Nittel auf 422 Gulden, so verzehrte derselbe Personenkreis während der vergleichbaren Haftzeit zweier wegen Hexerei gefangener Frauen aus dem lothringischen Ort Wallerfangen nur insgesamt für etwa 55 Gulden. Kam dem lothringischen Nachrichter eine Entlohnung von insgesamt 54–62 Franken zu, so belief sich sein Entgelt in trierischen Hochgerichten auf umgerechnet etwa 90 Franken zuzüglich freier Verköstigung. Ausgaben an Wirte in lothringischen Prozessen erreichten vielleicht 60 Franken, in kurtrierischen oder zweibrückischen Verhandlungen dagegen ein Vielfaches davon. Selbst die Bezahlung der Zeugen war in der lothringischen Bailliage geringer als in den anderen Hochgerichtsbezirken.[310]

Alles in allem schien den lothringischen Hochgerichtsherren an einer möglichst niedrigen Veranschlagung anfallender Kosten, Löhne und Entgelte bei Hexenprozessen gelegen. Deshalb bestimmten festgesetzte Taxen die dem Gerichtspersonal und anderen Prozeßbeteiligten zustehenden Summen und unterbanden unterschiedliche oder überhöhte Berechnungen. Zusätzlich zu dieser Kosteneindämmung erfolgte eine Festlegung von Gerichtskosten bei mittellosen Verurteilten und ihren Angehörigen auf eine äußerst geringe Summe, um die Unkosten der Herrschaft durch Reduzierung der Ausgaben an die Gerichtsleute und Bediensteten einzuschränken.[311] Alle Maßnahmen dienten letztendlich dem herrschaftlichen Anliegen, einen möglichst geringen Teil der Konfiskationssumme wegen anfallender Unkosten an weitere Partizipanten veräußern zu müssen und entsprechend einen weit größeren Betrag an die Landesherrschaft abzugeben oder als Hochgerichtsrecht des ortsansässigen Adels einzubehalten. Dem herrschaftlichen Geldbeutel blieben meistenteils Gewinne von mehreren hundert Franken pro Hexenprozeß, sofern die Verurteilten oder ihre Familien überhaupt etwas besaßen.[312] Insgesamt jedoch scheint die Verhandlung von Hexenprozessen durchweg ein einträgliches Geschäft gewesen zu sein: Einerseits führten die entsprechenden Rechnungsbelege in den Rechnungsbüchern der einzelnen Ämter nur sporadisch den Eintrag, daß eine Konfiskation keinerlei Einkünfte für die Herrschaft erbracht hatte; andererseits waren die Amtleute und lothringischen Adligen sogar zur Reduzierung der zunächst geschätzten Vermögenssummen bereit, was einen Hinweis darauf gibt, daß selbst der großzügige Verzicht auf einen Teil der Güterkonfiskation einen noch ausreichenden Gewinn garantierte.[313] Umgekehrt war aufgrund der niedrigen festgeschriebenen Gerichtskosten für Gerichtspersonen und am Prozeßgeschehen beteiligte Gemeindemitglieder eine fiskalische Bereicherung dieser Gruppierungen weitgehend ausgeschlossen; dies zumal die Verteilung der Löhne und ausgelegten Gelder sowie die Berechnung der Unkosten den herrschaftlichen Kellnern oblag und die schriftlich niedergeschriebenen Rechnungen jederzeit in den herrschaftlichen Rechnungsbüchern überprüft werden konnten. So nahm sich seitens des Profitaspektes die Situation in rein lothringisch verwalteten Gebietsanteilen und in Regionen mit lothringischen Hochgerichtsanteilen gegenteilig zur Lage in rein trierisch und zweibrückisch verwalteten Hochgerichtsbezirken aus. Die jeweilige Ausgangslage in der Rechtspflege schuf ihrerseits weitere unterschiedliche Bedingungen für die Verfolgungspraxis.

Fassen wir zusammen: Im saarländischen Raum lassen sich unter dem Aspekt eines finanziellen Interesses verschiedener an den Hexenprozessen und ihrer erfolgreichen Durchführung partizipierender gesellschaftlich-sozialer Gruppierungen grob drei verschiedene Situationstypen unterscheiden. Sie geben Aufschlüsse über Verfolgungsmotivationen und -intensitäten, eine je unterschiedliche Beteiligung von Herrschafts- und Gemeindegruppen sowie eine erste Antwort auf die einseitig obrigkeitlich ausgerichtete Bereicherungsthese der Fachliteratur.

1. In den lothringischen Regionen der Bailliage d'Allemagne war durch rechtliche Garantie der Güterkonfiskation bei Hexenverbrennungen und eine zudem geringe, festgesetzte Vergütung für gerichtliche Unkosten ein finanzieller Profit für die Landesherrschaft und ihre regionalen Vertreter, den lothringischen Adel und die Amtleute der Bailliage, gewährleistet. Für die der Einwohnerschaft angehörenden Gruppierungen, die bei der Durchführung der Prozesse Dienste leisteten, verblieben dagegen nur unrentable Verdienstmöglichkeiten. Abgesehen vom herrschaftlichen Desinteresse an gemeindlichen Verfolgungsinitiativen, die in diesem Gebiet die obrigkeitlich gelenkte Verfolgungspraxis vielleicht sogar behindert hätten, scheint das Fehlen eines gemeindlichen Ausschußwesens gerade in den lothringischen Hochgerichten auch mit einer hier fehlenden pekuniären Motivation zusammenzuhängen. Der Ausschluß der Gemeinden von der Verfolgungstätigkeit und einem tatsächlich gewinnbringenden Einsatz bei den Gerichtsverhandlungen führte nicht zuletzt zu einer gewissen passiven Haltung der Untertanen. Hier griffen die Dorfbewohner weder zum Mittel der Petition, um von ihren Hoch-

gerichtsherren die Erlaubnis zur Hexenverfolgung zu erhalten, noch beschwerten sie sich beim Landesherren wegen Auswirkungen der Güterkonfiskationen auf die soziale und ökonomische Situation von Hinterbliebenen, die aufgrund der erhobenen Summen eine noch tragischere Dimension annahm als in den benachbarten trierischen, zweibrückischen und saarbrückischen Gebieten. Wo sich sporadisch und aufgrund des Vorbildes anderer Herrschaften dennoch in lothringischen Dörfern vereinzelte Ausschüsse bildeten, wie etwa im geteilten Kondominium Merzig-Saargau, lag dies unter anderem auch daran, daß durch die trierische gemeindefreundliche Handhabung und die gemeinsam von den kurtrierischen und lothringischen Hochgerichtsherren ermittelten Kostenbeträge für Hexenprozesse recht hohe Kompromißsummen zustande kamen. Diese boten wiederum auch für lothringische Untertanen, denen die gleichen Löhne wie den trierischen gezahlt werden mußten, einen gewissen finanziellen Anreiz.

2. Eine ganz andere Verfolgungssituation ergab sich in den ausschließlich Kurtrier unterstehenden, den zweibrückischen und besonders in den gemeinsamen Hochgerichtsbezirken mit kurtrierischen Hochgerichtsrechten. Hier war der Landesherrschaft eine finanzielle Einnahme aus Hexenprozessen rechtlich verwehrt, wogegen die herrschaftlichen Beamten und Lehnsleute durch Erhebung von Bußgeldern, manipulierten Gerichtsrechnungen, Aneignung von Eigentum und – in geteilten Gerichtsbezirken – dem Einzug einer Hälfte der von lothringischen Amtleuten veranlaßten Güterkonfiskation an Hexenprozessen und den damit einhergehenden Hilfe- und Dienstleistungen verdienten. Ebenso war dies aber auch den Gemeindemitgliedern möglich, denen die Mitarbeit bei der Hexenverfolgung von seiten örtlicher Obrigkeiten gestattet wurde, von seiten der kurtrierischen Landesherrschaft jedoch verboten war. Repräsentanz und Macht gerade des Ausschußwesens führten einerseits vor allem in den kurtrierischen und geteilten Regionen des Nalbacher Tals oder des Kondominiums Merzig-Saargau zu einer sehr intensiven, gemeindlich orientierten Verfolgungspraxis, die von den mitpartizipierenden örtlichen Herrschaften unterstützt wurde. Andererseits mündete diese Verselbständigung gemeindlicher Aktivitäten in eine Unabhängigkeit der finanziellen Entschädigung der an Prozessen beteiligten Gemeindegruppen, die sich vor allem in den überhöhten Lohn- und Entgeltforderungen der meisten dörflichen Prozeßhelfer

niederschlug. Dementsprechend lohnte sich vom finanziellen Aspekt her für diesen aktiven gemeindlichen Personenkreis die immer neue Ankurbelung von Prozeßwellen – vielleicht einer von vielen Gründen dafür, daß sich ganze Gemeinden recht häufig mit Bittgesuchen zur Verfolgung verdächtiger Hexen und Zauberer an die Obrigkeit wandten.

Die Landesherrschaft ihrerseits, die keinerlei finanzielles Interesse an der Durchführung von Hexenprozessen hegte, wurde umgekehrt von den beiden profitierenden Parteien – dienstleistenden Gemeindemitgliedern und Amtleuten – als Regulat konkurrierender Interessen und finanzieller Mißverhältnisse benutzt. So beschwerten sich die Untertanen erfolgreich über die von den Amtleuten berechneten Beträge, die ihresgleichen, nämlich den Verwandten der Verurteilten, unrechtmäßig abgefordert worden waren; oder die Hinterbliebenen selbst verwiesen auf überhöhte Geldforderungen herrschaftlicher Bediensteter oder außerhalb des gemeindlichen Milieus stehender Personen, wie etwa dem Scharfrichter, ohne jedoch zugleich die ebenso übertriebenen Forderungen partizipierender Gemeindebewohner anzuprangern. Andererseits beklagten sich Amtleute und Hochgerichtsherren beim Landesherrn, wenn in von den Ausschüssen eingeleiteten Prozessen Untertanen abgeurteilt und hingerichtet worden waren, deren Hinterlassenschaft zur Kostendeckung nicht ausreichte, und sie allein die Unkosten tragen mußten, die Gemeinden jedoch den Profit in Form der auch in diesem Falle üblichen Lohn- und Entschädigungssummen einstecken durften. Hier wurde bei der Landesherrschaft erfolgreich eine Modifizierung der Unkosten erreicht, die selbstverständlich auch den Gewinn der gemeindlichen Akteure schmälerte.

3. Schließlich existierte in der Grafschaft Nassau-Saarbrücken eine dritte Situationsvariante, die von der Sachlage geprägt war, daß die Landesherrschaft keine fiskalischen Interessen an Hexenprozessen hatte, weil auch hier die Bestimmungen der »Carolina« galten und Amtleute wie Untertanen gleichermaßen in starker herrschaftlicher Abhängigkeit und Bevormundung gehalten wurden. Dies führte einerseits dazu, daß sich ein Ausschußwesen nur an vereinzelten Hochgerichten etablierte, wo dann allerdings weit mehr Prozesse stattfanden als in den übrigen Bezirken. Auf der anderen Seite kam es zu einer nur geringen Zahl von Untertanenbeschwerden über Mißstände bei der Prozeßführung bzw. bei der Kostenregelung und in

keinem Fall zu gemeindlichen Petitionen, die eine Hexenverfolgung erbaten. Hier wie in den lothringischen Gebietsanteilen reagierte die Bevölkerung, weil sie vom Verfolgungsgeschehen weitgehend ausgeschlossen oder bei ihren Aktivitäten kontrolliert wurde, zurückhaltend und passiv. Auch die Amtleute und Adligen auf nassau-saarbrückischen Lehnsgütern verhielten sich aufgrund eines erfolgreich gängelnden Verhaltens der unnachgiebigen Saarbrücker Regenten eher zurückhaltend. Die Hexenprozessen keineswegs ablehnend gegenüberstehenden Grafen schienen in ihrer vorschreibenden Art keine profitablen Machenschaften ihrer Untergebenen zu ermöglichen, ebenso wie aus ihren Entscheidungen erkennbar ist, daß sie auch keinerlei finanzielle Gewinne bei den Untertanen duldeten. Reagierte die Bevölkerung mit Passivität, so versuchten die Amtleute, wenn ihnen schon kein fiskalischer Gewinn aus Hexenprozessen entstand, doch wenigstens die anfallenden Kosten so gering zu halten, daß sie von den Angehörigen der Hingerichteten gezahlt werden konnten und sie selbst nicht noch in Vorlage treten mußten. Letztlich führten die aus der herrschaftlichen Kontrolle und Reglementierung erwachsenen unattraktiven Handlungsmöglichkeiten der nassauischen Amt- und Lehnsleute vordergründig zu Liberalisierungstendenzen in der Verfolgungspraxis, die keineswegs humanitäre, sondern weit eher fiskalische Gründe hatten. Hexenprozesse sollten hier wenigstens kein Verlustgeschäft werden, weshalb man vorsichtig zu Werke ging.

Auf der Suche nach der eigenen Hexe: Ländlicher Hexenglaube und dörfliches Hexendeutungsmuster

Kollektive Imaginationen: Das Bild der Dorfhexe

Indikatoren und Verdachtsmomente: Gerüchte, Besagungen, Hexereibeschimpfungen und Gegenzauber

Im Saarraum sind Hexenprozesse zumeist aus der Eigeninitiative der Landgemeinden erwachsen. Diese hatten ein spezielles Ausschußwesen und geeignete Argumentationsmuster gegenüber der Obrigkeit ausgebildet, um mit deren Zustimmung und juristischem Apparat immer wieder Prozeßwellen ins Rollen bringen zu können. Wer aufgrund der vom örtlichen Hexenausschuß gesammelten Indizien in einen Hexenprozeß geriet, durchlief einen fast immer mit dem Todesurteil endenden Mechanismus, dessen einzelne Stationen bereits dargestellt wurden. Jenem Willen dörflicher wie herrschaftlicher Gruppierungen zur Verfolgung von Hexen und Zauberern mußte jedoch eine gemeinsame, eine sich zumindest ergänzende kollektive Übereinkunft zugrunde liegen: eine ländliche Hexenvorstellung (oder ein ländliches »Hexendeutungsmuster«), die es ermöglichte, das Bild der Dorfhexe oder des Dorfzauberers im entscheidenden Moment der Genese eines Hexereiverdachts immer wieder neu zu aktualisieren. Sie war das Ergebnis neuer wie alter Interpretationsmuster, aber auch eines gut ausgebildeten dörflichen Kommunikationsnetzes. Dies verdeutlichen die beiden folgenden Lebensgeschichten:
Lauers Barbell stammte wie ihre ganze Familie und auch die Familie ihres Mannes aus Merchingen, einem Dorf zwischen Merzig und Honzrath, das sicher um 1600 nicht mehr als vielleicht 100, höchstens 120 Einwohner zählte.[314] Die Grafen von Sayn-Montclair teilten sich mit dem Mettlacher Kloster und den Junkern von Warsberg die Hochgerichtsrechte, während die Familie und Verwandtschaft der Barbell zu den Leibeigenen der lothringischen Herrschaft gehörte, deren direkter Gerichts- und Grundherr um das Jahr 1593 Peter Ernst von Criechingen und Püttlingen, derzeitiger Herr zu Montclair und Meinsberg, war.

Barbell, um 1540 in Merchingen geboren und mit ihrer Schwester Sunna zusammen aufgewachsen, war, nachdem sie frühzeitig das elterliche Haus verlassen hatte, um sich als Magd bei einem Bauern in Esch bei Trier zu verdingen, nach kurzer Abwesenheit von zu Hause wieder zu ihrer Familie nach Merchingen zurückgekehrt. Dort ließ sie sich dann endgültig im Kreise ihrer Freunde und Verwandten nieder. Sie hatte in der Ferne einige Schwierigkeiten und Enttäuschungen erlebt und war nun entschlossen, ihr Leben neu und ganz anders zu beginnen. In Esch hatte sie sich mit dem Knecht ihres Meisters eingelassen, war von ihm geschwängert worden, hatte zu allem Leid das Kind verloren, das ihr Geliebter nicht einmal als das seine annehmen durfte, weil er sie als Knecht ohne eigenen Hof nicht heiraten konnte, und war schließlich gleich nach Bemerken ihrer Schwangerschaft von ihrem Dienstherrn ohne den ihr zustehenden Lohn entlassen worden. Nach Hause zurückgekehrt, verschwieg sie so gut sie konnte ihr leidvolles Schicksal, nahm ihren Platz in der Gemeinde wieder ein und führte das normale Leben einer unverheirateten jungen Dörflerin. Schließlich heiratete sie als Tochter ehrbarer, alteingesessener Eltern von den Bewerbern, die sich in einem 100 Einwohner zählenden Dorf wie Merchingen sicher zu mehreren um die Gunst der jungen Frau bemühten, den Bauern Lauers Claß, Sohn einer ebenfalls alteingesessenen Merchinger Familie. Er war ein gutgelittener junger Bursche, der Freunde im Dorf hatte, was der Barbell gerade jetzt gelegen kam, mehrten sich doch die Gerüchte über ihre Erlebnisse in der Fremde und ihre nicht so ganz unbescholtene Vergangenheit. Claß brachte, außer einer gewissen vorläufigen Sicherheit vor weiteren Spekulationen der Merchinger Einwohner über Barbells Lebenswandel, ein Haus, einen Garten, Grundstücke mit Obstbäumen, Pferde, vielleicht auch Ackerland mit in die Ehe. Die Lauers führten eine wohl recht glückliche Ehe; sie, Barbell, versorgte die Pferde, kochte für ihren Mann und die Saisonarbeiter, die manchmal einige Wochen im Jahr bei ihnen arbeiteten, machte Besuche bei Bekannten und kelterte im gemeindlichen Kelterhaus das Obst aus den eigenen Obstgärten zu Saft. Wenig später kam ihre Tochter Entgen zur Welt, das einzige Kind, das den Lauers beschieden sein sollte. Barbell ging weiterhin ihrer Arbeit nach, traf sich öfters mit Steinmetzen Elß, einer Merchinger Einwohnerin, bis diese dann 1583 wegen sich häufender Verdächtigungen und Gerüchte, die sie der Zauberei bezichtigten, Merchingen Hals über Kopf mit unbekanntem Ziel verließ, und pflegte den Kontakt zur schwesterlichen Verwandtschaft. Die Schwester hatte mittlerweile ebenfalls in Merchingen geheiratet und lebte mit ihrem Mann Wendel, zwei Söhnen und einer Tochter, mit der Barbells Tochter Entgen des öfteren spielte, in der Nachbarschaft. Irgendwann, ob aufgrund der Streitereien der beiden Kusinen Clärgen und Entgen, die mit dem Einschreiten der Mütter und Drohungen der erzürnten Barbell gegen ihre kleine Nichte endeten, oder aus anderen, noch weiter zurückreichenden Gründen, begann eine Feindschaft zwischen den beiden verschwägerten Familien, die mit dem Tod der Barbell, ihrer Schwester Sunna und deren Sohn Lorentz enden sollte.

Es waren wohl die Familienmitglieder der Sunna, die um das Jahr 1583, dem Jahr, in dem auch Elß Steinmetz aus Merchingen verschwinden mußte, das Gerücht in die Welt setzten, Lauers Barbell habe den Tod eines ihrer Pferde verursacht – eine Beschuldigung, die zusammen mit dem Vorfall, daß der damals erst siebenjährige Sohn Lorentz seine Tante öffentlich als Zauberin beschimpft hatte, weitere familiäre Konflikte schuf. So kam es auch, daß Lauers Barbell, die ihrerseits auch nicht viel von der Familie ihrer Schwester hielt, vor allem Theel, den ältesten Sohn der Schwester, der inzwischen Freisdorfer Meier war, öffentlich in den Verdacht des Diebstahls gebracht und beschuldigt hatte, er habe ihren Pferden die Sehnen durchzuschneiden versucht, damit sie erlahmten. Zudem schnappte sie sich eines Tages ihren Neffen Lorentz, zerrte ihn ins Haus und schlug ihn für jene Zaubereibeschimpfung ihr gegenüber »windelweich«, bis ihm endlich sein Bruder Theel zu Hilfe kam. Nachdem bei einem erneuten Streit ihrer Tochter Entgen mit Clärgen, der Tochter Sunnas, die mittlerweile beim Hilbringer Pastor als Magd arbeitete, Barbell wiederum handgreiflich eingeschritten war und ihrer Nichte mit massiven Drohungen beizukommen versucht hatte, schwoll der Clärgen der ganze Körper für mehrere Wochen an. Für den Zustand des Mädchens machte nicht allein die Familie der Wendels Sunna die Barbell verantwortlich, auch der Pastor von Hilbringen, Clärgens Arbeitgeber, sprach jetzt von eindeutiger Zauberei. Vor allem hatte das von der Wendelschen Verwandtschaft im Vorjahr in die Welt gesetzte Gerücht vom plötzlichen Tod ihres Pferdes durch die Zauberei der Barbell mittlerweile weite Kreise gezogen. Jetzt beschuldigte plötzlich Gehlen Margarethe, eine Nachbarin der Sunna, die Barbell, ihr bei einem Kindbettbesuch durch Berührung der Brust ein ganzes Jahr Schmerzen angehängt zu haben. Im übrigen sei sie für den Tod ihres jüngst ganz plötzlich verstorbenen siebenjährigen Sohnes verantwortlich. Dieser habe friedlich im Garten geschlafen, so-

dann von einer seltsamen Begegnung mit der Barbell und ihrem Begleiter, einem schwarzen Hund, berichtet, worauf er innerhalb dreier Tage gestorben sei. Dann brachte der Hilbringer Pastor, der zugleich als Tabellion bei Gerichtsverhandlungen agierte, das Gerücht auf, Barbell sei als Hexe von mehreren Verurteilten im Hochgericht Neunkirchen/Nahe mitbesagt worden. Der Pastor selbst hätte dies in seiner Funktion als herrschaftlicher Notar gehört und zu Protokoll gegeben.
Die Verdächtigungen rissen nun nicht mehr ab, und als zwei Jahre später Barbells Schwager Wendel, der nach einem Kirchweihfest plötzlich erkrankte und von Stund an das Bett hüten mußte, seine Schwägerin Barbell als die Verursacherin seiner Leiden bezichtigte und kurz danach starb, schien Barbells Gefangennahme und Anklage fast unausweichlich. Es sollte jedoch, vielleicht durch das Eintreten ihres Mannes, sein Ansehen und seine Freunde im Dorf, vorläufig noch nicht dazu kommen.
Dies alles war mittlerweile sieben Jahre her. Sunna, Barbells Schwester, nun 45 Jahre alt, seit sieben Jahren verbitterte Witwe, lebte noch immer mit ihren drei erwachsenen Kindern in Merchingen und verbreitete mit deren Unterstützung weiterhin Gerüchte über den durch Barbell verursachten Tod ihres Mannes, den von ihrer Schwester an den Pferden und an ihrer Tochter bewirkten Schadenzauber sowie jene angeblichen Besagungen Barbells durch Hexen am Neunkircher Hochgericht. Barbell versuchte ihrerseits durch ein großzügiges, entgegenkommendes Verhalten die Gemüter zu beruhigen, war gastfreundlich, beköstigte ihre Arbeiter oder spendierte vorbeigehenden Bekannten einen frisch gekelterten Birnentrunk. Einer dieser Bekannten, den Barbell acht Wochen lang verköstigt hatte, weil er ihrem Mann Claß bei der Arbeit half, wurde der immer noch im Verdacht der Zauberei stehenden Lauers Barbell mit seiner Anschuldigung schließlich zum Verhängnis. Michael Müller, in Barbells Alter, der sich als Tagelöhner und Saisonarbeiter bei Lauers Claß verdingt hatte, erkrankte plötzlich schwer, nachdem er sein Abendessen wie gewohnt bei Barbell eingenommen hatte und dann nach Hause zurückgekehrt war. Seinem Neffen Schieffer Heinrich gegenüber behauptete er, dieser Zustand könne allein von jenem Essen herrühren, das ihm Lauers Barbell am selben Abend gekocht hatte. Als sich der Krankheitszustand Michael Müllers innerhalb kurzer Zeit ungewöhnlich verschlechterte und er weiterhin seine Anschuldigungen erhob, eilte der Neffe zum Amtmann der lothringischen Herrschaft, damit dieser den Kranken sofort in Augenschein nehme. Allein, sie kamen zu spät: Michael Müller war bereits dahingeschieden, hatte zuvor

jedoch auch vor anderen Dorfbewohnern seine Anschuldigungen bis zuletzt wiederholt. Dem Amtmann blieb nur noch die Feststellung, daß der tote Körper unnatürlich angeschwollen aussah, was auf eine ebenso unnatürliche Todesursache schließen lasse. Ihn selbst wunderte diese ganze Angelegenheit keineswegs, hatten doch erst kürzlich – er hatte es persönlich miterlebt – mehrere Personen, die auf der Siersburg wegen Hexerei inhaftiert und verhört worden waren, auf die Barbell bekannt. Der plötzliche Tod Michael Müllers, der vor seiner erst vier Wochen zurückliegenden Erkrankung kerngesund und arbeitsfähig gewesen war, sein beharrliches Insistieren auf die Schuld der Barbell bis in den Tod, das ungewöhnliche Aussehen des Toten und die Eröffnungen, die ihm der Amtmann über den Ruf der Barbell gemacht hatte, bewogen schließlich Heinrich, den Neffen des Verstorbenen, weitere vier Wochen später zu handeln. Er selbst ließ sich zum verordneten Kläger der ganzen Gemeinde Merchingen bestimmen und machte gemeinsam mit drei weiteren Merchinger Einwohnern, Meyersch Mattheis, Schneider Hanß und Adams Johann, die mit ihm als Bürgen fungierten, bei den gemeinsamen Hochgerichtsherren eine Anklage gegen Lauers Barbell wegen Zauberei anhängig.
Dieser Schritt, auf den einige Dorfbewohner anscheinend nur gewartet hatten, öffnete alle Schleusen. Binnen kürzester Zeit fanden sich neun Zeugen aus dem Ort, darunter Barbells Schwester Sunna mit ihren Söhnen Theel und Lorentz, eine Nachbarin der Sunna und ein mit Barbell etwa gleichaltriger Mann, der ihr wohl aus persönlichen Gründen nicht besonders wohlgesonnen war. Nachdem ihr die Kundschaft von der gerichtlichen Anklage, die zunächst auf Tothexen des Michael Müller lautete und des weiteren auf die erwähnten Besagungen am Siersburger Hochgericht verwies, übermittelt und sie eingeboten worden war, erschien die Barbell gleich darauf persönlich mit ihrem Mann Claß vor Gericht. Beide hatten in der ganzen Gemeinde keine Person finden können, die als Bürge für Barbell fungiert hätte, so daß sie als Gefangene auf die Burg Montclair gebracht wurde, wo sie mehrmals, schließlich in unhöflichem, aufgebrachtem Ton ihre Unschuld beteuerte. Das Gerichtsverfahren sah jetzt zunächst in einem Vorverfahren die Anhörung der vom gemeindlichen Kläger angegebenen Zeugen vor und verwies Barbell in die Haft, die sie die erste Zeit über nicht im Gefängnis, sondern in einer kleinen Kammer auf der Burg verbrachte.
Neben Schieffer Heinrich, dem Mitankläger, traten als erste Zeugen nacheinander Wendels Sunna, ihr Sohn Theel, der mittlerweile 28jäh-

rige Freisdorfer Meier, und Lorentz, sein 17jähriger Bruder, auf, die einstimmig den Zaubereiverdacht ihres verstorbenen Vaters bestätigten und der Barbell weitere massive Zaubereien, nächtliche Erscheinungen, Vergiftungs- und Tötungsversuche anhängten, danach Weber Theis Bastgen, ein 40jähriger Merchinger Einwohner, der von Schieffer Heinrich ans Krankenbett des Onkels gerufen worden war, damit der Todkranke ihm als hinzugezogenem Zeugen auch die Barbell als Verursacherin seines Unglücks nennen könne, und Adams Johann, ein 50jähriger Schöffe am Merchinger Hochgericht, der zusätzlich als einer der drei von Schieffer Heinrich vorgestellten gemeindlichen Bürgen der Klägerpartei fungierte und den über nunmehr viele Jahre währenden Ruf der Barbell als Zauberin bestätigte. Es folgte Hosen Hans, ein 40jähriger Knecht aus Merchingen, der die Barbell seit langem kannte und wohl irgendwann mit ihr uneins geworden war. Dieser behauptete, die Angeklagte sei bereits vor 13 Jahren, als er krank im Stall gelegen und ein halbes Maß Wein, das ihm sein Meister gebracht, gerade ausgetrunken hatte, vor seinem Bett erschienen, habe seinen Weinkrug begutachtet und ihn angetastet, jedoch keinen Schaden anrichten können, weil Hans sich zuvor gesegnet hatte.
Vier Wochen waren über der Anhörung der Zeugen vergangen, die die Angeklagte im kleinen Gefängniskämmerchen auf der Burg zugebracht hatte, nicht ohne dreimal den Versuch unternommen zu haben, die Wachhabenden zu ihrer Freilassung zu bewegen, vielleicht auch Nachrichten über den Stand der Vorverhandlungen zu erhalten. Endlich ließ man sie vorkommen, las ihr sämtliche Zeugenaussagen und die Besagungen zweier Frauen vor, die sie in ihren Hexereigeständnissen angeschuldigt hatten, und erwartete ihre Stellungnahme. Barbell bestritt alle Äußerungen energisch, ja verdammte die beiden Frauen, die auf sie bekannt hatten, und wurde für weitere zwei Wochen eingesperrt, jetzt vermutlich schon im Gefängnisturm von Burg Montclair.
Danach ging alles ganz schnell: Barbell wurde am 10. September 1593 mit all ihren Beschuldigern im Beisein von Meier und Gericht konfrontiert, welche ihre Aussagen in ihrer Gegenwart bekräftigten, während Barbell immer wieder ihre Unschuld beteuerte. Nur ihre Schwester Sunna hatte sich wegen Krankheit entschuldigt und war dem Termin ferngeblieben. Darauf folgte eine weitere gütliche Befragung in Gegenwart des Amtmanns, des Meiers und des Gerichtspersonals, nach deren erfolglosem Verlauf Barbell schließlich dem Scharfrichter zur Folter übergeben wurde.

Dieser hatte keine große Mühe mit der Frau, die bereits sieben Wochen Haft, vergebliche Versuche, aus dem Gefängnis zu entkommen, und bittere Enttäuschungen hinter sich hatte. Und so genügte ein einmaliges, leichtes Aufziehen, wobei die Füße den Boden noch berührten, um Barbell zum Reden zu bringen. Wie viele ihrer Vorgängerinnen und jene, die ihr bald schon nachfolgen sollten, bekannte sie, aus der Folter entlassen, die Verführung durch den Teufel in Gestalt eines schwarzen Mannes, der ihr Hilfe anbot, als sie vor sechs Jahren in der teuren Zeit nichts mehr zu essen hatte, Abschwur, Buhlschaft, Flug zum Tanzplatz, Schadenzaubereien an Nahrungsmitteln, Tieren und Menschen, die Herstellung von Zaubersalben und Hostienschändung, bestätigte die Vorwürfe der Zeugen, denen sie doch hatte Schaden zufügen können oder wollen, und gab an die 20 Komplizen an, darunter ihre Schwester Sunna, deren Sohn Lorentz, die Frau des Schöffen, Bürgen der Anklage und Zeugen Adams Johann sowie die Belastungszeugen Schieffer Heinrich und Gehlen Margarethe. Als die Wächter am nächsten Morgen die Geständige zur Wiederholung ihrer Bekenntnispunkte erneut vor Gericht bringen wollten, war Barbell, indem sie einen Stein aus der Mauer ihrer Zelle gebrochen hatte, entwichen und hatte sich verzweifelt auf die Flucht aus dem Ort und der Herrschaft gemacht.
Es dauerte keine vier Tage, bis einer der mittlerweile vom Kellner auf Montclair informierten Offizianten der Nachbarbezirke, der Losheimer Schultheiß, die zerlumpte, wahrscheinlich von der Folter gezeichnete Frau, bettelnd in Losheim aufgreifen und zurück ins Gefängnis auf die Burg liefern konnte. Hier erwarteten Barbell erneute Verhöre, in denen sie ihre Geständnisse nochmals bestätigen mußte, eine weitere Folterung, die neue Geständnisse erbrachte, sowie die Konfrontation mit den von ihr besagten Personen. Bis zu ihrer Hinrichtung am 7. Oktober 1593 beharrte Barbell eindringlich auf der Mitschuld ihrer Schwester Sunna und deren jüngstem 17jährigem Sohn Lorentz, denen das gleiche widerfahren müsse wie ihr auch. Wendels Sunna bekannte bereits am 6. Oktober, einen Tag vor Hinrichtung ihrer Schwester Barbell, ihre eigene Zugehörigkeit zur Teufelssekte und beschuldigte ihren Sohn Lorentz der Komplizenschaft. Beide, Mutter und Sohn, wurden am 8. November am Merchinger Hochgericht, wo einen Monat zuvor auch Lauers Barbell lebendig dem Feuer übergeben worden war, hingerichtet.[315]
Das Schicksal der Lauers Barbell war nicht ungewöhnlich für eine Frau,

die um die Mitte des 16. Jahrhunderts im Saarraum geboren wurde und dort aufwuchs. Es war ein Schicksal, wie es in jenen Jahren der Hauptverfolgungsperiode von Hexen und Zauberern jeden treffen konnte, vorausgesetzt, man gehörte nicht der obersten sozialen Schicht von Adligen und Kirchenmännern, dem Kreis ihrer höheren Bediensteten oder einem geachteten Berufsstand an und hatte das Kindesalter überschritten. Diese Bedingungen erfüllte auch Schneider Augustin aus Honzrath, dessen Lebensgeschichte aus den Prozeßakten des Jahres 1603 rekonstruiert werden kann und die jener der Barbell in vielen Punkten ähnelt, aber wieder eine ganz andere, vielleicht die spezifische eines Mannes ist.[316]

Schneider Augustin, um 1545 in Honzrath geboren und aufgewachsen, führte auf den ersten Blick dort das ganz normale Leben eines Ehemannes und Familienvaters, der tagsüber seiner Arbeit und seinen Geschäften nachging, sich viel in benachbarten Ortschaften aufhielt und abends nach Hause zurückkehrte, wo ihn seine Frau und sein kleiner Sohn Paulus, der 1573 geboren wurde, erwarteten. Er selbst galt bei den Dorfbewohnern als streitsüchtig, aufsässig und zänkisch, vielleicht ein Ruf, den ihm sein Amt als Gemeindezehndner und seine ewigen Streitereien mit Meier Claß aus Erbringen eingebracht hatten. Augustin hatte bei diesem Meier Claß, einem begüterten Bauern aus dem Nachbarort, Schulden zurückzahlen müssen, die diesem, so war die Meinung des Augustin, nicht zugestanden hätten. Ja, der Meier sollte sie ihm, wenn Augustin eines Tages verstorben sei, unters Kopfkissen auf dem Totenbett legen, um diese Ungerechtigkeit aus der Welt zu schaffen.

Derart provozierende Äußerungen des Schneiders gegenüber Meier Claß fielen nicht nur in diesem Streitfall, sondern auch bei mehreren anderen Gelegenheiten. So hatten sich beide auf dem Dorfplatz unter der Linde ein Wortgefecht geliefert, in dem der Erbringer den Augustin einen Zauberer und »Kader« schalt und dieser Meier Claß als einen »Kobenfresser« und einen unnützen, zänkischen Mann beschimpfte. Schließlich ritt Meier Claß hoch zu Pferde durch den ganzen Ort Honzrath und verkündete überall lautstark, Schneider Augustin sei ein Schelm, der ihm sein Eigentum weggenommen habe. Tatsächlich hatte Augustin, als er 1596 das Zehndneramt für die Gemeinde Honzrath innehatte, mehrere Schweine des Claß – unrechtmäßig, wie dieser behauptete – beschlagnahmen und pfänden lassen – eine Angelegenheit, die im Beisein des Honzrathers Peter Martin vonstatten ging, welcher später gegen Augustin vor Gericht aussagen sollte. Der jahrelange Streit

der beiden Dörfler – vielleicht die Fortsetzung einer bereits in der vorhergehenden Generation aufgrund der erwähnten Schuldenangelegenheit ausgebrochenen Zwistigkeit – spitzte sich zu einer gefährlichen Sache für Augustin zu, als Claß ihn bereits zum zweitenmal als einen Zauberer beschimpft hatte und überall verkündete, der Schneider wolle sich wegen dieser Beschuldigung nicht einmal gerichtlich verantworten, was doch stutzig machen müsse. Die Gerüchte um den nicht ganz unbescholteten Honzrather Einwohner schienen von nun an tatsächlich, vor allem auch in den Nachbarorten und im Personenkreis um Meier Claß, zuzunehmen. Aber es gab da noch eine Kleinigkeit im Leben des Schneider Augustin, die sich in Gerüchten und Vermutungen der Dorfbewohner Raum verschaffte und vor allem die Männer aus Honzrath und Umgebung zugleich verunsicherte und erboste: Der eigentlich unbedeutende Mann war seit seiner Jugend bis in die Gegenwart hinein, das heißt bis zu seinem 60. Lebensjahr, bei den Frauen des Ortes gern gesehen, wenn nicht heiß begehrt. Noch während seiner Ehe hatte sich dieser arme Schlucker, der weder eigenen Besitz ererbt noch erwirtschaftet hatte, ja so ungebildet war, daß er nicht einmal richtig das Kreuzzeichen machen, geschweige denn das »Vater Unser« ohne Hinzufügung »unerhörter« Worte aufsagen konnte, zunächst mit Entgen, der Schmiskullischen aus Honzrath, und dann mit ihrer Tochter Eva eingelassen und die Ehe gebrochen. Später wurden dann eine Trautgen Gaufuen, eine Gerdersch aus Erbringen und schließlich Basthanß Sunna aus seinem Heimatort seine Geliebten. Sollte etwa der Erfolg, den Augustin bei den Frauen hatte, auf unnatürlichen Mitteln gründen, vielleicht mit seinen angeblichen Zauberkünsten zusammenhängen? So kam es, daß derartige Gerüchte mitsamt den von Augustin unverantworteten Hexereibeschimpfungen des Meier Claß über mehrere Jahre in Honzrath und Erbringen kursierten, ohne daß sie zu Konsequenzen geführt hätten.
Dies änderte sich schlagartig, als zwei Frauen aus Düppenweiler, die 1603 wegen Hexerei vom zuständigen Hochgericht der Herren von Hagen zur Motten verurteilt worden waren, auf Schneider Augustin als einen ihrer Komplizen bekannten und starben.[317] Weniger als vier Wochen nach dem ersten derartigen Bekenntnis aus Düppenweiler stand Augustin, verklagt vom Ausschußmitglied Scheffers Endres, bei den gemeinsamen Hochgerichtsherren von Braubach zu Dillingen und Zant von Merl auf Burg Siersberg wegen Zaubereiverdachts vor Gericht im Dillinger Schloß. Sechs Zeugen hatten sich zur Aussage gegen

ihn bereitgefunden, darunter Johannetta, die Frau des gemeindlichen Anklägers und Ausschusses Scheffer Endres, Johann, der Sohn von Meier Claß aus Erbringen, Caspar Johann aus Hüttersdorf, der seit mehreren Jahren als Knecht bei Claß arbeitete, und Basthanß Theis aus Honzrath, dessen Frau die Geliebte des Schneider Augustin war. Der bekannte stereotype Mechanismus eines Hexenprozesses konnte beginnen.

Schneider Augustin wurde noch am gleichen Tag, an dem die sechs Zeugen ihre Aussagen vor Gericht gemacht hatten, nach Dillingen geführt, mit den Zeugenaussagen und den Besagungen der beiden hingerichteten Düppenweiler Frauen bekannt gemacht und mit den Zeugen konfrontiert, die alle ihre Anklagen ihm gegenüber wiederholten. Alles in allem wurden ihm ein seit Jahren bestehender Verdacht der Zauberei, mehrere unverantwortete Zaubereibeschimpfungen, die Besagungen der Hexen aus Düppenweiler sowie die Anwesenheit bei einem Hexentanz zur Last gelegt, der vom Knecht des Meier Claß in dessen Scheune beobachtet worden war. Schon nach zweistündiger gütlicher Befragung gestand Augustin den Teufelspakt, Buhlschaft, mehrere vom Teufel erzwungene Fahrten zu Hexentanzplätzen, die Herstellung von Salben aus ausgegrabenen Kinderleichen, Hostienschändung, Schadenzaubereien an Nahrungsmitteln und Tieren und die Teilnahme an jenem Hexentreffen in Meier Claßens Scheune in Erbringen. Mit in seiner Gesellschaft seien – und da war sich Augustin ganz sicher – Meier Claß als Pfeiffer beim Hexentanz, Torsch Hansens Frau Sunna, die Frau des 60jährigen Zeugen Torsch Hans aus Honzrath, Basthanß Sunna, Frau des 46jährigen Zeugen Basthanß Theis aus Honzrath sowie Mullers Sunna aus Honzrath, über die seit längerem Zaubereigerüchte kursierten. Danach verbrachte Augustin weitere zwei Tage in Haft, wurde, weil er nichts weiter bekennen wollte, vom Scharfrichter in die Tortur genommen und leicht aufgezogen, bekannte schließlich nochmals und begehrte, jetzt sterben zu dürfen. Nach insgesamt vier Tagen Haft, Verhör, Konfrontation und Folter wurde Schneider Augustin am Honzrather Hochgerichtsplatz hingerichtet.

Nur sechs Wochen nach Augustins Hinrichtung begannen im Dillinger Schloß die Prozesse gegen Mullers Sunna und Basthanß Sunna, eingeleitet durch eben jenen Scheffer Endres, der als verordneter Ausschuß der Gemeinde Honzrath auch den Fall Schneider Augustin beim herrschaftlichen Gericht anhängig gemacht hatte. Mullers Sunna war zuvor von ihrer Schwester Welsch Catharina aus Haustadt über die gegen sie

laufenden Gerüchte und Besagungen informiert und gewarnt worden, hatte jedoch keine Konsequenzen gezogen; Torsch Hansens Sunna hatte sich dagegen gleich nach Bekanntwerden der Mitbeschuldigung durch Schneider Augustin aus dem Staub gemacht. So endeten für zwei der vier von Augustin angegebenen Personen, Mullers Sunna und Basthanß Sunna, sowie für die von der Mullerschen wiederum in ihrem Bekenntnis besagte Welsch Catharina, ihre eigene Schwester, eine Woche später die Prozesse mit einer gemeinsamen Hinrichtung beim Honzrather Hochgericht.[318] Viele Jahre später, 1628, starb auch die Schwiegertochter des Augustin und Frau seines einzigen Sohnes Paulus im Alter von etwa 50 Jahren als Hexe am Hochgericht von Honzrath.[319]
Die auf so tragische Weise endenden Lebensgeschichten der beiden Dorfbewohner, der 45jährigen Lauers Barbell aus Merchingen und des 60jährigen Schneider Augustin aus Honzrath, die nur in kleinen Ausschnitten rekonstruierbar blieben, fielen in die Hauptverfolgungszeit der Hexerei an der Saar, einem zudem von ökonomischen, sozialen, religiösen wie politischen Spannungen geprägten Zeitabschnitt der frühen Neuzeit. Die beiden Verurteilten hatten zwischen 1545 und 1590 mehrere Pest- und Seuchenumzüge, vor allem um 1589, verschiedentliche Truppendurchzüge, etwa 1576/77 und 1582/83, sowie die Einquartierung der vom lothringischen Herzog angeworbenen bayerischen Soldaten in den größeren Städten und Dörfern der Herrschaft Siersberg miterlebt und mehrere Jahre des Hungers und der Mißernten kennengelernt, besonders in der Zeit zwischen 1585 und 1590.[320] Auch darüber hinaus zeigen ihre Lebensweise und ihr Verhalten in der Gemeinschaft des Dorfes nicht unwesentliche Parallelen: Hatte Barbell eine den Moralvorstellungen einer Dorfgemeinschaft des 16. Jahrhunderts keineswegs entsprechende, sittlich verwerfliche Vergangenheit als voreheliche Geliebte eines Knechtes, von dem sie auch noch ein Kind getragen hatte, so schienen die sittlichen, ehebrecherischen Verfehlungen des Schneider Augustin bis zu seiner Verhaftung anzudauern und für zusätzliche Anfeindungen zu sorgen. Beide hatten eine nur kleine Familie mit einem zur Zeit der Inhaftierung bereits erwachsenen Kind, das heißt, sie standen nicht innerhalb eines größeren, sie schützenden Familienverbandes. Ganz im Gegenteil gereichten die familiären Auseinandersetzungen der Barbell mit ihren Verwandten ihr schließlich zur gerichtlichen Anklage. Beide Personen hatten durch stete Auseinandersetzungen mit einer bestimmten Gruppe von Personen oder einer einzelnen Person im Heimatort und den umliegenden Dörfern den Ruf

zänkischer, streitsüchtiger Leute erlangt, hatten sich dadurch persönliche Feinde und mehr oder weniger begründete Haß-, Rache- und Neidgefühle eingehandelt und schließlich üble Beschimpfungen und Verleumdungen durch ihre gemeindlichen Gegner heraufbeschworen. Die Zwistigkeiten endeten im Falle der Barbell mit verschiedenen Zaubereibeschimpfungen und Gerüchten über die von ihr verursachten Schadenzaubereien an Tieren und Personen, im Falle des Schneider Augustin zunächst nur mit Zauberei- und Ehrbeschimpfungen. Von keiner der beiden Personen wurden derartige Zaubereibezichtigungen je vor Gericht verantwortet.
Befördernd war für die Verbreitung und Glaubwürdigkeit der sich beide Male über zehn Jahre anhäufenden Gerüchte in Zusammenhang mit dem Zaubereivorwurf, welche durch die für ein dörfliches Milieu gewiß spektakuläre Dimension der Anfeindungen sicherlich schnell die Runde machten, der jeweilige Kontakt der Verdächtigen mit anderen im Hexereiverdacht stehenden Personen, die sich entweder durch Flucht erst recht belastet hatten oder durch Bekenntnis vor dem Hexengericht ihre Schuld eingestehen mußten. Auf Barbell lasteten bereits seit Jahren Vorurteile und Gerüchte über ihre angebliche Zauberkraft, die jedoch fast alle von ihren Verwandten, mit denen sie, wie jeder im Dorfe wußte, verfeindet war, herrührten oder provoziert worden waren. Sie geriet erst dann in einen Hexenprozeß, als ein entsprechender Vorfall außerhalb der eigenen Familie die bisherigen, zum Teil recht alten Gerüchte bestätigte und zugleich aktualisierte. Schneider Augustin wiederum, der ebenfalls aufgrund verschiedener Vorfälle, vor allem aber wegen unverantworteter Zaubereibeschimpfungen, über mehrere Jahre und über die Grenzen seines Heimatortes hinaus im Ruch der Zauberei stand, wurde in dem Moment vor Gericht verklagt, als zwei andere Hexen auf ihn bekannt hatten. Die eindeutigen aktuellen Besagungen, die dem Gerüchteberg um Augustin noch gefehlt hatten, verliehen seinem Fall die noch fehlende Beweiskraft der Zugehörigkeit zur Hexensekte, da ihm – im Gegensatz zur Barbell – bislang keine Schadenzaubereien angehängt werden konnten.
Waren nun die angeführten Überschneidungen bloße Zufälle, die sich durch eine ähnliche Lebensführung in einem kleinen Dorf, durch vergleichbare Lebensbedingungen und Kommunikationsmuster ganz einfach ergaben? Oder deuten sich hier Interpretationsweisen, Merkmalsraster oder Deutungsmuster an, die aufgrund eines ihnen zugrundeliegenden dörflichen Bedeutungsgeflechtes nur ganz bestimmte Personen

als solche aussonderten, deren Lebens- und Verdächtigungsgeschichte dann durchaus gemeinsame Merkmale haben konnte, ja mußte?
Zwei Gruppen von Kriterien waren es in erster Linie, die über die öffentliche Beurteilung von Dorfbewohnern als Durchschnittsmenschen oder als Angehörige einer Hexensekte entschieden: Einmal spielten dabei spezielle primäre Faktoren eine Rolle, das heißt alle erdenkbaren Vorstellungen, Attribute, charakteristische äußerliche Merkmale und Verhaltensweisen, die im Zusammenhang mit der Imagination standen, die die Dorfbewohner von einer Hexe oder einem Zauberer hatten. Zum anderen waren es bestimmte, eher sekundäre Faktoren, die mit der Lebensweise und dem realen Schicksal einer Person zu tun hatten, welche den Ausschlag zur Verdächtigung geben konnten. Als augenfälligste primäre Hinweise auf eine etwaige Zugehörigkeit zur Hexensekte galten im dörflichen Kommunikationsnetz zunächst kursierende Gerüchte und öffentlich geäußerte Verdächtigungen. Derartige kollektiv verwaltete und immer wieder aufbrechende üble Nachreden fanden sich in fast allen Prozeßprotokollen in jenem Tatbestand bestätigt, daß den meisten der später angeklagten Personen schon jahre-, manchmal jahrzehntelang der Ruf als Hexe, Zauberer, Hexenmeister, selten auch der des Werwolfs, vorausgeeilt war. Haßen Cathrin von Selbach, Closter Catharina, Augstgen Matheis, Schul Anna, Wirts Clas, die Frau des Schweinehirten von Besseringen, Veltheins Theyssen Frau Marey und viele andere waren vor ihrer Anklage eine Zeitlang im »bösen, gemein geschrey« der Zauberei, das sich oft über ihre Heimatgemeinde hinaus in die umliegenden Dörfer verbreitet hatte.[321] Derartige Verdächtigungen und Gerüchte rührten zum einen aus Vorfällen, in denen sich diese Personen als Hexe, Zauberin oder Zauberer hatten beschimpfen lassen und die Verleumdungen nicht verantwortet, das heißt, vor einem Gericht angegeben hatten und richtigstellen ließen, wie wir dies auch von Lauers Barbell und Schneider Augustin bereits kennen. Eine unverantwortete Hexereibeschimpfung galt jedoch nach dem kollektiven gemeindlichen Verständnis als unverrückbares Schuldeingeständnis. Gerade in der Zeit der Hexenverfolgungen kam es deshalb zu unablässigen Klagen wegen derartiger Verunglimpfungen bei den Amtsgerichten. Allein vor saarländische Behörden gelangten Hunderte dieser Klagefälle.[322] Einen ähnlichen Stellenwert als Indiz einer Hexenschuld hatte auch die plötzliche Flucht oder das endgültige Verschwinden einer der Hexerei verdächtigten oder berüchtigten Person – beides oft Reaktionen auf Gerüchte oder unverantwortete Beschimpfungen. Immer je-

doch gab ein weiteres schwerwiegendes Indiz Anlaß zu wildesten Gerüchten und Verdächtigungen, kam es doch aus dem Munde derer, die als einzige wirkliche Augenzeugen reumütig von ihren Taten berichteten: die Besagung durch überführte geständige Hexen und Zauberer. Als Resultat einer Gerichtspraxis, die nur mit der Angabe weiterer Schuldiger eine direkte Fortsetzung der Prozesse erlaubte, und als Ergebnis einer offiziellen Hexenlehre, die aufgrund des Massenphänomens und Sektencharakters der Hexerei auf die Preisgabe anderer Mitglieder bestehen mußte, war die Besagung eine Angelegenheit, welche jede bereits verdächtige Person irgendwann einmal treffen mußte, wußten doch auch die vor Gericht stehenden Angeklagten um die Gerüchte in ihrem Dorf und war gerade die Besagung einer ohnehin »im Geschrei« befindlichen Person eine naheliegende und glaubwürdige Aussage vor Gericht. Da Besagungen als unwiderlegbare Beweise einer Zugehörigkeit zur Hexengesellschaft angesehen wurden, konnten sie in mehreren Fällen als einziges Indiz zur Anklage und späteren Verurteilung eines Dorfmitgliedes ausreichen.[323]

Gerücht und Besagung, Hauptkatalysatoren einer Zaubereiverdächtigung und sich zum Teil gegenseitig bedingend, erfuhren durch weitere, ergänzende Belastungsfaktoren Bestätigung und Bestärkung. Daß eine vorbelastete Person in verwandtschaftlicher oder freundschaftlicher Beziehung zu einer angeklagten oder verurteilten Hexe beziehungsweise einem Zauberer stand, auch wenn diese sie nicht besagt hatten, war mehr als nur ein vager Hinweis. Odils Barbels Mann Hans, der Ehemann der Backes Cathrin, Schue Theeß, der Mann der Schue Theeß Stinna, die Frau des Matheis Bart, die des Fritges Matheis und des Meisterknechts Matheis sowie die Mutter der Gebrüder Kleinadam waren vor der Verurteilung ihrer Ehegatten und Söhne schon als Hexen und Zauberer hingerichtet worden.[324] Andere wie Claß Groem und seine Frau Ida oder die Ehepaare Velten und Stock wurden zusammen inhaftiert und hingerichtet.[325] Aufgrund der weitverbreiteten volkstümlichen Annahme einer Übertragung zauberischer Kräfte von einer auf die andere Generation und der Tradition des Zauberwesens in einer Familie und deren engstem Verwandtschaftskreis waren es vor allem aber die Mütter und Geschwister, deren bewiesene Hexenkünste weitere Gerüchte einleiteten. Oft kam es auch zur Gefangennahme und gemeinsamen Hinrichtung mehrerer Angehöriger einer Familie, wie im Fall der Geschwister Hans und Lambrecht Kleinadam aus Besseringen, die kurz nach ihrer Mutter, von der sie das Hexenhandwerk gelernt hatten, exekutiert wurden.[326] Viele Hexereibeschimpfungen aus allen Hochgerichtsbezirken des saarländischen Raumes bestätigen die wohl allgemein unter der Landbevölkerung kursierende Anschauung von der »Zauberkraft im Blut«, die oft genug den ersten Anstoß zu einer unverantworteten Beleidigung und daraus resultierenden Zaubereigerüchten gab. So lauteten entsprechende Verunglimpfungen, eine Person sei als »ein hex gebohren«, sei »einer hexen auß dem hindern geschlufen«, sei das Kind von Zauberern und könne ebensolche Kunst, könne mit Sicherheit zaubern, da schon die Eltern verbrannt worden seien, sei ein »erb zauberer« oder hätte »ein motter gehapt, so ein zauberin geweßen«.[327]

Eine Verwandtschaftsbeziehung mußte zur Begründung oder Unterstützung von Verdachtsmomenten, die in Beschimpfungen oder als Indizien in Hexenanklagen mündeten, nicht einmal vorliegen, da eine weitere im Volk verbreitete Vorstellung davon ausging, daß Zauberei auch eine erlernbare Angelegenheit sein konnte, ihre Geheimnisse weitervermittelbar und ihre Kräfte durch körperlichen Kontakt mit Zauberinnen und Zauberern übertragbar waren. Es erstaunt daher nicht, daß auch der Umgang und Kontakt sowie die Nachbarschaft oder Freundschaft mit bereits verdächtigten oder späterhin verurteilten Personen genügten, um ins Gerede und in Zaubereiverdacht zu geraten. So reichten etwa die Geständnispunkte der Basthanß Sunna kaum aus, um sie wegen Hexerei zu verurteilen; sie gehörte jedoch zum berüchtigten Kreis um Mullers Sunna, die lautstark ihre Bedenken gegenüber Hexenprozessen in der Gemeinde äußerte, und war zugleich die Geliebte des Schneider Augustin, der seit Jahren als nicht verantworteter Zauberer in Honzrath und Umgebung von sich reden machte.[328] Bruch Catharina, die Brüder Kleinadam und Foits wie auch Hoff Bartel oder Engel Anthes sollten das Hexenhandwerk von Personen erlernt haben, mit denen sie unter einem Dach gewohnt hatten und die als überführte Hexen und Zauberer galten. Lauers Barbell war, wie wir bereits hörten, mit Steinmetzen Elß befreundet, die wegen immer bedrohlicheren Verdachts der Hexerei plötzlich aus Merchingen verschwand. Odils Barbel kannte dagegen gleich mehrere Zaubereiverdächtige aus Körprich, Obersalbach, Falscheid und Labach, die einige Jahre vor ihrer Anklage hingerichtet worden waren, ebenso wie Bruch Catharina, die acht verbrannte Personen nach eigenen Aussagen »wohl gekennt« hatte, ehe sie selbst vor Gericht stand.[329] Derartige Freundschafts- und Bekanntschaftsverhältnisse sind uns nicht zuletzt deshalb bis heute überliefert, weil aus ihnen Mitanschuldigungen resultierten, die dem Automatismus der Hexenprozeßmaschinerie entsprungen waren und als Besagungen mit Beweiskraft erster Güte neue Prozesse der jeweiligen Freunde und Bekannten bewirkten. Einer unter mehrmaliger Folter zur Angabe von Komplizen gezwungenen Angeklagten fielen selbstverständlich zuerst Personen ein, die sie kannte und deren Namen sich ihr im Zusammenhang mit Hexereiverdächtigungen und -beschimpfungen eingeprägt hatten. Dies war ein Mechanismus, der wiederum das Ineinandergreifen von Gerüchten, Bekanntschaftsgraden und Besagungen mit der Eigendynamik von Hexenprozessen, vor allem der unabdingbaren Folter, verband.

Das Dorfgerede um Hexereidelikte und vermutete Zauberer und Zauberinnen erhielt jedoch auch dadurch eine weitere Bestätigung oder auch erneute Anstöße, daß eine meist schon unter Dorfbeobachtung stehende Person durch vermeintliche und als solche kollektiv ausgewiesene »Hexenattribute«, etwa bestimmte Körpermerkmale oder Verhaltensweisen und Gesten, auffiel. Closter Catharina, die sich wegen mehrerer Besagungen zweimal als Zaubereiverdächtige vor dem Hornbacher Hochgericht verantworten sollte, wegen fortgeschrittener Schwangerschaft jedoch jedesmal entlassen wurde, hatte nach Angabe mehrerer Bübinger Dorfbewohner ein angebliches »Hexenzeichen« oder »Hexenmal« am Ohr, eine, wie sich im Verlaufe des Verhörs herausstellen sollte, reine Fiktion, die das Dorfgerede hervorgebracht hatte. Eine andere Frau, die alte Kirschners Margreth, erregte dadurch Aufmerksamkeit und Verdacht, daß sie immer ein verkratztes Gesicht hatte.[330] Im Volksglauben war dies Kennzeichen einer Auseinandersetzung mit bösen Geistern und Dämonen oder Überbleibsel eines an ihr versuchten Hexenabwehrzaubers, dessen Anwendung schon auf einen hohen Grad der öffentlichen Zaubereiverdächtigung und der empfundenen Bedrohung durch das vermeintliche Opfer deutete.

Äußerliche Hexenattribute gestalteten jedoch keinesfalls einen Typ der Hexe, der der Beschreibung Reginald Scots entsprach und ihr die äußeren Kennzeichen von Alter, Lahmheit und tiefliegenden Augen in einem bleichen, schmutzigen Gesicht voller Runzeln zusprachen.[331] Es waren auch weniger körperliche Merkmale als Verhaltensweisen wie das Anblasen, Berühren, Ausspeien, Bedrohen oder Verwünschen, die mit Hexerei in Verbindung gebracht wurden und als magische Handlungs- und Äußerungsweisen eine lange Tradition im Volk hatten. Aus der ländlichen Vorstellung heraus, daß die magischen Kräfte der Zau-

Abbildung 6: Beschwörungsszene der Hexen, Federzeichnung von J. W. von Goethe, nach 1820

berinnen, Zauberer und Hexen nur bestimmten Personen innewohnten, die diese zu Praktiken der weißen und schwarzen Magie einsetzen konnten und nicht erst durch Rituale erzeugen mußten, kam gerade den körperlichen oder vom Körper einer vermuteten Hexe erzeugten Äußerungen, Gesten und Handlungen eine besondere Bedeutung als Indikatoren des tatsächlichen »Hexe-Seins« zu. Ebenso wie bei Verwünschungen und Drohungen warteten diejenigen, die durch den bösen Blick, eine Berührung oder einen Atemzug der vermeintlichen Hexe getroffen waren, auf ein negatives Ereignis in ihrer unmittelbaren Umwelt oder ein persönliches Unglück, welches, sofern es eintraf, als eindeutiges Hexenwerk identifiziert wurde. Von vielen Angeklagten in Hexenprozessen, aber auch von vielen als Hexen öffentlich beschimpften Personen, hieß es als Begründung ihrer Zugehörigkeit zur Hexensekte, sie hätten jemanden in durchaus alltäglichen Kontexten berührt, gekitzelt, geküßt, geschlagen oder angestoßen, der daraufhin erlahmte, dessen Gliedmaßen, vor allem aber die berührten Stellen, erkrankten, dessen ganzer Körper anschwoll oder der nach meist ungewöhnlich kurzer Zeit an den heftigen Schmerzen, die vom Kontakt mit der Hexe stammten, starb. Anderen wurde unterstellt, sie hätten durch »Ins-Ohr-« oder »Unter-die-Augen-Blasen«, durch die Verabreichung von Mitteln gegen Krankheiten oder die Weitergabe von Nahrungsmitteln, durch auf den Körper ausgeübten Druck bei einer nächtlichen Erscheinung oder tätliche Angriffe vielfältige Krankheiten mit seltsamem Verlauf, schwarzes Anlaufen, Stummheit und Regungslosigkeit, oft sogar den Tod ihrer Opfer herbeigeführt.[332] Wieder andere hatten die im Volk besonders gefürchteten Mittel des Verfluchens, Verwünschens, der Drohung oder Besprechung angewandt – Rituale, von denen man in vielen Fällen annahm, daß sie sich bewahrheiteten, besonders wenn sie aus dem Mund armer und benachteiligter Menschen stammten, die Gott nach christlichem Glauben rächte und beschützte.[333]

Bei jenen Verdachtsmomenten und Indizien, die ihre Beweiskraft aus Gerüchten und Besagungen speisten, welche wiederum auf unverantworteten Hexereibeschimpfungen, freundschaftlichen oder verwandtschaftlichen Beziehungen zu Verurteilten, auf bestätigten Hexenidentifikationszaubern oder allgemein auf äußerlichen wie charakterlichen »Hexenattributen« gründeten, handelte es sich um primäre semantische Zuweisungen. Sie standen direkt mit dem vermuteten Hexendasein und den daraus resultierenden Handlungs- und Äußerungsweisen der in Verdacht geratenen Personen in Zusammenhang. Im Gegensatz zu diesem von der ländlichen Hexenvorstellung geprägten Komplex aus Bedeutungen, Handlungs- und Äußerungsweisen mit seinem regelrechten Indiziencharakter für Hexerei gab es andere, sekundäre Zusatzfaktoren, die es uns erlauben, den Personentyp der Hexe oder des Zauberers noch deutlicher zu fassen.

Zwar ist die Geschlechtszugehörigkeit gemeinhin keine sekundäre Angelegenheit; da die zuvor als primär eingestuften Faktoren jedoch uneingeschränkt auf beide Geschlechter zutrafen, wollen wir die Zugehörigkeit zum weiblichen oder männlichen Geschlecht hier zunächst als nicht primär ausschlaggebend für das Zustandekommen einer Hexereiverdächtigung nach der ländlichen Hexenvorstellung annehmen. Allerdings waren Verdächtige und spätere Angeklagte in Hexenprozessen in der Mehrzahl zunächst einmal Frauen, in der Minderzahl Männer. Für den gesamten Untersuchungsraum beläuft sich der weibliche Anteil auf 72,34 %, in den kurtrierischen Hochgerichten auf 68,5 %, in den loth-

ringischen auf 77,65%, in den Gebieten der Grafschaft Nassau-Saarbrücken und in den zweibrückischen Gemeinden auf jeweils 80%.[334] Bei denjenigen Frauen, bei denen aufgrund von Angaben über Eheschließung, Alter der Kinder, Dauer des Witwenstandes oder tatsächliche Altersangaben eine Einschätzung des Alters möglich ist, ergibt sich eine untere Altersgrenze von etwa 30 Jahren und eine obere von 60 Jahren und mehr. Es lassen sich drei Altersgruppen, von 30–35 Jahren, von 40–45 Jahren und von 50–60 Jahren und mehr ermitteln, wobei 15,4% der ersten Altersgruppe, 34,6% der zweiten und 50% der dritten Altersgruppe zugeordnet werden können. Die in weit geringerer Zahl auf ihre Altersverteilung überprüfbaren männlichen Angeklagten verteilen sich zu je 22,2% auf die Gruppe der 30–35jährigen und der 40–45jährigen, zu 33,4% auf die Altersgruppe der 50–60jährigen und wiederum zu 22,2% auf die 60- bis über 70jährigen. Eine Ausnahme bildet dabei ein 17jähriger, der von seiner Tante und seiner Mutter mitbesagt wurde.
Die prozentualen Verteilungen lassen eine deutliche Konzentration der weiblichen Angeklagten auf ein Alter zwischen 40 und über 60 Jahre erkennen, in dem 84,6% der verklagten Frauen sich bei ihrer Verhaftung oder Hinrichtung befanden. Bei den männlichen Angeklagten beläuft sich der Anteil der 40- bis über 60jährigen zwar auch auf insgesamt 77,8%, die Altersgruppe der 30–35jährigen Männer war jedoch mit 22,2% um etwa 7% stärker vertreten als die entsprechende der Frauen. Insgesamt ergibt die Altersverteilung bei beiden Geschlechtern jedoch eine ungefähr 50%ige Konzentration auf ein Alter von 50 bis zu 70 Jahren – ein Ergebnis, das darauf verweist, daß es sich bei Personen, die in den Verdacht der Hexerei gerieten und schließlich vor Gericht gebracht wurden, größtenteils um alte Menschen handelte.
Von den inhaftierten Frauen hatten 85% geheiratet, sich zumeist in ihrem Heimatort niedergelassen und dort eine Familie gegründet.[335] Bedingt durch die Altersstruktur des größten Teils der weiblichen Angeklagten, handelte es sich zu etwa 64% um verwitwete Frauen, von denen wiederum etwa die Hälfte allein in einem Haus lebte. Vielmehr taten sich sowohl ledige wie verwitwete Alleinstehende sehr häufig entweder mit ihren Kindern, mit Verwandten oder Bekannten zusammen, um einen gemeinsamen Haushalt zu führen und damit sowohl Versorgungsschwierigkeiten wie altersbedingter Hilflosigkeit entgegenzuwirken.[336] Während so eine Anzahl von Frauen im Kreise der Familie oder von Freunden blieb, lebten andere ohne Verwandte oder Bekannte iso-

liert am Rande der Gemeinschaft, entweder allein in ihrem Häuschen mit Garten außerhalb des Dorfes auf freiem Felde oder sehr vereinsamt in ihrem Haus mitten im Dorf.[337]
Von den in Hexenprozessen angeklagten Männern waren alle, bis auf den 17jährigen Wendels Lorentz und einen etwa 40jährigen Merziger Einwohner, entweder verheiratet oder bereits verwitwet. Lambrecht Kleinadam etwa lebte mit seiner Frau und seinem ledigen Bruder zusammen im vermutlich elterlichen Haus, Schue Theeß und seine Frau Stinna bewohnten gemeinsam mit ihrem Kind ein Haus in Gonnesweiler. Hoff Bartel, der nach dem Tod seines Vaters im Alter von zehn Jahren als Ackerjunge bei mehreren Bauern der Umgebung, danach beim Fraulauterner Kloster in Dienste ging, schließlich das Wagnerhandwerk erlernte und auf den elterlichen Bauernhof zurückkehrte, haushaltete hier gemeinsam mit seiner Frau und seiner alten Mutter.[338]
Die Männer der älteren Generation von 55–70 Jahren waren dagegen mittlerweile verwitwet und lebten, wie Augstgen Matheis – er hatte fünf Söhne und eine Tochter –, mit ihren Kindern im selben Haushalt oder, wie Schneider Augustin und Marx Claser, in der Nähe ihrer Kinder und Verwandten.[339] Nur der etwa 55jährige Mattheis Bart, dessen Frau ein Jahr vor seiner Inhaftierung als Hexe hingerichtet worden war, schien allein in seinem Haus zu wohnen, waren seine beiden Kinder doch frühzeitig gestorben und keine anderen Verwandten im Dorf seßhaft.[340]
Ein Vergleich zwischen den entsprechenden Altersgruppen macht dennoch deutlich, daß männliche Angeklagte in größerem Maße als weibliche Angeklagte in einem sozialen und familiären Rahmen lebten, das heißt, nur in seltenen Fällen wirklich – und dann meist wohl eher freiwillig – alleinstehend oder vereinsamt waren. Listen mit Angaben der einzelnen Haushalte für die Türkenschatzung von 1542 bis zu Einwohnerverzeichnissen des Amtes Schaumburg vom Anfang des 18. Jahrhunderts bestätigen, daß es zu allen Zeiten üblich war, daß Familien vor allem alleinstehende, verwitwete oder verwaiste Familienangehörige in ihr Haus aufnahmen. Haushaltungen eines Mannes mit seiner Schwiegermutter, einer Frau mit ihrem Schwiegersohn, von Vätern mit ihren Söhnen und Töchtern oder Müttern mit ihren Kindern scheinen ebenso selbstverständlich gewesen zu sein wie die Aufnahme des alten Vaters oder der alten Mutter in den Haushalt der jüngeren Generation oder lediger Geschwister in den Familienverband Verheirateter. Nur Müller, Henker und Hirten lebten mit ihren Familien allein und zumeist

außerhalb des Dorfes. Auffallend ist nun sowohl bei einem Blick auf Türkenschatzungen wie Einwohnerverzeichnisse, daß Witwen ihren eigenen Haushalt allerdings weit öfter aufrechterhielten als verwitwete Familienväter, die dann zur Familie der Eltern, Schwiegereltern, der Geschwister oder anderer Verwandten zogen. Die Tatsache, daß männliche Angeklagte in Hexenprozessen eher in ein soziales Umfeld eingebettet waren als weibliche, die häufiger allein wohnten und lebten, entsprach damit der Alltagssituation und den dörflichen Lebensgewohnheiten der Geschlechter durchaus. Eine Besonderheit beim Personenkreis derjenigen, die von der dörflichen Gemeinschaft als Hexen angesehen werden konnten, lag somit nicht so sehr darin begründet, daß es sich oft um alleinstehende oder verwitwete Frauen handelte, die ein zurückgezogenes, abgesondertes Leben führten. Sie ist weit eher darin zu sehen, daß als Hexen überhaupt so viele verwitwete, alte Frauen angeklagt wurden.
Um diesem typischen Erscheinungsbild auf die Spur zu kommen, bedarf es zunächst einmal einer Überprüfung der These vom Frauenüberschuß und damit einhergehend einer Überrepräsentanz alleinstehender Frauen sowie einer – aufgrund höherer Lebensdurchschnittsalter für Frauen – größeren Anzahl alter verwitweter Frauen in den Landgemeinden des ausgehenden 16. und beginnenden 17. Jahrhunderts.[341] Für die 32 saarländischen Dörfer etwa, die zum Herzogtum Zweibrükken gehörten, ergibt eine detaillierte Einwohnerliste aus dem Jahre 1609 einen weiblichen Anteil, das heißt einen Anteil von Mädchen, verheirateten, unverheirateten und verwitweten Frauen, von durchschnittlich 48,1 % gegenüber einem entsprechenden männlichen Einwohneranteil von 51,9 %. Der Anteil verwitweter Frauen innerhalb der weiblichen Bevölkerung scheint jedoch gerade im zu untersuchenden Zeitraum der Hexenverfolgungen sehr hoch gewesen zu sein: Er erreichte zu Beginn des 17. Jahrhunderts einen Anteil von 3,5–7,5 %, stieg jedoch in den Kriegsjahren ab 1628 auf 10 % bis zu über 20 % in einzelnen Dörfern an.[342] Die angeführten Zahlen verdeutlichen zum einen, daß aufgrund einer etwa gleichen prozentualen Verteilung beider Geschlechter in den 32 saarländischen Dörfern eine weit größere Überrepräsentanz von Frauen in Hexenprozessen vorlag, als bisher auch in der Fachliteratur angenommen wurde. Sie lassen zum anderen erkennen, daß innerhalb der Gruppe der weiblichen Angeklagten die verwitweten und alleinstehenden Frauen im Vergleich zu ihrem prozentualen Anteil in den Dorfgemeinden ebenfalls stark überrepräsentiert waren.

Die typische Hexe, so können wir bisher konstatieren, war demnach eine über 50 Jahre alte, alleinstehende oder verwitwete Frau, die jedoch nicht unbedingt vereinsamt und abgeschieden von den anderen Dorfbewohnern in ihrem Haus am Ende des Dorfes wohnen mußte, sondern ebensogut in den Dorf- und Familienverband integriert sein konnte. Der typische Zauberer hingegen – das spärlichere Quellenmaterial und der geringere männliche Anteil an Hexenprozessen erschweren hier eine repräsentative Aussage – zeichnete sich in erster Linie durch ein hohes Alter aus, das ihn in den meisten Fällen in den Witwernstand versetzt hatte, sowie durch eine nicht immer harmonische, aber im wesentlichen doch typische Lebensweise im Kreise seiner Angehörigen.
Welchem sozialen Stand waren nun Personen zuzurechnen, die sich in den Verdacht der Zauberei gebracht hatten oder angeklagt wurden? Von Closter Claßen Otilgen und Odils Hansen Barbell wissen wir, daß ihre Ehemänner Wollweber mit eigenem Betrieb waren und der Mann von Backes Cathrin eine Weberei betrieb.[343] Die Ehemänner der Cathrin, Friedges Mattheisen Hausfrau von Krettnich, der Frau des Stephan Meyers aus Mandern und einer Anna von Reinheim waren Meier in ihren Heimatorten, während der Mann der Catharina von Wahlen am dortigen Gericht Hochgerichtsmeier, Fritz Schmidt, Ehemann einer verurteilten Hexe, ein Schöffe beim herrschaftlichen Gericht war. Lauers Barbell, Cathrin und Engel Anthes hatten sich mit Bauern aus ihren Heimatdörfern verheiratet, die eigene Höfe besaßen, wogegen Weber Maria, Barbell die Wirtin, Bors Johannen Frau und Marie, die Frau des Kirstgen Hans, im eigenen Haus mit Garten wohnten.[344] Andere, wie Reutter Wendels Catharin, besaßen Ländereien oder Weinberge, manche hatten Rinder und Kühe wie Engel Anthes oder Scheffer Hanßens Maria.[345] Verglichen mit diesen Frauen waren die meisten anderen arm und mittellos: Die Konfiskation der gesamten Hinterlassenschaft des Kettchen von Wellingen erbrachte beispielsweise nur 40 Franken, die der Weiß Caspars Meigetten ganze acht Franken. Von anderen weiblichen Angeklagten heißt es, sie seien völlig verarmt, verschuldet oder zum Betteln gezwungen gewesen, bevor man sie einsperrte und vor Gericht stellte.[346] Insgesamt gehörten etwa 43 % der angeklagten Hexen der Unterschicht von Besitzlosen oder bettelnden Dorfbewohnern an, weitere 53,4 % je zur Hälfte einer Unterschicht aus Minderbegüterten und einer unteren Mittelschicht mit kleinem Eigenbesitz oder geregeltem Einkommen und lediglich 3,5 % einer gehobenen Mittelschicht, zumeist mit Grundbesitzwerten, an.

Männliche Angeklagte in Hexenprozessen entstammten dagegen entweder der verarmten Unterschicht oder der gehobenen Mittelschicht aus Grund- und Eigentumsbesitzern. Auch hier mögen einige Beispiele genügen: Der gesamte Besitz der Brüder Foits, die zusammen am Merziger Hochgericht hingerichtet wurden, erzielte eine Konfiskationssumme von nur 75 Franken, und auch Schue Theeß aus Gonnesweiler wie Wendel Lorentz, der mit seiner verwitweten Mutter und zwei weiteren Geschwistern zusammenwohnte, scheinen recht arm gewesen zu sein. Während letzterer sich das tägliche Brot vom Mund absparen und mit den wenigen Lebensmitteln sehr genügsam haushalten mußte, hatte sich Sondag von Criechingen zunächst als Soldat und Gartknecht, in der Zeit vor seiner Verhaftung dann als Einbrecher, Räuber und Raubmörder durchs Leben geschlagen.[347] Andere besaßen ebenfalls weder Sach- noch Geldvermögen, scheinen jedoch in einer weniger existenzgefährdenden sozialen Lage gewesen zu sein, da hier Hinweise auf erlittenen Hunger, Zwang zum Betteln oder auf Verschuldungen fehlen.[348] Hingegen handelte es sich sowohl bei Hoff Bartel, einem Bauern aus Schwarzenholz, wie bei Augstgen Mattheis, ebenfalls einem Ackersmann aus Lisdorf, um wohlhabende Dorfbewohner. Bartel besaß »etliche« gute Pferde, einen Bauernhof und Ländereien, die er beackerte. Der Lisdorfer Augstgen hatte neben Schweinen und anderen Tieren ein Haus, Ländereien und Bargeld, so daß er seiner langjährigen Geliebten aus dem Ort mehrere Ferkel, fremden Gartknechten 100 Franken, seiner Tochter Kleider schenken, Gastereien in seinem Haus veranstalten und zusätzlich zu seinen sechs Kindern noch ein uneheliches, das er zusammen mit seiner Magd hatte, für eine gewisse Zeit ernähren konnte.[349] Insgesamt allerdings gehörten 41,66 % der als Zauberer verurteilten männlichen Gemeindemitglieder zur mittellosen, bettelnden Unterschicht, ebensoviele zur etwas besser gestellten Schicht aus Minderbegüterten und immerhin 16,6 % zur gehobenen Mittelschicht.
Personen beiderlei Geschlechts, die in den saarländischen Herrschaftsbereichen als Hexen und Zauberer angeklagt wurden, sind nach obigen Ergebnissen zu 77 % ihrem sozialen Stand nach der am Rande des Existenzminimums lebenden ländlichen Bevölkerung zuzurechnen. Dabei gehörte von den weiblichen Verdächtigten ein größerer Teil der untersten Unterschicht an; ihre Zugehörigkeit zur gehobenen Mittelschicht liegt außerdem um 13 % niedriger als bei den Männern. Während unter den männlichen Angeklagten Vertreter des unteren Mittelstandes völlig fehlen, sind diesem wenigstens 27 % der Frauen zuzuordnen.

Im Vergleich mit der sozialen Schichtung in über 50 ausgewerteten Ortschaften des Saarraumes[350] ergeben sich folgende Resultate: Der Anteil von Unterschichtangehörigkeit beiderlei Geschlechts in Hexenprozessen entsprach in etwa dem Unterschichtanteil in den Dorfgemeinden, ja lag noch um einige Prozent darunter. Dies traf in etwa auch für die Angehörigen des unteren Mittelstandes zu, die in Hexenprozessen nur um 3 % häufiger vertreten waren denn als Einwohner in den Gemeinden. Dagegen scheinen männliche Vertreter des gehobenen Mittelstandes vergleichsweise sehr viel stärker in Hexenprozesse verwickelt gewesen zu sein, als es ihrem gemeindlichen Anteil entsprochen hätte, während Vertreterinnen dieses Standes wiederum gemäß ihrem Bevölkerungsanteil in Hexenprozessen repräsentiert waren. Angehörige der oberen sozialen Schicht aus höheren herrschaftlichen Beamten, Pfarrern oder reichen Bauern und der Adelsschicht waren in saarländischen Hexenprozessen dagegen nicht vertreten, obwohl sich ihr Anteil in den Gemeinden auf 3,8 % belief.
Aufgrund des Vergleichs von Vermögensverhältnissen mit der Verteilung von sozialen Gruppen in den Dorfgemeinden kann damit für weibliche Angeklagte in Hexenprozessen folgende Einschätzung gegeben werden: Frauen gerieten nicht deshalb in Hexereiverdacht, weil sie einem bestimmten sozialen Stand angehörten, weil sie also vielleicht arm oder reich waren. Vielmehr konnten Frauen aller sozialen Schichten, mit Ausnahme der oberen, gleichermaßen von Hexereianklagen getroffen werden. Daß dennoch so viele arme Frauen als Angeklagte in Hexenprozessen vor Gericht standen, hängt letzten Endes nur damit zusammen, daß in einem durchschnittlichen saarländischen Dorf mehr als 84 % der weiblichen Bevölkerung zur Unterschicht gehörten, nicht jedoch mit einer ländlichen Vorstellung vom sozialen Stand, dem eine Hexe angehören mußte. Innerhalb der männlichen Bevölkerung scheinen dagegen nur die Angehörigen der Unterschicht entsprechend ihrem gemeindlichen Anteil auch in Hexenprozessen vertreten gewesen zu sein. Demgegenüber liegt eine deutliche Unterrepräsentanz in der unteren Mittelschicht und der auch bei Frauen nicht vertretenen Oberschicht sowie eine starke Überrepräsentanz der gehobenen Mittelschicht vor. Dies bedeutet, daß verhältnismäßig mehr wohlhabende Männer in Hexenprozesse gerieten, als es ihrem dörflichen Anteil entsprochen hätte – eine erstaunliche Feststellung, auf die wir an späterer Stelle zurückkommen werden.
Der Versuch einer weiteren Annäherung an die Gruppe derjenigen

Menschen, die innerhalb der Landbevölkerung in Hexereiverdacht geraten konnten, hat sich den Tätigkeiten zuzuwenden, denen die Angeklagten nachgingen. Bei der Berücksichtigung von Beschäftigungen und »Berufen«, die Frauen aus der Dorfgemeinde ausübten, ist die Ermittlung jedoch schwierig, da es sich größtenteils um die vermeintlich selbstverständlichen und unerwähnt gebliebenen Tätigkeiten als Hausfrau, Mutter, Wirtschafterin, Bäuerin oder Magd handelte. Eine besondere Erwähnung als weiblich besetzte Tätigkeitsfelder erfuhren lediglich Betätigungen im Bereich der Heilkunde, der weißen Magie, der Hebammenkunst, der Segnerei und des Hütedienstes. Gerade Angehörige all dieser Berufsgruppen, ob nun Männer oder Frauen, waren durch ihre Kenntnisse im »Brauchen«, der Heilkunde, magischer Praktiken oder der Quacksalberei in den Dorfgemeinden zugleich beliebt und gefürchtet. Hatten doch gerade Hebammen, Segner oder Hirten oft mit magisch besetzten Lebensbereichen, wie der Geburt oder dem Tod, zu tun. Oder konnten gerade sie von Berufs wegen an magisch besetzte Dinge, etwa Tierkadaver, Kräuter und Segensformeln, Embryonen oder tote Kinder gelangen und diese somit möglicherweise auch zum Schadenzauber verwenden. Obrigkeitliche Erlasse, die derartige Personen diffamierten, den Umgang mit ihnen sogar unter Strafe stellten oder ihre Tätigkeiten mit Zauberei und Teufelspakt in Verbindung brachten[351], verstärkten vielerorts gehegte Vorurteile. Ebenso war es aber auch die befremdliche Lebensweise der meisten Angehörigen dieser Berufsgruppen, die oft außerhalb des Dorfes lebten und arbeiteten, manchmal als Unehrliche am Rande der Gesellschaft existierten oder aufgrund ihrer mysteriösen und zugleich hilfreichen Tätigkeit auf einer sozialen Position zwischen gesellschaftlicher Achtung und Verachtung rangierten, die zu mancherlei Spekulationen beitragen mochte. Daß derart unkontrollierbare, weil außerhalb üblicher Gemeinschaften und ihren Lebensregeln stehende Menschen durchaus auch in Hexereiverdacht geraten konnten, erstaunt deshalb nicht. Wohl aber ist zu überprüfen, welche Repräsentanz die genannten Berufsgruppen innerhalb der Gruppe der Angeklagten und bezüglich ihres gemeindlichen Anteils erreichten und ob eine der Tätigkeiten etwa eine besondere Affinität zur Hexerei entwickelt hatte.

Wenn so zum Beispiel Kalbergretchen von Merzig, die wegen ihrer Hirtentätigkeit sicher auch mit Heilkunde umgehen konnte, bald in Verdacht geriet, mit dem Teufel im Bunde zu stehen, oder wenn der Frau des Schweinehirten von Besseringen schon jahrzehntelang die Fähigkeit zur Hexerei nachgesagt wurde, oder wenn Scheffer Hanßens Maria, des Kuhhirten Frau, die zusammen mit ihrem Mann für die Tiere sorgte, wegen sich häufender Gerüchte und wegen zusätzlicher Denunziationsangst die Flucht ergriff und ihr Haus verließ, so zeigen diese Beispiele zunächst einmal nur, daß der Hexereiverdacht außerhalb des Dorfes stehende Personen ebenso treffen konnte wie Menschen, die überall bekannt waren und sich aufgrund ihres sozialen Verhaltens einer verstärkten Beobachtung durch die Dorfgemeinschaft ausgesetzt hatten.[352] Eines war jedoch entscheidend bei der in Hexenprozesse verwickelten Gruppe heilkundiger Personen: Frauen, etwa wie Reutter Wendels Catharin und Weiß Caspars Meigetten, die in christlichem Glauben durch Segenssprüche, Gebete und Kräuter kranken Menschen helfen wollten, wurde ihre Tätigkeit dann zum Verhängnis, wenn ihre Mittel die erwünschte Wirkung verfehlten oder gar ins Gegenteil umschlugen.[353] Ob Kuhe Peter aus Wahlen, ein Segner und Heiler, der seinen Patienten aus einem Buch Segensformeln vorlas, die diese nachsprechen mußten, um gesund zu werden, oder Schul Peters Anna aus Merzig, eine Heilkundige und Magierin, die Kranke mittels Kräuterarzneien, aber auch durch Verabreichung von Alraunwurzeln und durch magische Gegenstände zu heilen versuchte, sie alle gerieten trotz langer Zeit erfolgreichen Wirkens dann in Hexereiverdacht, wenn ihre Kuren fehlzuschlagen begannen.[354] Eben dieses Umschlagen einer meist langjährigen, erfolgreichen, oft geheimen Tätigkeit von Personen im Bereich des volkstümlichen Heil- und Hilfszaubers führte vor allem in Fällen besonderer Fähigkeiten und umfassender Kenntnisse dazu, daß Personen jahrzehntelang ohne jegliche Behelligung als dörfliche Magier wirken und oft erst im Alter von mehr als 60 Jahren in Zaubereiverdacht geraten konnten, selbst wenn sie zuvor bereits argwöhnisch beobachtet worden waren. Man hielt ihnen ihre Hilfeleistungen für die Gemeinschaft, obwohl manche Unzulänglichkeit beobachtet worden war, noch lange zugute.[355]

Trotz einer gewissen Anzahl von verdächtigten Personen besonders aus dem Berufsfeld der Hirtentätigkeit und der Heilkunde – eine Hebamme wurde in keinem saarländischen Herrschaftsgebiet als Hexe hingerichtet – war ihr anteilmäßiges Auftreten wiederum so gering im Verhältnis zur tatsächlichen Anzahl von Hirten, Schäfern und deren Frauen in den Gemeinden, daß die verbreitete Annahme, derartige Tätigkeiten hätten einen Hexereiverdacht unbedingt impliziert, auszuschließen ist. Dieser Zusammenhang wurde von verschiedenen, vor-

wiegend feministischen und sozial- beziehungsweise wirtschaftswissenschaftlichen Interpretationen vor allem auch für den Hebammenstand unterstellt.[356] Ganz im Gegenteil dazu deuten aber gerade die vielen visitatorischen Klagen gegenüber Hirten, Schäfern, Abdekkern, Hebammen, Hirtinnen oder Müllerinnen, aus denen in keinem Fall über die kirchliche Verwarnung und Bestrafung hinaus eine Anklage wegen vermuteter Hexerei resultierte, auf einen gewissen Schutz dieser heilenden und helfenden Berufsgruppen hin. Allein in den pfalzzweibrückischen Gebietsanteilen im Saarraum wurden die Hirten von Nohfelden, Wörschweiler, Zweibrücken, Waldmohr, die Kuhhirten von Auerbach, Oberauerbach, Kirkel, die Schweinehirten von Rieschweiler und Waldarm, der Schäfer von Ixheim, der Hirte von Hornbach zusammen mit seiner Frau und die Frau des Schweinehirten von Breitenbach, die Hebammen von Steinselz, Barbelroth, Waldmohr und Zweibrücken, die Müllerin von Wiesbach sowie der Wasenmeister von Wahlhausen wegen volksmagischer Tätigkeiten von der Kirchenzucht belangt. Sie gerieten jedoch deshalb nie in den Verdacht der Hexerei oder gar in einen Hexenprozeß.[357]
Statt dessen gab es des öfteren Fälle, wie jenen der Dorfmagierin Elsa, Khoe Adams Frau von Thailen, die Wendel, den Dorfwirt aus Thailen und Scherer Theiß, den dortigen Zehndner, wegen Verleumdung und Hexereibeschimpfung beim Weiskircher Jahrgeding 1599 verklagte: Beide Männer hatten sie nach verschiedentlichen Tätlichkeiten, aufgrund noch ausstehender Schulden und weil sie Kenntnisse in der Heilkunde und Krankheitsmagie besaß, jedoch nicht preisgeben wollte, von wem sie ihr Wissen erlernt hatte, als Zauberin beschimpft. Ja sie waren so weit gegangen und hatten »bei der gemeinden angehalten man sol sie des dorffs verweisen. Daruff die gemein geantwortt, Nein, sie wißen nichts boeß von ir zusagen, worumb sie verweisen sollen«.[358] Elsa war eine von vielen Gemeindebewohnern konsultierte Magierin, zwar eine als »seltsamb« beschriebene Frau, deren Arzneien und Mittel aber als hilfebringend und heilend anerkannt waren.
Hier wie in anderen Fällen war die Gemeinde nicht dazu bereit, auf ein ihr nützliches, vielleicht sogar unentbehrliches Mitglied wegen privater Zwistigkeiten und Einzelinteressen zu verzichten. Dies bedeutet einerseits, daß die Gemeindemitglieder sehr wohl zwischen Formen der traditionellen Volksmagie, etwa der Segnerei, Wahrsagerei oder Heilkunde, und Ergebnissen unterschieden, die auf Schadenzauber und Hexerei zurückgeführt werden konnten; Personen, die mit magischen

Praktiken umgingen, wurden daher keineswegs notwendigerweise irgendwann als Hexen oder Zauberer entlarvt, sondern weit häufiger vor Angriffen oder Reglementierungen, vor allem der Gemeindegeistlichen, in Schutz genommen und vor einer weiteren Kriminalisierung ihrer Tätigkeiten bewahrt. Die historisch unhaltbare, aber vielbeschworene Koppelung des Hebammen- und Hirtenberufs und der damit verbundenen magischen Tätigkeiten mit dem sicheren Tod auf dem Scheiterhaufen, die impliziert, daß eine entsprechende Berufszugehörigkeit zur Hexenanklage genügt hätte, spiegelt sich also keinesfalls im untersuchten Verfolgungsgeschehen wider.[359]
Es scheinen, so können wir bislang festhalten, weder ganz bestimmte soziale Gruppierungen – etwa Unterschichtangehörige – noch in bestimmten sozial-gesellschaftlichen Verhältnissen lebende Menschen – etwa allein lebende oder vereinsamte Personen – oder gar Angehörige von Berufsgruppen mit magischen Kenntnissen in besonders auffälligem Maße als Angeklagte in Hexenprozesse geraten zu sein. Vielmehr waren die eigentlichen Opfer Personen, die auf eine vielleicht besonders einprägsame Weise die Aufmerksamkeit der Gemeindemitglieder und ihrer Nachbarn erregt hatten: Bei weiterer Betrachtung der Prozeßbetroffenen nämlich ist ein bemerkenswerter Anteil von Personen zu verzeichnen, die als Angehörige einer sozialen Randgruppe, als »Nonkonformisten« und Abweichler von bestehenden Regeln des Zusammenlebens oder von allgemein anerkannten Norm- und Wertvorstellungen einzustufen sind. Es handelt sich um Menschen, die ein besonders hohes Konfliktpotential auf sich vereinten. Viele der später Inhaftierten waren in der Dorfgemeinschaft bereits seit langem wegen ihres lästigen, unangenehmen und unsozialen Verhaltens aufgefallen, hatten die Schranken nachbarlichen Zusammenlebens und Miteinanderauskommens des öfteren überschritten oder nicht immer streng zwischen »Mein« und »Dein« unterschieden, ja galten als undurchsichtig oder gar kriminell. Ein Paradebeispiel letzterer Gruppe ist Sondag von Criechingen, der 1618 wegen Diebstahl, Raub und Raubmord, dann zusätzlich wegen Zauberei vor dem Wadgasser Hochgericht stand: Als Waise, der seine Eltern nie kennengelernt hatte, dessen Vater wegen Diebstahl gehängt worden war und dessen Mutter wohl bei der Geburt starb, erlernte Sondag zunächst das Schneiderhandwerk, zog jedoch bald als Söldner in die Niederlande, später nach Savoyen. Nach seiner Entlassung schlug er sich schließlich als Gartknecht, dann zusammen mit anderen seinesgleichen als Dieb, Einbrecher, Räuber und

Mörder durchs Leben. Sein Weg war gepflastert mit Gewaltverbrechen, Messerstechereien, Schlägereien bis hin zur Tötung mehrerer Menschen. Seine Verbrechen beging er jedoch immer aus Not, Hunger und existentieller Angst. Sondag hatte eine Frau und ein kleines Kind zu versorgen.[360] Auch Ciriacus von Körprich, Backes Cathrin, Kuhhirten Scheffers Maria, Pütz Catharina und Landweins Engel hatten sich viele Jahre mit Diebstählen über Wasser gehalten, bevor sie wegen Hexereiverdachts inhaftiert wurden.[361] Andere, die »gar arm gewessen, sie kein Geld noch zugeleben gehapt«, erbettelten sich ihren Lebensunterhalt von Nachbarn und Bekannten, waren damit aber auch auf deren guten Willen und Hilfsbereitschaft angewiesen.[362]
Neben kriminellen, halbkriminellen oder zum Betteln gezwungenen Dorfbewohnern tauchen als Angeklagte in Hexenprozessen immer wieder – und auch häufiger als die eben genannten Gruppen – Personen auf, die aufgrund ihres Verhaltens, ihrer Äußerungen oder bestimmter Regelverletzungen als Abweichler von dörflichen Konventionen galten. Sie waren als Außenseiter, aufsässige und konfliktfreudige Gemeindemitglieder bekannt. Gerade ein vom vorgegebenen Ordnungs- und Regelsystem des bäuerlichen Zusammenlebens und der Lebensgestaltung abweichendes Verhalten brachte oft genug den Stein ins Rollen. So genügte es, daß eine Frau wie Engel Anthes ihr Vieh nicht auf dem »gemeinen Weg« zur Weide trieb, sondern einen besonderen nahm und zudem mehr Butter beim Buttermachen erzielte, als für gewöhnlich dabei anfiel, oder daß ein ansonsten angesehener, reicher Mann wie Augstgen Matheis Sympathien für Bettler und Gartknechte hegte, sie in seinem Haus beköstigte und ihnen Geld schenkte, oder daß eine unbemerkt abseits des Dorfes lebende Frau wie Weber Maria eines Tages nackt und mit offenem Haar über das Feld lief, um alle drei Personen zunächst der beobachtenden Neugierde ihres Heimatortes auszusetzen. Es war nur eine Frage der Zeit, bis man ihnen wegen ihres absonderlichen Verhaltens schließlich auch Schadenzauber unterstellte.[363]
Personen nun, die sich gar in ketzerischer Weise gegenüber Kirche und Obrigkeit äußerten, kirchliche Dogmen bezweifelten, Anstoß an den Verfahrensweisen bei Hexenprozessen oder überhaupt an der Verfolgung von Hexen nahmen, mußten dann wohl erst recht mit dem Teufel im Bunde sein, zumindest eine auffällige Sympathie für die christliche Gegenwelt hegen. Dieser in verschiedensten Lebensbereichen anzutreffende »Nonkonformismus« untermauerte etwa die Anklagebereit-

schaft der ganzen Gemeinde Schwarzenholz gegen Hoff Bartel, der ein Weiterleben nach dem Tod öffentlich bezweifelt und geweihte Kerzen als große und kleine Teufel bezeichnet hatte. Bei Welsch Catharina, Müllers Sunna und Adam Meyer, die allesamt die unzulässigen Verfahrensweisen bei Hexenprozessen angeprangert und verworfen hatten, oder bei Marx Claser, der eine aktive Beteiligung an der gemeindlichen Hexenjagd durch Verweigerung der Annahme des Ausschußamtes ablehnte[364], lagen die Dinge noch klarer auf der Hand.

Ebenso gefährdet waren jedoch auch Dorfbewohner, die das dörfliche Zusammenleben durch auffällig unsoziales Verhalten störten, indem sie etwa durch Angeberei, Schwatzsucht oder häufige Beschimpfungen andere Personen verleumderisch diffamierten und denunzierten oder durch gehäufte persönliche Konflikte mit Nachbarn oder Einwohnern anderer Dörfer das harmonische Miteinander gefährdeten. Wir hörten bereits von den Auseinandersetzungen des Schneider Augustin mit einem Bewohner des benachbarten Dorfes Erbringen, von den Konflikten zwischen den Familien der Lauers Barbell und ihrer Schwester Wendels Sunna, stellten ferner fest, daß Velteins Theißen Marey in der ganzen Gemeinde als Angeberin und Verleumderin, daß die Familie der Born Matheisen Irmin als streitsüchtig, besonders ihr Mann als gewalttätig galt, daß Schul Anna nicht nur viele Nachbarschaftskonflikte auszutragen hatte, sondern in ständigen Auseinandersetzungen mit ihrem Mann steckte, oder daß Personen wie Clas Wirt von Mettlach und Kettchen von Wellingen verschiedene Verleumdungsklagen vor Gericht ausgestanden hatten, bevor sie wegen Hexerei ins Gefängnis geworfen wurden.[365] Schließlich scheinen auch Verletzungen des sittlich-moralischen Normenkodex zu den Kennzeichen jener gehört zu haben, die schnell in Hexereiverdacht gerieten. Sie boten Anlaß zu Dorfgespräch, zu Gerüchten über dabei verwandte Zaubermittel und verstärkten zugleich die Beobachtungsbereitschaft der Nachbarn. Dies tritt besonders deutlich im Fall des Augstgen Mattheis hervor, der vor seiner Anklage sowohl von seinen eigenen Kindern mehrmals öffentlich zurechtgewiesen als auch von einem ehrgeschädigten Ehemann gerichtlich belangt worden war – alles Vorgänge, die in seiner Heimatgemeinde schnell bekannt wurden und Anlaß zu weiteren Spekulationen boten.[366]

Wir sind bei unserer bisherigen Betrachtung von der Gruppe derjenigen ausgegangen, welche als Angeklagte vor Gericht standen. Dabei fragten wir nach möglichen primären Hexenzeichen, Attributen oder

Kennzeichen sowie nach sekundären Persönlichkeits-, Verhaltens- oder Standesmerkmalen, die Hinweise darauf geben sollten, warum bestimmte Menschen irgendwann in ihrem Leben von der Dorfgemeinschaft als Hexen oder Zauberer angesehen wurden. Als ein Raster konzentriert auftretender Elemente, die in verschiedenster Kombination Muster zur Erkennung von Personen als Hexen oder Zauberer ausbildeten, lassen sich nun insgesamt folgende Bedingungen und Auslösefaktoren zusammentragen: Im Kontext des Verlaufs ihrer Verdächtigungen als Hexen und Zauberer zeichneten sich die betroffenen Personen durch eine entweder persönlich durch Verwandtschaft bzw. Verschwägerung bedingte oder durch eine soziale, das heißt auf Freundschaft, Bekanntschaft, Nachbarschaft oder Zusammenleben in einem Haushalt basierende, gesellschaftlich-räumliche Nähe zu Verdächtigten, Besagten und Hingerichteten aus. Ob bedingt durch dieses »face-to-face«-Verhältnis zwischen zukünftigen und gegenwärtigen Hexereiangeklagten oder daraus resultierenden Besagungen, in jedem Fall war allen Betroffenen vor ihrer Inhaftierung jahre-, wenn nicht jahrzehntelang, der Ruf vorausgeeilt, eine Hexe oder ein Zauberer zu sein. Es war eines jener sich schnell verbreitenden Gerüchte, die wiederum, vor allem zusammen mit Besagungen, den meisten vermeintlichen Hexen Verleumdungen und Beschimpfungen einbrachten. Diffamierungen wurden aus Angst, jetzt erst recht ins Gerede zu kommen oder aufgrund einer gerichtlichen Überprüfung der Beschuldigungen in einen Hexenprozeß zu geraten, meistenteils nicht verantwortet. Kennzeichnend war für alle Hexereiangeklagten daher eine sie über Jahre begleitende Gerüchteküche über vermutete zauberische Kräfte und Aktivitäten, über wiederum daraus resultierende angebliche und wirkliche Besagungen durch andere Personen und über vorhandene Hexenattribute und -verhaltensweisen. Derartige Merkmale äußerten sich als Hexenzeichen, Kratzspuren, aber auch als für eine Hexe typische Gesten des Körperzaubers durch Anblasen, Anspeien, Berühren oder Ansehen mit dem »bösen Blick« sowie typische Formen des Wortzaubers durch Verwünschungen oder Drohungen. Ebenso augenfällig ist jedoch, daß betroffene Personen beiderlei Geschlechts auf die ihnen widerfahrenen Verdächtigungen und Beschuldigungen mit Angst, Rückzug, Schweigen oder Flucht reagierten und eine passiv erduldende, abwartende Haltung einnahmen.

Als sekundäre Merkmale lassen sich bei Personen, die in Hexenprozesse gerieten, häufig auftretende persönliche, soziale und lebenswelt-

Abbildung 7: Zwei Hexen, Federzeichnung von Hieronymus Bosch, 1510–1516

liche Daten ermitteln: Mit über 72% waren Frauen in Hexenprozessen nicht nur in überwiegender Zahl vertreten, sondern im Vergleich zu einem etwa 50%igen weiblichen Gemeindeanteil deutlich überrepräsentiert. Das Alter der von Anklagen betroffenen Gemeindebewohner belief sich für Frauen und Männer gleichermaßen zu über 50% auf die Altersgruppe der 50–70jährigen, zeigte also ein deutliches Übergewicht alter Menschen. Dabei handelte es sich bei nahezu 100% der Männer und etwa 75% der Frauen um Personen mit Familie, also um Verheiratete und Verwitwete mit Kindern, nur bei etwa 25% der Frauen um alleinstehende und auch allein lebende Personen ohne Familienanschluß. Der größte Teil der späteren Hexen und Zauberer lebte daher keineswegs abgesondert in einem Haus am Ende des Dorfes oder war sozial isoliert, sondern verbrachte sein Leben gemeinsam mit Familienangehörigen und in Kontakt mit den Gemeindemitgliedern oder Nachbarn und Verwandten. Augenfällig war jedoch bei den weiblichen Angeklagten ein über der gemeindlichen Durchschnittszahl liegender Anteil von Witwen, von Frauen ohne männlichen Schutz also, die zur Hälfte allein, zur anderen Hälfte in soziale und familiäre Zusammenhänge integriert lebten.
Von ihrem sozialen Stand her repräsentierten die vor Gericht stehenden Angeklagten in etwa die soziale Schichtung eines saarländischen Dorfes des endenden 16. und beginnenden 17. Jahrhunderts, wobei eine leichte Überrepräsentanz von Männern der Mittelschicht auffiel. Es handelte sich bei den Verdächtigten also entsprechend der gemeindlichen Sozialstruktur zu fast 80% um Angehörige der Unterschicht.
Typische Hexen und Zauberer, so ließe sich resümieren, waren einmal Angehörige der untersten sozialen Gemeindeschicht, lebten also am Rande des Existenzminimums, wenn nicht darunter. Sie waren zudem mindestens 50 Jahre, meist älter, wegen ihrer Armut und ihrer altersbedingten Hilflosigkeit auf andere Menschen angewiesen, weshalb der größte Teil von ihnen, wie dies bei alten, alleinstehenden, verwitweten oder armen Menschen üblich war, in Gemeinschaft mit Verwandten, Kindern oder Freunden lebte. Diese äußerliche soziale Integration schloß auf der anderen Seite eine beispielsweise durch lästiges Betteln bei den Nachbarn, durch andauernde Hilfeforderungen bei Angehörigen oder durch anstößiges, konfliktförderndes, zumindest nonkonformes Verhalten bewirkte Isolation derselben Personen nicht aus. Trotz gemeinsamen Haushaltens mit anderen Mitgliedern der Familie mußten spätere Angeklagte nicht selten den Familien- und Gemein-

schaftsschutz missen; trotz einer Einbindung in das soziale Geschehen des Dorfes wurden sie oft genug verachtet oder gemieden.
Wie sah es nun auf der anderen Seite, der Seite jener Dorfmitglieder aus, die an der Entstehung, Verbreitung, am Anwachsen und kontinuierlichen Weiterexistieren einmal entstandener Gerüchte beteiligt waren? Was waren es für Menschen, die die Bereitschaft zeigten, als öffentliche Ankläger und Zeugen, als Opfer und Augenzeugen vermuteter Schädigungen durch Hexerei vor Gericht gegen eine Person ihres engeren sozialen Umfeldes, einen persönlich bekannten, vielleicht sogar verwandten Menschen auszusagen und damit einen Prozeß zu unterstützen, der diesem fast sicher den Tod brachte?
Die Altersstruktur der Personen, die als geladene Zeugen in Hexenprozessen aussagten, ergibt zunächst folgende Verteilung: Es war die Gruppe der Dorfbewohner zwischen 20 und 50 Jahren, die mehrheitlich, das heißt zu fast 72 %, als Zeugen gegen die Gruppe der über 50jährigen Dorfbewohner auftrat, welche in Hexenprozessen einen Anteil von über 50 % erreichte und gemessen am Gemeindeanteil hier deutlich überrepräsentiert war. Verkörperten Hexenprozesse, unter dem Aspekt der Altersstrukturierung gesehen, also die in lokalen ländlichen Einheiten stattfindende Jagd der Kinder- auf die Elterngeneration beziehungsweise der Enkel- auf die Großelterngeneration? War es eine Verfolgung alter hilf- und mittelloser, unterhalts- und pflegebedürftiger, gebrechlicher, aus dem Arbeitsprozeß ausgeschiedener, passiver und als überflüssig oder hinderlich empfundener Familien- und Dorfmitglieder durch die Generation der aktiv das Dorf- und Arbeitsgeschehen bestimmenden Einwohner? Oder gibt der Anteil der angeklagten Personen, die 30–50 Jahre alt waren und zu 47 % ebenfalls als Hexen und Zauberer vor Gericht standen, nicht ebenso Anlaß zu der Überlegung, daß die Gemeinden durchaus bereit waren, auch Angehörige des aktiven Teils der Einwohnerschaft als Hexen an die Gerichte auszuliefern?
Nähere Auskunft bringt hier die weitere Untersuchung des sozialen Hintergrundes der als Zeugen auftretenden Personen, ihr Verhältnis zu den Angeklagten, zu anderen Zeugen, vielleicht auch ihr Alter im Verhältnis zu dem der beschuldigten Personen: So ergibt einmal die Verteilung von weiblichen und männlichen Zeugen, die einem Verhältnis von einem zu zwei Dritteln entsprach, ein umgekehrtes Verhältnis zur geschlechtsspezifischen Verteilung der Hexereiangeklagten, die sich in mehr als zwei Dritteln der Fälle aus weiblichen, in weniger als einem

Drittel aus männlichen Verdächtigen zusammensetzten. Die Altersstruktur der Zeugen entspricht hingegen einer Verteilung, wie sie auch bei den Hexereiangeklagten vorlag: Männliche Angeklagte waren in der Altersgruppe der unter 40jährigen weit stärker vertreten als weibliche, entsprechend erreichte der Prozentsatz der unter 40jährigen Zeugen eine weit höhere Zahl als der der weiblichen Zeugen derselben Altersgruppe. Umgekehrt waren Zeuginnen in der Mehrzahl um 10–30 Jahre älter als die männlichen Zeugen, repräsentierten damit also jene auch in Hexenprozessen gegen Frauen entscheidende Altersgruppe der 50–70jährigen. Das proportionale Altersverhältnis zwischen weiblichen Hexereiangeklagten und Zeuginnen, männlichen Verklagten und Zeugen relativiert also die frühere Feststellung eines Ungleichgewichts zwischen einer überwiegend jüngeren Zeugengeneration und einer älteren Angeklagtengeneration. Es verweist vielmehr darauf, daß diejenigen Vertreter beiderlei Geschlechts, die sich als Zeugen vor Gericht wiederfanden, generell dazu bereit waren, in erster Linie diejenigen Angehörigen des eigenen Geschlechts zu belasten, die der eigenen Altersgruppe entsprachen.

Weiterhin ist auszumachen, daß über 72 % der aussagenden Frauen in Hexenprozessen gegen weibliche Angeklagte als Zeuginnen erschienen. Absolut gesehen und an der geschlechtsspezifischen Zusammensetzung der Angeklagten gemessen, waren sie damit hier zu etwa einem Viertel stärker vertreten als in Prozessen gegen Männer. Insgesamt traten jedoch aufgrund eines männlichen Zeugenübergewichts (von ca. 70 %) in allen Prozessen, speziell in Verhandlungen gegen Frauen, nur etwa ein Drittel Frauen und zwei Drittel Männer, in Prozessen gegen Männer nur ein Viertel Frauen gegenüber drei Vierteln an männlichen Zeugen auf. Die bisherigen Ergebnisse legen nun nahe, bei der Suche nach Motiven und Gründen der Aussagebereitschaft der Zeugen soziale, vielleicht auch geschlechtsspezifische Situationen und Lebenszusammenhänge mit zu berücksichtigen.

Bei Untersuchung der sozialen, familiären oder persönlichen Beziehungen und Abhängigkeiten zwischen Zeugenparteien und Angeklagten tritt zutage, daß »neutrale Verhältnisse« recht selten anzutreffen sind. Statt dessen scheinen die Beziehungen zwischen Zeugen und Angeklagten geprägt von Verwandtschafts-, Bekanntschafts-, Nachbarschafts- oder Liebesverhältnissen, von Dienstleistungsverhältnissen und vor allem persönlichen Konflikten jeder Art. In 59 % der Fälle stammten Angeklagte und Zeugen aus demselben Ort, in den übrigen

Fällen aus einem zumeist direkten Nachbarort. Zwischen Zeugen, die in einem Prozeß auftraten, existierten wiederum Abhängigkeitsverhältnisse und Verpflichtungen in Form von Dienstleistungs-, Bekanntschafts-, Nachbarschafts- oder Freundschaftsverhältnissen, Verwandtschaftsbeziehungen und Ehen.

Die Verhältnisse zwischen Angeklagten und Anklägern bzw. Zeugen beiderlei Geschlechts wiederum offenbaren bei genauerer Betrachtung, daß ihre Beziehungen in herausragender Weise von persönlichen Konflikten dominiert wurden, gefolgt von Verwandtschafts- und Dienstverhältnissen, die durch die Etablierung von Abhängigkeiten und Hierarchien sicherlich oft genug Anlaß zu Spannungen und Auseinandersetzungen geboten haben. So traten als einzige Zeugen im Prozeß des Wirts Clas aus Merzig auf: der Schafhirte Velten Hoffmann aus dem Nachbarort St. Gangolf, dem Clas für Senfkörner angeblich zuwenig Geld gezahlt hatte, sowie des Angeklagten ehemalige, wegen mehrerer Auseinandersetzungen schließlich aus dem Dienst entlassene Magd Entgen Zimmermann. Im Prozeß gegen Schul Anna kamen der Reihe nach zu Wort: der trierische Schultheiß von Merzig, mit dem Anna einen Streit im Wirtshaus hatte und von dem sie Prügel hatte einstecken müssen, der Probstmeier von Merzig, der ihr seine Hilfe beim Kohleinfahren verweigert hatte, dann Theßen Clas, mit dessen Frau sich Anna wegen Nichtigkeiten eine Schlägerei geliefert hatte, Lorentz Isenbart, ein Schöffe des Probstgerichts, dessen Frau Anna zum Trinken animiert hatte, bis diese »sinnlos« und krank geworden sei, und die Witwe Sunna Mathen, die mit Anna wegen übernommener Spinnarbeiten in Auseinandersetzung geraten war.[367] Der Zeuge Caspar Buttmann hatte mit dem vor Gericht stehenden Mattheis Bart aus Noswendel wegen eines Baumkaufes, Thielmann Matheis mit ihm wegen eines Pferdekaufes Streitigkeiten und Konflikte auszutragen gehabt.[368] Fritges Mathes Verhältnis zum Hauptbelastungszeugen war durch ein Schuldenverhältnis mit hinzugetretenen persönlichen Ehrverletzungen und Auseinandersetzungen geprägt, die im Vorwurf der Blutschande des Angeklagten gegenüber dem Zeugen und in einer Hexereibeschimpfung gegenüber Fritges gipfelten.[369] Es kam nicht selten vor, daß in Hexenprozessen Verwandte gegen Verwandte aussagten, mit denen sie verfeindet waren. Weit häufiger fanden sich allerdings Personen aus Dienstleistungsverhältnissen bereit, gegen ehemalige Dienstherrinnen und -herren in den Zeugenstand zu treten.[370] Andere Aussagewillige waren von den Angeklagten in ihrer Ehre als sittsame

Hausfrauen und Ehemänner verletzt worden, wieder andere hatten als Nachbarn oder Bekannte das eine oder andere mitbekommen und sagten vor Gericht aus, wenn sie damit einem anderen Zeugen einen Gefallen tun konnten. Oder sie waren als Augenzeugen von den Ausschußmitgliedern zu einer gerichtlichen Aussage gebeten worden.
Für das Verhältnis der Zeugen untereinander, die in einem Prozeßverfahren auftraten, kann in den meisten Fällen ebenfalls eine familiär-verwandtschaftliche bis dienstlich-geschäftliche Beziehung als prägend aufgedeckt werden. Die Reihe der Zeugen, die gegen den etwa 65jährigen Marx Claser aus Mandern aussagten, verdeutlicht eine der Beziehungsebenen, die das Zustandekommen einer genügenden Zeugenzahl gewährleisten konnte: die verwandtschaftlichen Bande der Zeugen untereinander. Hier machte zunächst Theis Peter aus Niederkell als Ausschußmitglied seine Aussage, danach Theis Meurer, sein Sohn und Gerichtshüter auf Grimburg, dann Berg Mertten, ein weiterer Sohn des Ausschußmitglieds, sodann Heinrich Hans, dessen Gevatter wiederum Theis Peter war, und schließlich ein im dritten Grad mit dem Angeklagten verwandter, mit der Familie des Theis Peter befreundeter Schöffe am Manderner Hochgericht, der auch bei der Verhandlung anwesend blieb.[371] Ganz ähnlich sah es in anderen Prozessen aus, in denen Zeugen miteinander befreundet, verwandt, verheiratet waren oder in einem Abhängigkeits- und Dienstverhältnis zueinander standen. Bei den Zeugen, die gegen Reutter Wendels Catharin aussagten, handelte es sich ausschließlich um ehemalige Kunden und Kundinnen der Heilmagierin, die mit ihrer Hilfe nicht zufrieden waren und sich zudem untereinander kannten, ja sich sogar ehemals gegenseitig auf die Künste der Catharin aufmerksam gemacht hatten.[372] Gegen Schneider Augustin machten neben dem Ehemann seiner früheren Geliebten, Johanette Scheffer, die Frau des Ausschußmitgliedes Scheffer Endres, Johann Meyer, der Sohn von Meyer Claß, dem jahrelangen erbitterten Feind des Angeklagten, sowie der derzeitige Knecht des genannten Meyer Claß derart belastende Aussagen, daß eine Prozeßfortführung unumgänglich wurde. Als Zeugen gegen Closter Claßen Otilgen traten ihr Schwager, ein im selben Ort ansässiger Wollweber, seine Dienstmagd sowie sein Gehilfe aus der Wollweberei auf, wobei die beiden letzteren die Angaben ihres Dienstherrn nachdrücklich bestätigten.[373] Waren bei der Anklage der Engel Anthes aus Gonnesweiler sämtliche Brüder, Stiefbrüder und weitere Verwandte eines mutmaßlich durch sie totgehexten Einwohners aus dem Nachbarort Gronig als Zeugen vor Ge-

richt erschienen, so gehörten die meisten Zeugen im Prozeß gegen Closter Kett aus Bübingen zur näheren oder weiteren Verwandtschaft ihres langjährigen Hauptfeindes und Betreibers der Anklage, Meyer Cun.[374]

Sowohl die Verhältnisse zwischen Angeklagten und Zeugen einerseits als auch der Bekanntheitsgrad und die Interessenkonstellation der Zeugen andererseits verdeutlichen, daß es sich bei der Gruppe derjenigen Dorfbewohner, die sich als Zeugen gegen angeklagte Hexen und Zauberer vor Gericht einfanden, um Personen handelte, die keineswegs aus hehren Gründen einem ausgeprägten Gerechtigkeitssinn gefolgt waren. Sie traten nicht in den Zeugenstand, um durch ihre Anzeige die Gemeinschaft vor Übeltätern und Schaden zu schützen, sondern sagten vielmehr aus persönlichen Interessen, einer sozialen, ökonomischen, moralischen oder familiär bedingten Abhängigkeit oder zum eigenen Schutz aus. Entweder waren sie von der vor Gericht stehenden Hexe oder dem vermeintlichen Zauberer in irgendeiner Form geschädigt, geprellt oder in ihrer Ehre verletzt worden, oder sie fühlten sich einer anderen Person gegenüber zumindest verpflichtet oder zur Aussage gezwungen. Demgemäß spiegeln die Zeugenaussagen in Hexenprozessen zum Teil auch den Entwicklungsprozeß, das Zustandekommen und die Verbreitung von Gerüchten und Vermutungen wider, die zur Anklage und späteren Verurteilung einer Person beitrugen. Ihre Genese aus den verschiedensten sozialen Verhältnissen und Bindungen, ihre Verfestigung in einem sozialen Kreis gleichgesinnter Gemeindebewohner weisen zugleich jedoch darauf hin, daß das Hexenbild der ländlichen Bevölkerung des Saarraumes nicht nur von einer allgemeinen Struktur gleichartiger Elemente des Hexenglaubens und ganz bestimmter sich wiederholender Eigenschaften, die man mit einer Hexe und einem Zauberer sowie ihren Aktivitäten verband, bestimmt wurde. Immer wurde es auch von sozialen, mentalen, ökonomischen oder persönlichen Erfahrungen entsprungenen Konstellationen mitgestaltet, die mit den Begriffen Verwandtschafts-, Bekanntschafts-, Freundschafts-, Dienstleistungs- und Konfliktverhältnis umschrieben werden können.

Ein chronologischer Zeugenvergleich erbringt weitere Ergebnisse: Der Altersdurchschnitt der Zeugen von 35,8 Jahren bei den Prozessen der Jahre 1592 bis 1610 erhöhte sich auf 41,2 Jahre bei den späteren Prozessen zwischen 1611 und 1630, verblieb prinzipiell jedoch in derselben Zeugengeneration. Demgegenüber fehlen in den jüngeren Prozessen Zeugen der Altersgruppe zwischen 17 und 25 Jahren, die in den Hauptverfolgungsperioden zahlreicher vertreten waren. Untersucht man die inhaltlichen Angaben der jungen Zeugen im Vergleich zu denen der Altersgruppen ab 30 Jahren, so stellt sich heraus, daß gerade die junge Zeugengeneration, die in Prozessen der Jahre 1592 bis 1603 vermehrt auftrat, bei der Schilderung verdächtiger Begebenheiten, nächtlicher Begegnungen mit vermuteten Hexen oder der Interpretation von Ereignissen als Hexenwerk eine weitaus größere Phantasie entwickelte als die älteren Zeugen derselben Prozeßjahrgänge. So gaben die 30–60jährigen Zeugen im Verfahren gegen Schneider Augustin von 1603 Augenzeugenberichte über unverantwortete Hexereibeschimpfungen, ein seit Jahren bestehendes »gemein geschrei« aus Hexereiverdächtigungen und Schadenzaubervermutungen zu Protokoll. Dagegen berichtete der 20jährige Zeuge Caspar Johann, ein Knecht aus dem Nachbarort, von einem angeblich beobachteten nächtlichen Hexentanz in der Scheune seines Arbeitgebers, in der er seine Schlafstelle hatte. Plastisch und in allen Einzelheiten beschrieb er die Szenerie, das Treiben der Hexengesellschaft, ihre Gespräche und gab die Namen der Anwesenden preis.[375] Sein Arbeitskollege, der 19jährige Johann Weyßbecker, der aus demselben Ort wie Caspar Johann stammte und denselben Arbeitgeber hatte, trat wenige Wochen später im Prozeß gegen Welsch Catharina mit eben derselben Geschichte des beobachteten Hexentanzes in der Scheune als Zeuge auf, nur gab er vor, statt des Schneider Augustin die angeklagte Catharina dort gesehen zu haben.[376] Im Prozeß gegen Lauers Barbell von 1593 gaben alle Zeugen mehr oder weniger eindeutige Beweise für von der Angeklagten verübte Schadenzaubereien oder bestätigten Beschimpfungen und Besagungen durch andere Personen; allein der 17jährige Neffe der Angeklagten erzählte von einer nächtlichen Begegnung zwischen ihm, seiner Tante und zwei weiteren Frauen, die angeblich versucht hätten, ihn durch Tränke und Berührungen zu verzaubern, was, weil er gesegnet war, letztlich mißlang.[377] Ähnlich mit dem Alter der Zeugen differierten auch die Aussagen im Fall der Barbell Wirtin aus Mettlach: Eine Nachbarin der Barbell, die 19jährige Tochter des Ehepaares Gutweintgen, die ebenfalls als Zeugin aufgetreten war, wußte im Gegensatz zu den älteren Zeugen von einer seltsam-phantastischen Begebenheit im Hause der Barbell zu berichten: Sie sei von Barbells kleinem Kind, das nicht allein einschlafen wollte, ins Nachbarhaus eingeladen worden, wo sie die Nacht verbrachte. Mitten in der Nacht seien beide plötzlich von seltsamen Geräuschen, einem Sausen und Brausen im ganzen Haus, erwacht; die Angeklagte, die zuvor am Feuer gesponnen hatte, sei jedoch verschwunden gewesen, obwohl sie später auf Anfrage behauptet habe, nicht vom Feuer gewichen zu sein. Margareth Gutweintgen vermutete seit jenem Ereignis in ihrer Nachbarin eine Hexe, die damals entweder gerade zum Hexenflug ausgeritten oder im Begriff war, davon zurückzukehren.[378]

Inhaltlich unterschiedliche Äußerungen der verschiedenen Zeugengenerationen in Hexenprozessen einer Verfolgungsperiode sowie die chronologische Veränderung ihrer Alterszusammensetzung lassen nun verschiedene Folgerungen zu: Es muß in der ersten Hauptverfolgungswelle ab 1590 bis 1603 eine differierende Interpretation von Ereignissen und Sachverhalten, die als Hexenwerk gedeutet wurden, zwischen einer ganz jungen Zeugengeneration und der der über 30jährigen Gemeindebewohner gegeben haben. Während ältere Zeugen auf der Basis realer Vorfälle in der Dorfgemeinschaft, tatsächlich stattgefundener unverantworteter Verleumdungen und überprüfbarer Besagungen durch verbrannte Hexen und Zauberer argumentierten, umfaßten die Zeugenaussagen jüngerer Gemeindebewohner unter 20 Jahren in dieser Verfolgungsperiode fast ausschließlich imaginäre, phantastische Schilderungen angeblicher nächtlicher Begegnungen, Beobachtungen oder mystischer Vorfälle, die sich immer außerhalb alltäglicher Lebenszusammenhänge, meist an einsamen oder zum Zeitpunkt ihres Auftretens menschenleeren Orten ereigneten. Sie ließen die neuen Elemente der dogmatischen Hexenlehre weit stärker durchschimmern, als sie in den Berichten der älteren Zeugen auffindbar waren. Die junge Generation der Gemeindemitglieder war, so lassen ihre andersartigen Zeugenaussagen vermuten, mit dem neuen Phänomen des Hexenglaubens, der seit einigen Jahren regelmäßig seine Opfer in den Dörfern forderte, nicht nur seit ihrer Kindheit vertraut, sondern hatte in weit stärkerem Maße als die ältere Generation, die noch im traditionellen Zauberglauben und seiner Verankerung im bäuerlichen Alltag aufgewachsen war, die dämonisch-unheimliche Seite der neuen Hexenlehre internalisiert. In der jungen Dorfbevölkerung waren offensichtlich Phantasien über Hexenflüge, Hexentreffen und absonderliche Zusammentreffen mit Angehörigen der Hexensekte am kursieren, die so glaubhaft erschienen, daß sie auch als Beweise der Schuld einer angeklagten Person öffentlich vorgebracht werden konnten. Es ist daher anzunehmen, daß die Generation jener Dorfbewohner, die ausschließlich mit dem bereits etablierten Hexenglauben und seinen gerichtlichen Konsequenzen konfrontiert

war, dazu überging, ein mehr von kirchlich-dogmatischen Vorstellungen geleitetes Hexenbild zu entwickeln, das sich jedoch letzten Endes in den Gemeinden keine Breitenwirkung verschaffen konnte. Betrachtet man die Entwicklung nämlich weiter, so taucht in den Prozessen der Folgejahre bis 1630 eben jene Gruppe der damals unter 20jährigen als Zeugengruppe der mittlerweile Mittdreißiger und älteren Personen wieder und in überwiegender Mehrzahl auf, ihre Stellungnahmen unterscheiden sich jetzt jedoch weder inhaltlich noch argumentativ von denen der älteren Generation der über 50jährigen, waren also wieder in traditionelle Bahnen gelenkt worden.
Andererseits fehlt den späteren Prozessen ab 1610 das Zeugenpotential der ganz jungen, unter 20 Jahre alten Aussagewilligen völlig, so daß deren Meinungsbild in den Zeugenaussagen nicht repräsentiert ist. Der Wegfall dieser Altersgruppe scheint neben der damit einhergehenden gewandelten Altersstruktur der Zeugen zugleich darauf hinzudeuten, daß der jungen Generation an derartigen Prozeßaussagen in dieser späteren Verfolgungsphase nicht mehr allzuviel gelegen war, vielleicht weil Hexenvorstellungen allgemein bei den jungen Dorfjahrgängen bereits an Brisanz und Glaubwürdigkeit eingebüßt hatten. Insgesamt ist dafür eine Zunahme der Altersgruppe der 40–50jährigen Zeugen und ein generelles Anwachsen der Zeugenanzahl im Rahmen der Verschriftlichung und Bürokratisierung der juristischen Verfahren festzustellen. Dies beweist jedoch, daß der Hexenglaube im Dorf gerade von jener Generation der Dorfbewohner, die mit ihm herangewachsen war, durchaus noch wachgehalten und als begründet angesehen wurde.

Indizien und Beweise: Die Geburt einer Hexe

Wir haben von den Aktivitäten der Gemeinden sowie der herrschaftlichen und kirchlichen Vertreter, von ihren fiskalischen, sozialen oder emotionalen Motiven und Interessen gehört. Wir warfen ebenso einen Blick auf die Zeugenaussagen, auf das Verhältnis der Zeugen zueinander und zu den in Hexenprozessen Angeklagten. Und schließlich wandten wir uns auch jenen Begebenheiten und Sachverhalten zu, die sich bei entsprechender Konzentration zu einer Hexereiverdächtigung verdichten konnten. All diese Querschnitte vermittelten in verschiedensten Kontexten sich wiederholende Handlungsmuster oder immer wieder anzutreffende Bedeutungszusammenhänge, die für die Verfolgung von Hexen und Zauberern signifikant waren. Es handelte sich dabei um formale Vorbedingungen für das eigentliche, auf inhaltlichen Anschuldigungen basierende Prozeßgeschehen, die zum Teil in der Organisation von ländlichem Leben und Arbeiten, zum Teil im Verhältnis von Herrschaft und Untertanen begründet lagen.

Jenen formalen Vorbedingungen zur Anklage einer Person durch die dörfliche Öffentlichkeit und die vorgebrachten Zeugenaussagen stand als Hauptbedingung eines erfolgreichen juristischen Vorgehens die Erfüllung einer Minimalzahl von Elementen des kollektiven »Hexendeutungsmusters« der Landgemeinden durch eine Person, der man zauberische Fähigkeiten überhaupt zutraute, zur Seite. Dieses gemeinschaftliche Deutungsmuster, das sich auf einen Bestand an hierarchischen Be- und Verurteilungskriterien reduzieren läßt, diente zum einen der Identifikation eines Ereignisses als Hexerei, der Formierung von Vermutungen und Verdächtigungen sowie der eindeutigen Überführung einer Hexe oder eines Zauberers. Die Elemente des Hexenmusters gaben dabei die Merkmale, Erkennungszeichen, Eigenschaften und Handlungsweisen der der Hexerei verdächtigen Menschen an. Aus der Untersuchung der Zeugenaussagen, der Bekenntnisse in Hexenprozessen, der Gruppe der Verdächtigten innerhalb einer Dorfgemeinschaft und ihrer sozialen Kennzeichen sowie der Rekonstruktion von Verdächtigungsabläufen anhand von Einzelschicksalen ist es nun möglich, das gemeindliche Hexendeutungsmuster seiner konkreten Relevanz nach in eine substantielle Einheit, einen Kernbestand also, und eine akzidentielle Einheit, einen Randbestand verminderter Bedeutung, zu unterteilen:

In den saarländischen Prozeßfällen bildete zum einen die Besagung durch angeklagte, geständige oder bereits überführte und verurteilte Hexen und Zauberer eine der beiden wichtigsten Variablen des substantiellen Bestandes des Deutungsmusters. Zum andern war dies das Gerücht, das bei Verdächtigung und Anklage einer bestimmten Person mit den jeweils beobachteten aktuellen Elementen des ländlichen Hexenglaubens angefüllt werden konnte. Das Gerücht war, anders als die Besagung, sowohl seiner Genese wie seinem Inhalt nach das Produkt sozialer Interaktionen, Diskurse und Vorstellungen; seine zunächst als unendlich anzunehmenden Belegvariablen lassen sich jedoch auf verschiedene, immer wiederkehrende konkrete Inhalte reduzieren. Sie umfassen etwa den Ruf einer Person als Hexe oder Zauberer, verwandtschaftliche oder freundschaftliche Beziehungen zu bereits angeklagten oder verurteilten Hexen, unverantwortete Hexereibeschimp-

fungen und öffentliche Verleumdungen oder die Flucht der Verdächtigen vor ihren Bezichtigern und möglichen Anklägern. Auch das Vorhandensein von Hexenattributen, etwa Male oder körperliche Gebrechen, und besondere magisch besetzte Verhaltensweisen und Handlungen, wie Verfluchen oder Bedrohen, Anblasen, Berühren oder mit dem »bösen Blick« Betrachten, gehörten zur ländlichen Hexenvorstellung. Ein weiterwirkendes Gerücht, das genügend Zeugen zur Aussage treiben und ausreichende Indizien zur gerichtlichen Anklage liefern konnte, umfaßte in den saarländischen Prozessen mindestens zwei der genannten Elemente, oft sehr viel mehr.
Der als akzidentiell bezeichnete Bestand des Deutungsmusters bildete dagegen nur eine Ergänzung zur substantiellen Einheit, konnte aus sich allein und isoliert von Elementen des Kernbestandes keine Verdächtigung oder Anklage entfachen, sondern sie höchstens unterstreichen oder katalysieren. Variablen der akzidentiellen Einheit lassen sich ebenfalls auf eine immer wiederkehrende Anzahl von Mustern reduzieren und umfassen:

a) die Anders- oder Fremdartigkeit von Personen des sozialen Umfeldes mit den Belegvariablen: Bettler, Kriminelle, Landstreicher, alte, oft alleinstehende Menschen mit sonderbaren Verhaltensweisen, Einzelgänger;
b) die Ablehnung oder Verneinung der bestehenden sozialen, religiösen und rechtlichen Ordnung durch integrierte Mitglieder der dörflichen Gemeinschaft; dieses nonkonforme Verhalten wies die Einzelelemente Konfliktbereitschaft, Förderung von Auseinandersetzungen, Spannungen und Abgrenzungen, unsoziales Verhalten und Kritikbereitschaft an sittlich-moralischen, religiösen, rechtlichen oder obrigkeitsorientierten Normen sowie an der durch die Gemeinde ausgeübten Sozialdisziplinierung auf;
c) das Auffallen eines Gemeindemitglieds durch Besonderheiten, die in gewissem Umfang eine Bedrohung für die dörfliche Genossenschaft darstellen konnten, damit zugleich die soziale Unduldsamkeit förderten und die sich so von den normalen Dorfbewohnern unterscheidenden Personen zu »Objekten sozialen Unbehagens« degradierten; Erfüllungsmengen dieses Elementes waren etwa das besondere Glück, der besondere Fleiß eines Dorfmitgliedes oder größere Anteile an bestimmten, knappen Gütern eines Raumes, aber auch die besonderen menschlichen Zuwendungen, die einer Person zuteil wurden.

Diese drei zuletzt angeführten Belegelemente des akzidentiellen Bestandes erfuhren zusammen mit ihren Einzelvariablen nur dann eine ungewöhnliche Interpretation im Sinne des gemeindlichen Hexendeutungsmusters, wenn sie mit mindestens zwei Elementen und entsprechenden Variablen des substantiellen Bestands verknüpfbar waren.
Die beiden folgenden Schemata verdeutlichen in einer Art Flußdiagramm zwei verschiedene Anwendungsweisen des Hexendeutungsmusters auf eine Person durch andere Gemeindemitglieder sowie die allmähliche, von einem substantiellen oder akzidentiellen Element ausgehende Erfüllung des Deutungsmusters durch die verdächtige Person. Schema 1 war dabei das für die saarländischen Gemeinden typische:

Schema 1:

Vorgefaßte Meinungen, Vermutungen gegen ein Mitglied der Dorfgemeinde, entstanden durch Zutreffen von Elementen des substantiellen Deutungsmusterbestands: etwa von Besagungen und Gerüchten; Gemeinde fördert und sanktioniert, Korrektur ist kaum möglich

↓

Einzel-, / Kollektiv **Beobachtung** durch Dorfmitglieder oder ganze Dorföffentlichkeit: Zielgerichteter Versuch der Feststellung weiterer Elemente des substantiellen Deutungsmusterbestands; besondere Bedeutung des Sozialgefüges, das Privatsphären noch nicht kennt.

↓

öffentlicher **Verdacht** durch eintretende Häufung und Bestätigung von Einzelbeobachtungen im Sinne des substantiellen Bestands; Verbreitung durch Kommunikationssystem

↓

bei Ausschuß oder Hochgericht vorgebrachte **Indizien und Beweise** durch Bestätigung der Verdachtsmomente und des Deutungsmusters in mindestens zwei seiner substantiellen Variablen; eine Korrektur ist seitens der Gemeinden nicht mehr möglich

↙ ↘

keine Anklage
nur bei Eingreifen der Herrschaft zugunsten des Angeschuldigten

Anklage und Gerichtsverfahren
Vorverfahren, meist ohne oder mit nur geringer Beweisführung; Zeugenaussagen liefern Eingangsvoraussetzungen zur Folteranwendung

↙ ↘

Freispruch
bei Überwindung dreimaliger Folter ohne Geständnis

Verurteilung
bei freiwilligem Geständnis nach Beendigung einer Foltereinheit

Typisch für Schema 1 waren die Lebenswege des Mattheis Bart aus Noswendel und der Engel Anthes aus Gonnesweiler.[379] Ersterer, ein 55jähriger Noswendeler Bauer mit eigenem Haus, jedoch geringem Vermögen, hatte mit etwa 25 Jahren geheiratet, seine Ehe war jedoch kinderlos geblieben. Als Mattheis, ein ansonsten unbescholtener Mann, 1630 wegen Hexerei vor Gericht stand, war er bereits seit einem Jahr Witwer, denn seine Frau war am Waderner Hochgericht als Hexe verbrannt worden. Die Überführung und Hinrichtung seiner Frau im Vorjahr hatte insgesamt acht geständige Hexen und Zauberer im Jahre 1629/30 dazu bewogen, auf ihn zu bekennen. Anlaß genug für die Dorfgemeinschaft, Gerüchte, die vor zwölf Jahren im Zusammenhang mit zwei Frühgeburten seiner Frau entstanden und von einer entlassenen Dienstmagd des Mattheis verbreitet worden waren, wieder wachzurufen. Schon damals glaubten zwei weitere Dorfbewohner aufgrund der in diesem Zusammenhang kursierenden Verdächtigungen und Gerüchte gegen Mattheis, er sei ihnen nachts am Bett erschienen und habe versucht, sie krankzuhexen. Jetzt vor Gericht zeigte sich durch die Zeugenaussagen, daß sich die ehemals ausgesprochenen Vermutungen durch weitere Vorfälle, die einzelne Gemeindemitglieder über Jahre hinweg beobachtet oder erlebt hatten, bestätigt und erweitert hatten, zumal nun sogar Besagungen durch überführte Hexen als eindeutige Beweise seiner Schuld vorlagen. Diejenigen Gemeindebewohner, die Vermutungen oder Gerüchte in Gang gesetzt hatten und einzelne Ereignisse im Sinne des Hexendeutungsmusters als Schadenzaubereien des Mattheis auslegten oder nach Bekanntwerden der vielen Besagungen plötzlich als solche zu erkennen glaubten, zeichneten sich gleichzeitig durch eine besondere Verwobenheit in Beziehungsgeflechte aus, die einen Antipathiepart gegenüber dem Verklagten bildeten.
Engel Anthes, eine etwa 30jährige soeternsche Leibeigene, die zunächst als Magd außerhalb ihres Heimatortes gedient hatte, später einen Bauern aus Gonnesweiler heiratete, der einen Hof und Vieh besaß, stand bereits 16 Jahre im »Geschrei«, als sie ebenfalls 1630 vor Gericht gebracht wurde. Der Verdacht gegen sie speiste sich aus Gerüchten, die von der Hinrichtung ihrer Mutter als Hexe vor etlichen Jahren herrührten und aus der Besagung eines vor zehn Jahren verurteilten und am Schaumberger Hochgericht verbrannten Mannes aus dem Nachbarort Gronig. Dieser hatte behauptet, Clemens Margreth hätte ihre Tochter Engel Anthes an der Hand mit auf den Tanzplatz gebracht und sie ihrem teuflischen Buhlen übergeben. Aufgrund dieser Verdachtsmo-

mente und eines besonderen Augenmerks der Dorfgemeinde auf die Bezichtigte häuften sich über einige Jahre weitere Ereignisse, die eindeutig in Verbindung mit Engel Anthes gebracht werden konnten und eine Interpretation der Geschehnisse als Hexenwerk nahelegten. Nachdem die bezichtigte und beobachtete Frau nunmehr zusätzlich damit begonnen hatte, sich von der Gemeinschaft und ihren festen Gepflogenheiten abzusetzen und eigenartige und zugleich verdächtige Verhaltensweisen an den Tag zu legen, war es wiederum aufgrund der Vorgeschichte keineswegs verwunderlich, daß viele Dorfbewohner ihre alten und neuen Verdachtsmomente bestätigt sahen und eine Anklage forderten. Hier, wie im Fall des Mattheis Bart, stand die Person wegen ihrer Beziehungen zu verurteilten Hexen (substantieller Bestand des Hexendeutungsmusters) unter Dorfbeobachtung. Kuriose und seltsame Begebenheiten ihres Lebensweges (akzidentieller Bestand) interpretierte die Dorfgemeinschaft unter dieser Prämisse als Kennzeichen der im Fall der Engel ererbten, im Fall des Mattheis erlernten Hexenkunst.

Beispielhaft für Schema 2 waren die Schicksale etwa des Augstgen Mattheis aus Lisdorf und der Bors Johannen Frau Margareth.[380]

Augstgen, ein etwa 60jähriger Bauer und Vater von sechs erwachsenen Kindern aus Lisdorf, war seit einigen Jahrzehnten durch ständige Übertretungen des sittlich-moralischen Gemeinschaftskodex aufgefallen. Nach dem Tod seiner Frau hatte er mehrere Geliebte, darunter auch verheiratete Frauen, lebte dann schließlich als bekannter Schürzenjäger mit einer verwitweten Dorfbewohnerin in »wilder Ehe«, was sogar seine eigenen Kinder ihm gegenüber zu Handgreiflichkeiten und Beschimpfungen veranlaßte. Der ansonsten angesehene, durchaus wohlhabende Bauer aus Lisdorf kam erst dann ins Gerede, als ihn eine angeklagte Hexe in ihrem Bekenntnis mitbesagt hatte. Ab diesem Zeitpunkt tauchten plötzlich überall Verdachtsmomente gegen Augstgen auf, frühere oder aktuelle Ereignisse und Sachverhalte, die nun im Sinne des Hexendeutungsmusters uminterpretiert und als Vermutungen und Indizien einer Zugehörigkeit zur Hexengesellschaft ausgelegt werden konnten. Der plötzliche Tod dreier Söhne des Augstgen wurde jetzt nicht mehr im Zusammenhang mit einer damals wütenden Epidemie gesehen, an der viele Dorfbewohner starben; auch den Tod der Decker Lena, der Geliebten des Augstgen, und seine vielfältigen Erfolge bei den Frauen der Gemeinde wollte man nun auf Hexerei zurückführen.

Schema 2

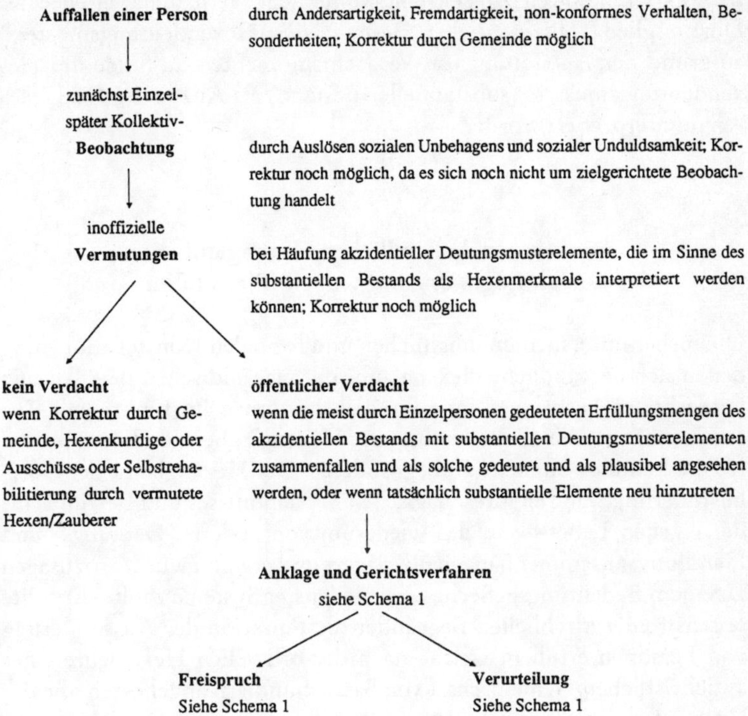

Bors Johannen Margareth, eine alte alleinstehende Frau aus Baldringen, die ihr Haus wohl durch Brand verloren hatte, war durch ihre seltsamen Geschichten von einem schwarzen Mädchen, das nachts zu ihr ans Bett komme und ihr Angst einjage, in mehreren Frauenrunden, in denen sie verkehrte, aufgefallen. Zudem hatte sie selbst, wahrscheinlich nach den ersten öffentlichen Spekulationen und Vermutungen über ihr eigenartiges Verhalten und Gerede, bei einer Kindbettgesellschaft geäußert, sie würde ihr abgebranntes Haus nicht wieder aufbauen, wenn sie wüßte, daß sie verbrannt würde. Derartige Eigentümlichkeiten der alten Frau führten dazu, daß sich schließlich andere Dorfbewohner einer unverantworteten Hexereibeschimpfung, mehrerer angeblicher nächtlicher Erscheinungen der Verdächtigten und einer Bedrohung durch diese erinnerten und als Zeugen gegen sie aufzutreten bereit waren. Hier wie bei Augstgen waren zunächst nur unübliche Verhaltensweisen eines Dorfmitglieds (akzidentieller Bestand des Hexendeutungsmusters) aufgrund der Anhäufung von Verdachtsmomenten im Sinne des Hexendeutungsmusters (substantieller Bestand) als Anzeichen für Hexerei uminterpretiert worden.

Funktionen des ländlichen Hexenglaubens: Soziale Logik und individuelle Plausibilität

Die bisher untersuchten inhaltlichen und formalen Konstellationen, in denen sich der ländliche Hexenglaube der saarländischen Bevölkerung herausbildete, erbringen indirekt auch Hinweise auf funktionale Zusammenhänge, die die Bedeutung des Hexenglaubens und der Hexerei für die Landbewohnerschaft begründeten. Der Hexenglaube der Dorfbevölkerung war Teil ihres magischen Verständnisses und Bewußtseins der eigenen Lebenswelt, das wiederum von anderen Deutungs- und Handlungszusammenhängen überlagert und ergänzt wurde, sozusagen zu einem Bedeutungsgeflecht verschiedenster Systeme zählte. Er sollte seitens seiner kirchlichen Begründer die Funktion der Aussonderung von Personen erfüllen, welche nach der offiziellen Hexenlehre einer antichristlichen Gemeinschaft von Satansbündlern angehörten, die der christlichen Weltordnung entgegenwirkte und deshalb vernichtet werden mußte; er hatte darüber hinaus jedoch auch Funktionen und Bedeutungen ausgebildet, die seine Etablierung und über zwei Jahrhunderte andauernde Aufrechterhaltung in den Landgemeinden gewährleisteten, jedoch mit kirchlich intendierten Begründungen nichts gemeinsam hatten. Letztere Bedeutungs- und Funktionszusammenhänge innerhalb sozialer Gruppen auf dem Lande sollen nun im weiteren interessieren, wobei die Aufmerksamkeit den einzelnen Gemeindegruppierungen, den Zeugen, den in die Prozeßführung verwickelten Gemeindebewohnern, der herrschaftlichen Seite, aber auch den Opfern gilt.
Vergegenwärtigen wir uns nochmals die möglichen Ausgangssituationen eines Hexereiverdachts: Als Voraussetzung für das Aufkommen derartiger Verdächtigungen darf angenommen werden, daß der öffentliche Diskurs über Unglück und Schädigungen die Hexerei überhaupt als eine mögliche Deutungskategorie umfaßte. Alternative, etwa reli-

giöse, sozial-integrative oder magische Deutungsvarianten, die ebenso bekannt waren und auch alltäglich verwendet wurden, schienen keine Plausibilität zu genießen, wenn gewöhnliche Vorfälle ungewöhnliche Dimensionen annahmen. Dabei wurde als ungewöhnlich erlebt, was entweder in Serie, das heißt in einer ungewöhnlichen Quantität, oder was als ein einmaliger, jedoch vernichtender Schlag gegen eine Person oder ihr Eigentum empfunden wurde und damit eine außergewöhnliche qualitative Dimension der Schädigung annahm. Zur letzteren Situation zählten alle Schädigungen, die den Betroffenen in seiner Produktions- und Reproduktionsfähigkeit, letztlich also in seiner Überlebensfähigkeit beeinträchtigten. Dies waren vor allem Schädigungen an seiner Person und Arbeitskraft oder der seiner Familie, Schädigungen der Produktionsmittel und der Reproduktionsgrundlagen, etwa in Form von Unfruchtbarkeit des Bodens, von Mißernten oder Milchverlusten und Schädigungen durch Krankheit oder Tod von Mensch und Tier. Da in einer auch von magischen Vorstellungen geprägten ländlichen Gesellschaft der Erklärungsmöglichkeit »Zufall« wenig Raum gelassen wurde, waren einerseits kollektive Kategorien und Situationsvorgaben zum Erkennen einer Verhexung ebenso notwendig wie jenes spezielle Hexendeutungsmuster, das bei der Identifizierung der schadenstiftenden Hexe oder des Zauberers half, gerade wenn diese namentlich noch unbekannt waren. Beide Raster zusammen versetzten ein betroffenes Dorfmitglied in die Lage zu entscheiden, ob es sich bei einem erlittenen Unglück überhaupt um Hexerei gehandelt und welche Person diesen Schaden verursacht haben könnte.

Hexereiverdächtigungen entstanden formal nun entweder aus Situationen, in denen die vermeintlichen Verursacher selbst als solche beobachtet werden konnten, oder nach Situationen, die ein sichtbares Zeichen einer verübten Hexerei in Fom einer objektiv erkennbaren Schädigung hinterlassen hatten, ohne daß dabei die Feststellung des Verursachers hatte erfolgen können. Es waren also entweder die Hexe bzw. der Zauberer und der Tatbestand der Verhexung bekannt oder aber nur die Verhexung. Im ersten Fall wurden dementsprechend Worte oder Handlungen, die in einer besonderen Situation von denjenigen ausgingen, die man später als Hexen oder Zauberer bezeichnete, nachträglich so interpretiert, als hätten sie auf den Körper oder die Güter desjenigen, an den sich diese Äußerungen richteten oder auf den sich die Handlungen bezogen, eine Wirkung ausgeübt, die der Betroffene als Zustand der Verhexung deutete. Daß eine derartige Auslegung überhaupt erfolgen konnte und zum allgemein bekannten Deutungsrepertoire der saarländischen Landbevölkerung für Unglücks- und Schadensfälle gehörte, setzte zum einen voraus, daß verschiedene Worte, Handlungen oder Merkmale einer Person und die damit verbundenen Kräfte kollektiv als Kennzeichen, ja Alarmsignale für das Wirken einer Hexe oder eines Zauberers galten. Es setzte zum anderen einen immer dazugehörigen Situationskontext voraus, der eine Hexereieinwirkung als wahrscheinlich und plausibel erscheinen ließ. Beides, die inhaltliche Interpretation von bestimmten Ereignissen oder Handlungen als Hexenwerk und die situative Plausibilität dieser Annahme, war durch das Hexendeutungsmuster gewährleistet.

Im zweiten Fall einer Hexereiverdächtigung, in dem als sichtbare Zeichen einer verübten Hexerei objektive Schädigungen vorlagen, die Verursacher aber unerkannt geblieben waren, mußte sich ein Betroffener auf die Suche nach seiner Hexe oder seinem Zauberer begeben. Über Klärungsversuche eines Ereignisses als Hexenwerk hinaus stellte er sich nun die Frage, warum gerade er von einem derartigen Unglück getroffen worden war, und vor allem, wer ihm damit hatte etwas antun wollen. An dieser Stelle erhalten wir durch die Aussagen von Betroffenen und Zeugen individuelle Informationen, die Aufschlüsse über die Funktion und Bedeutung des Hexenglaubens und der Hexereiverdächtigung in der ländlichen Gesellschaft geben. Bei der Beantwortung der Frage nämlich, wer als persönliche Hexe oder als persönlicher Zauberer einer geschädigten Person in Frage kommen konnte, vergegenwärtigte sich jedes Opfer einer Hexerei zunächst seinen sozialen Stellenwert innerhalb des dörflichen Beziehungsgeflechts und begann mit der Bildung von Sympathie- und Antipathierastern innerhalb des eigenen sozialen Umfeldes, die zum Gegenstand der Zeugenaussagen wurden. Mündete dies in die Verdächtigung einer konkreten Person, in öffentliche Vermutungen, Gerüchte und ein »böses Geschrei«, in das die Verdächtigten nun gerieten, so waren für das Zustandekommen des Verdächtigungsprozesses verschiedene Funktionen des Hexereivorwurfes und des Hexenglaubens allgemein erkennbar.

Verkürzt können sie auf folgende Hauptfunktionen reduziert werden:

a) die Erklärungsfunktion von Hexereiverdächtigungen für jede Art von Ereignissen und Sachverhalten, die nach dem allgemeingültigen Deutungsraster als unerklärlich galten (psychisch-mentaler Aspekt);

b) die spannungslösende Funktion der Hexereiverdächtigung und -anklage, aber auch der Hexereibeschimpfung, bezüglich gesellschaftlich-sozialer Konflikte zwischen Einzelmitgliedern oder Gruppen der Dorfgemeinschaft (sozial-emotionaler Aspekt);
c) die Kontroll- und Kanalisierungsfunktion der Hexereiverdächtigung als Instrument der Bevormundung und Kontrolle nonkonformer Gruppen der gemeindlichen Bevölkerung (politischer Aspekt der Machtausübung).[381]

Zu a) Der Hexenglaube als ein Vorstellungsfeld, das sich mit einem besonderen Bereich magischer Tätigkeit, der Hexerei nämlich, auseinandersetzte, hielt ein differenziertes und zugleich offenes variables Erklärungs- und Deutungsmuster zur Bestimmung von Ereignissen, Handlungen und Personen als in Verbindung mit Hexenkunst stehend bereit. Die Variablen dieses Deutungsmusters wurden von gemeindlichen Beobachtern, Betroffenen, deren Bekannten oder Verwandten mit aktuellen und individuellen Beleggrößen besetzt, die sich wiederum nach Bedeutung und Funktion richteten, die die Auslegung des Deutungsmusters für den Interpreten einnehmen konnte. So war eine allgemein verbreitete Verfahrensweise diejenige, Unerklärlichkeiten innerhalb der eigenen Lebenswelt vor allem dann mit Hexerei zu erklären, wenn andere Erklärungsmöglichkeiten unpassend oder unplausibel erschienen oder fehlten. Bereits 1580 bemerkte zu dieser üblichen Vorgehensweise der Gemeinden der Ortsgeistliche von Bliesransbach in seinem Visitationsprotokoll an das Oberkonsistorium: »Ist bei dieser gemeind ein mangel gespürt worden, das sie alles, was inen, iren Kindern und noch widerwerigs begegnet, den Zauberern zumeßen, und die personen leichtlich in beschwerlichen Verdacht ziehen«[382] – eine Feststellung, die ähnlich auch auf andere Dörfer zutraf. Dabei erwuchs der Erklärungswert und die Überzeugung des Betroffenen, von einer Verhexung geschädigt worden zu sein, aus dem symbolischen Eigenwert vorausgegangener Handlungen: Bereits magisch besetzte Äußerungsformen etwa des Anblasens, Verfluchens oder der Drohung wurden nach einer erfolgten Schädigung im Sinne des Deutungsmusters mit der sie ausführenden Person in Verbindung gebracht, welche nun als vermeintliche Hexe galt. Zum anderen resultierten derartige Festlegungen aus den Umständen einer eingetretenen Situation oder eines Geschehens, dessen Zustandekommen durch normale Kausalitätszusammenhänge nicht mehr erklärt werden konnte. Hexerei war es plötzlich, als Lena Meyers einem Mann wünschte, er solle sich Hals und Bein brechen, und dies am nächsten Tag wirklich geschah; Hexerei war auch dafür verantwortlich, daß Veitten Cläßgen, nachdem ihn Engel Anthes geküßt und gekitzelt hatte, sterben mußte, daß Fischer Matteß sofort erkrankte und plötzlich starb, nachdem ihm Closter Kett ins Ohr geblasen hatte, daß einem Nachbarn eine Kuh und ein Pferd starben, nachdem Gertrud Krämer diesem gedroht hatte, oder daß einer Kindbetterin die Milch wegblieb, nachdem Lauers Barbell sie berührt hatte.[383] Mit Hexerei mußte auch die plötzliche Erkrankung des Mettlacher Abtes zu tun haben, die darauf beruhte, daß Weber Maria ihm unter die Augen geblasen hatte, ebenso wie das plötzliche »unsinnig« werden einer Merziger Einwohnerin auf die Drohung von Bors Johannen Margareth hin oder der Tod einer Kuh, deren Besitzer zuvor von Kettchen von Wellingen bedroht worden war, nurmehr mit Hexerei zu erklären waren.[384] Closter Claßen Otilgen wurde als Hexe angeklagt, weil sie ihr Patenkind nach der Taufe geküßt hatte und dieses danach schwarz anlief und starb; Schul Anna schließlich brachte sich in Verdacht, als ein Kind, das sie geschlagen, ebenso wie ein Mann, den sie umarmt hatte, schwer erkrankten.[385]

Außerhalb der Normalität angesiedelte Ereignisse im Kontext von Krankheit, Schmerz, Leben, Tod, Geburt, Unfruchtbarkeit oder dem gewöhnlichen Verlust von Gütern brachten ebenfalls schnell einen Hexereiverdacht mit sich, auch wenn ein Übeltäter sein Vorhaben nicht durch persönliche Anwesenheit, Gesten oder Handlungen angekündigt hatte. In diesem Falle mußte der Betroffene oder Geschädigte das Hexendeutungsmuster bezüglich jener Personen seines näheren oder weiteren sozialen Umfeldes befragen, die überhaupt als Hexen und zusätzlich als seine persönlichen Hexen in Frage kamen. Auf Hexerei wurde getippt, wenn Tiere oder Menschen plötzlich erkrankten, wenn sich Mißernten oder Unwetter in ungewohnten Jahreszeiten oder ungewöhnlichem Ausmaß ankündigten, wenn Kühe keine Milch mehr gaben oder Eigentum plötzlich verschwand. So hieß es in einem Hexenprozeßprotokoll von 1628 aus Mandern, den Bewohnern sei an vermehrten Schädigungen ihres Viehs und der Menschen aufgefallen, daß sich in ihrem Bezirk wohl wieder viele Hexen und Zauberer aufhielten, und auch die kürzlich erfolgte Kornmißernte wäre von zwei Hexen verursacht worden, die bereits hingerichtet seien.[386] Hexerei war es auch, die auffallend häufig ein Viehsterben verursacht haben soll, auch wenn aus manchen Schilderungen eindeutig Vergiftungen, Ertränkungen der Tiere oder Tötung durch wilde Tiere ersichtlich wird. Diebstähle, die ein unerklärliches Ausmaß angenommen hatten, ohne daß man der Schuldigen auf frischer Tat habhaft werden konnte, oder Liebesabenteuer eines Dorfbewohners, bei denen sich die Frage aufdrängte, wie der Schürzenjäger zu all seinen ansonsten so sittsamen Geliebten gekommen war, wurden mit Hexerei erklärt.[387]

Hexerei als Erklärungsmuster für ungewöhnliche Geschehnisse oder Sachverhalte im alltäglichen Leben der Dorfgemeinschaft barg hinter der reinen Erklärungsfunktion, die eine Wiederherstellung der alten Ordnung oder einfach nur der inneren Ruhe der Betroffenen brachte, weitere Vorteile in sich: Dadurch, daß das Zustandekommen eines Unglücks einer bestimmten Person nach den Vorgaben des Hexendeutungsmusters zugeschrieben werden konnte, waren dem Geschädigten Maßnahmen der aktiven Gegenwehr erlaubt. Ja, Schritte der Wiedergutmachung wurden sogar von der Gemeinschaft in Form ihrer Anklagebereitschaft oder ihrer Aussagewilligkeit vor Gericht gefördert und unterstützt.

Ausgehend von der Vermutung, daß die meisten der geschilderten Anlässe zu Hexereiverdächtigungen auf das Selbstverschulden oder ein mitverursachendes Fehlverhalten der geschädigten Gemeindemitglieder selbst zurückzuführen sind, dürfte es im Interesse der Opfer gelegen haben, sich durch Hexereibeschuldigung vor Selbstrechtfertigungen und Rechtfertigungen gegenüber der Gemeinde zu bewahren. Die Anschuldigung, hier sei eine Hexe oder ein Zauberer am Werk gewesen, bot eine geradezu befreiende Alternative zum Bekenntnis etwa der Nachlässigkeit bei der Viehhaltung durch ungenügenden Schutz vor wilden Tieren, zum Eingeständnis von Unkenntnis in der Behandlung oder Erkennung von Krankheiten, von persönlicher Ungeschicklichkeit oder persönlichem Unglück, das von der Dorfgemeinschaft womöglich noch als Strafe Gottes für begangene Sünden oder Verfehlungen hätte ausgelegt werden können. Einem Geschädigten, der sein Unglück auf Hexenwerk zurückführen konnte, eröffnete die Beschuldigung einer ihm verdächtig erscheinenden Person zumindest die Möglichkeit, sich vor weiteren etwaigen Übeltaten dieser Person zu schützen und sich seiner Angst vor nachfolgenden Schadenzaubereien endgültig und auf legale Weise zu entledigen.

Zu b) Hexereiverdächtigungen entstanden zumeist in einem Gewirr aus Vorurteilen, vorschnellen Annahmen, sozialen Spannungen und persönlichen Konflikten, bei deren allmählicher Genese sich Vorfälle und gegenseitige Beschimpfungen ereignet hatten, die bereits bestehende Vermutungen bestärkten oder Tatbestände schufen, die einer späteren Hexereiverdächtigung den Weg ebneten. Da bei der Feststellung einer Behexung zunächst jedes geschädigte Dorfmitglied auf der Suche nach seiner Hexe diejenigen Gemeindemitglieder oder Bewohner naheliegender Ortschaften in Erwägung zog, die ihm aus verschiedensten Gründen übel gesonnen waren, mit denen es also vergangene oder gegenwärtige Schwierigkeiten in Form von Konflikten, Mißverständnissen, Verleumdungen oder Übervorteilungen auszutragen hatte, ist zu erwarten, daß Hexereiverdächtigungen mindestens in gleichem Maße von sozialen Spannungen wie vom Glauben an die Hexenkraft einer Person geleitet und bestimmt wurden. Gleiches gilt für Konflikte zwischen verschiedenen Gemeindegruppierungen, worauf der Anteil von Außenseiter- und Randgruppen an den Hexereiangeklagten verweist. Unter diesem Gesichtspunkt betrachtet, konnten Hexereiverdächtigungen für die Dorfgemeinschaft von spannungslösender und konfliktbefreiender Funktion sein. Sie brachten etwa eine Entlastung von schwer tragbaren oder lästigen Einzelpersonen und Gruppierungen oder boten ein Ventil für private Aggressionen und Ängste.

Den Grundstock für ein erhöhtes Konfliktpotential in den Dörfern, aus dem K. Thomas die »typische Hexe« erwachsen läßt, lieferten die sich im 16. Jahrhundert und im Verlauf des 17. Jahrhunderts stark verändernden Sozialstrukturen im ländlichen Bereich: Sie zogen auf der einen Seite Differenzierungs- und Umstrukturierungsprozesse aufgrund einer ständigen Bevölkerungszunahme und einem Anwachsen bäuerlicher Unterschichten nach sich und verursachten auf der anderen Seite einen Wandel der sozialen Beziehungen bis in den »Privatbereich.«[388] Auf gesamtgenossenschaftlicher Ebene war es einmal der Konflikt zwischen dem traditionellen Kodex gegenseitiger Nachbarschaftshilfe und der individuellen Selbsthilfe, daneben der Konflikt zwischen egozentrischer Förderung des eigenen Wohlergehens und dem schlechten Gewissen vor Gott wegen nicht erfüllter Taten »propter deum«, zusammen mit der Angst, irgendwann einmal eine Hexe zurückzuweisen und ihrer Rache anheimzufallen, die sich in den Hexereiverdächtigungen widerspiegeln. Ein typischer Fall war die Abweisung einer armen Person von der Tür ihres begüterten Nachbarn, dessen Haus sie fluchend und verwünschend verließ. Geschah nun in der Folgezeit etwas Ungewöhnliches bezüglich der Produktions- und Reproduktionsfähigkeit dieses Nachbarn, so war die bittende Person als Hexe entlarvt, waren die gesamte Gemeinde oder einzelne Dorfmitglieder dazu in der Lage, sich ihrer lästigen Betteleien auf legalem Wege zu entledigen.[389] Wer in seiner Funktion als Dorfmitglied oder in seiner speziellen Aufgabe gegenüber der Gemeinschaft versagte, löste Spannungen, Ängste und Krisenstimmungen aus. Ja er konnte sich eine ganze Gemeinde zum Feind machen, die sich bei geeigneter Gelegenheit daran erinnerte, daß eine solche Person durchaus etwas mit Hexerei zu tun haben könnte. Eines der Verdachtsmomente gegen Backes Cathrin lautete, sie habe sich geweigert, bei einer Geldsammelaktion wegen der gerichtlichen Beilegung eines Streits zwischen den Dörfern Weierweiler und Thailen ihren Obolus zu entrichten, und Adam Meyer sowie Müllers Sunna hatten gegen die Verfahrensweisen bei Hexenprozessen Kritik angemeldet; Adam Meyer, der Merziger Schiffsbauer, bezweifelte sogar die Existenz von Hexen überhaupt.[390] Andere hatten irgendwann in ihrer Heil- und Segenstätigkeit versagt, manchmal eine ganze Serie von Mißerfolgen hinnehmen müssen und waren schließlich der Hexerei angeklagt worden.[391]

Besonders deutlich wurde die spannungslösende Funktion von Hexereibeschuldigungen allerdings im Bereich persönlicher Auseinandersetzungen und Streitigkeiten, die durch die in ihnen kultivierten Haß- und Rachegefühle einen besonderen Nährboden für derartige Verleumdungen und Vermutungen boten. Gerade in diesen Kontexten ereigneten sich ja besonders negative, die andere Person tatsächlich schädigende Dinge oder Äußerungen: Da war die Rede von heftigen Beschimpfungen wegen der Kinder, wegen vermuteter Schädigungen, sittlicher Verfehlungen und Ehebruchs, wegen angeblicher Betrügereien, nicht pünktlich erstatteter Schulden, unüberlegter Äußerungen und anderer Animositäten; selbst Schlägereien oder zumindest deren Androhung blieben nicht aus. Da wurde von Verleumdung und Ehrverletzungen gesprochen, von Spannungen aufgrund ungerechter Behandlung durch Dorfmitglieder in herrschaftlicher Funktion oder herrschaftliche Beamte. Und auch innerfamiliäre Schwierigkeiten oder Konflikte mit Verwandten und Nachbarn spielten keine geringe Rolle – alles Vorfälle, die die Sympathie- und Antipathieverteilungen innerhalb der Gemeinden bestimmten.

In diesem Zusammenhang stehen auch die Zeugenaussagen und die in ihnen enthaltenen Auskünfte über das Verhältnis der Zeugen zu den Angeklagten. Sie ergaben, daß kaum eine neutrale oder gar konfliktfreie

Beziehung zwischen beiden Parteien angeführt werden konnte. Nicht nur die Zeugen schienen sich durch Aktivitäten oder Äußerungen der Angeklagten gekränkt, zutiefst beleidigt, ungerecht behandelt oder geschädigt zu fühlen, sondern auch die Angeklagten hegten dieselben Gefühle ihren Anklägern gegenüber. Auch sie waren oft genug in ihrer Ehre gekränkt oder ungerecht von diesen behandelt worden. Zwei Beispiele mögen genügen: Der spätere Angeklagte Mattheis Bart aus Noswendel beispielsweise fühlte sich bei einem Baumkauf und bei einem Pferdehandel, an denen er sich beteiligen wollte, durch zwei andere Dorfbewohner übergangen und drohte diesen aus Zorn mit Vergeltung, worauf deren Pferde ganz plötzlich verstarben. Seine beiden Widersacher in den Kaufangelegenheiten traten später als Zeugen gegen ihn auf, weil sie jetzt eine begründete Feindschaft gegen Mattheis hegten und ihm einen Schadenzauber zutrauten. Auch seiner Magd gegenüber reagierte Mattheis recht unwirsch, nachdem er erfuhr, daß sie Gerüchte über ihn in der Gemeinde verbreite. Als mehrfache Drohungen, sie mit der Axt umzubringen, keine Wirkung zeigten, entließ er sie schließlich. Die Dienstmagd setzte ihrerseits aus Rache wiederum alles daran, Mattheis jetzt durch üble Verleumdungen in Hexereiverdacht zu bringen.[392] Ähnlich lagen die Dinge bei Schul Anna aus Merzig. Sie war von ihren Mitmenschen bei der Suche nach Hilfe und Unterstützung in Alltäglichkeiten, die die alte Frau nicht mehr allein bewerkstelligen konnte, nicht nur immer wieder abgewiesen worden und hatte deshalb manchen Rachegedanken ausgesprochen, worauf dem einen sein Pferd starb, dem andern ein Arm anschwoll, eine Frau erkrankte. Auch sie selbst hatte umgekehrt für Konfliktpotential gesorgt: Den verheirateten Schultheißen von Merzig wollte Anna unbedingt im Wirtshaus vor aller Augen umarmen und küssen, so daß dieser sich nur noch mit heftigen Schlägen ihrer erwehren konnte. Daraufhin allerdings erkrankte er unverzüglich – wie er vermutete – aufgrund der Zauberkünste der Anna. Mit der Magd des Probstmeiers von Merzig geriet Anna dermaßen in Streit, daß sie auf die Magd einschlug, was deren Erkrankung zur Folge hatte, und auch mit ihrem Ehemann lebte Anna in ständigen Auseinandersetzungen und Spannungen, die sie des öfteren zur Flucht oder dem Auszug aus der ehelichen Wohnung veranlaßten.[393]
In den hier beispielhaft für viele ähnliche Situationen geschilderten Fällen, die in einem kleinen Dorf mit vielleicht 60 Einwohnern wohl sehr drastische Formen der Vergeltung, Rache oder aktiven Bekämpfung annehmen konnten, waren Hexereiverdächtigungen der zumeist stär-

keren Partei innerhalb eines Dorfes gegenüber schwächeren Mitgliedern der Gemeinschaft geeignete Instrumente zur Beilegung von sozialen Spannungen, Ängsten und Demütigungen. Hexereibeschimpfungen, im Eifer des Gefechts ausgesprochen, dienten späteren Verdächtigungen zumeist als Auftakt, an dem sich die Verteidigungsbereitschaft der mutmaßlichen Hexen und Zauberer erproben ließ. Die Bezichtigung einer Person als Hexe hatte Entlastungsfunktion, indem sich mit ihr ein Ventil für angestaute Rachegelüste und Vergeltungsanschläge öffnete, und sie hatte auch hier wiederum Gesichtswahrungsfunktion, weil die damit verbundene gerichtlich-herrschaftliche Art der Bestrafung von Übeltätern öffentlich anerkannt und gestützt wurde. Niemand wäre in solch einem Fall dafür zur Verantwortung gezogen worden, einen Hexenprozeß aus Eigennutz oder zum eigenen Vorteil angestrengt zu haben.

Hexereibeschuldigungen und -anklagen hatten jedoch auch noch eine weitere Aufgabe in Zusammenhang mit ihrer spannungslösenden Funktion: Sie bildeten einen akzeptablen Ersatz für Gremien der Konfliktbeilegung, die es entweder seit der Auflösung des Villikationssystems nicht mehr als Institutionen gab oder deren Anrufung ergebnislos geblieben war. Auf letzteres verweisen zahlreiche Äußerungen in den Prozeßakten selbst: So hatte Closter Kett, bevor sie verklagt wurde, bereits zweimal als Hexe vor Gericht gestanden, mußte jedesmal jedoch wegen ihrer schon sichtbaren Schwangerschaft entlassen werden, was keineswegs ihre Unschuld bestätigte, sondern Jahrzehnte später zu einem erneuten gerichtlichen Verfahren führte. Kettchen von Wellingen, eine vielseitige Magierin, war im Jahr ihrer Verurteilung in zwei Prozessen, in denen sie der Verwendung magischer Mittel und Praktiken bezichtigt worden war, glimpflich davongekommen. Als Bürgermeister Hans Clagenß Frau ihr vor dem Merziger Amtsgericht vorwarf, sie habe ihr gegen eine Krankheit aus der Hand gelesen und einen Trank gegeben, den sie dreimal bei Sonnenauf- und Sonnenuntergang einnehmen sollte, wurde Kettchen nur zur Erstattung der Unkosten und einer Herrenbuße verklagt. Als sie selbst im gleichen Jahr gegen Hans Kochs Frau mit dem Vorwurf vor Gericht zog, diese habe behauptet, von ihr Heilmittel erhalten zu haben, sprach das Gericht wegen Beweismangels kein Urteil aus.[394] In diesem wie auch in zahlreichen weiteren Fällen hatten früher angestrengte Prozesse die eigentlich beabsichtigte Wirkung einer Bestrafung der späteren Angeklagten verfehlt. Der Wille zur Stigmatisierung in Hexereiverdacht stehender Per-

sonen und der Sanktionierung ihres Handelns gipfelte schließlich im Hexenprozeß.
Von anderer Qualität, aber ebenso erfolglos, waren folgende Begebenheiten: Nachdem Grethen Michel von Lisdorf, dessen Frau von Augstgen Mattheis zum Ehebruch verleitet worden war, nach Bekanntwerden dieser Angelegenheit ohne Erfolg alle rechtlichen Möglichkeiten ausgeschöpft hatte und Augstgen straffrei geblieben war, er aber an seiner Ehre großen Schaden erlitten hatte, trat er vier Jahre später als Zeuge der Anklage gegen den unter Zaubereiverdacht vor Gericht stehenden ehemaligen Nebenbuhler auf. Dem Prozeß des Fritges Matthes von Krettnich waren ebenfalls mehrere unbefriedigend verlaufene Prozesse vorausgegangen: Ein Verleumdungsprozeß des Fritges gegen seinen Hauptgegner Closter Cuntzen, der ihn einen Zauberer genannt hatte, ging für beide Parteien unentschieden aus, weil Fritges seinerseits den Cuntz einen Dieb und Schelm genannt hatte. Als Cuntz den bei ihm hoch verschuldeten Fritges nach langanhaltender Forderung nach Schuldenbegleichung gerichtlich pfänden ließ, ging er mehr oder weniger leer aus, weil Fritges kein Vermögen besaß. Als Antwort auf diesen Schritt verklagte Fritges nun wiederum den Cuntz bei Gericht wegen Blutschande, worauf dieser die Gelegenheit nutzte, den Spieß umzudrehen und Fritges eine Klage wegen Hexerei anzuhängen. Als dieser stattgegeben wurde, geriet Fritges in einen Hexenprozeß, sein Widersacher kam jedoch ungeschoren davon.[395] Hexereiverdächtigungen und Hexereianklagen spielten in vielen gerichtlich unentschiedenen, abgewiesenen oder für den Kläger unbefriedigend verlaufenen Vorläuferprozessen die Rolle von Revisionsverfahren mit geändertem Gegenstand, in denen sich tatsächliche Ängste vor vermuteten Schädigungen mit Gefühlen der auf legalem Wege betriebenen Selbstjustiz paarten. Konflikte und Spannungen, die auf rechtlichem Wege oder durch andere Mittel nicht beigelegt werden konnten, erfuhren daher oft genug eine endgültige Lösung und befriedigende Regelung durch die Hexenanklage des jeweiligen Gegners.

Zu c) In ihrer Funktion als Kontroll- und Kanalisierungsmittel dienten Hexereiverdächtigungen den Gemeinden zum Zwecke der Sozialdisziplinierung, der Beibehaltung dörflicher Harmonie und der Erhaltung eines Kräftegleichgewichts. Keineswegs wurden sie jedoch, wie behauptet wurde, von den Kirchen zur Ausrottung einer bestimmten Gruppe von Frauen, die Kenntnisse in der Geburtenkontrolle und bei

Abtreibungspraktiken besaßen, strategisch eingesetzt. Es ist zwar unbestritten, daß der Hexenhammer vor allem die Hebammen verteufelte und ihnen alle möglichen Greueltaten unterstellte, doch das taten andere dämonologische Werke mit anderen Berufsgruppen auch.[396] Die Annahme, »daß die Geburtenkontrolle nicht nur durch die Hexenverfolgung weitgehend beseitigt worden ist, sondern daß die Vernichtung der weisen Frauen ausdrücklich in bevölkerungspolitischer Absicht zur Unterbindung der Geburtenkontrolle von Kirchen und Staat ins Werk gesetzt wurde«, konnte bislang für keine mitteleuropäische Region bewiesen werden. Zum einen kann ein ausschließliches Wissen um Geburtenkontrolle bei einzelnen Frauen der Dorfgemeinschaft jederzeit als absurd widerlegt werden, zum anderen waren es gerade nicht die Hebammen, die in Hexenprozesse gerieten, weil sie – zumindest im Untersuchungsgebiet – nicht selten den Schutz der Gemeindebevölkerung genossen. Da für den Saarraum Hinweise auf den kirchlichen Einsatz von Hexereiverdächtigungen zur Kontrolle der Geburtenrate völlig fehlen und die Kirchen sich sogar von der Mithilfe und Zulieferarbeit bei Hexenprozessen gänzlich distanzierten, spielten Hexenprozesse daher hier keinerlei Rolle als kirchliche Kontroll- und Kanalisierungsmittel.

Von staatlicher Seite erscheint es zunächst ebenso: Es fehlen Hinrichtungen einflußreicher politischer Gegner, reicher Adliger oder persönlicher Feinde, deren weiteres Wirken man mittels Hexenprozessen leicht hätte unter Kontrolle bringen können; es fehlen ebenso großangelegte herrschaftliche Machtdemonstrationen, etwa durch Massenhinrichtungen, ebenso Aufklärungsaktionen, die mit Flugblättern, Hexenzeitungen oder Ordern die Hexenangst im Volk verstärken und damit eine leichtere obrigkeitliche Kontrolle ermöglichen sollten. Auch jener Tatbestand, der ein Interesse an einer obrigkeitlichen Kontrolle und Reglementierung durch Hexenprozesse im Zusammenhang mit der Ausbildung der frühmodernen Territorialstaatlichkeit oder der Etablierung einer auf Privateigentum gründenden Wirtschaftsordnung hätte bekunden können, war im Saarraum nicht anzutreffen: Es gab weder ein vermehrtes Auftreten von Hexenprozessen im 17. Jahrhundert, die sich aus Kriminalprozessen ergeben hatten, deren ursprünglicher Gegenstand Diebstähle, Raubüberfälle, Gewalttaten oder schwere Sittlichkeitsdelikte waren, noch gab es ein vermehrtes Auftreten von Angeklagten, die den von staatlicher Seite verfemten Gruppen der Bettler, Zigeuner oder andersgläubigen Gruppierungen angehörten. Von

obrigkeitlicher Seite scheinen deshalb Hexereiverdächtigungen keinerlei Kontroll- und Kanalisierungsfunktionen etwa bezüglich bestimmter überhandnehmender Delikte oder unerwünschter Personengruppen beinhaltet zu haben, wie dies andernorts durchaus der Fall war.[397]
Den saarländischen Gemeinden dagegen dienten Hexereiverdächtigungen zur Kontrolle der inneren Ordnung und zur Kanalisierung kollektiver Anliegen, um so den Erhalt und das Funktionieren der Gemeinschaft zu garantieren. Die für die Aufrechterhaltung einer dörflichen Gemeinschaft lebensnotwendige Einstimmigkeit und Harmonie innerhalb der Mitgliederschaft dokumentieren die vielen bäuerlichen Feste, die dieses Moment der Übereinstimmung bewahren sollten und sie daher strengen Bräuchen unterwarfen. Es herrschte eine Art »tyranny of local opinion«, wie dies K. Thomas bezeichnete[398], in der der Erhalt der festgelegten Sozialordnung von den Gemeindemitgliedern peinlich genau überwacht wurde. Da die soziale Harmonie wegen ihres hohen Stellenwertes im Dorf um jeden Preis zumindest auf einem Minimalstand gehalten werden mußte, war es um so einsichtiger, daß Personen, die als unangepaßt, unsozial, unnahbar oder gefährlich erschienen, Gegenaktivitäten der Gemeinschaft auf sich zogen. Diese konnten von festen Riten der Bestrafung bis zur sozialen Ausgrenzung, die zumeist auch den existentiellen Ruin bedeutete, reichen. Wer sich von der Teilnahme am dörflichen Brauchtum und der öffentlichen Dorfkultur zurückzog oder versuchte, den Kodex gemeindlicher Normen auf verschiedenste Weise zu überwinden oder zu durchbrechen, fiel als Außenseiter oder Störenfried zunächst einmal auf und wurde danach unter Dorfbeobachtung gestellt. Eine so vorbelastete und von Vorurteilen umgebene Person, die zudem einer gewissen informellen, kollektiv sanktionierten Überwachung unterstand, konnte jederzeit als jemand gelten, der anderen Böses zufügte, weil er sich ja bereits durch eindeutige Verhaltensweisen gegen andere oder alle Dorfmitglieder gestellt hatte. Die Verbindung zwischen einer zänkischen Frau etwa, die den Einklang im Dorf störte, und einer Hexe oder zwischen einem Schürzenjäger, der manche Ehe auseinandergebracht und manche Familie entzweit hatte, und einem Zauberer war in diesem Falle schnell hergestellt. So gerieten Personen in Hexereiverdacht, weil sie ihr Vieh auf einem anderen als dem ansonsten üblichen Weg zur Viehweide getrieben hatten, weil sie neue Gebräuche in der Gemeinschaft einzuführen versuchten oder zu Einladungen und Festen nicht erschienen. Andere wiederum zogen Verdacht auf sich, weil sie sich zu einer unüblichen

Zeit im Freien aufgehalten oder in der Öffentlichkeit wild getanzt hatten, weil sie die sittlichen Normen mehrmals verletzt oder das Maß an sozialer Erträglichkeit für ihre Umwelt überschritten hatten.[399] Derartige Entgleisungen konnten mittels Hexereiverdachts unter Kontrolle gebracht und ihre Verursacher mundtot gemacht werden.

Hexereivermutungen scheinen auch dann eine nicht unwesentliche Rolle innerhalb des Interaktionsrahmens der Gemeindemitglieder gespielt zu haben, wenn es um die Kontrolle, Wiederherstellung oder Beibehaltung der Geschlechterrollen ging: Weber Maria geriet so in Verdacht, weil sie sich unschicklicherweise als etwa 60jährige Witwe mit offenem Haar zeigte; Barbell, die Wirtin aus Mettlach, eine noch junge Frau von etwa 35 Jahren, war dadurch aufgefallen, daß sie eines Tages splitternackt um ihr Haus herumlief: sie galt zusätzlich »vor eine Sauffers«, weshalb sie im herrschaftlichen Register eingeschrieben stand. Von Lambrecht Kleinadam berichtete seine Frau jedem, der es wissen wollte, daß er sie täglich schlage, peinige und dazu zwinge, seltsame Dinge zu tun, die sie für Zauberei halte, während von anderen verklagten Frauen behauptet wurde, sie hätten zu Hause das Sagen und kommandierten ihre Männer herum oder schlügen sie sogar.[400] Derartige Personen, auf die man sowieso schon mit Fingern zeigte, wurden, sobald man ihnen auch noch die Fähigkeit zusprach, anderen Schaden zufügen zu können, aus der Gemeinschaft verstoßen. Die isolierte Position der Verdächtigen wiederum und ihr von der Gemeinschaft abgesondertes Dasein wurden jetzt als Motive für heimliche zauberische Aktivitäten interpretiert.

In einer von Bevölkerungswachstum, Anstieg der Unterschichten, Kriegen sowie damit einhergehenden Nahrungsmittelverlusten und Güterverknappungen gekennzeichneten Umbruchszeit dürfte der Hexereiverdächtigung auch eine wichtige Funktion bei der Beherrschung oder zumindest der Eingrenzung der mit den veränderten gesellschaftlichen Verhältnissen und Strukturen einhergehenden Ängste zuzusprechen sein. Angstbewältigung durch die Projektion diffuser Ängste auf den konkreten Angstauslöser Hexerei schuf gleichzeitig eine Begründung für die jetzt als legitim angesehene Furcht vor den altbekannten Schadenzaubereien und damit eine akzeptable Basis für Hexereiverdächtigungen und -anklagen. Letztere wiederum halfen, das gegebene Kräftegleichgewicht innerhalb der dörflichen Gemeinschaft zu stabilisieren. Eine Dorfgemeinschaft hatte so durch das Mittel der Hexereibezichtigung die Möglichkeit, eine Art Güterkontrolle durchzuführen bzw. die Verteilung der begrenzt vorhandenen Ressourcen in ihrem Zuständigkeitsbereich zu regulieren. Wer über eine bestimmte Norm hinausschoß, sei es, weil er mehr erzielte als alle anderen Dorfbewohner, weil er einen überdurchschnittlich hohen Teil der Gesamtressourcen eines Dorfes sein eigen nennen konnte wie eine hingerichtete Frau aus Merzig, die nach Aussage anderer Einwohner angeblich »für drei Man Nahrung« hatte, wie Augstgen Mattheis, der so viel Vieh und Geld besaß, daß er davon verschenken konnte, oder wie Reutter Wendels Catharina, die umfängliche Ländereien, Gärten und Wiesen zu eigen hatte, kurzum – wer sich solcherart gegenüber der Dorfgemeinschaft exponierte, stellte in gewisser Weise eine Bedrohung der Sozialordnung dar und verleitete zu Neid- und Mißgunstgefühlen.[401] Dennoch erfolgte eine derartige Güterkontrolle weniger innerhalb der oberen sozialen Schicht, die meistens auch gewisse Machtpositionen innehatte – im Lothringischen waren Ämter prinzipiell käuflich und in den protestantischen Gebieten z. B. das Zensorenamt –, als vielmehr dort, wo der ohnehin geringe durchschnittliche Besitz der Gemeindebewohner durch Güterakkumulation bei einer Person deutlich überschritten wurde. Hexereiverdächtigungen hatten in derartigen Fällen eine nivellierende Kontrollfunktion, waren gleichzeitig jedoch auch immer entwicklungshemmend.

Als bewußte und unbewußte Kontroll- und Kanalisierungsmittel dienten Hexereiverdächtigungen innerhalb der saarländischen Gemeinden letztlich dazu, die »neue Hexe« als die Verkörperung all dessen, was in der Gemeinschaft keinen rechten Platz hatte oder anderweitig die Ordnung der sozialen Verflechtungen störte, auszusondern. Sie bewirkten im Gegenzug, daß die vom Kollektiv isolierten Personen außerhalb der Dorfgemeinde noch weitaus unheimlicher und damit bedrohlicher erscheinen mußten. Wer trotz seiner Anklage als Hexe oder Zauberer freigesprochen wurde, blieb weiterhin von der Gemeinschaft ausgeschlossen, denn der einmal gehegte Verdacht hielt sich zumeist bis in die nachfolgenden Generationen aufrecht. Diese allgemein vorzufindende und konsequenzreiche Tatsache bewog etwa den Amtmann auf Schloß Dagstuhl bereits 1569, aufgrund der Freilassung ungeständiger Hexen aus Noswendel in der Gemeinde anzufragen, ob sich dort jemand der entlassenen Frauen annehmen wolle. Auf diese wohl eher rhetorische Frage erhielt er ein einstimmiges »Nein« der Dorfbewohner.[402]

Welche Funktion aber hatte die Hexereiverdächtigung für die beschuldigte Person, die sich über Jahre hinweg als solche beschimpfen ließ, ohne sich zu rechtfertigen, ja die Flucht oder den Umzug in ein anderes Dorf einer Richtigstellung vor dem Amtsgericht vorzog? In diesem Zusammenhang spielt sicherlich die Tatsache eine Rolle, daß eine Person von ihrem Ansehen als Hexe auch bis zu einem gewissen Grad im Dorf profitieren konnte. Denn wer sich öffentlich als Hexe beschimpfen ließ, dem wurden oft aus Angst vor Schädigungen oder Verhexungen Wohltätigkeiten zuteil, mit denen er seine Lebenssituation erträglicher gestalten konnte. Zum andern durfte, wer im Dorf als Hexe oder Zauberer galt, sich auch ebenso benehmen, Flüche, Drohungen und Verwünschungen ausstoßen, die dann einen Ersatz für Handlungen, etwa für Ehrverletzungen oder Handgreiflichkeiten, bilden konnten, die ansonsten eine gerichtliche Ahndung erfahren hätten. Es ist interessant zu sehen, daß einige Dorfhexen und -zauberer ein ganzes Repertoire an Flüchen kultivierten und ihnen entsprechende Effektivität zu verleihen imstande waren, indem sie damit gerade so viel Druck auf ihre Nachbarn oder andere Dorfmitglieder ausübten, wie zum Überleben notwendig erschien. War eine Hexereiverdächtige wirklich in der Lage, anderen Menschen durch Bereitung von Gifttränken oder Rauschmitteln Schaden zuzufügen, so erhoffte sie sich durch die Kenntnis dieser Kredenzen in erster Linie Macht über ihre Mitmenschen. Auf diese Weise konnte sie die ihr zumeist verschlossenen Kanäle legaler Maßnahmen oder physischer Wehr umgehen. »In diesem Sinne«, schreibt K. Thomas, »war die Idee der Teufelsverehrung keine bloße Phantasie«, denn ausgerüstet mit dieser eingebildeten oder tatsächlichen Kraft konnte die vermeintliche Hexe, die in diesem Fall eigentlich eher wieder die alte Zauberin war, ihren Kampf und Rachezug gegen die Umwelt antreten.[403]

Spannungslösende Kontroll- und Kanalisierungsfunktionen der Hexereibezichtigung waren Bedeutungsgehalte, die der im ländlichen Hexenglauben begründeten Angst vor Behexungen und dem kollektiven Glauben an real verübbare Hexerei allerdings stets nach- oder nebengeordnet waren. Nur in Einzelfällen wurde eine strategisch eingeplante Dominanz einer dieser Funktionen sichtbar. Zusammengenommen dienten alle funktionalen Gehalte des Hexereiverdachts und der Anklage jedoch dem Zweck, Lücken oder Unzulänglichkeiten im privaten, gesellschaftlich-sozialen, politischen oder ökonomischen Bereich zu schließen sowie neue Ängste und lebensweltliche Zwänge zu beherrschen. Die Denk- und Affektlage der frühneuzeitlichen Landbewohner konnte sich nicht mehr an einem integrativen Verständnis einer allumfassenden göttlichen Lenkung von Mensch und Natur orientieren, hatte aber auch noch kein differenzierteres Denksystem zur Verfügung, das etwa eine Trennung und unterschiedliche Bewertung zwischen der Heilung einer Krankheit durch Besprechen, Bannen oder Segnen und der Heilung durch eine wissenschaftlich abgesicherte Verabreichung pharmakologischer Arzneien oder Kräuter ermöglichte. War es doch gerade die Zeit des endenden 16. und vor allem des 17. Jahrhunderts, in der alte Deutungsmuster aufgrund politischer, religiöser und sozialer Veränderungen abgelegt werden mußten oder überflüssig wurden, ein neues lebensweltliches Verständnis sich aber gerade erst in reformatorischen, bäuerlichen, sektiererischen oder politischen Bewegungen zu entwickeln begann. Hexereiverdächtigungen hatten dort Erklärungsfunktionen, wo institutionelle und gemeindliche, individuelle und gruppeneigene Unzulänglichkeiten keine anderen plausibel erscheinenden Lösungsalternativen zur Verfügung stellten. Sie hatten dort eine spannungslösende, zumindest spannungsmildernde Funktion, wo angestaute Konflikte und damit einhergehende gegenseitige Verunglimpfungen, Tätlichkeiten oder negative Verhaltensweisen keine Korrektur mehr zuließen oder andere Formen der Konfliktlösung entweder als unpassend verworfen, als zu gefährlich oder strafbar abgelehnt worden oder erfolglos gescheitert waren. Schließlich hatte eine Hexereiverdächtigung dann Kontroll- und Kanalisierungsfunktion auf gemeindlicher Ebene, wenn es galt, verletzte Normen oder Regeln wiederherzustellen, zu erhalten oder eine sich nicht konform zu ihnen verhaltende Person auszugrenzen.

Hexenglaube, Hexerei und volksmagische Tradition

Der Glaube an die Wirksamkeit magischer Kräfte: Volksmagische Komponenten im ländlichen Hexenglauben

Die kirchliche Sichtweise von den Wirkungsmöglichkeiten der Hexen und Zauberer scheint in ihrer Absolutheit in die ländlichen Gemeinden des Saarraumes keinen Eingang gefunden zu haben. Eine Hexe war hier in den meisten Fällen zunächst einmal eine Person, die einen plötzlichen, schwerwiegenden oder in seinem Zustandekommen unerklärlichen Schaden verursacht haben sollte. Die Reduzierung auf feststellbaren Schadenzauber hatte alte Wurzeln im traditionellen Zauberglauben, war aber auch ein Ergebnis ländlicher Verfolgungspraxis: Gerade bei diesem am eindeutigsten nachweisbaren, da sichtbaren Kennzeichen einer Behexung, war ein kollektiver Konsens am einfachsten zu finden, der zur Anklage einer Person und der Bereitschaft zu Zeugenaussagen notwendig wurde. Der Vorwurf des Schadenzaubers, der das Bindeglied zwischen der alten Zaubereivorstellung und der neuen Hexenlehre darstellte, zieht sich daher wie ein roter Faden durch alle Aussagen, in denen Dorfbewohner als Zeugen, Betroffene oder Angeklagte über ihre Erfahrungen mit der Hexerei berichteten. Sein gehäuftes Auftreten in Protokollen, Beschimpfungsklagen und Zeugenaussagen der gesamten Verfolgungsperiode zeigt, daß es sich dabei um eines der entscheidenden Elemente des ländlichen Hexenbildes gehandelt haben muß. Unerheblich war dabei, ob diese Schädigung einer Person in einer Hexenbesagung nur angehängt worden war, die Jahre später auf ihre Richtigkeit überprüft werden mußte, oder ob es sich um einen aktuellen Vorfall handelte.

Lange bevor in den Herrschaftsbereichen des Saarraumes überhaupt von Hexenverfolgungen gesprochen werden kann, war hier bereits der Vorwurf des Schadenzaubers gegenüber Personen, besonders Frauen, bekannt, denen man den Umgang mit schadenstiftenden magischen Praktiken, das heißt mit Formen der schwarzen Magie, zutraute. Statt in Hexenprozesse mündeten derlei Verunglimpfungen, die immer aus dem inhaltlichen Vorwurf des schädigenden Zaubers und der ehrenrührigen Beschimpfung als »Zaubersche«, Zauberin oder Zauberer be-

standen, in Beleidigungs- und Beschimpfungsklagen vor den zuständigen Amtsgerichten, oftmals vor der Kirchenbehörde. Ein Überblick über verschiedene Zaubereibeschimpfungsfälle, die während der 40er und 50er Jahre des 16. Jahrhunderts vor den Ortsgeistlichen der pfalz-zweibrückischen Gemeinden zur Sprache kamen, ergibt eine Skala von Verdachtsmomenten, welche zwar als Zauberei bezeichnet und gedeutet wurden, die jenen späterer Hexereibezichtigungen allerdings in nichts nachstanden. Hier wie auch später in Hexenprozessen ging es um Schadenzauber an Menschen, Tieren und Nahrungsmitteln, um Giftmischerei oder schwarze Magie.[404] Vor allem das inhaltlich unveränderte Weiterexistieren dieser Vorwürfe in den nachfolgenden Hexenprozessen führt zu der Frage, ob es sich bei den zeitlich um mehrere Jahrzehnte auseinanderliegenden Äußerungen tatsächlich um dieselbe Sache handelte, mit anderen Worten, ob die Landbevölkerung einem alten Delikt, das die Handhabung unerwünschter Magieformen beinhaltete und mit dem Begriff der Zauberei belegt wurde, einfach nur einen neuen Namen gegeben hatte, nämlich den der Hexerei. Dies und die Frage, wie man sich das Wirken einer Hexe, ihre Kräfte und Hexenkünste im Vergleich zum Zauberglauben vorstellte, soll uns im folgenden näher beschäftigen.
Aus zeitgenössischen Überlieferungen, die die Bewohner der saarländischen Dorfgemeinden zu Wort kommen lassen, ergeben sich zunächst Elemente eines Hexenbildes, die eine sehr große inhaltliche, formale und technische Nähe zu volksmagischen Traditionen der Landbevölkerung aufweisen und damit zugleich die Hexe der Dorfbewohner in eine deutliche Nähe zur alten Zauberin rückten: Der volkstümliche Hexenglaube umfaßte etwa die Vorstellung, daß der von einer Hexe herrührende Schaden – wie auch der der Zauberin – irgendeine Art Kontakt zwischen der behexten Person und der Verursacherin voraussetzte. Wie vormals bei der Zauberin waren es auch bei der Person der Hexe ihre Drohworte, Gesten und Berührungen, ihre Geschenke oder Tränke, die die Verhexung bewirkten. Hexerei, aus dieser Perspektive gesehen, war zunächst einmal eine der Zauberei vergleichbare Form der Magieausübung zur Schadenstiftung und in diesem Sinne auch eine ihr zeitlich und inhaltlich nachfolgende Erscheinungsform. Daß die Landbevölkerung sich die Ausübung von durch Hexen und Zauberer verursachten Schädigungen durchaus in Anlehnung an ihr allgemeines Magieverständnis als eine Form der magischen Veränderung durch ebensolche Kräfte vorzustellen versuchte, untermauern weitere

zeitgenössische Stellungnahmen aus den Dorfgemeinschaften. Anhand dieser Überlieferungen kann gezeigt werden, daß Hexerei, weit stärker, als es die Bekenntnisse der gefolterten Angeklagten vermuten lassen, als eine besondere, nur anhand bestimmter Kennzeichen identifizierbare Form der Magieausübung angesehen wurde. Eindeutige Verhaltensweisen, eine gewisse Körpersprache und physische Merkmale gehörten dabei ebenso zum bekannten Hexendeutungsmuster wie bestimmte Zeichen und Worte. Hexen und Zauberer waren mithin Menschen, die über besondere negative magische Kräfte verfügten, deren Wirkungsweg aber kein anderer war als der aller anderen magischen Praktiken auch. Diese bäuerlichen Auffassungen hatten mit den Implikationen der kirchlichen Hexenlehre recht wenig gemeinsam.
Die Hexe selbst besaß nun nach volkstümlicher Vorstellung im Unterschied zu allen anderen Personen, die volksmagische Praktiken mittels Gegenständen und Zaubermitteln anwandten, körpereigene magische Kräfte. Sie operierte mit diesen auch nach gewissen Gesetzmäßigkeiten und Regeln, ja sprach als Magierin sogar auf magische Mittel ihrer Identifikation an, weil auch sie sich dem magischen Milieu nicht entziehen konnte. Hexenidentifikationszauber richteten sich mit ihrem magischen Ritual direkt auf die Person der Hexe oder des Zauberers. Sie standen ihrem Ziel und ihrer Form nach in Analogie zu üblichen magischen Handlungen, die mit anderen Ritualen oder der Formulierung von Zitationsformeln einhergingen. Wie die entsprechenden Vorbilder aus dem volksmagischen Bereich hielten sich derartige Identifikationszauber immer an dasselbe Muster: Es wurde eine Vorhersage über das Verhalten, den Zustand oder eine spezielle Handlung der Schuldigen getroffen, die dann kurze Zeit später von einer Person des sozialen Umfeldes eines Geschädigten bestätigt wurde. Im einen Fall war die vermutete Hexe an den Ort ihrer Schädigung zurückgekehrt und hatte zusätzlich eine prophezeite Handlung erfüllt; in einem anderen Fall hatte die angeblich behexte Magd des Merziger Probstmeiers von diesem ein Mittel erhalten, das sie gesund, den noch unbekannten Übeltäter allerdings krank machen sollte, was auch geschah.[405] Entsprechungen im volksmagischen Repertoire, die sich etwa an einen unerkannten Dieb richteten, beinhalteten dieselbe Wirkung der Identifikation durch Zitation des Verbrechers an den Ausgangspunkt seiner Übeltat und schlossen in der prophezeienden Bannformel zugleich den Befehl mit ein, daß der Dieb die geraubten Gegenstände zurückbringe[406] – eine Vorgabe, die sich ähnlich auch im Hexenglauben wiederfinden läßt. Hier sollte

die Hexe zu ihrem Opfer zurückkommen und das, was sie ihm in Form eines Schadenzaubers zugefügt hatte, durch einen Neutralisierungszauber wiedergutmachen.

Auch die von Hexen vollführten Schadenzaubereien bewegten sich bei näherer Untersuchung der Beschreibung ihres Zustandekommens durch die Angeklagten selbst oder sie beobachtende Augenzeugen meistenteils im Rahmen der allen Gemeindemitgliedern bekannten und von ihnen beachteten Gesetzmäßigkeiten, Handlungsabfolgen und rituellen Regeln der volkstümlichen Magie. Hexereien, die aus dem Körperkontakt oder einer Äußerung der vermuteten Hexe resultierten, können etwa mit den volksmagischen Praktiken der Krankheitsbeschwörung durch Besprechen und Berühren oder Umkreisen der kranken Körperstelle verglichen werden, wobei ersteren der Spruchcharakter der Besprechungsformel fehlte, wofür sie Verfluchungs- oder Drohformeln kannten. Angebliches Hexenwerk formierte sich ebenso aus Formen des volksmagischen Analogie-, Sympathie- und Antipathiezaubers, des Übertragungs- oder Wortzaubers, der Segnerei oder des Bann- und Abwehrzaubers. So handelte es sich um nichts anderes als um volkstümliche Formen des Analogiezaubers, als Ida, die Frau des Schweinehirten von Besseringen, einen Schadenzauber an den Schafen des Amtmanns auf der Siersburg dadurch bewirkte, daß sie im Schafstall Säckchen mit giftigen Mücken aufhängte oder einen Mann durch das Eingeben kleiner giftiger Tiere mit langen Schwänzen tötete. Analogie- und Antipathiezauber vollführte auch Elisabeth, Hans Muruffs Frau, eine Witwe aus Kirrberg, die, um bei Männern Impotenz hervorzurufen, eine tote Natter in ihren eigenen Urin einlegte oder Wasser hinter ihren Opfern auf die Straße goß; ebenso Pütz Catharina, die angab, mit Hilfe zerstoßener Blüten von Bäumen alles, was blühte, vernichtet zu haben; oder drei Hexen beim Neunkircher Steinkreuz, die kräftig bliesen, um damit einen ungeheuren Sturm zu erzeugen.[407]

Analogiezaubervorstellungen steckten auch hinter der Beschuldigung, Catharina, die Frau des Velten Kern aus Glanmünchweiler, habe einem jungen Einwohner ihres Heimatortes dermaßen auf sein Herz gedrückt, daß dieser an Herzstillstand starb, oder hinter den Beschuldigungen der Wendels Sunna gegenüber ihrer Schwester Barbell, der sie unterstellte, Barbell habe ihrem Mann bei einer nächtlichen Erscheinung das Blut auf einer Körperseite dermaßen abgedrückt, daß ihr Mann ab diesem Zeitpunkt Blut spuckte und schließlich verstarb.[408]

Angebliches Hexenwerk entpuppte sich, den dabei zugrundeliegenden

Gesetzmäßigkeiten entsprechend, ebenso als Form des Übertragungszaubers unter Zuhilfenahme magischer Mittel oder magischer Übertragungsriten.

Andere als Hexerei gedeutete Vorfälle, etwa das nächtliche Gemurmel des Kettchen von Wellingen, einer wahrscheinlich Beschwörungen oder Segensformeln sprechenden Heilkundigen, können als Formen des Wortzaubers oder des fehlgeschlagenen Krankheitszaubers mittels magisch besetzter Gegenstände, Wahrsagekünste oder Heiltränke in den Rahmen volksmagischen Brauchtums eingegliedert werden. Sie gereichten dennoch auch hier zur Hexereianklage.[409]

Oft kam es gerade bei der Deutung üblicher magischer Alltagspraktiken zu Fehlinterpretationen, da nach dem Volksglauben zauberische Aktivitäten ja denselben Regeln und zum Teil auch Formen folgten: Ein Mißverständnis lag etwa der Deutung eines von Barbell der Wirtin verübten Abwehrzaubers gegen Flöhe in ihrem Haus als Versuch einer Behexung vorübergehender Dorfbewohner zugrunde. Auch der Schutzzauber der Welsch Catharina gegen Krankheiten, der im Aufhängen von Tüchern mit »menschen dreck« bestand, als Schadenszauber mißverstandene oder der von Elisabeth, der Frau des Hans Muruffs, angeblich versuchte Schadenzauber an Tieren, der im Einreiben mit Fastnachtsschmalz gründete, das von Fastnacht her aufgehoben werden mußte und schützende Wirkung hatte, waren als Hexenwerk fehlinterpretiert worden.[410] Schließlich glaubte auch der Manderner Hirte, der plötzlich beim Hüten seiner Herde zuerst zu Boden, dann in ein Gewässer geschleudert wurde und fast zwei Wochen wie von Sinnen durch den Wald irrte, sich von Else, Ternes Jacobs Frau, verhext, obwohl die von ihm geschilderten Vorgänge den Vorstellungen volkstümlicher Bannzauber entsprachen.[411]

Die Beispiele verdeutlichen, daß in die Hexenvorstellungen der Landbevölkerung und damit auch der angeklagten Hexen die Gesetzmäßigkeiten und Vorstellungen magischen Handelns, aber auch Elemente der alten Zaubereivorstellung Eingang gefunden hatten. Ritual und Verlauf der gestandenen oder bezeugten Schadenzaubereien hielten sich größtenteils an volksmagische Vorgaben und entwickelten nur selten davon losgelöste Formen. Ebenso zeigen die Arten des Zaubers und die damit inhärent verbundenen Imaginationen vom Tun der Hexen starke Parallelen zu entsprechenden Aktivitäten, die man vormals den »Zauberschen« zugesprochen hatte: Sie bewirkten Wetter- und Schwellenzauber, Krankheitsmagie oder Tierverwandlungen, brauten Gift- und

Zaubertränke oder stellten magische Substanzen, Salben, Pulver oder Tränke her. Unter dem Gesichtspunkt der verübten Hexereien betrachtet, waren die der Hexerei angeklagten Personen nichts anderes als Magier und Magierinnen mit besonderen körpereigenen Kräften, die sie in die Lage versetzten, ohne zusätzliche magische Hilfsmittel diverse Schadenzauber zu verursachen. Diese kollektiv angenommene Vorstellung gab zugleich ein gutes Identifikationsmittel zur Entlarvung von Hexenkünsten und ihren Verursachern ab: Von einem Fall von Hexerei wurde dann ausgegangen, wenn das Zustandekommen einer magischen Wirkung einzig auf personale Körpereigenschaften, sprachliche oder gestikulative Äußerungen einer Person rückführbar und keinerlei Unterstützung durch magische Hilfsmittel erkennbar war. Eine Person galt demgemäß eindeutig als Hexe oder Zauberer, wenn eine von ihr ausgehende, im allgemeinen neutrale Geste, aus sich heraus eine schädigende Wirkung erzielte.[412]

Die als körpereigene, unveräußerbar gedachten magischen Eigenschaften von Hexen – im Gegensatz zu den magischen Kräften, die sich andere Personen mittels magischer Rituale kurzfristig aneignen konnten – waren auch Voraussetzung zur Annahme einer Vererbbarkeit der Hexenkunst von einer Generation auf die nächste. Diese volkstümliche Vorstellung von der Hexenkraft »im Blut« lag vielen Beschimpfungsfällen und Anklagepunkten zugrunde. Hexen und Zauberer verrieten sich daher zumeist durch einen eindeutig auf ihren magischen Ursprung verweisenden, nur auf körpereigene magische Kräfte rückführbaren Schadenzauber. All ihre übrigen verdächtigen oder unüblichen Handlungen wurden anschließend, obwohl sie sich durchaus im Rahmen der von allen Gemeindebewohnern ausübbaren volksmagischen Praktiken bewegen konnten, nunmehr als Hexenwerk gedeutet.

Der ländliche Hexenglaube blieb also formal und inhaltlich der volksmagischen Kultur verbunden und konnte deshalb auch seine Opfer in den Gemeinden fordern. Viele später verurteilte Hexen und Zauberer hatten sich nicht nur die ihnen bekannten volksmagischen Gesetzmäßigkeiten zu eigen gemacht, sondern ihre Hexereien nach eigenen Angaben manchmal mit Elementen bekannter volkstümlicher Magiepraktiken und den ihnen zugrundeliegenden Wirkstoffen oder Magiemitteln ausgestattet. So hatte die eine, um einen Butterzauber durchzuführen, an Walpurgisnacht Fäden über die Dorfstraße gespannt und Säckchen daran gebunden, die einen magisch wirksamen Inhalt besaßen; eine an-

Abbildung 8: Hexen brauen ihre Tränke, Federzeichnung von Jacques de Gheyn II. (1565–1629)

dere hatte zu demselben Zweck eine Kröte auf den Boden des Butterfasses gesetzt, die für eine ständige Erneuerung der Butter sorgte; eine dritte verwandte für die Zurücknahme einer von ihr verübten Behexung einen Trank aus Kräutern und Pflanzen, der aus der volksmagischen Heilkunde bekannt war.[413] Weitere Verdächtige hatten nach Angaben ihrer Opfer oder deren Angehöriger gemäß dem alten Bild der »Zauberschen« giftige Tränke, Salben oder Suppen zur Verhexung gebraut.[414] Im letzteren Fall handelte es sich um ein der volkstümlichen Zaubervorstellung bekanntes, jedoch von der neuen Hexenlehre übernommenes Element, da ja auch den Hexen die Herstellung von zauberkräftigen Mitteln aus toten Kindern, Ungeziefer und dergleichen unterstellt wurde.

Die für die hier denunzierten Behexungen verwandten Mittel und Substanzen entstammten durchaus jenem kosmologischen Regelsystem bzw. der traditionellen Signaturenlehre aus Entsprechungen, Analogien in Form, Farbe, Gestalt oder Eigenschaft, auf denen die magische Wirksamkeit basierte und Wirkungen erwartbar waren. Bei näherer Untersuchung scheint es jedoch so, daß die Verwendung etwa von Entsprechungen der Signaturenlehre in Hexereifällen nicht den üblichen Kontexten entsprach, also in gewisser Weise auf außenstehende Beobachter deplaziert und merkwürdig wirken mußte. Kröten beispielsweise, die allgemein als giftige Tiere angesehen wurden und deshalb auch ihren Platz im alten Zauberglauben hatten, wurden in der Volksmagie entweder zur Entgiftung eines Kranken oder von Nahrungsmitteln verwandt, weil sie das Gift an sich ziehen konnten, oder sie dienten den »Zauberschen« zur Vergiftung von Mensch und Tier; eine zur Buttergewinnung eingesetzte Kröte – wie im geschilderten Fall – mußte dagegen verdächtig wirken. Zwar gab es gegen Hexenwerk ein ganzes Arsenal magischer Praktiken: die Verabreichung einer gewöhnlichen Suppe aus Kräutern, die nicht einmal gesegnet waren, gehörte jedoch nicht dazu, ebenso wie das Spannen von Fäden, an denen Säckchen hingen, eher in den Bereich des Krankheitszaubers oder der Abwehrmagie denn in den des Butterzaubers gehörte.[415]

Volksmagische Praktiken, so ließe sich daraus folgern, die anderen bekannt waren, aber von den Ausführenden in ihren Anwendungsregeln nicht eingehalten, das heißt zur falschen Zeit, am falschen Ort, auf falsche Art und Weise oder zum falschen Zweck verwandt wurden, scheinen bei den zeitgenössischen dörflichen Beobachtern Mißtrauen, Skepsis und Argwohn ausgelöst und zusammen mit anderen Vermutungen Hexereiverdächtigungen bewirkt zu haben. Dies war besonders dann der Fall, wenn Nicht-Spezialisten außergewöhnliche Magierituale durchführten und wenn umgekehrt volksmagische Spezialisten plötzlich allgemein bekannte Magiepraktiken in irgendeiner Weise falsch durchführten. Von ihnen erwartete man, daß sie die Anwendungsregeln beherrschten, und wenn sie sie nicht anwandten, mußte dies einen außergewöhnlichen Grund haben. Da in der volksmagischen Vorstellungswelt die Wirkung einer magischen Handlung sehr eng mit den Vorschriften des zugehörigen Rituals oder der Verwendung der notwendigen Zaubermittel verbunden wurde, ließen der Gebrauch ungewöhnlicher Mittel oder aber die Abänderung einer Vorschrift des üblichen Rituals darauf schließen, daß die magische Wirkung eigentlich nicht hätte erzielt werden können oder doch nur durch unlautere bzw. gefährliche Mittel, deren Kenntnis man aber nur den »Zauberschen« zusprach. Andererseits war zu vermuten, daß die ausführende Person ein anderes als das übliche Ziel der magischen Praxis im Auge hatte, oder aber, daß es nicht die magische Kraft der verwendeten Hilfsmittel, sondern körpereigene Kräfte der handelnden Person sein mußten, die gegebenenfalls dennoch eine Wirkung hervorgebracht hatten. Die drei dem zeitgenössischen Magieverständnis und dem Glauben an die regelhafte Wirksamkeit magischer Kräfte durchaus logisch zugehörigen Schlußfolgerungen mußten unwillkürlich zur Interpretation dieses merkwürdigen Tuns als Zauberei oder Hexerei führen, sofern das beobachtete Handeln überhaupt magisch gedeutet wurde.

Wir sehen, daß aus der Perspektive der Dorfeinwohnerschaften des Saarraumes gerade Schadenzaubereien jene Elemente waren, die sich am engsten und häufigsten sowohl mit dem Begriff der Zauberei als auch mit dem der Hexerei verbinden ließen. Unter Schadenzauber wurden von der Bevölkerung all jene Ereignisse, Sachverhalte, Situationen oder Geschehnisse subsumiert, die als schädigend, unerwünscht, negativ oder bedrohlich einzustufen waren und deren Zustandekommen einer bestimmten Person zugeschrieben werden konnte. Die Vorstellungen wiederum davon, wie nun diese Person einen Schadenzauber bewirkt hatte, bewegten sich sowohl in den Köpfen der Verdächtigen als auch in den Köpfen aller anderen Dorfbewohner fast ausschließlich in den Bahnen der traditionellen Volksmagie.

Anhand des Beispiels der Schadenzauberei und der inhaltlichen wie formalen Ausrichtung, die dieser Begriff in den Ausführungen der Dorfbewohnerschaft erhalten konnte, ist daher nachweisbar, daß der Hexenglaube des Volkes vor dem Hintergrund seines volksmagischen Verständnisses zumindest das Element Schadenzauber keineswegs im doktrinären Sinne der offiziellen Hexenlehre rezipierte. Die den Zauber ausführende Person war nicht Teufelswerkzeug, sondern galt als eine besondere Spezialistin unter den volksmagischen Professionellen. Dieses Ergebnis legt den Schluß nahe, daß auch andere Elemente der kirchlichen Hexenlehre in eben dieser beschriebenen Weise dem traditionellen Erfahrungshorizont und dem magischen Verständnis der Landbevölkerung angepaßt wurden.

Hexenküche: Ein Gemisch aus magischen, lebensweltlichen und dämonologischen Vorstellungen

Die Überlagerung kirchlicher mit volkstümlichen, lebensweltlichen und volksmagischen Elementen gestaltete nicht nur viele Vorstellungen der doktrinären Hexenlehre im ländlichen Hexenglauben um. Sie bot auch die Möglichkeit zu ganz neuen, phantastischen Imaginationen über das Wirken von Hexen und Zauberern.

Nach der kirchlichen Hexenlehre fuhren Hexen und Zauberer nach ihrer Verführung durch den Teufel, nach Abschwur, Buhlschaft und Gegentaufe mit ihrem teuflischen Buhlen zum nächsten Hexentanzplatz, um sich dort der versammelten Gemeinschaft vorzustellen und an den Gastlichkeiten und Schadenstiftungen, besonders aber an der dort stattfindenden Satansverehrung teilzunehmen. Auch die Imaginationen der Landbevölkerung über die Aktivitäten von Hexen und Hexenmeistern enthielten Vorstellungen von Hexenzusammenkünften und Hexentänzen, die nicht nur Eingang in die Bekenntnispunkte der Angeklagten fanden, sondern auch manche Zeugenaussage schmückten. Der eine oder andere Dorfbewohner, der sich des Nachts allein an einer vom Dorf abgelegenen Stelle, im Wald, einem Stall oder verlassenen Haus aufhielt, glaubte ein derartiges Hexentreffen mit eigenen Augen beobachtet zu haben und von diesem Anblick erkrankt zu sein. Im Gegensatz zu den orgiastischen Gelagen und ketzerischen Teufelsanbetungen, die man von kirchlicher Seite bei derartigen Hexensabbaten unterstellte, sah der Bericht des unfreiwilligen dörflichen Zeugen zumeist so oder ähnlich aus: Der hier zitierte Zeuge, ein 20jähriger Knecht, hatte sich nach getaner Arbeit und dem Nachtessen »in seines Meisters Meyer scheuren uff dem heue schlaffen gelegt und indeme er nach erstem schlaff erwachet, habe er gesehen, daß es gar hell in der scheuren gewesen, auch sich balt ein groß gedantz in der scheurendenne erhoben und haben hinder sich uberücks gedantzet, in welcher gesellschaft er zeug under anderen auch aigentlich gesehen und erkendt, Schneider Augustin aus Honzrath welcher Schneider Augustin bei dem wagen, so noch mit heue geladen im denne gestanden, uff einer schwellen gesessen und mit einem grossen grellen Instrument (so elendig gelauttet) gepfiffen. Sie haben sich in der gesellschaft auch woll berathschlaget, den wagen hinauszuschaffen, jedoch durch rath etlicher stehen plieben, und das wesen habe fast eine stundt gewehrt, auch darnach mit grossem saussen verschwonden, und wieder finster in der scheuren worden. Er zeug habe sich inmitteler weillen nicht wegen noch reden kunnen.«[416] Außer dem ungewöhnlichen Tanzen, der disharmonischen Musik und dem schnellen Verschwinden der Hexengesellschaft ist an der geschilderten nächtlichen Begegnung eigentlich nichts Ungewöhnliches. Etwas seltsam, aber keineswegs dämonisch, mutet sie eher wie die Beschreibung eines geheimen Tanzvergnügens der Dorfjugend oder

eines lustigen Schabernacks nach einem Wirtshausbesuch an. Es traten weder unheimliche Gestalten in Erscheinung, noch war die Rede von der Anwesenheit des Teufels oder der Buhlteufel.
Im Gegensatz zu Inhalten der kirchlichen und elitären Hexenlehre, die in den Hexen und Hexenmeistern die allgegenwärtigen und fast allmächtigen Agenten des göttlichen Widersachers und der christlich-sozialen Weltordnung zu erkennen glaubten, blieb der volkstümliche Hexenglaube durchaus »bodenständig«. Viele seiner Elemente korrespondierten mit Bildern und Vorstellungen, die der dörflichen Lebenswelt vertraut waren bzw. die aus den verschiedensten bäuerlichen Lebensbereichen entlehnt wurden, um damit die besondere Welt der Hexen und Zauberer zu inventarisieren. Ein Hexentreffen ähnelte mit seinen Eß- und Trinkgelagen, den Tanzvergnügen und Späßen sowie den auch bei dieser Gelegenheit üblichen Annäherungen der Geschlechter mitsamt der musikalischen Umrahmung und den hier und da angezettelten Schadenzaubereien einem größeren dörflichen Fest, auf dem sich die Gäste amüsierten und unterhielten. Ein Angeklagter sprach im Zusammenhang mit einem Hexengelage dementsprechend davon, daß die Hexen »Kirmiß gehalten« hätten.[417]
Übernahmen Hexenzusammenkünfte ihrer volkstümlichen Ausgestaltung nach den Festcharakter bäuerlicher Geselligkeitsformen sowie das Rollen- und Sozialverhalten der Festtagsgäste, so übersteigerten sie doch gelegentlich die dargebotenen Genüsse entweder in unerreichbare Höhen, oder sie verkehrten sie ins Gegenteil, um ihnen einen ungewöhnlichen Stellenwert zuzuschreiben. Da gab es auf der einen Seite beim Hexenmahl die erlesensten Speisen und Getränke, Fleisch und Wein, soviel man begehrte. Es wurde aus goldenen Bechern oder Krügen getrunken, ja die Anführer thronten sogar auf goldenen Sesseln, während die Hexengesellschaft selbst um die gedeckte Tafel saß oder ihr Essen bequem auf dem Boden liegend einnahm.[418] Andere Schilderungen betonen zwar auch die Außergewöhnlichkeit der angebotenen Speisen und Getränke, charakterisieren sie zugleich jedoch als nicht wohlschmeckend, als fade oder verdorbene, als nicht sättigende oder seltsam gefärbte Nahrungsmittel. Ähnlich war es mit der Musik, die zum Tanz aufspielte und den Anwesenden Vergnügen bereiten sollte, aber nur elende Klänge ertönen ließ und manche Hexe zum Verlassen des Tanzplatzes veranlaßte, statt sie zum Tanz zu animieren.[419]
Ebenso wie die ländliche Gesellschaft war auch die Hexengesellschaft hierarchisch gegliedert. Obwohl Standesunterschiede sowie ge-

schlechtsspezifische Zuweisungen der sozialen Repräsentation, die den Mann als den Vertreter der Familie oder des Dorfes in der Öffentlichkeit, die Frau als Herrin des Hauses ohne politische Außenwirkung festlegten, hier keine Rolle zu spielen scheinen, gab es dennoch eine obere Gruppe sogenannter »Befehlshaber« oder »Obersten«. Es waren Frauen wie Männer, die eine Hexengesellschaft leiteten und darüber entschieden, was geschehen sollte, wer aufgenommen wurde oder bestraft werden mußte.[420] Außer in der Bezahlung, die die einfachen Mitglieder ihren Obersten entrichten mußten – Reiche zahlten mehr als Arme, Mittellose mußten statt der Entrichtung der Abgabe dem Obersten den Hintern küssen –, scheinen Hexen und Zauberer sich in ihrem Rang voneinander nicht unterschieden zu haben, sofern sie sich den Vorschriften und Abmachungen der Hexensekte unterwarfen. Denn auch die Gemeinschaft der »Zauberschen« kannte, wie die bäuerliche Gesellschaft, ein System festgesetzter Bestrafungen und Belohnungen: Hatte eine Hexe sich geweigert, bei einem Schadenzauber mitzumachen oder ihre Einwilligung dazu zu geben, wurde sie entweder von ihrem Buhlen dafür geschlagen oder mußte sich selbst, etwa durch selbstverursachten Schadenzauber an den eigenen Tieren, bestrafen. Wer bei einer Hexenversammlung den Namen Gottes oder Jesu erwähnte und damit die ganze Gesellschaft auflöste, zahlte Bußgelder oder wurde vom Buhlteufel mit Schlägen bestraft, an den Haaren herumgeschleift oder gepeinigt. Wer schließlich nicht auf dem Hexentanzplatz erschien oder sich weigerte, dorthin zu fahren, wurde dazu gezwungen und mit Gewalt vom Buhlen verschleppt. Besonders erfolgreiche, fleißige Anhänger des Teufels erhielten dagegen die Posten der Obersten, die Einfluß und Reichtum gewährten, durften beim Hexengelage in der ersten Reihe sitzen oder näher beim Obersten stehen, ja bekamen sogar manchmal eine regelrechte Entlohnung.[421]

Nach der elaborierten Hexenlehre, aber auch nach der volkstümlichen Vorstellung, erhielt jedes neuaufgenommene Mitglied der Hexensekte einen Buhlteufel, der es kontrollierte und zu zauberischen oder unzüchtigen Werken verleitete. Der ländliche Hexenglaube glich dabei die Tatsache einer Zweierverbindung von Mensch und Dämon den lebensweltlichen Vorbildern für eine lebenslängliche Verbindung zweier Menschen an: Nicht nur, daß bei dem Zusammengeben der beiden Partner die Rede von »Braut« und »Bräutigam« war und sie auf den Tanzplätzen ihre »Hochzeit« gehalten hätten, sondern über die Verwendung dieser Begrifflichkeiten hinaus unterlag auch die eingegangene Verbindung mit dem Teufelsbuhlen den ansonsten im bäuerlichen Bereich üblichen Heiratsbedingungen und -verpflichtungen.[422] So wurde auf folgende Weise auf der »Merziger Holtzhau«, dem Tanzplatz für die Hexen des Kondominiums, Hochzeit unter einem Apfelbaum gehalten: »Daselbst«, so berichtete eine anwesende Hexe, »weren sie zusammen komen, geessen und getruncken, darnach were ein teufel wie ein junger gesell kommen und hett an die muter des megdgen begert, welcher sich gruen hud genent, demselben hett sie das megdgen zugesagt und under dem baum sich zusammen gelegt.«[423] Waren es meistens die Obersten, die Buhlteufel oder die gesamte Hexengesellschaft, die das Paar zusammengaben, so ging es bei einer Hochzeit auf dem Hochsberg bei Knorrscheid recht christlich zu: Die Braut war von ihrem Buhlen, dem Bräutigam, mit einem schwarzen Bock zu Hause abgeholt und auf den Tanzplatz gebracht worden; »ein Pfaff mit einem langen kleidt (wisse nicht von waß farben) hab sie zusammen geben, eß seye zu eßen und zu drincken gnugsam, aber unschmeckig alda gewesen, das brodt und saltz hab in allen ermangelt, jedoch der wein hab ein gutten geschmack gehapt, und haben lincks herumb getantzet, gleichwoll nicht ubels für daß mal berathschlaget und die Gesellschafft seye groß geweßen«.[424] Hier handelte es sich nicht nur um eine nach christlichen Vorstellungen und Riten vollzogene Hochzeitszeremonie, sondern um eine in den Dörfern übliche Bauernhochzeit mit anschließendem geselligem Beisammensein der geladenen Gäste. Daß die auf die eine oder andere Art gestifteten teuflischen Hochzeiten als tatsächliche Verbindungen bis in den Tod eines Partners angesehen wurden, das heißt einen der Ehe vergleichbaren Status im ländlichen Hexenglauben einnehmen konnten, zeigt auch folgendes Beispiel: Hier berichtete der angeklagte Meiers Hanß als Augenzeuge vor Gericht von einem Teufelsbuhlen, der auf der Holtzhau erschienen sei »und vorgegeben, so wie sein Buhll nemlich Kling Mary von Mertzig dott und abwesend sey und ehr witwer worden, dernhalben zeitt wehre, daß ehr ein andern Buhll bekäme, daruff die Lenmeiers von Beßeringen geratten, sie wüßt noch ein jung Madt, dieselbig will sie ieme zubringen. Also folgendß ihr Lehnmeierschen dienst Madt Sunngen dahin bracht und sie demselbigen Spitzhut ubergeben, hochzeit gehalten, und durch einen obersten zusamen vermehelt worden«.[425]

Aus dem Vorangegangenen wird deutlich, daß die Bewohner der saarländischen Landgemeinden eine wörtliche Rezeption der kirchlichen Hexenlehre verweigert und statt dessen einen ihnen verständlichen

Hexenglauben entwickelt hatten. Dieser zeichnete sich dadurch aus, daß er viele seiner ursprünglich fremdartigen und mystischen Elemente durch Einbeziehung der Alltagsrealität und des Dorflebens anschaulicher und emotional nachvollziehbar gestaltete. Die Transformation vieler der bäuerlichen Welt zunächst fremd und unheimlich erscheinender Sachverhalte und Gegebenheiten in bekannte Formen und Alltagsrituale stellte alles andere als eine Bagatellisierung, Verharmlosung oder gar Entmystifizierung von Inhalten der kirchlichen Hexenlehre dar; vielmehr handelte es sich um deren inhaltlich-emotionale Aufbereitung, wodurch sie erst einen plausiblen Stellenwert im Bedeutungs- und Handlungsgeflecht von Dorfgemeinschaften sowie damit verbundene mögliche Funktionen erhalten konnten.

Wie aber ließen sich mit dem Hexenglauben der dörflichen Bevölkerung, der mit Elementen und Erfahrungen des ländlichen Alltagslebens angereichert wurde, jene dämonischen, ja teuflischen Elemente nun vereinbaren, die sich zumindest mit dem kirchlichen Hexenbegriff aufs engste verbanden? Gab es in den volkstümlichen Vorstellungen von den heimlichen Aktivitäten der Hexen überhaupt die Gestalt des teuflischen Bockes, auf dem sie zum Tanzplatz ritten; gab es den Teufelsbuhlen, der sie zum Tanzplatz begleitete und beim Schadenzauber zu Hilfe kam; existierten Vorstellungen darüber, wie eine nächtliche Hexenfahrt oder eine Teufelsverehrung aussahen, und was war mit dem Hauptagitator, dem Teufel selbst?

Bereits die vorausgehende Untersuchung der Hexengeständnisse kam zu dem Ergebnis, daß Vorstellungen eines die Hexen nach der Verführung begleitenden oder unterstützenden Teufels kaum eine Rolle spielten. Auch Berichte unbeteiligter Beobachter von Hexentreffen und Schadenzaubereien räumten seiner Anwesenheit selten einen Platz ein. Zwar könnte in diesem Zusammenhang eingewendet werden, daß Schilderungen einer persönlichen Begegnung mit dem Teufel in der Zeit der Hexenverfolgungen leicht hätten als Indiz der Zugehörigkeit zur Hexensekte interpretiert werden können, weshalb der dörfliche Beobachter die wahrgenommene Gestalt des Teufels einfach verschwieg. Doch deuten gerade die Geständnisse derer, die unter der Folter bereits bekannt und nichts mehr zu verlieren hatten, sowie die Bittschriften von Gemeinden oder Hochgerichtsbezirken, die sich immer nur auf die Verfolgung von Hexen und nie auf den Wunsch eines Kampfes gegen den Teufel bezogen, und nicht zuletzt die Zeugenaussagen jener Gruppen von Landbewohnern der gehobenen Stände, die weder Hexereibeschimpfungen noch -anklagen zu fürchten hatten und dennoch den Teufel kein einziges Mal erwähnten, darauf hin, daß dem ländlichen Hexenglauben die Teufelsgestalt nicht notwendig zugehören mußte. Obwohl bei Hexereibeschuldigungen und -verdächtigungen hier und da die Rede davon war, daß die jeweilige Person mit dem Teufel umgehe, daß sie manchmal nachts »Ceremonien« zur Anrufung des »Teufelsgespensts« durchführe oder den Teufel in den Händen, im Kopf, in der Seite oder im Leib habe[426]; bei allen derartigen Erwähnungen blieb der Teufel jedoch zumeist eine unpersönliche Gestalt und körperlose Macht, ähnlich der eines Geistes oder Krankheitsdämons. Die volkstümlichen Vorstellungen vom Teufel und die Phantasien über sein Aussehen tendierten mithin weit eher dazu, in ihm ein reines Geistwesen, den obersten oder bösartigsten unter den Geistern zu sehen als etwa eine bockartige Gestalt, ein mißgestaltetes, mit Pferdefuß und Klauen ausgestattetes menschenähnliches Wesen oder ein gehörntes, schwarzes Ungeheuer, wie ihn viele zeitgenössische Höllendarstellungen zeigen. Oft wurde auch eine der ländlichen Geister- und Dämonenvorstellung entsprechende Tierverwandlung des Teufels angenommen.

Die Inkarnationen Satans reichten von seiner Aufmachung als Edelmann mit Hut, Mantel und guten Manieren bis hin zur gut gekleideten Frau mit Spitzhaube und buntem Kleid, aber auch nur angedeutete Erscheinungsformen als Geist oder Dämon und die Annahme von Tiergestalten wurden berichtet. Im Fall einer Begegnung mit einer Hexe oder einer ganzen Hexengesellschaft erwähnten Zeugen häufig das ebendortige Leuchten einer blauen oder feurigen Flamme, die zugleich mit den Hexenerscheinungen wieder verschwand.[427] Daß es sich bei dieser merkwürdigen Schilderung wohl um eine volkstümliche Teufelsvorstellung handelte, ergibt sich eindeutig aus Hexengeständnissen, die derartige Erscheinungen als die Metamorphosen Satans und seiner Gesellschaft von Buhlteufeln erkennen ließen. Als Zeuge berichtete etwa Hosen Hans im Verfahren gegen Lauers Barbell, sie sei ihm des Nachts zusammen mit einem hellen Licht erschienen; andere Dorfbewohner glaubten mitsamt der Hexenerscheinung ein blaues Licht oder eine besonders intensive Helligkeit in der nächtlichen Dunkelheit gesehen zu haben. Wieder andere erwähnten bei der Beobachtung eines nächtlichen Hexentanzes ein »teuflisches Feuer«, das intensiv brannte, oder eine unerklärliche Helligkeit.[428] Vernommene Angeklagte wiederum wußten von Wesen auf den Tanzplätzen zu berichten, »welche feurig

geweßen und daß feuwer ihnen zum maul heraußer gangen«, erzählten von einem blauen Licht oder einem blauen Rauch, den der Buhle immer bei sich hatte, von blauem Licht, das den Teufel ankündigte, oder von feurigen Teilnehmern beim Hexentanz.[429] Schließlich erschien der Teufel einer späteren Angeklagten beim ersten Mal als ein undeutliches »weißes gesicht«, einer anderen im Gefängnis nach ihrem Geständnis als »blaulicht zwischen 11. und 12. uhren«, das traurig ging.[430]
Zwar kannte der volkstümliche Hexenglaube auch das Auftreten des Teufels in Tiergestalt – Tierverwandlungen sagte man seit alters auch den Zauberinnen und später dann den Hexen nach –, entgegen der kirchlichen Hexenlehre, die dabei die Bocksgestalt betonte, sah die Landbevölkerung den Teufel aber weit häufiger in Gestalt eines schwarzen Hundes oder Hahns oder anderer Tiere des bäuerlichen Milieus. So behauptete eine Hexe, der Teufel habe immer in Gestalt eines schwarzen Hundes mit ihr gebuhlt; eine andere erzählte, ihr Buhle sei auf ihren Ruf hin in Gestalt eines Hahnes herbeigeflogen und habe sich auf ihrer Schulter niedergelassen, während der Teufel in einem weiteren Fall einer Verurteilten in Gestalt einer Spitzmaus im Gefängnis Gesellschaft leistete.[431] Selbst bei beobachteten Aufbrüchen von Hexen zu ihren Versammlungen hatte keiner der unfreiwilligen Zeugen je einen Bock zu Gesicht bekommen, obwohl gerade der Hexenflug auf dem in Gestalt eines Bockes erscheinenden Buhlen zu den stereotypen Geständnispunkten fast aller angeklagten mitteleuropäischen Hexen und Zauberer gehörte. Als Kennzeichen einer stattfindenden Hexenfahrt registrierten die dörflichen Beobachter statt dessen beim Verschwinden oder Auftauchen der angeblichen Hexen ein außergewöhnliches Sausen und Brausen, begleitet von einem stürmischen Wind. Auch hier spielte die Gestalt des Teufels oder des teuflischen Buhlen eine so geringe Rolle, daß sie weder erwähnt noch bemerkt wurde. Dagegen blieb der Hexenflug in seiner volkstümlichen Beschreibung der Vorstellung vom brausenden, Wind aufwirbelnden wilden Heer der Diana oder von Wotans nächtlichen Reitern verwurzelt. Der Teufel – darauf deuten zumindest alle Berichte über seine äußere Erscheinung – hatte nach volkstümlicher Vorstellung nichts wirklich Gefährliches oder Erschreckendes, ja er war nicht bedrohlicher, als jeder andere böse Geist oder Dämon es in der Vorstellungswelt der Landbewohner auch war. Wenn von dörflicher Seite überhaupt von ihm gesprochen wurde, so maß man ihm eine allgemein bekannte Gestalt für Geisterwesen zu, etwa die des Rauches, des Lichtes oder der feurigen Flamme. Oder er

erhielt nach traditionellem Muster das auch aus der Imagination von Krankheitsdämonen bekannte Aussehen eines Tieres, jedoch nur selten das in der Hexenlehre für ihn vorgesehene des Bockes.
Die zu Beginn unserer Ausführungen von einem Augenzeugen wiedergegebene Beschreibung eines beobachteten Hexentreibens in einer abgelegenen Scheune zu nächtlicher Zeit erlaubt über die volkstümliche Vorstellung von derartigen Zusammenkünften hinaus einen zusätzlichen Einblick in die Imaginationen, die sich die Dorfbewohner von den Personen des Zauberers und der Hexe machten. Beide wurden selbst in Ausübung ihres Hexenmetiers und ihrer rituellen Hexentreffen von Bevölkerungsseite her als ganz gewöhnliche Menschen wahrgenommen, die man an ihrem unveränderten Äußeren jederzeit identifizieren und mit Namen benennen konnte. Das volkstümliche Bild, das man sich von den Hexen machte, blieb in gewisser Weise auf dem Boden der Wirklichkeit, der lebensweltlichen Realitäten und Erfahrungswerte der bäuerlichen Betrachter, ebenso wie die Hexe selbst bei ihren Aktivitäten »auf dem Boden« blieb. Ihre Schadenzaubereien spielten sich im Dorf, in den Häusern und Ställen der Nachbarn ab, die sie nachts aufsuchte, ohne daß dazu ein fliegender Bock, eine Gabel oder ein Besen nötig gewesen wären. Weniger der Hexenflug als ein schleichender Gang, das lautlose Huschen einer Katze oder eines schwarzen Huhnes, in deren Gestalt sie sich verwandeln konnte, kennzeichneten ihre geheimnisvollen Umtriebe. Dieses weniger dämonische als verwirrende, unkontrollierbare und außergewöhnliche Erscheinungsbild der Dorfhexe mitsamt ihren Aktivitäten nahm ihr womöglich einiges von ihrer Gefährlichkeit und teuflischen Übersinnlichkeit, die ihr die geistigen Eliten Europas zugesprochen hatten. Ob man sie auf einer Wiese nackt beim Tanzen beobachtet hatte, ob sie nachts am Bett eines Dorfbewohners erschien oder einem Nachbarn unterwegs im Wald oder auf seinem Nachhauseweg begegnete, stets erinnerten die von den Augenzeugen geschilderten Handlungen der Hexe an ein aus dem volksmagischen Zusammenhang bekanntes Ritual oder eine dort übliche Form der Magieausübung. Immer erschien die Hexe in ihrer Alltagsgestalt, manchmal begleitet von einem merkwürdigen Sausen und Rauschen oder umhüllt von einem blauen Lichtschein. Auch hier wie in vielen unterstellten Hexereibeschimpfungen waren es allein ihre Berührungen, Gesten, ihre Worte oder Formeln, die zeitweise Lähmungen, langwierige Krankheiten oder auch nur Angst und Schrecken hervorrufen konnten.

Abbildung 9: Hexen erscheinen im Traum, Titelkupfer zu John Webster, Untersuchung der vermeintlichen und sogenannten Hexereien, 1716

Gerade die Transformierung vieler dämonischer und teuflischer Komponenten der Hexenlehre in jene dem volkstümlichen Verständnis näherstehenden Varianten zeigt, daß das allmähliche Einsickern der seit den 80er Jahren des 16. Jahrhunderts dem ländlichen Bevölkerungskreis bekannten offiziellen Hexenlehre weitaus mehr die Aktualisierung traditioneller Vorstellungsmuster über schädigende und »schwarze« Magieformen sowie die Aktivierung volksmagischer und lebensweltlicher Vorstellungen beförderte. Eine identische Übernahme des kirchlichen Hexenmusters blieb hier deshalb aus, weil sie einen logischen, emotionalen und alltagsfernen Fremdkörper im kollektiven Denken der bäuerlichen Gesellschaft gebildet hätte, dessen funktionale Einbettung in andere Bedeutungs-, Denk- und Handlungsgeflechte des ländlichen Alltagslebens mißlungen wäre. Statt dessen orientierte sich der ländliche Hexenglaube in gewisser Übereinstimmung mit den erfahrbaren Kontexten des ländlichen Lebens und Arbeitens an plausibel erscheinenden Möglichkeiten. Aus dieser Perspektive war die Hexe selbst für ihre Nachbarn, Verwandten und die Mitglieder der Dorfgemeinschaft weit eher eine böse Zauberin geblieben, als zur neuen Teufelsbuhlerin geworden. Ihre äußere Erscheinung hatte nicht viel Geheimnisvolles oder Dämonisches, manchmal vielleicht eher etwas Ungewöhnliches, Ausgefallenes, das beispielsweise den allgemeinen Normen vom Aussehen und Benehmen einer ehrenwerten Frau widersprach. Führte sie einen Schadenzauber an einer Person durch, so war sie für diese sichtbar und erkennbar; hatte sie einen Anschlag im geheimen durchgeführt, so war es mittels magischer Rituale möglich, sie als die Schuldige sichtbar werden zu lassen.
Auch Vorstellungen von einer eigenen »Welt der Hexen«, ihren magischen Möglichkeiten und Handlungen außerhalb der Schadenzauberei, Phantasien zum Beispiel zum Hexenflug, zur Tierverwandlung, zum Hexentanz und ihrem Verhältnis zum Teufel und den Buhlteufeln, entsprechen nur selten den durch die kirchliche Hexenlehre vorgegebenen Mustern oder fehlen völlig. Wurden Elemente, die bislang zum alten Bild der Zauberin gehört hatten und jetzt auch dem neuen Hexenbild zugehörten, in den ländlichen Hexenglauben übernommen, behielten sie zumeist ihre ursprüngliche Ausrichtung bei: Die Schadenzaubervorstellung blieb der Volksmagie verwurzelt, der nächtliche Hexenflug der Vorstellung vom brausenden, wilden Heer der Diana; bei der Tierverwandlung blieb die traditionelle Katzenvorstellung, die schon für die Zauberin galt, dominant. Die Dorfhexe oder der Dorfzauberer

agierten zudem, wie die traditionellen Zauberinnen dies taten, nach volkstümlichem Verständnis zumeist allein und nicht als Gruppe oder Sekte.

Hoffnungsvolle und optimistische Seiten: Der dörfliche Kampf gegen Hexen und ihre Zaubertaten

Im Prozeß gegen Schul Anna aus Merzig kamen 1590 folgende Zeugenaussagen zustande: »Adams Leonhardt, churfürstlicher Schultheiß zu Mertzich, alt ungefar 45 jar, in krafft seines eidts examiniert, sagt anfenglich es sei das gemein geschrei, Schul Peters hausfraue Anna soll ein Zaubers sein. Ferners sagt Zeug, es were ein jar oder acht, als er in der nacht, alß er auff seinem bett gelegen und sich wol gesegnet gehabt, gedaucht hett, er sehe drey pershonen, eine zu fuessen, die sich verstopfft gehabt, und zwo nemlich Schul Peters hausfraue Anna und Meisen Philipsen frau Mareth zu haupten stehen, welche ime einen dranck eingeben wollen, ... und als er sich deswegen gesegnet und umbgewendet, beduncke er und wisse anders nit, dan sie weren zur Cammer thur außgebrochen, aber eigentlich kunne er es nit sagen. Sagt auch, es were nit lang daß er ein mal mit Hudt Anthon, Vogtbotten, were in Michaels hauß an der Sarren zu unfrieden worden, als die vogtgericht sampt iren weibern daselbst zu wein gesessen. Und hat damals Schul Peter Anna inen umbgriffen und gehalten, daruber er sich geubt und sie auffs maul geschlagen, uber ein tagh oder zwene darnach hett er solichen gebrechen an dem armen bekommen, daß er denselbigen nicht gebrauchen noch etwaß damit thun kunden, und als er bey dem Pastorn zu Bescheidt darzu rhat gesucht, welcher ime wasser geschickt einzunehmen, hette er gesagt, es were zauberey...
Michael Peltzer zu Mertzich, alt ungefahrlich 40 jar, beeidigt, sagt, jungst verschinene St. Mathens tag were uß dem jar gewesen, daß er sein megdgen angestellt hette, fall im felt zuhueten, und weren andere kinder zu ime kommen, welche Schul Peters anna gejagd... hett sie das megdgen wieder den kopff geschlagen. Darnach am fron Sontag als das megdgen wasser und saltz in die kirch getragen, das es gesegnet wurde, hett das megdgen angefangen zudollen und zu lauffen... derhalben er rhat darzu gesucht bei herrn Matheisen zu Bescheit, welcher ime neun körnergen in einem brieffgen und ein krugeltgen mit wasser geben, dem

megdgen neun morgen einzugeben, als dan sull es mit ime besser werden, und als er zeug soliches dem megdgen eingeben, were Schul Peters frau kranck worden...
Schu Hansen Philips zu Mertzich alt ungefahr 32 jar, sagt eß were an die 10 oder 12 jar daß bei Engeln Adams jungen auff dem heu gelegen, da were etwas wie ein mensch neben an ine ligen kommen, das sie beyde nit gewist, was es were, und als sie sich gesegnet, auch geflucht, geschollen und leuden zugeruffen, hett es doch nit von inen weichen wollen, sondern inen gleich mit dem maul in iren gebett gespottet. In dem hett Schul Peters anna... auff der gassen inen zugeruffen, was inen thedte, sollten sich segnen, es wurde inen nichts schaden...
Sternen Huprecht zu Mertzich, alt ungefahr 40 jar, sagt bei seinem aidt, vor zehn jaren alß er auff koster Mathesen dochter hochzeit gewesen, hett er des zweiten tags ein truck bierntrancks begert, daruff Schul Anna gesagt, Kompt Huprecht, ich soll euch einen trunck geben, wir haben guten suessen trank, und ein groß krauß voll gezoegen, und in dem er getruncken, were ime eingefallen, das sie eines bösen geruchts were zauberei halben, und ein abscheüens bekommen, die krauß außzutrincken... were im also ubel worden, daß er hett muessen zu bett ligen, deß andern tags were Schultheissen Theis selig zu ime kommen und gefragt, was ime mangeln, dem er eß erzelt, wie es ime mit dem truncke ergangen were, daruff derselbig Theis gesagt, die Preit hett es ime auch gethan, er hett einen tranck daheim, der were gut davor, und ime zeugen denselben geschickt, darvon were ime wieder besser worden«.[432]
Die Aussagen der Zeugen gegen die angeklagte Schul Peters Anna berichten von verschiedenen Schädigungen, nächtlichen Erscheinungen und vermuteten Verhexungen der Anna, sie vermitteln zugleich jedoch ein beträchtliches Arsenal an Bann-, Schutz- und Abwehrmöglichkeiten, an Präventiv- und Gegenmitteln gegen vermutete Verhexungen und die Einflußnahme der Hexenmacht. Da ist die Rede von Segnungen, die eine Schädigung verhindern konnten, von Weihwasser, Körnern, die eingenommen, und Tränken, die verabreicht werden mußten. Formal betrachtet, handelt es sich bei den beschriebenen Maßnahmen einerseits um aus dem christlichen Bereich stammende und auch hier mit einer abwehrenden und schützenden Eigenschaft verbundene Symbole, andererseits um Handlungen, die ebensogut aufgrund ihrer Zweckausrichtung wie ihres Rituals eine übliche volksmagische Praktik hätten abgeben können. Betrachtet unter dem Aspekt einer als wirk-

sam angenommenen Gegenwehr, scheinen damit Schädigungen, die auf Hexerei zurückgeführt werden konnten, keinen anderen Stellenwert besessen zu haben als Beeinträchtigungen, die etwa durch einen Krankheitsdämon oder einen bösen Geist verursacht wurden. Sie waren so gesehen nichts Besonderes, und es gab folglich auch keinerlei Anlaß zur Anwendung anderer als der üblichen magischen Mittel. Die Beobachtung eines im volksmagischen Bereich angesiedelten Repertoires an Mitteln der Gegenmagie, die in unserem Zusammenhang wiederum darauf verweist, daß die Landbevölkerung in der Hexe und dem Zauberer in erster Linie Personen mit außerordentlichen »magischen« Kräften sah, läßt sich durch weitere Varianten ergänzen: Als der Abt des Mettlacher Klosters glaubte, durch eine Frau, die ihm ins Gesicht geblasen hatte, verhext worden zu sein, und das Übergießen des daraufhin angeschwollenen, schwarz angelaufenen Körpers mit Weihwasser keinerlei Besserung brachte, wurde eine Hexenbannerin gerufen, die sofort auf Hexerei erkannte und einen kombinierten Krankheits- und Hexenabwehrzauber indizierte. Dieser bestand im Aufhängen von allerlei Gegenständen und Substanzen, denen nach volkstümlicher Vorstellung magische Kräfte zur Neutralisierung von Hexereien innewohnten. Dieselbe Frau war nicht nur wegen ihrer Heilkunst in der ganzen Umgebung bekannt, sondern vor allem weil sie vorgab, »was fur gebrechen durch zauberey oder sunst den menschen und viehe zustehe dasselbig alles durch ihre mittell zu vertreiben« und »wann einem sein menlich glied und natur verruckt oder enthindert sei, dan wisse sie wieder zu helffen, und dasselbig wieder abzunemen«.[433] Derartige Spezialisten auf dem Gebiet des Hexenabwehrzaubers – Hexenbanner, Hexenkundige oder Hexenmänner, wie sie im Volksmund hießen – wurden dann gerufen, wenn sich die Geschädigten nicht sicher waren, ob ihr Zustand tatsächlich auf Hexenwerk zurückging und wie sie diesem begegnen sollten. So hatte Mayel aus Vinningen, eine bekannte »Wegluegerin«, einem verhexten Kind durch ihre Kur geholfen, indem sie den geeigneten Wallfahrtsort bestimmte, an dem dem entsprechenden Heiligen, der die Krankheit heilen konnte, Opfer dargebracht werden mußten; in einem anderen Fall einer angeblichen Krankhexung ließ man den Hexenbanner von Hamm kommen, der die Zauberei »abthun« sollte. Vielfach waren es auch die Ortsgeistlichen, die, neben ihrer Stellung als Dorfmagier, vor allem in Krankheitsfällen als Hexenkundige agierten und, wie etwa der Henterner Pastor, Gegenmittel zum Auflegen auf die verhexten Körperstellen verordneten oder mit

Weihwasser und magischen Substanzen zum Einnehmen operierten, wie der zuvor erwähnte Bescheider Pastor.[434]
Weitaus üblicher war es allerdings, entweder bei derartigen Spezialisten nur einen entsprechenden Rat zu suchen und den Abwehrzauber selbst durchzuführen oder aber nach allgemein bekannten und als wirksam erachteten einfachen Methoden vorzugehen. Im einen Fall genügte das Berühren des Erkrankten mit einem Sack, der auf genau vorgeschriebene Weise beschafft werden mußte und mit magischen Substanzen zur Hexenabwehr gefüllt wurde, in einem andern Fall die Verabreichung eines besonderen Trankes, die Berührung mit einem gesegneten »Wisch« aus abwehrkräftigen Kräutern oder einfaches Segnen.[435] Ebenso verbreitet war die Durchführung komplizierter Schutz- und Gegenmagierituale wie der folgenden: Als Velten Federkeyl aus Remmesweiler seine Hühner, Gänse und Rinder von der Frau des Caspar Schmidts verhext glaubte, ließ er »sein Vieh über ein agnus Dei und einen Haupertsschlüssel trincken«, um sie dadurch von der Behexung zu befreien, während bei einem vermuteten Milchzauber ein Tropfen der noch verbliebenen Milch in einer Pfanne erhitzt und mit einer Rute geschlagen werden sollte, um den Zauber zu neutralisieren.[436]
Schädigungen, die auf Hexerei zurückgeführt werden konnten, wurden daher mit Praktiken bekämpft oder verhindert, die zum Repertoire der allgemein auch für Heil- und Schutzzauber verfügbaren Gegenmittel zählten und den Gesetzmäßigkeiten folgten, die dem ganzen volksmagischen Handlungsspektrum zugrunde lagen. Die bei der Bekämpfung der Hexerei benutzte Symbolik und Zahlenmagie, das Berühren mit magischen Substanzen und Gegenständen, das Aufhängen von dinglichen Magieträgern als Abwehramulette oder Beschwörungsformeln waren wiederum Bestandteile fast aller Magieformen in den einzelnen möglichen Bereichen der Magieausübung. Gleichzeitig erlaubte die Gleichbehandlung einer durch Behexung herbeigeführten Erkrankung mit einer solchen, die auf das Einwirken böser Geister und Dämonen verwies, aber auch die Anwendung von Krankheitszauber gegen beide Verursacher gleichzeitig. Insbesondere wenn die Ursache noch nicht eindeutig feststand, man also im Krankheitsfall einen Schaden durch Hexerei nicht ausschließen konnte, wurden magische Praktiken häufig in zweifacher Richtung eingesetzt: zur Neutralisierung von Hexenkünsten und zur Bannung von Krankheitsdämonen. Ein Brauchzettel aus Neumünster enthielt eine derart doppelt ausgerichtete Segensfor-

mel gegen eine unerklärliche oder zumindest nicht eindeutig auf einen Verursacher rückführbare Krankheit: »Ach Gott, ich weiß nicht was dir widerfahren ist, helf dir Gott, der heilige Geist und unser lieber Herr Jesus Christ, mit Gott dem Vater such ich dich püssen, mit Gott dem Sohn find ich dich püssen, mit Gott dem heiligen Geist vertreib ich dich püssen, du seiest ein Gesicht oder Gischt, oder Zauberey, so heil dich an diesem Tag, heile dich so schnell und geschwind, wie die geschwind laufende Sonne und der Mond und der Wind... dreimal gesprochen«.[437] Ein Hülzweiler Kräuterbuch aus dem beginnenden 19. Jahrhundert empfahl ein Stück der »Teufels Abbis Wurzel«, des Teufelsabbiß, als ein »köstlich präservativa« nicht nur gegen die von Krankheitsdämonen verursachte Pestilenz, »sondern auch wieder allerley Teufeley und Zauberey« an Menschen und Tieren.[438]

Sowohl im Falle unerklärlicher Krankheiten als auch bei materiellen Schäden war der Täter nicht immer eindeutig identifizierbar, weshalb ebenso der Bereich volkstümlicher Bann- und Abwehrzauber eine mehrfache Ausrichtung der Praktiken gegen verschiedene vermutete Urheber kannte. So richteten sich Bannzauber häufig gegen böse Geister und böse Menschen zugleich und bannten, wenn eine natürliche Ursache der Schädigungen auszuschließen war, »alle bösen Geister, Menschengeister, Luft, Wasser, Feuer, Stamm, Erd und alle Geister, alle Hexen, Zauberer und Zauberinnen« mit ein und derselben Bannformel.[439] Hier deutet die doppelte Verwendung des Spruches gleichermaßen darauf hin, daß zwischen der magischen Kraft von Hexen und Zauberern und jener von bösen Geistern nicht unterschieden wurde, was ihre Bekämpfbarkeit und die dazu notwendigen Mittel anbelangte. Der Hexenglaube hatte also auch im Bereich des Hexenabwehrzaubers keine über die altbekannten magischen Praktiken hinausreichenden Formen hervorgebracht.

Eine dieser alten, für alle möglichen Zwecke verwendbaren Formen des Abwehrzaubers war auch das »sich segnen«, das gerade im volkstümlichen Hexenglauben einen besonderen Stellenwert einnahm. Vor allem der Glaube an eine schützende Funktion, eine Vertreibung oder Behinderung der Hexen bei ihren Schadenzaubereien durch Segnungen, die jeder Mensch selbst in der Notsituation ausführen konnte, war im ländlichen Hexenglauben so verwurzelt, daß er selbst von verhörten Hexen und Zauberern vor Gericht immer wieder bestätigt wurde. Fast einstimmig betonten die befragten Angeklagten, an gesegneten Menschen oder Tieren wäre der Zauber stets fehlgeschlagen, ebenso wie Opfer und Geschädigte wieder und wieder angaben, daß eine Hexenerscheinung verschwand, wenn sich das vermeintliche Opfer des Anschlages »wohl gesegnet« hatte. Einen vergleichbaren Stellenwert nahmen abwehrende und schützende Kräfte ein, die von läutenden Glocken, der Erwähnung des Namens Gottes bzw. Jesu oder dem Beten und Singen heiliger Verse ausgehen sollten. In einem Fall verhinderte das Glockengeläut der nahen Pfarrkirche einen Schadenzauber, in einem anderen Fall löste sich dadurch eine ganze Hexenversammlung auf, im dritten verschwand die Hexe wieder unverrichteter Dinge aus dem Haus ihres Opfers.[440] Sieht man weiter, daß gerade die besondere Bedeutung des Glockengeläuts als eines wirksamen Mittels gegen Behexung auch von berühmten Kirchenmännern und Hexenjägern wie dem Trierer Weihbischof Petrus Binsfeld hervorgehoben wurde, so erstaunt die Bestätigung dieses in allen Bevölkerungsgruppen anerkannten christlichen Hexenabwehrmittels auch in Hexengeständnissen nicht. Hexen und Zauberer waren ja selbst Mitglieder der Dorfgemeinschaft und partizipierten wie alle Einwohner am ländlichen Hexenglauben, zu dessen Bestand ebenso die Möglichkeiten der Hexenbannung gehörten. Deshalb reproduzierten sie in ihren Geständnissen nicht selten das magische Repertoire an Abwehrmitteln, die dem Bereich von Hexerei und Zauberei zugeordnet wurden. Sie bestätigten damit einen ländlichen Hexenglauben, der sich an volksmagischen Regeln, abergläubischen Praktiken und Elementen der traditionellen Zaubereivorstellung ebenso orientierte wie an der Lebens- und Erfahrungswelt der Dorfbewohner. Auf diese Weise trugen die Angeklagten sicher nicht wenig zum Erhalt jenes volkstümlichen Hexenglaubens, besonders aber zur weiteren Anerkennung und Bestätigung der Wirksamkeit traditioneller Hexenabwehr- und Schutzpraktiken bei.

Der Hexenglaube der ländlichen Bevölkerung hatte – wie die Praktiken seiner volkstümlichen Bekämpfung zeigen – durchaus seine interne Logik. Insofern sich die Bekämpfung etwa krankheitsverursachender Behexungen in erster Linie nach dem traditionellen Spektrum richtete, das die Krankheitsmagie ganz allgemein vorgab, bildete auch die Vorstellung von Hexerei, welche Krankheiten und körperliche Gebrechen bei Mensch und Tier verursachte, einen integralen und recht unspektakulären Teilbereich ländlichen magischen Denkens. Der entsprechende Umgang mit vermuteten Krankhexungen war damit im dörflichen Alltagskontext nicht von Hysterie gekennzeichnet, sondern bezog aus der magisch geprägten lebensweltlichen Sichtweise plausible und funktio-

Abbildung 10: Nicht nur furchterregend und beängstigend: Hexen bei ihren Flugübungen, begleitet von Eule und Hahn, Federzeichnung nach Hieronymus Bosch, 1510–1516

nale Züge. Es war in allen geschilderten Fällen nicht so sehr die vermutete Hexerei und die verdächtige Hexe selbst, die Unruhe und Angst verursacht hatte, als vielmehr der erlittene Schaden in Form einer Krankheit, eines Gebrechens oder Verlustes, gleichgültig ob dieser auf das Konto böser Geister oder schadenstiftender Hexen und Zauberer ging. Da Krankheits- oder Hilfszauber und aus dem üblichen Konzept magischer Rituale heraustretende Bann-, Abwehr- oder Schutzzauber speziell gegen Verhexungen fehlten, wurden Hexen und Zauberer, vom Modus und Maß ihrer magischen Bekämpfungsstrategien zu urteilen, für nicht gefährlicher gehalten als jeder schädigende Geist oder Dämon.

Daß das »Sondervergehen« der Hexerei innerhalb des volksmagischen Heil-, Hilfs-, Schutz- und Abwehrangebots keinerlei Sonderstatus erlangte, zeigt sich auch in anderen Bewertungszusammenhängen. Die Feststellung, daß gleiche oder ähnliche magische Rituale der Bannung oder Abwehr sich sowohl auf Hexenkünste wie Personen, Kräfte und

Mächte richteten, denen keinerlei Zauberkraft zugeschrieben wurde, läßt darauf schließen, daß das punktuelle Gefühl der Bedrohung, beispielsweise durch Fremde, Soldaten, Diebe, Räuber, Fußknechte oder Spitzbuben, daß die Angst, von einer feindlichen Kugel hingestreckt oder durch eine Feuersbrunst um seine Existenzgrundlage gebracht zu werden, jener Angst vor der magischen Macht der Hexen und Hexenmeister in keiner Weise nachstand. Gegen Hexenkünste verwandte man ebenso wie gegen böse Geister und Dämonen, gegen Diebe, Fremde oder Mörder Amulette in Form von Alraunpuppen, Korallenanhängern, Zetteln mit Abwehrformeln, gesegnete Kräuterwische oder aber Kreuze, die entsprechend der vorgeschriebenen Anwendungsregel in Haus und Stall angebracht, umgehängt oder mit der Nahrung eingenommen werden mußten. Satorformeln halfen gegen Feuer, Blitzschlag und böse Geister, ebensogut jedoch verhinderten sie, über die Haustür geschrieben, das Eindringen von Hexen in den Wohnbereich.
Neben dieser Anlehnung an vorgegebene Magiemittel befolgten Hexenabwehr- und Bannzauber zugleich auch immer die in den volksmagischen Vorstellungen verwurzelten Gesetze und Regeln, die einem magischen Ritual erst seine Wirksamkeit verliehen. Eine dieser Regeln bestand in der Vorstellung der magischen Übertragbarkeit eines Zustands oder einer Eigenschaft auf einen Gegenstand oder eine Person: »Wenn die Hexen dem Vieh die Milch stehlen«, so verwies ein Hülzweiler Zauberbuch, »so mache etlich ein paar Sicheln mit Feuer glitzern und lösche sie in der Milch ab, thue Russ und Schwefel hinein, giesse es dann in das heimliche Gemach, meynend sie werde den Hexen gesalzen genug seyn.«[441] Der geschilderte Zauber sollte also die Milch verderben, ihr einen Beigeschmack von Ruß und Schwefel geben und damit das Interesse der Hexen am Milchzauber unterbinden. Dieselbe Vorstellung, die diesen Hexenabwehrzauber begründete, fand sich auch bei Abwehrzaubern gegen Diebe, wobei den Gegenständen oder dem Eigentum, das nicht gestohlen werden sollte, durch ein magisches Ritual Eigenschaften beigegeben wurden, die die Diebe abschrecken und vertreiben oder zur Rückgabe des Gestohlenen veranlassen sollten.
Einer anderen volksmagischen Überzeugung, die ebenfalls Eingang in den Hexenabwehrzauber fand, lag die Annahme zugrunde, Gleiches könne mit Gleichem neutralisiert und auf diese Weise wirkungslos gemacht werden. Speziell im Zusammenhang mit Bannung und Schutz

vor Hexen bildeten sich nach diesem magischen Gesetz zwei Möglichkeiten des Agierens heraus: Einmal wurde es als wirkungsvoll angesehen, Gegenstände einer vermuteten oder überführten Hexe, die deren magische Kraft deshalb besaßen, weil die Hexe sie berührt hatte, zur Vertreibung und zum Schutz gegen ebensolche Hexenkünste zu verwenden. So kam es häufig vor, daß aus dem Haus einer verdächtigen Person Kleidungsstücke, persönlicher Besitz oder Nahrungsmittel entwendet wurden, die dann in einem Hexenabwehrritual Verwendung fanden. Um einen solchen Fall handelte es sich auch in der folgenden Schilderung: Ein Einwohner aus Mandern hatte von seiner Nachbarin Äpfel geschenkt bekommen, die er in seinem Haus aufbewahrte. Nachdem ihm zu Ohren gekommen war, daß diese Frau im Ruch der Hexerei stand, wurde sofort seine Tochter veranlaßt, heimlich aus dem Haus der Hexe Salz und Brot zu entwenden, welche der mittlerweile Erkrankte gegen die negativen Auswirkungen, die die geschenkten und gegessenen Äpfel zeitigten, sogleich einnahm, um den Zauber zu neutralisieren.[442] Von einer alten Frau aus Saarwellingen berichtet ein Visitationsprotokoll aus dem Jahre 1617, sie habe »auf dem henckhübel, do etliche Hexen des Herrn von Braubach verbrannt worden, etliche übrige Beinlein von denselbigen aufgesucht, und sie wieder Hexerey und Bezauberung ihres krankenden Viehes brauchen wollen«.[443] Gegenstände, auf die sich die magische Kraft der Hexe durch ihre Berührung übertragen hatte, oder die Asche von verbrannten Hexen, denen die Hexenkraft ebenso innewohnte, wurden so gegen schadenstiftende Hexerei gerichtet, um sie unwirksam zu machen. Auf dem gleichen Vorstellungsprinzip basierten aber auch gewöhnliche Heilzauber, die etwa mittels brennender Holzscheite das »Wilde Feuer«, eine mit Brennen der Haut einhergehende Entzündungskrankheit, zu neutralisieren suchten.

Die zweite Variante nun, in der das magische Gesetz, Gleiches mit Gleichem entkräften zu können, in die magische Abwehr und Bannung von Hexen und Zauberern Eingang fand, war der Gegenschadenzauber. Da Hexen in erster Linie Schaden an Personen und Sachen stifteten, konnte man sich ihrer durch einen ebensolchen Schadenzauber entledigen oder sie zumindest eine Zeitlang unschädlich machen. Viele dieser Gegenschadenzauber zielten auf eine körperliche Beeinträchtigung der Hexe selbst, die sie daran hindern sollte, ihren Machenschaften nachgehen zu können. Um eine Hexe von einem Milchzauber abzuhalten, empfahl ein Schutzzauber, der zugleich Gegenschadenzauber war, folgende Praktik: »Geh an dem Tag Demetrius in einen Kramladen, kauf einen Stahl, wie man ihn bietet, so mußt ihn bezahlen und an diesem Tag auch schmieden lassen. Der Stahl muß viereckig sein und eine Spanne lang sein, so dick wie ein Zollstab, und was der Schmied fordert, mußt Du ihm bezahlen. Morgens früh nimm Milch von der Kuh in Gottes Namen, ehe sie ihr von den bösen Leuten genommen wird. Hernach nimm die Milch und tue sie in ein Geschirr. Dann nimm eine hölzerne Zange und ziehe den Stahl aus dem Feuer, tue ihn so lange in das Geschirr wo die Milch ist, bis die Milch an dem Stahl aufgetrocknet ist. Läßt du die Milch völlig auftrocknen, so muß die böse Person sterben, wenn du aber die Milch nicht ganz antrocknen läßt, so bekommt sie Blattern an Händen und Gesicht, daß sie lange Zeit vor keinem Menschen gehen darf«.[444] Ein anderer Gegenschadenzauber schlug vor, die vermutete Hexe mit einem Haselnußstecken zu prügeln, um sie unfähig zur Ausführung weiterer Schädigungen zu machen. Dies geschehe am wirkungsvollsten, indem man stellvertretend einen Hut auf die Erde lege und darauf einschlage, damit jedoch die Hexe treffe.[445] Gleiche und ähnliche Gegenschadenzauber waren ebenso im Gebrauch, um beispielsweise Diebe zur Rückgabe ihres Diebesguts zu bewegen.[446]

Die bisherigen Schilderungen zeigen deutlich, daß sich die magischen Rituale zur Bannung von Hexen und zur Verhinderung von Behexungen sowohl in ihrer äußeren Form wie in der Befolgung allgemeingültiger magischer Regeln und Gesetze stark nach den traditionellen Formen des Bann- und Schutzzaubers richteten, wie er seit Jahrhunderten gegen böse Geister, aber auch unliebsame Mitmenschen angewandt wurde. Statt besondere Abwehr- und Bannrituale zu entwickeln, griff man nicht selten auf bewährte Formeln zurück und paßte sie dem neuen Zweck und dem neuen Angriffsziel der Hexerei an. Im Wortlaut fast identische Beschwörungsformeln, die einmal zum Schutz vor Dieben, ein anderes Mal zum Schutz vor Behexungen dienten, zeigen am markantesten das Verhaftetsein der Bevölkerung auch bei magischen Hexereibekämpfungen im altbewährten Rahmen möglicher und als wirksam erachteter volksmagischer Handlungsweisen und Beschwörungen. Sie deuten zugleich aber auch auf das Fehlen einer differenzierenden Bewertung zwischen Hexerei und anderen, auf natürliche Ursachen rückführbaren Bedrohungen und Gefahren hin. Die Übernahme allgemeingültiger Formen und Anwendungsregeln des magischen Repertoires, die Bildung analoger, ja fast bis in den Wortlaut mit anderen Bann-

praktiken identischer Hexenabwehrzauber verdeutlicht zudem, daß im volksmagischen Bewußtsein Hexerei lediglich als eine unter vielen möglichen Formen der Schädigung und Beeinträchtigung angesehen wurde. Sie war nur eine unter zahllosen Gefahren, denen die Menschen der damaligen Zeit ausgesetzt waren, war ebenso lebens- und existenzbedrohend wie Kriege, Mißernten, Hungersnöte, Seuchen, Brände und Unwetter, ebenso unheimlich wie das Einwirken böser Geister und Dämonen.
Die allgemein in der Landbevölkerung vorherrschende Überzeugung, sogar die Agenten des Satans durch magische Handlungen in ihre Schranken verweisen zu können, sowie die in gewisser Weise pragmatische Handhabung von Behexungen nach dem schlichten Motto: »Wenn eine Hexe schädigt, wird sie ebenso geschädigt, dann wird ihr die Lust am Schadenzauber schon vergehen«, verweisen auf zweierlei: einmal auf ein selbstverständliches Vertrauen in die Wirksamkeit der eigenen volkstümlichen Magiemittel, zum anderen auf eine ländliche Hexenvorstellung und ein Bewußtsein von Macht und Möglichkeiten der Hexen, die sich deutlich von der kirchlichen Hexenlehre unterschieden. Statt mit zu erwartenden Ängsten und Paniken scheinen die Landbewohner des Saarraumes bei der alltäglichen Konfrontation mit Ereignissen oder Sachverhalten, die auf Hexenwerk deuteten, mit einer Mischung aus optimistischer Gegenwehr und vertrauensvoller Zuversicht in altbewährte Magiepraktiken reagiert zu haben. Dieses Verhalten widerspricht in eklatanter Weise demjenigen, das in einer Endzeitstimmung, wie sie vor allem in Verbindung mit dem propagierten Erstarken einer neuen Teufelssekte von den Kirchen verbreitet wurde, zu erwarten gewesen wäre.
Die Landbevölkerung war daher keineswegs dazu bereit, jeden Schadenzauber hochzustilisieren und als eine Besonderheit innerhalb des magischen Feldes zu behandeln, zumal sie sich damit der eigenen Hilflosigkeit preisgegeben oder sich dem kirchlichen Angebot an Mitteln zur Hexenbannung ausgeliefert hätte. Der ländliche Hexenglaube war daher zugleich dafür ausgerüstet, alltägliche anonyme Konfrontationen mit Verhexungen und Schadenzaubereien zu bagatellisieren, indem er sie anderen magischen Formen und Möglichkeiten gleichwertig zur Seite stellte. Nur durch diesen Selbstregulierungsmechanismus konnte eine reale Chance zur Gegenwehr gegen die Hexenmacht gesichert, konnten überhandnehmende Ängste eingedämmt und erträglich gemacht werden.

Mit der Reduzierung oder dem teilweisen Wegfall dämonischer und diabolischer Züge, die den ländlichen Hexenglauben auszeichneten, und dem gleichzeitigen Vertrauen in eine vielfältige Palette von Möglichkeiten zur effektiven Bekämpfung von Behexungen und Schadenstiftungen waren im Alltagsleben der frühneuzeitlichen Menschen die Hexen und das Delikt der Hexerei aber noch keineswegs entzaubert. Nicht der Teufel stand im Mittelpunkt des dörflichen Hexenglaubens, sondern die zerstörerisch wirkende Hexe. Dabei war es nicht der Schadenzauber per se, der sie zur gefürchteten und verfolgten Existenz machte, denn dagegen gab es ein ganzes Arsenal erprobter magischer Mittel, das der Landbevölkerung in gewisser Hinsicht eine beruhigende Sicherheit gewährleistete. Die Gefahr, die von ihr ausging, lag vielmehr in ihrem verdeckten Wirken, das ständig das Risiko in sich barg, einen ihrer vielfältigen Schadenzauber zu übersehen und sich folglich nicht mit einem wirksamen Gegen- oder Identifikationszauber schützen zu können. Die Bedrohlichkeit, die sie als reale und imaginäre Person ausstrahlte, ging daher sowohl von ihrer allgegenwärtigen Präsenz als auch von ihrer möglicherweise unerkannten Existenz als Gefahrenherd aus, der letztlich doch eine größere und lebensgefährlichere Bedrohung für die Menschen darstellen mußte als Kriege, Epidemien oder Unwetter, die irgendwann endeten. Die einige Jahrzehnte währende Anwesenheit der Hexe in den Köpfen der Landbevölkerung, die möglicherweise zu jeder Zeit in jeder Form behexen und schädigen konnte, mußte eine Atmosphäre der Empfindlichkeit und der ständigen Vorsicht, der gegenseitigen Beobachtungen und Verdächtigungen schaffen, die den Nährboden für Hexendenunziationen, Hexereibeschimpfungen, bereitwillige Zeugenaussagen und die von der Bevölkerung nicht nur unterstützten, sondern geforderten Hexenjagden bereitete. Jene stete Konfrontation mit vielfältigsten Formen der Verhexung und die übersteigerte Sensibilität gegenüber auffälligen Personen und außergewöhnlichen Geschehnissen ließen ganz neue Ängste entstehen und traditionelle Formen des sozialen und emotionalen Miteinanders verschwinden.

Auswege: Das Ende der Hexenprozesse und der Verfall des Hexenglaubens

Zur Frage nach den Gründen des allmählichen Zerfalls des Hexenglaubens und des Rückgangs an Hexenprozessen finden sich nur wenige, kaum voneinander abweichende Erklärungsversuche, die zudem die rückläufige Tendenz im ländlichen Bereich völlig vernachlässigen.[447] So deuten die meisten Arbeiten im europäischen Kontext in der Nachfolge der ersten Untersuchung der Hexenprozesse durch Soldan 1843 ihren Zerfall und ihr endgültiges Verschwinden als Ergebnis einer neuen Geisteshaltung des ausgehenden 17. Jahrhunderts, geleitet von einer »philosophischen Umwälzung« des alten Weltbildes durch Neuplatonismus und Renaissance und ausgelöst vom Aufkommen der Wissenschaften[448] und den damit grundlegend veränderten Vorstellungen von Naturerscheinungen, Wirklichkeitserfahrungen und Kausalzusammenhängen.[449] Die »alternative Sinnwelt«[450] neuzeitlicher Philosophie und Wissenschaft habe zunächst bei intellektuellen Gruppen wie Juristen, Theologen und Medizinern erste Zweifel an der Gerichtspraxis in Hexenprozessen ausgelöst[451], als deren Ergebnis sich schließlich die Durchführung besserer und sicherer Überprüfungskriterien wie Methoden der Beweisführung zur Ausschaltung jeglicher Unsicherheitsfaktoren abzeichnete.[452] Durch die offizielle Hinzuziehung anderer Disziplinen, der Medizin, Physik, Psychologie und Chemie, sei es schließlich gelungen, das in den meisten Prozessen ausschlaggebende Hauptelement des Hexenmusters, das »Maleficium«, auf natürliche Weise zu erklären und damit zu entmystifizieren. Mit der um die Mitte des 17. Jahrhunderts eingeleiteten Befreiung des Diskurses über die Hexe aus seiner theologischen Bevormundung und mit der Zerstörung des Glaubens an die Realität des inquisitorischen Hexenmusters Ende des 17. Jahrhunderts habe somit das doktrinäre Hexenbild einen Paradigmenwechsel erfahren: Die Hexe wurde nicht mehr als lebensbedrohende Gestalt auf den Scheiterhaufen geschickt, sondern als ein Wesen des Traums, der Illusion, des Wahns in den Bereich des Imaginären verbannt. Durch diese neue Sicht der Hexe war es nicht mehr nötig, so die Forschungsansichten, sie nach ihren geheimen Praktiken zu befragen, sondern nur noch über ihre Behandlung zu beratschlagen. Die

Buhlerin des Teufels war zur armen Irren geworden, ihre teuflische Existenz hatte sich vom juristischen Tatbestand auf ein medizinisches Problem reduziert.[453]

Die Gesellschaftskrise: Der Dreißigjährige Krieg und die Zerstörung der Dorfgemeinschaften

Im saarländischen Raum brachten nun die Jahre 1626–1630 und 1633/34 einen letzten Anstieg der Verfolgungswelle, während nach 1635 Hexenprozesse nur noch eine marginale Rolle spielten. Die zweite Hälfte des Dreißigjährigen Krieges beendete damit hier die Periode der Hexenverfolgungen bis auf einzelne Ausnahmen in den Jahren 1646, 1659, 1669 und 1697, in denen nur mehr höchstens je zwei Prozesse geführt wurden.

Der plötzliche Abbruch von Hexenprozessen, der nicht etwa wie in den Nachbarterritorien und anderen europäischen Ländern auf obrigkeitliche Mandate zurückging[454], läßt aufgrund seines gleichzeitigen Auftretens mit folgenschweren Kriegsereignissen vermuten, daß eine seiner Ursachen in der besonderen Betroffenheit des saarländischen Raumes von Kriegsauswirkungen liegen könnte. Lassen wir die Zeitgenossen von den Ereignissen und der Lebenssituation der Landbewohner in jenen Jahren berichten: Pfarrer Henri Champson aus Odweiler schrieb 1635 in sein Kirchenregister: »Das Jahr 1635 war für uns sehr unheilvoll... Die Städte und alle befestigten Plätze Lothringens... wurden dem Erdboden gleichgemacht... Von diesem Tag ab [18. Juli] waren die Bewohner fortwährend Plünderungen ausgesetzt und verarmten mehr und mehr... Nichts wurde verschont, kein Heiligtum, keine Person... Alle Kirchhöfe waren überfüllt und vergrößert worden. Obgleich man zu Boulay oft 10 bis 12 Tote in eine Grube warf, blieben im Dorf 4 bis 8 Leichen in verschiedenen Häusern an 8 Tagen, ja während eines Monats unbegraben liegen«.[455] Während 1633 im Rechnungsbuch der Dillinger Herrschaft über Einkünfte in Fickingen zu lesen war: »Et comme le dit village est du tout sans sujets et inhabité, le constable ne fait auccune recette, portant cy nihil«, berichtete am 23. Februar 1638 der Pfarrer von Saarwellingen dem Grafen von Saarbrücken: »Sind solche Unterthanen ein volkreich Gemein gewesen, aber auß tödtlichen Abgang, wenig, wenig, übrig geblieben«.[456]

Insgesamt kann für die Grafschaft Nassau-Saarbrücken von einem Bevölkerungsverlust von 83–84% für die Ämter Saarbrücken und Ottweiler, von wohl 100% für das Amt Homburg, für das Erzstift Trier von 88% im Amt Blieskastel und 62% im Amt Saarburg und für das Herzogtum Lothringen von 66,5% im Saargau, von 53% im Amt Schaumberg und 72,8% im Amt Siersberg ausgegangen werden. Die Bevölkerung in saarländischen Orten des Herzogtums Pfalz-Zweibrücken wurde um 90% dezimiert.[457] Einen weiteren Hinweis auf die Verödung und Entvölkerung des Saarraumes bilden die meist mit dem Jahr 1633 plötzlich endenden Pfarr-Register, die erst viele Jahre später wieder vereinzelt fortgeführt wurden.[458]
Bei Betrachtung dieser Schilderungen und Zahlen erstaunt kaum mehr, daß Hexenprozesse im Saarraum ein vorläufiges Ende erfuhren. Über die Blieskasteler Burg hieß es 1659: »Auf dem hauß seyend der zeit drey wohnungen, nemblich die Eltzische, Leische und Ertzstiftische, diese ist ahm Mauerwerck vast bauloß und sehr übel... der Kercker turm, so bey der Eltzischen wohnung stehet, hat etliche Löcher im Tach... kein Stall, kein geheus mehr ubrig«.[459] Das Schloß Schaumberg war 1661 völlig abgebrannt[460], und in Wallerfangen konnte 1666 das herrschaftliche Gericht nicht mehr zusammentreten, weil das Gerichtsgebäude eingefallen war.[461] Der Zusammenbruch des gesamten gesellschaftlichen Gefüges, des ökonomischen Systems sowie der herrschaftlichen Gewalt und ihrer Institutionen setzte sicherlich im saarländischen Raum mit dem Jahr 1635 weiteren größeren Hexenprozeßwellen ein punktuelles Ende; die besonders schweren Verluste und Verwüstungen, die der Dreißigjährige Krieg hier forderte, dürften jedoch keineswegs den einzigen Grund für das Ausbleiben weiterer massiver Prozeßschübe gebildet haben. In einigen anderen deutschen Territorien nämlich begannen die eigentlichen Hexenverfolgungen erst nach den Kriegswirren, oder die Anzahl der Hexenprozesse blieb zumindest in ihrer Folgezeit konstant. Diese Erscheinung trifft in erster Linie auf kleinere, der räumlichen Ausdehnung des Saarraumes entsprechende Herrschaftsgebiete zu, wie die Obergrafschaft Wied, in der noch 1651/52 insgesamt 14 Prozesse geführt wurden, die Grafschaften Lippe, Minden und Schaumburg, in denen eine Verfolgungswelle um 1660 auftrat, aber auch auf größere Herrschaften wie Hessen-Kassel, das in den 50er Jahren des 17. Jahrhunderts konzentriert Hexenprozesse einleitete, sowie das Gebiet des heutigen Bundeslandes Baden-Würtemberg, in dem bis 1670 noch zahlreiche Hexenurteile gefällt wurden.[462]

Auch im Saarraum kam es gerade in späteren Perioden, in denen erste Bevölkerungszunahmen und Zuwanderungswellen zu verzeichnen waren, wieder zu vereinzelten Hexenprozessen.[463] Anders als in den obigen Herrschaften blieben sie aufgrund der besonders intensiven Beeinträchtigung dieser Region vom Kriegsgeschehen jedoch marginal. Wie stand es, so muß deshalb weiter gefragt werden, mit der Gerichtspraxis und der Haltung der saarländischen Richter, Rechtsgelehrten und Notare bezüglich der Hexenfrage nach 1635?

Die Vertrauenskrise: Vom Zweifel zur Marginalisierung

Schon vor der Endphase der Verfolgungen im saarländischen Raum gab es hier Juristen, die Zweifel und Bedenken gegenüber umstrittenen Elementen des Hexenmusters äußerten, die den Modus der Aussagen kritisch beleuchteten und nicht allem Glauben schenkten, was ihnen von Zeugen und gefolterten Hexen berichtet wurde. Bereits 1594 meldete der Wormser »Licentiat« Peter Weber in einem vom Stadtschreiber Jacob Landsberg zu »Lauttern« eingeholten Gutachten bezüglich eines Hexenprozesses gegen eine Frau aus Diezweiler starke Bedenken gegenüber der peinlichen Frage an. Auch ein unbekannter Rechtsgelehrter, der 1598 das Gutachten im Prozeß gegen Simons Elsa aus Wustweiler erstellte, fand in ihrer Urgicht Bekenntnispunkte wie die Teufelsbuhlschaft, das Wettermachen und Verderben der Frucht, die er schlichtweg als »teufflische Illusion«, »phantasiae merae imaginationes et illusiones diabolicae und Verblendungen« abtat.[464] Ebenso wie die Zweifel der beigeordneten Richter und Notare im Prozeß gegen Sondag von Criechingen 1618, die in seiner Aussage »ein lauter Betrug und ein fast große Wankelmühtigkeit« bemerkten, deuten auch die vielen Aussetzungen von Bußgeldern für Hexereibeschimpfungen und jene trierischen Advisen, die in der Hauptverfolgungszeit in manchen Fällen eine weitere Prozeßführung sowie die Anwendung der Folter verboten, auf eine gewisse, schon früh sichtbare Vorsicht einiger maßgeblicher Juristen hin.[465]

Eine zuvor nur vereinzelt feststellbare Unsicherheit und Skepsis zog in den Jahren ab 1635 größere Kreise, ja erfaßte ganze gerichtliche Institutionen, die nun versuchten, an sie herangetragene Fälle auf eine untere

Instanz abzuschieben oder veränderte Maßnahmen zu ihrer Beilegung zu ergreifen. Während eine 1586 am Stadtgericht Saarbrücken durch den Bürger Hans Schmidt vorgebrachte Anzeige, derzufolge seine Frau am Tag ihrer beider Hochzeit als Hexe bezichtigt worden war, noch mit der Begründung: »Dieweil die Sach etwas hoch, wissens die Gericht nit zu vertragen, stellens Obrigkeit anheim« an eine höhere Instanz weitergeleitet wurde, nahm man von der 1643 am selben Gericht angestrengten Klage eines St. Johanner Bürgers, dessen Frau »eine Hur und Hexe« gescholten worden war, schon keine sonderliche Notiz mehr. Ähnliche Angelegenheiten aus den Jahren 1656, 1662, 1679 und 1688 wurden, wenn man sie nicht ganz zurückwies, nur mehr als einfache Beleidigungsdelikte vom Stadtgericht selbst beigelegt.[466]
Die beispielhafte und hier erstmals greifbare Verunsicherung des Jahres 1643 im Umgang mit Hexereibeschuldigungen hatte sich also innerhalb der folgenden Jahre zu ihrer eindeutigen Abwertung als alltägliche Verleumdungsangelegenheit gewandelt. Ähnliche Veränderungen sind auch bei denjenigen Fällen festzustellen, in denen noch Hexenprozesse angestrengt wurden: Konnte man sich 1679 in einem Prozeß gegen zwei Frauen aus Saarbrücken noch nicht aus eigener Einsicht zu einer Beilegung der Verhandlung entschließen, so deutet doch das aus Straßburg eingeholte Rechtsgutachten mit seinem Vorschlag, Geistliche zur Befragung der Angeklagten hinzuzuziehen, auf eine gewisse Vorsicht hin, wie auch die beigefügten Ergänzungen des saarländischen Gerichts, das sowohl das Geständnis der Angeklagten als ein »abentheuerliches Crimen« als auch die Art und Weise seines Vorbringens als von »melancholia oder einer ahngenomen weiße« begleitet, bezeichnete, auf eine skeptische Haltung des Schöffenkollegiums schließen lassen.[467]
In einem späteren Fall aus dem Jahre 1697 im Ostertal wurde aufgrund aufgedeckter Zaubereidelikte erst gar kein Prozeß mehr angestrengt; vielmehr machte hier die Kirche ihre vormaligen Rechte wieder geltend und exkommunizierte den Beschuldigten. Bei einem weiteren Urteil um 1700 aus derselben Gegend mußte die als Hexe denunzierte Frau nach einer drei Sitzungen umfassenden Verhandlung Abbitte leisten und ihre Beschuldigerin 5 Gulden Strafe zahlen. Das Prozeßprotokoll endet mit den Worten: »so ist das vor eine Anzeig eines boshaften Neides und unersättlicher Bosheit... gehalten worden«[468] und bestätigte damit die seit der Mitte des 17. Jahrhunderts einsetzenden gerichtlichen Bagatellisierungsbestrebungen.
Die Tendenz zu einer allmählichen Marginalisierung von Hexereian-

klagen vor Gericht legt den Schluß nahe, daß zumindest für die Zeit nach 1650 ein Grund für die rückläufige Entwicklung der Verfolgungspraxis an herrschaftlichen Gerichtsinstitutionen in der sich allgemein verbreitenden »aufgeklärten« Haltung der dortigen Juristen zu sehen ist. Besonders in den Prozessen von 1659, 1662, 1679, 1688, 1697 und den Prozeß um 1700 wird deutlich, daß das bislang von gerichtlicher Seite als Richtschnur benutzte und durch die Befragung der Angeklagten unterstützte inquisitorische Hexenmuster allmählich wieder in seine alten Elemente zerfiel: Einzelne seiner Bestandteile, die vormals als unabdingbare Auslösefaktoren der Hexereibeschuldigung und -anklage gewirkt hatten oder mit dem Bild der Hexe und des Zauberers unauslöschlich verbunden waren, fielen nach und nach weg, z. B. die Kernelemente der Dämonenlehre, der Teufelspakt, die Buhlschaft, Abschwur, Hexenflug und Sabbat. Andere blieben, aus ihrem früheren Bedeutungs- und Funktionszusammenhang herausgelöst und damit sinnentfremdet, als Einzelvergehen, etwa als Betrugs-, Verleumdungs-, Beleidigungs- oder Gotteslästerungsdelikte bestehen.

Ausgehend von der Beobachtung, daß sich auf seiten der Gerichte allmählich eine zunächst unsichere, später skeptische oder gar ablehnende Haltung gegenüber Hexenprozessen einstellte, liegt es nahe anzunehmen, daß die daraus resultierende gewandelte Gerichtspraxis den Gemeinden, die ja durch Mitglieder ihrer Gemeinschaft wie Schöffen und Gerichtspersonal Kommunikationskanäle zum Justizapparat unterhielten, nicht verborgen bleiben konnte. Stellte sich auch hier auf Gemeindeebene eine »neue Sicht« der Hexe ein? Wenn ja, dann drohte durch die entmystifizierte Hexe den Gemeindemitgliedern keine Gefahr mehr. Denn die vormals Gefürchtete war jetzt nur noch die eigenartige, zänkische, rachsüchtige, lästige arme Alte, eine Giftmischerin oder Gotteslästerin, die man jetzt ohne Angst vor ihren Flüchen in der Isolation von der Gemeinschaft beließ. Weitere Hexereibeschuldigungen mußten bei Übernahme dieses neuen Deutungsmusters durch die Bevölkerung nicht nur vor Gericht, sondern auch in den Augen der Gemeindemitglieder fast schon lächerlich wirken.

Zwei andere Erfahrungen mit der bisherigen Verfolgungspraxis scheinen ebenfalls eine Rolle beim gemeindlichen Rückzug von weiteren Hexenverfolgungen gespielt zu haben: Zum einen war es den Gemeindemitgliedern nach einer nunmehr über mehrere Jahrzehnte andauernden intensiven Verfolgungsperiode der Hexerei im Saarraum nicht entgangen, daß sich durch deren Vernichtung keineswegs eine Verbesserung der allgemeinen Lage eingestellt hatte; vermehrte und durchaus begründete Zweifel an der bisherigen Einstellung, die das Zustandekommen von Unglück, Katastrophen, Notsituationen und Konflikten auf das Einwirken von Hexen zurückgeführt hatte, waren die Folge. Außerdem waren durch frühere Bekenntnisse so viele Personen noch in Prozesse verwickelt, daß hier kein Ende abzusehen war; oder aber noch abzuschließende Prozesse konnten nicht durchgeführt werden, weil die beschuldigten Personen entweder im Krieg getötet worden waren, sich aus den Dörfern geflüchtet hatten oder einfach als vermißt galten. Zum anderen war in den Gemeinden die Zahl der weiblichen Mitglieder stark geschrumpft – ein Verlust, der durch die Kriegsereignisse und die hohe Kindersterblichkeit noch intensiviert wurde und dadurch weitreichende bevölkerungspolitische Folgen hatte. Auch dies waren greifbare und einleuchtende Gründe für einen Verzicht auf weitere Hexenprozesse, deren Effektlosigkeit und gleichzeitig negative soziale Folgen sich allmählich abzuzeichnen begannen. Schließlich spielte seit den 60er Jahren des 17. Jahrhunderts ein weiterer Faktor eine entscheidende Rolle: Die Entvölkerung des Saarraumes führte ab dieser Zeit zu herrschaftlich initiierten Einwanderungswellen von Bewohnern aus anderen europäischen Territorien. Diesen waren die regionalen Verhältnisse fremd; sie wußten nichts von früheren Gerüchten oder Hexereibeschimpfungen gegenüber Mitgliedern jener Dörfer, in die sie jetzt zogen. Vielleicht brachten sie auch einen ganz anderen Hexenglauben aus ihrer Heimat mit, der sich nicht so ohne weiteres mit dem der saarländischen Bevölkerung verbinden ließ. Der damit einhergehende Traditionsbruch trug gewiß auch zum späteren Ausbleiben von Hexenprozessen bei.

All diese Erklärungen genügen jedoch nicht: Es gab immer noch Konflikte in den Gemeinden, es wohnten hier immer noch alte und, verstärkt durch die Kriegsgeschehnisse und die Einwanderungsbewegung, arme Menschen, die zuvor zu den ersten Opfern von Prozeßwellen gehört hatten. Auch die grundlegenden Elemente des kollektiven Hexendeutungsmusters waren nicht einfach vergessen worden. Zwar hatten durch gesellschaftliche und innergemeindliche Veränderungen viele vormalige Bestandteile des ländlichen Hexendeutungsmusters eine Abschwächung ihrer Bedeutung erfahren. Doch waren es über Verschiebungen innerhalb des Hexenglaubens hinaus auch davon losgelöste Entwicklungsprozesse im gesellschaftlich-sozialen, ökonomischen und mentalen Bereich, welche ab 1635 Auswirkungen auf das ländliche Hexereiverständnis hatten. Stellvertretend sei das Beispiel der verlagerten Zuständigkeiten im Armen- und Bettlerwesen genannt.

Neue Denk- und Handlungsalternativen: Das Beispiel der Armenfürsorge

Es wurde bereits darauf verwiesen, daß es sich bei der Mehrzahl der in Hexenprozessen Angeklagten um Personen der unteren sozialen Schichten handelte, die auf nachbarschaftliche Hilfe angewiesen waren und deren Bedürftigkeit oft einen Konflikt zwischen christlicher Nächstenliebe und privaten Interessen auf seiten ihrer Gönner heraufbeschwor. Dies war eine jener häufig wiederkehrenden Konstellationen, die oft mit der Zurückweisung der Bitte und einer darauf folgenden Verwünschung endeten, die wiederum zum Auslöser von Hexereiverdächtigungen wurde.
In den saarländischen Gebieten, in denen sich die lutherische und calvinistische Lehre seit Ende des 16. Jahrhunderts durchzusetzen begann, erhielten nun durch die Verkündung des Gemeindechristentums Werke der Nächstenliebe und nachbarschaftlichen Hilfe einen geänderten Stellenwert.[469] Das Schenken von Almosen sollte nicht mehr eine unangenehme Zusatzbelastung und damit allein abhängig vom guten Willen der Mitmenschen sein, sondern war von den neuen Lehren zur moralischen Pflicht erhoben worden. Andererseits waren durch die Säkularisation der Kirchengüter Gelder an die Landesherrschaften geflossen, die diese in der Folgezeit zu »reformatorischen« Zwecken, das heißt zur Gründung von Kranken- und Armenhäusern, zur Einrichtung eines »gemeinen Kastens« für die Armenpflege und Wohlfahrt anlegen konnten.[470] Spätestens seit der Mitte des 17. Jahrhunderts fanden sich daher in den Pfarrgemeinden des calvinistischen Herzogtums Pfalz-Zweibrücken und jenen der lutherischen Grafschaft Nassau-Saarbrücken Almosenstöcke und Armenfonds, die von der Herrschaft, aus kirchlichen Bußgeldern und Spenden unterhalten wurden. Sie gestalteten einen Großteil der vormaligen persönlichen Armen- und Bedürftigenunterstützung des einzelnen Dorfmitgliedes zur anonymen, institutionalisierten Zuteilung von Hilfsgeldern um. In der Grafschaft Nassau-Saarbrücken ging man durch herrschaftliche Verordnung im

18. Jahrhundert sogar so weit, das durch obrigkeitliche Einrichtungen überflüssig gewordene Almosengeben an Bettler und Arme mit einer Strafe von drei Gulden zu belegen.[471]

Im katholischen Kurfürstentum Trier zeichneten sich besonders bezüglich des Armen-, Waisen- und Bettlerwesens Veränderungen ab, die ebenfalls die Gemeinden entlasteten. Die erste Bettelordnung des Erzstifts von 1533 verlangte noch ausdrücklich, »daß jede Stadt und Commun ihre Armen selbst ernehre und unterhalte«, während eine zweite gegen Ende des 16. Jahrhunderts bereits zwischen fremden Bettlern, die ausgewiesen, und einheimischen Armen, die unterstützt werden sollten, unterschied. Sehr viel schärfer formuliert war dagegen die Verordnung des Jahres 1699, die fremden Almosenempfängern unter Strafe der Einturmung befahl, innerhalb von drei Tagen das Erzstift zu verlassen. Gleichzeitig sollten die einheimischen Armen ausschließlich durch Beiträge von Abteien, Stiftungen, Klöstern und durch einen jährlichen Zuschuß der kurfürstlichen Kellnerei unterhalten werden. Bereits ab 1673 wurden vermehrt Armenhospitäler, Waisenhäuser und Armenfonds gegründet, die freie Wohnung, Nahrung und Pflege anboten, während 1736 die Einrichtung der ersten Arbeitshäuser begann, die Bettler und arme Menschen zur Arbeit heranzogen.[472]

Aufgrund einer geänderten Haltung lutherischer und calvinistischer Gemeinden zur Armenhilfe, die sich erst nach Etablierung der neuen Bekenntnisse seit der Mitte des 17. Jahrhunderts durchzusetzen begann, entwickelte sich auch eine veränderte Verantwortlichkeit für Arme und Hilfsbedürftige. Deren Unterstützung war durch die Einrichtung kirchlicher oder herrschaftlicher Armenfonds von einer persönlichen zu einer institutionellen Angelegenheit geworden. Im katholischen kurtrierischen Bereich war durch herrschaftliche Anweisung das Bettler- und Armenwesen vor allem in kirchliche Hände gelegt worden. In den protestantischen Landesteilen übernahmen von geistlichen und weltlichen Herrschaften eingerichtete gemeindliche Armenfonds diese Aufgabe. Die in allen saarländischen Herrschaftsgebieten seit der Mitte des 17. Jahrhunderts zu verzeichnende Verlagerung der Armen- und Bettlerfürsorge von den Gemeinden auf obrigkeitliche oder konfessionelle Wohlfahrts- oder Disziplinierungseinrichtungen brachte den Ortschaften eine bedeutende ökonomische Erleichterung auf diesem Gebiet. Diese Entwicklung – stellvertretend für viele andere, in ihrer Bedeutung für den Hexenglauben entscheidende Veränderungen – vereitelte zugleich aber auch die Herausbildung des mit dem Konflikt zwischen Nächstenliebe und individueller Selbsthilfe verbundenen Typs der Hexe im Dorf.

Während die Hexereibeschimpfung als reine Angelegenheit der ehrenrührigen und diffamierenden Beschimpfung eine immer seltenere, aber dennoch in bestimmten sozialen Milieus gebräuchliche Form der Ausgrenzung und Diskriminierung blieb, fanden Hexenprozesse im Saarraum aufgrund einschneidender gesellschaftlicher, ökonomischer, mentaler Krisen- und Wandlungsprozesse ein allmähliches Ende. Dies um so deutlicher, als mit ihnen die früheren Auslösebedingungen der Hexereiverdächtigung und ebenso die funktionalen Aspekte des Hexenglaubens verschwanden oder an ihre Stelle andere traten, die keinen Bezug mehr zur Hexerei kannten. Mit dem Einzug neuer Deutungs-, Erkenntnis- und Handlungsalternativen hatte der Hexenglaube vielerorts seine soziale Logik in den Gemeinden verloren; mit den mehrere Jahrzehnte nachwirkenden Krisenerscheinungen der 20er und 30er Jahre des 17. Jahrhunderts, der krassen Bevölkerungsdezimierung und einer sich einstellenden »Realitätsorientierung« der Gemeindemitglieder angesichts ihrer nach wie vor schlechten Situation, die kostspielige Hexenprozesse nun erst recht nicht mehr gestattete, hatten Hexenprozesse ihre einstige Plausibilität eingebüßt. Was übrigblieb, waren Denunziationen, Verleumdungen, Beleidigungen und der alte Glaube an Schadenzauberei-Relikte, die bis in die Gegenwart reichen.

Schlußbetrachtung

Im Gegensatz zu anderen deutschen Territorien fungierten im Saarraum die Gemeinden als Initiatoren und Betreiber der ländlichen Hexenverfolgungen. Indem sie durch unnachgiebiges Drängen, Bitten und Klagen vor Gericht, durch Indiziensammlung, Petitionen sowie die Bildung von Ausschüssen für die Weiterführung oder den Neubeginn von Prozeßwellen sorgten, entwickelten sie einen eigenständigen, speziell dörflichen Mechanismus der Hexeninquisition »von unten«. Dieser umfaßte sowohl die Monopolisierung der institutionellen Hexenjagd als auch eine Bekämpfung der Hexerei auf mentaler Ebene, der eine eigenständige »kollektive Vernunft« zugrundelag. Gerade hierzu hatten die Kirchen durch die Aufrechterhaltung und Potenzierung der Angst vor negativen Magieformen und durch Popularisierung der neuen Hexenlehre, die den altbekannten Schadenzauber als eines ihrer Hauptelemente propagierte, in den 40er bis 60er Jahren des 16. Jahrhunderts gute Vorarbeit geleistet.
Funktionale Bedingungen jener seit 1580 intensiv einsetzenden gemeindlichen Hexeninquisition waren die Ausbildung wirkungsvoller Mittel und Methoden zur juristischen Einleitung von Prozeßwellen sowie der Aufbau eines kommunalen Ausschußwesens zur konsequenten Durchführung der von einer eher zurückhaltenden weltlichen Obrigkeit legalisierten Verfolgungen. Mit dieser Eigeninitiative gelang es den Gemeinden als Interessengruppen im Kampf gegen die Hexerei, die Verfolgung von Dorfhexen und -zauberern innerhalb kürzester Zeit einzig von der Bereitschaft der Gemeindebewohner zur Anklage einer Person vor Gericht abhängig zu machen. Dies wiederum garantierte den dörflichen Inquisitionsträgern und ihren gemeindlichen Helfern sowohl die alleinige Wahl der Opfer im Sinne allgemeiner wie spezieller Dorfinteressen und soziokultureller, traditioneller Deutungsmuster als auch die zeitliche Festlegung des Beginns von Prozeßwellen.
Inhaltliche und mentale Voraussetzungen des gemeindlichen Vorgehens gegen Hexerei bildete ein ländliches »Hexendeutungsmuster«. Es war geleitet von dörflichen wie individuellen Bedürfnissen, von Wünschen, Ängsten, kollektiven Übereinkünften aus dem Bereich der Volksmagie und Deutungskategorien, die bereits zur alten Zauberei-

vorstellung gehört hatten. Seine Elemente definierten den speziellen Typus der »Dorfhexe« für die Gemeinschaft anhand variabler Merkmalsgrößen und situativer Kontexte und regelten damit zugleich ihre eindeutige Entlarvung. Als eine Kombination aus Identifikationsraster, das der Verfolgung diente, und Orientierungsmuster des kollektiven Hexenglaubens leistete es der dörflichen Verdächtigungs- und Anklagebereitschaft durch den ihm innewohnenden kollektiven Deutungs- und Handlungskonsens Vorschub. Mit seinem Bestand an Belegvariablen, Resultaten jener früheren Einbettung der dogmatischen Hexenlehre in die sozialen, religiösen, ökonomischen und mentalen Verhältnisse der dörflichen Gesellschaft, ließ dieses Hexendeutungsmuster den so in Gemeinschaftsarbeit der ländlichen Lebenswelt angepaßten volkstümlichen Hexenglauben für die Dorfbewohner der Gemeinden des Saarraumes erst plausibel und verständlich erscheinen. Es lieferte gleichzeitig mit seiner Akzeptanz und Glaubwürdigkeit immer wieder Begründungen und Legitimationen für die ständige Einleitung neuer Hexenprozesse »von unten«.

Vor dem Hintergrund einer trotz kirchlicher Disziplinierungs- und Kriminalisierungsversuche ungebrochen und unverändert weiterexistierenden volksmagischen Tradition hatte sich seit den 80er Jahren des 16. Jahrhunderts eine spezifisch ländliche Hexenvorstellung herausgebildet. Nach dem Selbstverständnis der Landbevölkerung kann sie als eine mit besonderen Merkmalen, Äußerungsformen, magischen Kräften, Zweckausrichtungen und situativen Kontexten ausgestattete Variante ihres allgemeinen magischen Vorstellungs- und Handlungsspektrums angesehen werden. Das Besondere an der Hexerei war in erster Linie ihre Unkontrollierbarkeit und Unberechenbarkeit, Resultat der in der kirchlichen Hexenlehre denjenigen Personen, die einen Pakt mit dem Teufel geschlossen hatten, zugeschriebenen Fähigkeit zur übernatürlichen, unsichtbaren und zu Schädigungen aller Art bereiten Existenz der Gespielen Satans.

Obwohl – im Gegensatz zur dogmatischen Hexenlehre – die Dorfhexe der Theorie des ländlichen Hexenglaubens zufolge keine unmittelbare Beziehung zur teuflischen Macht hatte, stellten ihre Zaubertaten dennoch den größten Unsicherheitsfaktor innerhalb des gesamten volksmagischen Interpretations- und Handlungsrahmens dar. Der Tatbestand der Hexerei beinhaltete nichts anderes als die unkontrollierbare, heimliche Ausübung schädigender, negativ bewerteter, gefürchteter und deshalb vom allgemein üblichen, positiven Magiebestand ausgeklammerter magischer Praktiken. Zwischen den ersten Zaubereidenunziationen der 40er bis 60er Jahre des 16. Jahrhunderts und den späteren Anklagepunkten gegen angebliche Hexen und Zauberer bis zum Ende des 17. Jahrhunderts hatte sich von der inhaltlichen Ausrichtung und Gewichtung der vorgebrachten Indizien und Vorwürfe her kaum etwas geändert. Hinzu kamen neue, jedoch der bäuerlichen Alltags- und Vorstellungswelt angepaßte und umgedeutete Elemente der dogmatischen Hexenlehre, denen die Teufelsvorstellung zumeist fehlte. Mit der bäuerlichen Erfahrungswelt zu vereinbarende oder ihr bereits aus der traditionellen Zaubereivorstellung bekannte Imaginationen des Hexenbildes erfuhren im volkstümlichen Hexenglauben eine Umdeutung nach lebensweltlichen Handlungsmustern und Denkkategorien oder wurden einfach übernommen. Andere, dämonologische Elemente der Hexenlehre, die dem bäuerlichen Denken bislang fremd waren, wurden entweder aus dem dörflichen Hexenglauben ausgeblendet oder mit traditionellen Symbolen und Bedeutungen aus anderen, etwa mythologischen Zusammenhängen belegt.

Die Überlagerung volksmagischer Vorstellungen mit Ideen der Hexenlehre zeigte weitere Auswirkungen: magische Erscheinungsformen, und mit ihnen die in der Volksmagie vorherrschenden Modi von Übertragung und Aneignung magischer Kräfte, bestimmten jetzt ebenso den Hexenglauben im Formenbestand der von Hexen angeblich verübten Schadenzaubereien wie die von den Opfern oder Betroffenen eingesetzten Gegenmittel. Sowohl in volksmagischen Zusammenhängen war die Rede von verwendeten analogen oder sympathetischen Magieformen mit einer hier zumeist positiven Zielsetzung als auch in den von angeklagten Hexen vor Gericht angegebenen Schadenstiftungen. In der magischen Tradition des Volkes fanden sich Formen der dinglichen Magieübertragung ebenso wie im Repertoire zaubernder Hexen. Einzig die Möglichkeit der personal vermittelten, personengebundenen Magie schien das Volk den »Zauberschen« allein zuzuschreiben. Denn es waren nicht die Praktiken ihrer Hexenmagie, die sich von den üblichen Alltagsformen ländlicher Magie unterschieden, sondern die Kräfte der Hexen zur negativen Magieausübung, die die Landbevölkerung sich an die Person der Hexe oder des Zauberers gebunden vorstellte und nicht auf den Teufelspakt zurückführte. Die gleichgewichtige Einschätzung volksmagischer Praktiken des alltäglichen Lebens mit Zaubertaten von Hexen, beides also aus dörflicher Sicht Anwendungen, Übertragungen und Verlagerungen »magischer« Kräfte, ermöglichte gerade aus dieser

nivellierenden Perspektive erst die Ausbildung magischer Rituale zur Auffindung, Abschreckung und Bekämpfung von Schadenzaubertaten. Letztere nämlich richteten sich immer nach den üblichen, keineswegs also für diesen Spezialfall besonderen, magischen Gesetzmäßigkeiten, ja stellten vor allem bei Identifikations- und Gegenschadenzaubern gegen Hexenwerk nur dann eine Wirkung in Aussicht, wenn diese gleichgewichtige Einschätzung vorlag: Gegen Hexenmagie half, nach den magischen Gesetzen von Analogie und Sympathie, nur abwehrende Volksmagie. Das Vorhandensein volksmagischer Praktiken zur Gegenwehr gegen Hexen und Zauberer kann damit umgekehrt ebenso als Indikator einer gleichen Bewertung der jeweils wirksamen schadenstiftenden bzw. abwehrenden Kräfte angesehen werden.
Die kirchliche Hexenlehre hatte demnach durch das Auftreffen auf eine ländliche Gesellschaft, deren eines von vielen Weltdeutungssystemen ein traditionell magisch geprägtes war, eine immanente Umformung und Anpassung ihrer Elemente im Sinne vorfindlicher Bedeutungs- und Lebenszusammenhänge erfahren. Parallel dazu war aber auch die magische Vorstellungs- und Handlungsfülle um die Denk- und Phantasiefigur der Hexe mit ihren besonderen magischen Fähigkeiten und um eine Fülle spezieller, dem Rahmen allgemeiner Magieausübung jedoch angepaßter Magieformen zur Bekämpfung und Identifikation von Hexen erweitert worden. Dieses scheinbar unproblematische Ineinandergreifen zeigt, daß Hexerei aus dem volksmagischen Verständnis heraus nichts anderes war als eine Form der nicht alltäglichen Magieausübung. Sie war keine auf einer besonderen Beziehung zu außerweltlichen bösen Mächten gründende übernatürliche Fähigkeit und von daher nur ein – wenngleich ein stets präsenter – Gefahrenherd unter vielen, derer sich die zeitgenössischen Menschen in der frühen Neuzeit zu erwehren hatten.
Der volkstümliche Hexenglaube, der auf einer veränderten und ergänzten Hexenvorstellung sowie einem gemeindlichen Deutungsmuster zur Feststellung und Überführung einer »Dorfhexe« oder eines »Dorfzauberers« gründete, fiel gerade in den Dorfgemeinschaften des Saarraumes mit ihrer relativ großen genossenschaftlichen Autonomie auf fruchtbaren Boden. Dies lag vor allem daran, daß ihm zugleich ein kombinierter Zuschreibungs- und Funktionsbestand der Hexereiverdächtigung inhärent war, der handlungsmotivierend sein konnte. Volkstümliche Vorstellungen von Hexen und Zauberern folgten kollektiven Übereinkünften, die sie zu möglichen Deutungs- und

Handlungskategorien in besonderen Situationen des Alltagslebens bestimmten. Zustandsbewertungen etwa, die qualitativ oder quantitativ über das Normalmaß hinausgehende Grade von Veränderungen oder Abweichungen darstellten, führten zur Interpretationsorientierung »Hexerei« und schlossen damit zugleich alternative Deutungen aus. Hexerei spielte dann als mögliche Deutungskategorie eine Rolle, wenn die durch das Deutungsmuster festgelegten situativen Kontexte des Schadenzaubers mit einer eingetretenen Situation korrespondierten, in der es zu außergewöhnlichen qualitativen oder quantitativen Beeinträchtigungen im Bereich der Produktions- und Reproduktionsfähigkeit eines Gemeindemitglieds gekommen war. Inhaltlich entsprachen derartige Situationen durchaus jenen, die zur Anwendung magischer Praktiken führten – auch hier ging es im wesentlichen um existentielle Bedrohungen durch Krankheit, Tod, Unfruchtbarkeit von Mensch, Tier und Boden oder um Nahrungsmittelverluste. Allerdings setzte eine Hexereiverdächtigung zugleich die Zuschreibung der Ereignisse, bei denen es sich immer um nicht natürlich erklärbare Begebenheiten handeln mußte, auf eine Person voraus, der man sowohl Motive zur Schädigung anderer als auch entsprechende (magische) Hexenkräfte zutraute.

Generell kann der ländliche Hexenglaube als alternative Technik und Strategie zur alltäglichen Lebensbewältigung angesehen werden. Hexenglaube, und mit ihm die Hexereiverdächtigung, beschränkten ihr Angebot an Hilfe jedoch auf Lebenssituationen, in denen es galt, bereits vollzogene Handlungen mit negativem Effekt oder durchgeführte Hexenrituale als solche zu deuten und darüber zu entsprechenden juristischen Schritten zu gelangen. Zumeist nahmen letztere den Weg über Beobachtung, Verdächtigung, über Hexereibeschimpfungen und -gerüchte bis hin zur Anklage. In diesem ordnungsstiftenden Sinne wirkten Hexereiverdächtigungen und Anzeigen als Korrelate und Regulatoren zur Überwindung negativer Geschehnisse und Situationen des Alltagslebens, die Sicherheit und Hoffnung auf Veränderungen, Überbrückungen oder Wiederherstellung gewährten. Beide dienten in entsprechenden Kontexten der Neutralisierung von Gefährlichem, der Hemmung von Ungewöhnlichem und seiner Erklärung, der Vernichtung von Bedrohlichem und der Beseitigung von Unordnung, die als existenzbedrohend oder störend empfunden wurde. Zugleich waren mit diesen allgemeinen Funktionen aber auch andere verbunden, die als Rechtfertigungs-, Gesichtswahrungs- und Vertuschungsfunktionen

die individuelle Betroffenheit des Opfers einer Hexe durch gesellschaftliche Anteilnahme und kollektive Verteidigung ergänzten. In ihren speziellen Eigenschaften als Erklärungs-, Kontroll- und Kanalisierungsmittel konnte die Hexereiverdächtigung sowohl Unzulänglichkeiten, Konflikte und Spannungen als auch existenzbedrohende Notsituationen im privaten, gemeindlichen und sozio-ökonomischen Bereich ausgleichen. Sie erleichterte den Umgang mit neuen gesellschaftlichen und mentalen Ängsten und Zwängen und trug damit zur Stabilität der kommunalen Ordnung und zur Disziplinierung der Gemeindemitglieder im Sinne der Aufrechterhaltung ihres Gemeinwohls bei. Die mit der Hexereiverdächtigung wiederum verbundene Möglichkeit zur gerichtlichen Anklage diente, neben ihrer Funktion als Mittel der endgültigen Ausschaltung von Personen, ebenso der finanziellen Bereicherung bestimmter Gemeindegruppierungen. In dieser Multifunktionalität entsprach die Verfolgung von Hexen und Zauberern sowohl den Interessen, Bedürfnissen und Anliegen einzelner Dorfbewohner wie der Gemeinde als sozialer Einheit.
Der ländliche Hexenglaube hatte in seiner ausgeprägten Form nur so lange Bestand, als einerseits der Glaube an Hexen und Zauberer eine nicht zu hinterfragende, selbstverständliche Denkkategorie der ländlichen Bevölkerung bildete. Andererseits besaß, verbunden mit dem Glauben an die Wirksamkeit magischer Kräfte, das heißt an die Macht der Magie überhaupt, auch die Vorstellung einer umfassenden Hexenkraft Allgemeingültigkeit. Seit der Mitte des 17. Jahrhunderts verlor der Hexenglaube in den Gemeinden des Saarraumes jedoch an seiner vormaligen Rigorosität, Unantastbarkeit und Verfolgungsmotivation. Wie bei seiner allmählichen Einbettung schien er sich nun, nur in umgekehrter Richtung, langsam wieder aus dem volksmagischen Denk- und Handlungsgefüge zu lösen, um als davon isolierte Form der Hexereibeschimpfung und -verleumdung bis heute weiterzuexistieren. Dieser Prozeß stand in unmittelbarem Zusammenhang mit gewandelten Bedeutungszuweisungen und vor allem der Veränderung oder dem Wegfall vormaliger Auslösefaktoren, die ihrerseits zuvor die Anwendung des Hexendeutungsmusters bewirkt und den funktionalen Aspekt des Hexenglaubens begründet hatten.

Anhang

Anmerkungen

All jenen danke ich, die bei der Niederschrift und Drucklegung dieses Buches mitgeholfen haben, sei es durch anregende Gespräche und kritisches Überprüfen, durch Hilfen bei der Quellensuche oder beim Korrekturlesen. Ganz besonders danke ich meinem Doktorvater Richard van Dülmen (Saarbrücken) für viele inspirierende Diskussionen und stete Ermutigung. Dank sei auch Prof. Dr. H.-W. Herrmann (Saarbrücken), Prof. Dr. G. Hasenhüttl (Saarbrücken) und Prof. Dr. P. Blickle (Bern). Auch meinen FreundInnen und KollegInnen, die zum Gelingen dieses Bandes mit Rat und Hilfe beitrugen, gilt mein Dank, besonders Rita Gehlen (Saarbrücken), Renate Blickle (Bern), Sabine Miesel (Völklingen), Wolfgang Behringer (München), Armin Schmitt (Saarbrücken), Andreas Blauert (Konstanz), Klaus Donié (Völklingen) und Armin Heinen (Saarbrücken).
In besonderem Maße danke ich meinen Eltern für ihre umfassende Unterstützung, meiner kleinen Tochter Nora, die auf viele Spielnachmittage mit mir verzichten mußte, und Klaus Bäcker für zahllose gemeinsame Arbeitsstunden.
Nicht zuletzt möchte ich den ArchivarInnen der von mir benutzten deutschen und französischen Archive, Bibliotheken und Sammlungen für fachkundige Auskünfte, der »Studienstiftung des deutschen Volkes« für finanzielle Unterstützung sowie Dr. W. H. Pehle, dem Lektor des Fischer Taschenbuch Verlages, für die Betreuung der Drucklegung danken.

1 J. Hansen, Inquisition und Hexenverfolgung im Mittelalter, in: HZ 81 (1898), 14–65; Ders., Zauberwahn, Inquisition und Hexenprozeß im Mittelalter und die Entstehung der großen Hexenverfolgung (1900); Ders. (Hg.), Quellen und Untersuchungen zur Geschichte des Hexenwahns (1901); W. G. Soldan/H. Heppe/M. Bauer, Geschichte der Hexenprozesse, 2 Bde. (1912^{3}) (ND 1972); S. von Riezler, Geschichte der Hexenprozesse in Bayern. Im Licht der allgemeinen Entwicklung dargestellt (1896) (ND 1968); J. Janssen, Geschichte des deutschen Volks seit dem Ausgang des Mittelalters, Bd. 8: Volkswirtschaftliche, gesellschaftliche und religiöse Zustände. Hexenwesen und Hexenverfolgungen bis zum Beginn des Dreißigjährigen Krieges (1894); J. Diefenbach, Der Hexenwahn vor und nach der Glaubensspaltung in Deutschland (1886).

2 K. Thomas, Religion and the Decline of Magic. Studies in Popular Beliefs in Sixteenth and Seventeenth Century England (1971); A. D. J. Macfarlane, Witchcraft in Tudor and Stuart England (1970); J. B. Russell, Witchcraft in the Middle Ages (1972); H. C. E. Midelfort, Witch Hunting in Southwestern Germany 1562–1684. The Social and Intellectual Foundations (1972); E. W. Monter (Hg.), European Witchcraft (1969); R. Mandrou, Magistrats et sorciers en France au XVIIe siècle. Une analyse de psychologie historique (1968).

3 Zum Forschungsstand bisher vgl.: W. Behringer, Erträge und Perspektiven der Hexenforschung, in: HZ 249 (1989), 619–640. Alle neuesten Arbeiten verweisen auf diesen Trend, etwa: D. R. Bauer/S. Lorenz (Hg.), Hexenverfolgungen. Neuere Forschungen unter besonderer Berücksichtigung des südwest-

deutschen Raumes (1991, i.V.); A. BLAUERT, Frühe Hexenverfolgungen. Schweizerische Ketzer-, Zauberei- und Hexenprozesse des 15. Jahrhunderts (1989); G. FRANZ / F. IRSIGLER (Hg.), Hexenglaube und Hexenverfolgungen im Raum Rhein–Mosel–Saar (1991, i. V.); E. LABOUVIE, Wider Wahrsagerei, Segnerei und Zauberei. Kirchliche Versuche zur Ausgrenzung von Aberglaube und Volksmagie, in: R. van Dülmen (Hg.), Verbrechen, Strafen und soziale Kontrolle. Studien zur historischen Kulturforschung III (1990), 15–55; W. RUMMEL, Soziale Dynamik und herrschaftliche Problematik der kurtrierischen Hexenprozesse, in: Gesch. und Gesellsch.; Heft 1, 16. Jg. (1990), 26–55; DERS., Bauernherr und Hexen. Studien zur Sozialgeschichte sponheimischer und kurtrierischer Hexenprozesse 1574–1664 (1991); G. KLANICZAY, Heilige, Hexen, Vampire. Vom Nutzen des Übernatürlichen (1991); G. SCHORMANN, Der Krieg gegen die Hexen. Das Ausrottungsprogramm des Kurfürsten von Köln (1991).

4 Neue Ansätze bieten: W. BEHRINGER, Hexenverfolgung in Bayern. Volksmagie, Glaubenseifer und Staatsräson in der Frühen Neuzeit (1987); C. BEYER, »Hexen-Leut, so zu Würzburg gerichtet«. Der Umgang mit Sprache und Wirklichkeit in Inquisitionsprozessen wegen Hexerei (1986); S. CLARK, Witchcraft in Early Modern Thought (1990, i. V.); C. GINZBURG, Hexensabbat. Entzifferung einer nächtlichen Geschichte (1990); LABOUVIE, Männer im Hexenprozeß. Zur Sozialanthropologie eines »männlichen« Verständnisses von Magie und Hexerei, in: Gesch. und Gesellsch., Heft 1, 16. Jg. (1990), 56–78; R. WALZ, Der Hexenwahn vor dem Hintergrund dörflicher Kommunikation, in: Zs. f. Volksk. 82 (1986), 1–18; KLANICZAY, Heilige, Hexen, Vampire; RUMMEL, Bauernherrn; D. W. SABEAN, Das heilige Band der Einheit. Gemeinschaft aus der Sicht einer dreizehnjährigen Hexe (1683), in: Ders. Das zweischneidige Schwert (1986), 113–135; B. ANKARLOO / G. HENNINGSEN (Hg.), Early Modern European Witchcraft: Centres and Peripheries (1991); S. HALICZER (Hg.), Inquisition and Society in Early Modern Europe (1987).

5 Stellvertretend für die Konflikttheorien: MACFARLANE, Witchcraft; THOMAS, Religion; MIDELFORT, Witch Hunting; für die Ausrottungstheorien: R. MUCHEMBLED, Kultur des Volks – Kultur der Eliten. Die Geschichte einer erfolgreichen Verdrängung (1982), bes. 63–84 u. 232–277; G. HEINSOHN / O. STEIGER, Die Vernichtung der weisen Frauen. Beiträge zu Theorie und Geschichte von Bevölkerung und Kindheit (1985); für die Sozialdisziplinierungs- und Krisentheorien: G. SCHORMANN, Hexenprozesse in Deutschland (1981); DERS., Der Krieg gegen die Hexen; R. KIECKHEFER, European Witch Trials: Their Foundations in Popular and Learned Culture 1300–1500 (1976); neuerdings: W. BEHRINGER, Sozialgeschichte und Hexenverfolgung, in: Bauer / Lorenz (Hg.), Hexenverfolgung; für die Angsttheorien: J. DELUMEAU, Angst im Abendland. Die Geschichte kollektiver Ängste im Europa des 14. bis 18. Jahrhunderts, Bd. 2 (1985), 456–563; E. HEINEMANN, Hexen und Hexenangst. Eine psychoanalytische Studie (1989); vgl. GINZBURG, Hexensabbat; KLANICZAY, Heilige, Hexen, Vampire.

6 SCHORMANN, Hexenprozesse, 69.

7 K. HOPPSTÄDTER, Die Hexenverfolgungen im saarländischen Raum. Ein Beitrag zur Geschichte der Hexenprozesse, in: Zs. f. d. Gesch. d. Saargegend IX (1959), 210–267.

8 Hier vor allem Ex. 12,21–23; Jes. 34,14; Lev. 16,8; 16,10; 16,26; 17,7; 1 Hen. 7,1; 8,1; 8,3; Lk. 22,28; Mk. 6,17–29.

9 AUGUSTINUS, De civitate Dei XV, 23, Corpus Christianorum Series Latina 47–48.

10 DERS., De doctrina christiana II, ebd., 30–40.
11 ALBERTUS MAGNUS, Sentenzenkommentar zu Liber II, dist. VII: art. X (1894); dort heißt es: »Die Zauberer wirken Wunder durch private Verträge eines mit Dämonen eingegangenen Bündnisses.«
12 THOMAS VON AQUIN, Quodlibet, XI, 10.
13 Vgl. die Werke des TERTULLIAN, Bd. 1, in: Corpus Christianorum Series Latina 343 und K. E. BORRESEN, Subordination et équivalence. Nature et rôle de la femme d'après Augustine et Thomas d'Aquin (1968), 25ff.; J.-M. AUBERT, La femme, antifeminisme et christianisme (1975), 88f.
14 PAULUS, Galaterbrief 3,28; 1 Kor. 11,9; Eph. 5,22–24; 1 Kor. 14,34.
15 THOMAS VON AQUIN, Summa theologica I, qu. 99, Art. 2; II, qu. 149, Art. 4; III, qu. 31, Art. 3.
16 Zu der These, daß Frauen innerhalb der »sozialreligiösen Frauenbewegung« des 12. und 13. Jahrhunderts »Vorläuferinnen« der Hexen des 16. und 17. Jahrhunderts waren: C. HONEGGER, Die Hexen der Neuzeit. Studien zur Anderen Seite der okzidentalen Rationalisierung, in: Dies. (Hg.), Die Hexen der Neuzeit. Studien zur Sozialgeschichte eines kulturellen Deutungsmusters (1978), 49–56; zur Verteufelung von Frauen im Hoch- und Spätmittelalter: DELUMEAU, Angst im Abendland, Bd. 2, 456–469.
17 Straßburg 1212: Hinrichtung von etwa 100 Albigensern; Trier 1230–1240: Prozesse gegen »Zauberinnen«, denen ein Teufelsbund, nicht aber der Hexenflug zur Last gelegt wurde; vgl. GLOGER/ZÖLLNER, Teufelsglaube und Hexenwahn (1984^2), 33, 89.
18 H. DÖBLER, Hexenwahn. Die Geschichte einer Verfolgung (1979), 70f.; M. HAMMES, Hexenwahn und Hexenprozesse (1977), 30ff.; GLOGER/ZÖLLNER, Teufelsglaube, 88f.
19 Vgl. J. K. BASCHWITZ, Hexen und Hexenprozesse (1963), 71ff.
20 P. KLEMM, Träumer, Ketzer und Rebellen (o. J.), 71.
21 Hierzu: DÖBLER, Hexenwahn, 59; H.-J. WOLF, Hexenwahn und Exorzismus. Ein Beitrag zur Kulturgeschichte (1980), 128f.
22 Hier besonders Exodus 22,18: »Die Zauberer sollst du nicht am Leben lassen.«
23 Vgl. H. P. KNEUBÜHLER, Die Überwindung von Hexenwahn und Hexenprozeß (1977), 48; DÖBLER, Hexenwahn, 66; BEHRINGER (Hg.), Hexen und Hexenprozesse in Deutschland (1988), 53–71.
24 WOLF, Hexenwahn und Exorzismus, 159; BEHRINGER, »Vom Unkraut unter dem Weizen«. Die Stellung der Kirchen zum Hexenproblem, in: R. van Dülmen (Hg.), Hexenwelten. Magie und Imagination vom 16.–20. Jahrhundert (1987), 23; DÖBLER, Hexenwahn, 69.
25 BEHRINGER, »Vom Unkraut...«, 24; SOLDAN/HEPPE/BAUER, Geschichte der Hexenprozesse, Bd. 1, 210f.; Sassoferraco berief sich auf ein Bibelzitat des Neuen Testamentes, nach dem Christus gesagt habe, wer in seiner Gemeinschaft nicht bleibe, den solle man hinauswerfen wie eine verdorrte Rebe. Da man diese bekanntlich verbrenne, verdienten auch alle Personen unter Zaubereiverdacht den Feuertod.
26 DELUMEAU, Angst im Abendland, Bd. 2, 524f.; N. COHN, Démonolâtrie et sorcellerie au Moyen Age (1982), 232ff.; E. W. MONTER, Patterns of Witchcraft in the Jura, in: Journal of Social History 5, Heft 1 (1971), 19ff.; GINZBURG, Hexensabbat; BLAUERT, Frühe Hexenverfolgungen.
27 Vgl. SOLDAN/HEPPE/BAUER, Geschichte der Hexenprozesse, Bd. 1, 234ff.
28 1353 wurde bei einem Autodafé in Toulouse erstmals der Hexentanz erwähnt;

vgl. SOLDAN/HEPPE/BAUER, Geschichte der Hexenprozesse, Bd. 1, 204; L. KOLMER, Ad capiendas Vulpes. Die Ketzerbekämpfung in Südfrankreich in der ersten Hälfte des 13. Jahrhunderts und die Ausbildung des Inquisitionsverfahrens (1982).

29 SOLDAN/HEPPE/BAUER, Geschichte der Hexenprozesse, Bd. 1, 225.

30 HANSEN (Hg.), Quellen und Untersuchungen, 66; H. C. LEA, Die Inquisition (ND 1985), 174f.; HALICZER (Hg.), Inquisition and Society.

31 VON RIEZLER, Geschichte der Hexenprozesse in Bayern, 57ff.

32 SOLDAN/HEPPE/BAUER, Geschichte der Hexenprozesse, Bd. 1, 221f.

33 THOMASIUS, Kurtze Lehrsätze von dem Laster der Zauberei (1703); DERS., Disputatio juris canonici de origine ac progressu processus inquisitorii contra sagas (1712); später auch F. STERZINGER, Betrügende Zauberkunst und träumende Hexerey, oder Vertheidigung der akademischen Rede, von dem gemeinen Vorurtheile der wirkenden und thätigen Hexerey wider das Urtheil ohne Vorurtheil (1767).

34 J. HARTLIEB, Buch aller verbotenen Kunst, Unglaubens und der Zauberei (1456).

35 Vgl. VON RIEZLER, Geschichte der Hexenprozesse in Bayern, 72ff.

36 J. W. R. SCHMIDT (Hg.), Der Hexenhammer, Teil 1 (1980), XL. Es ist hier die Rede von der »Hülffe des weltlichen Arms«.

37 Der Trierer Binsfeld fügte seinem Traktat zur Unterstützung der dort enthaltenen Forderungen und Ansichten den Wortlaut der Hexenbulle bei: P. BINSFELD, Tractat Von Bekantnuß der Zauberer unnd Hexen. Ob und wie viel denselben zu glauben (1590). Vorspiel. Namentlich die Päpste Alexander VI., Julius II., Leo X. und Clemens VII. übernahmen die Argumentation der Hexenbulle; vgl. auch R. HANCKE, Häresie und Inquisition. Über die Kirche als Schöpferin neuer und folgenschwerer Herrschafts-Strategien und Kontrollformen, in: Kriminologisches Journal, 2. Beiheft, Kriminologie und Geschichte (1987), 58–72.

38 Texte in: SCHMIDT (Hg.), Der Hexenhammer, XVII–XXXI, besonders XXX, und XXXVI–XLI; vgl. auch P. SEGL (Hg.), Der Hexenhammer. Entstehung und Umfeld des »Maleus Maleficarum« von 1487 (1988).

39 Vgl. BEHRINGER, »Erhob sich das ganze Land zu ihrer Ausrottung...«. Hexenprozesse und Hexenverfolgungen in Europa, in: R. van Dülmen (Hg.), Hexenwelten, 137f.; A. BORST, Anfänge des Hexenwahns in den Alpen, in: Ders., Barbaren, Ketzer und Artisten. Welten des Mittelalters (1988), 262–288; B. ANKARLOO/G. HENNINGSEN (Hg.), Early Modern European Witchcraft.

40 VON RIEZLER, Geschichte der Hexenprozesse in Bayern, 141f.; J. HANSEN (Hg.), Quellen und Untersuchungen, 592f., 596; H. VALENTINITSCH, Die Verfolgung von Hexen und Zauberern im Herzogtum Steiermark – eine Zwischenbilanz, in: Ders. (Hg.), Hexen und Zauberer. Die große Verfolgung – ein europäisches Phänomen in der Steiermark (1987), 297–316; H. DIENST, Hexenprozesse auf dem Gebiet des heutigen Bundeslandes Vorarlberg..., in: Valentinitsch (Hg.), Hexen und Zauberer, 265–291; R. REUSS, La sorcellerie au 16e et 17e siècles, particulièrement en Alsace d'après des documents en partie inédits (1987). Es dürfte sich insgesamt um einige hundert Personen gehandelt haben, da allein in den Prozessen in Boppard, Frankfurt, Jülich-Berg und Calahorra insgesamt etwa 120 Menschen verurteilt wurden.

41 Es handelt sich um »Vorbereitung zum Hexensabbat«, Holzschnitt 1510; »Drei Hexen«, Federzeichnung 1514; »Hexenszene«, Federzeichnung 1514; »Die

drei Parzen«, Holzschnitt 1513; »Hexensabbat«, Federzeichnung 1514; »Junge Hexe mit Drachen«, Federzeichnung 1515; »Zwei Wetterhexen«, Ölgemälde 1523, und eine undatierte Zeichnung, die den Aufbruch zum Sabbat darstellt.

42 Ausgaben Molitors in Köln, Konstanz und Straßburg 1489, in Ulm 1490, in Straßburg 1575.

43 U. TENGLER, Der neu Layenspiegel (1511), 140–145 und HANSEN (Hg.), Quellen 190ff.

44 PRIERIAS, De strigimarum mirandis libri tres (1520); A. ALCIATUS, Commentarii ad tit. degest. de verborum signisficatione... (1515); B. DE SPINA, Quaestio de strigibus et lamiis (1523); B. VON COMO, Tractatus de strigii (1508); S. DE CASSIS, Quaestio de la strie (1505); J. TRITHEMIUS, Antipalus maleficorum Johannis Trithemii Sponhemensis (1508); eine Drucklegung erfolgte erst 1555 in Ingolstadt; TH. MURNER, Tractat über den Hexencontract (1507).

45 BEHRINGER (Hg.), Hexen und Hexenprozesse, 103f.

46 J. G. VON KAYSERSPERG, Die Emeis (1508).

47 L. MILICHIUS, Der Zauber Teuffel, Sagen, Aberglauben, Hexerey und mancherley Wercke des Teuffels (1563); Theatrum diabolicum (1569); vgl. HAMMES, Hexenwahn, 162f.; WOLF, Hexenwahn, 197; G. LÄNGIN, Religion und Hexenprozeß. Zur Würdigung des 400jährigen Jubiläums der Hexenbulle und des Hexenhammers sowie der neuesten katholischen Geschichtsschreibung auf diesem Gebiete (1888), 163.

48 H. SACHS, Ein wunderlich Gesprech von fünff unhulden (1531), in: BEHRINGER (Hg.), Hexen und Hexenprozesse, 120ff., J. PAULI, Schimpf und Ernst (1522); vgl. zu Dr. Faustus: E. TRUNZ (Hg.), Goethe. Faust. Der Tragödie erster und zweiter Teil, Urfaust (1975), 462.

49 W.-E. PEUCKERT (Hg.), Theophrastus Paracelsus, Werke, Bd. V: Pansophische, magische und gabalische Schriften (1976), 17–50, 133–176, 337–389; A. VON NETTESHEIM, De occulta philosophia libri III (1510, 1567); DERS., De incertitudine et vanitate scientiarium (1529).

50 J. PICO DELLA MIRANDOLA, Conclusiones cabbalistica (1486); J. REUCHLIN, De verbo mirifico (1494); DERS., De arte cabbalistica (1517).

51 Dr. Fausts Original-Höllenzwang, i. e. der vierfachen Elementar-Geister Familiar-Gehorsam, magiae albae et nigrae, aus dem 6. u. 7. Buch Mosis, mit Fausts und Habermanns Portrait u. dem schwarzen Raben-Siegel, cabalist. Figuren (1510); Dr. Fausts Höllenzwang, i. e. das sogenannte 7th Blatt der 7 Fürstengeister mit allen ihren Dienstgeistern (1510); Dr. J. Fausti (dreifacher) +++ Höllenzwang, magische Geister Commando, der schwarze Rabe (1520); M. VON ARLES, Über die Arten des Aberglaubens, gegen die Zauberkünste oder Sakrilegien, welche zur Zeit auf dem Erdboden herrschen (1518).

52 Vgl. SOLDAN/HEPPE/BAUER, Geschichte der Hexenprozesse, Bd. 1, 268f.; WOLF, Hexenwahn und Exorzismus, 163; VON RIEZLER, Geschichte der Hexenprozesse in Bayern, 93; Zitat aus: L. RAPP, Die Hexenprozesse und ihre Gegner aus Tirol (1874), 12f. und VON RIEZLER, Geschichte der Hexenprozesse in Bayern, 94.

53 D. UNVERHAU, Von »Toverschen« und Kunstfruwen in Schleswig 1548 bis 1557. Geschehen – Verbrechen – Gerichtsverfahren (1978); G. WILBERTZ, Hexenprozesse und Zauberglaube im Hochstift Osnabrück, in: Osnabr. Mitt. 84 (1978), 33–50.

54 BEHRINGER, »Erhob sich das ganze Land...«, 141, 161; M.-S. DUPONT-BOUCHAT/W. FRIJHOFF/R. MUCHEMBLED, Prophèts et sorciers dans les Pays-Bas XVIe–XVIIIe siècle (1978), 41–154.

55 Valentinitsch, Die Verfolgung, in: Ders. (Hg.), Hexen und Zauberer, 300; Behringer, »Erhob sich das ganze Land...«, 141, 161; R. Briggs, Witchcraft and Popular Mentality in Lorraine 1580–1630, in: B. Vickers (Hg.), Occult and Scientific Mentalities in the Renaissance (1984), 337–349.

56 Schormann, Hexenprozesse in Nordwestdeutschland (1977), 49–51, 69, 80f.; Gloger/Zöllner, Teufelsglaube und Hexenwahn, 126f., 135f.; Dienst, Hexenprozesse auf dem Gebiet der heutigen Bundesländer Vorarlberg, in: Valentinitsch (Hg.), Hexen und Zauberer, 287; Behringer, Hexenverfolgung in Bayern; Ders., Mit dem Feuer vom Leben zum Tod. Hexengesetzgebung in Bayern (1988); Labouvie, »Gott zu Ehr, den Unschuldigen zu Trost und Rettung...«. Hexenverfolgungen im Saarraum und den angrenzenden Gebieten, in: Franz/Irsigler (Hg.), Hexenglaube und Hexenverfolgungen; Prozesse gab es zum gleichen Zeitpunkt auch im Waadtland (P. Kamber, La chasse aux sorciers et aux sorcières dans le Pays de Vaud, in: Revue historique vaudoise [1982], 21–33), der Grafschaft Büdingen (W. Niess, Hexenprozesse in der Grafschaft Büdingen. Protokolle, Ursachen, Hintergründe [1982], 113, 303) und der Fürstabtei Fulda (Schormann, Hexenprozesse in Deutschland, 68).

57 Behringer, »Erhob sich das ganze Land...«, 142, 159; B. Ankarloo, Das Geschrei der ungebildeten Masse. Zur Analyse der schwedischen Hexenprozesse, in: Degn/Lehmann/Unverhau (Hg.), Hexenprozesse. Deutsche und skandinavische Beiträge (1983), 172–178; Schormann, Hexenprozesse in Nordwestdeutschland, 51; Niess, Hexenprozesse in der Grafschaft Büdingen, 303; Schormann, Hexenprozesse in Deutschland, 68.

58 Ankarloo, Das Geschrei der ungebildeten Masse, 172–178; G. Henningsen, Hexenverfolgung und Hexenprozesse in Dänemark, in: Degn/Lehmann/Unverhau (Hg.), Hexenprozesse, 143–149; B. Ankarloo/G. Henningsen (Hg.), Häxornas Europa, 1400–1700. Historiska och anthropologiska studier (1987); Schormann, Hexenprozesse in Nordwestdeutschland, 114; C. F. Karlsen, The Devil in the Shape of a Woman. Witchcraft in Colonial New England (1987); J. Tazbir, Hexenprozesse in Polen, in: Archiv f. Religionsgesch. 71 (1980), 280–307.

59 Schormann, Hexenprozesse in Deutschland, 67, 80; Labouvie, »Gott zu Ehr...«; Delumeau, Angst im Abendland, Bd. 2, 517f.; Clark, Witchcraft; W. Rummel, Die »Ausrottung des abscheulichen Hexerey Lasters«, in: W. Schieder (Hg.), Volksreligiosität in der modernen Sozialgeschichte (1986), 51–73.

60 P. Schweizer, Der Hexenprozeß und seine Anwendung in Zürich, in: Züricher Fachbuch 25 (1902), 1–63; J. Schacher, Das Hexenwesen im Kanton Luzern nach den Prozessen von Luzern und Sursee (1400–1675) (1947), XI–XIII; A. Kocher, Regesten zu den Solothurnischen Hexenprozessen, in: Jb. f. Solothurnische Gesch. 16 (1943), 121–140; Kamber, La chasse aux sorciers, 33; Dienst, Hexenprozesse auf dem Gebiet der heutigen Bundesländer Vorarlberg, 286–288; J. L. Pitts, Witchcraft and Devil Lore in the Channel Islands (1886); 28–32; Wilbertz, Hexenprozesse und Zauberglaube im Hochstift Osnabrück, 40.

61 Dienst, Hexenprozesse auf dem Gebiet der heutigen Bundesländer Vorarlberg, 286f.; S. Vilfan, Die Hexenprozesse in Krain – Zur Frage ihrer Häufigkeit, in: Valentinitsch (Hg.), Hexen und Zauberer, 291–294.

62 Midelfort, Witch Hunting, 180f.; Dupont-Bouchat, La Répression de la sorcellerie dans le duché de Luxembourg aux XVIe et XVIIe siècles. Une Ana-

lyse des structures de pouvoir et de leur fonctionnement dans le cadre de la chasse aux sorciers, in: Dies./Frijhoff/Muchembled (Hg.), Prophètes et sorciers, 41–154; Monter, Witchcraft in France and Switzerland: The Borderlands during the Reformation (1976), 119f.; L. Larner, Enemies of God. The Witch-Hunt in Scotland (1981), 91; H. E. Naess, Die Hexenprozesse in Norwegen, in: Degn/Lehmann/Unverhau (Hg.), Hexenprozesse, 167f.; Henningsen, Hexenverfolgungen und Hexenprozesse in Dänemark, in: Ebd., 146.

63 Monter, Witchcraft, 120; Dienst, Hexenprozesse auf dem Gebiet der heutigen Bundesländer Vorarlberg, 290; Valentinitsch, Die Verfolgung, 307.

64 Midelfort, Witch Hunting, 33; Larner, Enemies of God; Delumeau, Angst im Abendland, Bd. 2, 526ff.; Monter, Witchcraft, 105f.; Labouvie, »Gott zu Ehr...«.

65 Ausnahmen bildeten der Kanton Waadt, in dem 90% der Angeklagten hingerichtet wurden, und der katholische Kanton Fribourg, in dem nur in 33% der Fälle Hinrichtungen stattfanden; vgl. Midelfort, Witch-Hunting, 33; A. Reuss, L'Alsace au XVIIe siècle, Bd. 2 (1898), 105; Delumeau, Angst im Abendland, Bd. 2, 530, 535; Kamber, La chasse, 33.

66 Behringer (Hg.), Hexen und Hexenprozesse, 56f., 59–64, 66.

67 Hansen (Hg.), Quellen, 278f. In der Danziger Rechtswillkür von 1500 hieß es ebenfalls schon: »Szo sich ymandt unterstehet zcobereye zcu schaden seynes nehesten zcu gebrauchen, der szoll zcum feuwer werden verortelt«; vgl. hierzu F. Reich, Hexenprozesse in Danzig und in den westpreußischen Grenzgebieten (1940), 30.

68 von Riezler, Geschichte der Hexenprozesse in Bayern, 137; Soldan/Heppe/Bauer, Geschichte der Hexenprozesse, Bd. 1, 397f.; Text: Hansen (Hg.), Quellen, 342.

69 Wolf, Hexenwahn, 382; H. H. Kunstmann, Zauberwahn und Hexenprozeß in der Reichsstadt Nürnberg (1970), 69ff.; Perneder, Von Straff und Peen, fol. 7.

70 Wolf, Hexenwahn, 303–305; Soldan/Heppe/Bauer, Geschichte der Hexenprozesse, Bd. 1, 512, 523; vgl. N. Paulus, Luther als Beförderer der Hexenprozesse, in: Ders., Hexenwahn und Hexenprozeß, vornehmlich im 16. Jahrhundert (1910), 54f. und H. R. Trevor-Roper, Religion, Reformation und sozialer Umbruch, in: Ders., Der europäische Hexenwahn des 16. und 17. Jahrhunderts (1970), 137.

71 Behringer (Hg.), Hexen und Hexenprozesse, 236; Wolf, Hexenwahn, 371; Behringer, Hexenverfolgung in Bayern, 258–301.

72 Soldan/Heppe/Bauer, Geschichte der Hexenprozesse, Bd. 1, 552; Delumeau, Angst im Abendland, Bd. 2, 523ff.

73 Vgl. Trevor-Roper, Religion, Reformation, 135; Macfarlane, Witchcraft, 14–17; Soldan/Heppe/Bauer, Geschichte der Hexenprozesse, Bd. 1, 558ff.

74 Soldan/Heppe/Bauer, Geschichte der Hexenprozesse, Bd. 1, 561f.

75 Vgl. vor allem R. Mandrou, Die französischen Richter und die Hexenprozesse im 17. Jahrhundert, in: Honegger (Hg.), Die Hexen der Neuzeit, 311–318; A. Soman, Les procès de sorcellerie au Parlement de Paris (1565–1640), in: Annales 32 (1977), 790–812.

76 J. C. V. Johansen, Als die Fischer den Teufel ins Netz bekamen, in: Degn/Lehmann/Unverhau (Hg.), Hexenprozesse, 159ff.; Naess, Die Hexenprozesse in Norwegen, in: Ebd., 170f.; Henningsen, Hexenverfolgung und He-

xenprozeß in Dänemark, in: Ebd., 146f.; ANKARLOO, Das Geschrei, in: Ebd., 174.

77 Zur saarländischen Landesgeschichte allgemein: H.-W. HERRMANN/K. HOPPSTÄDTER/H. KLEIN (Hg.), Geschichtliche Landeskunde des Saarlandes, 2 Bde. (1960/1977); H. OVERBECK/G. W. SANTE, Saar-Atlas (1934); I. EDER, Die saarländischen Weistümer – Dokumente der Territorialpolitik (1978); G. W. RUMSCHÖTTEL, Verwaltungsorganisation und Gerichtsverfassung im Bereich der Grafschaft Nassau-Saarbrücken im 17. und 18. Jahrhundert (1972); K. LILLIG, Rechtsetzung im Herzogtum Pfalz-Zweibrücken während des 18. Jahrhunderts (1985); J. M. SITTEL (Hg.), Sammlung der Provinzial- und Partikular-Gesetze und Verordnungen..., 2 Bde. (1843).

78 Vgl. H.-W. HERRMANN, Die Reformation in Nassau-Saarbrücken und die nassau-saarbrückische Landeskirche bis 1635, in: Die evangelische Kirche an der Saar. Gestern und heute, hrsg. von den Kirchenkreisen Ottweiler, Saarbrücken, Völklingen der ev. Kirche im Rheinland (1975); F.-X. REMLING, Das Reformationswerk in der Pfalz. Eine Denkschrift für die Heimath sammt einem Umrisse der neueren pfälzischen Kirchengeschichte (1846); H. MAURER, Kirchenzucht im ehemaligen Herzogtum Zweibrücken im 16. und 17. Jahrhundert (1909).

79 Hierzu und zum folgenden: LABOUVIE, Wider Wahrsagerei, in: van Dülmen (Hg.), Verbrechen, 13–55.

80 LHA Koblenz, Best. 24, Nr. 1686, fol. 1f.

81 LHA Koblenz, Best. 54, Nr. S 1727, o. fol., 1590; LASB, Best. 38, Nr. 769, fol. 103; LHA Koblenz, Best. 24, Nr. 531, fol. 7.

82 KSCHA Zw., Rep. IV., Nr. 395, o. fol., 14. März 1720.

83 LHA Koblenz, Best. 24, Nr. 531, fol. 7; ebd., Best. 54, Nr. S 1728, o. fol.

84 KSCHA Zw., Rep. IV, Nr. 395, o. fol., 1700; erwähnt wird eine ähnlich lautende Bestimmung vom 13. September 1673; ebd., Nr. 395, o. fol., 25. Oktober 1710; LHA Koblenz, Best. 24, Nr. 1686, fol. 9f.

85 Vgl. J. KOHLER/W. SCHEEL (Hg.), Die Peinliche Gerichtsordnung Kaiser Karls V. Constitutio Criminalis Carolina (1900), 30f.

86 Dies behauptete Conrad von Soetern, Lehnsmann des Zweibrücker Herzogs, in einer Klageschrift, die er beim Reichskammergericht in Speyer 1592 gegen Johann eingereicht hatte; LHA Koblenz, Best. 54, Nr. S 1728, o. fol., ebd., Nr. S 1727, o. fol.

87 Quelle: SITTEL (Hg.), Sammlung, 1. Bd., 1. Sammlung (1843), 138–182.

88 LASB, Best. 22, Nr. 2969, fol. 51.

89 Ebd., fol. 52f., 54f.; HSTA Wiesbaden, Abt. 369, Nr. 313, fol. 111f.

90 LASB, Best. 22, Nr. 2969, fol. 51–55, 85f.; LHA Koblenz, Best. 56, Nr. 2486, fol. 317; Archiv der ev. KG Ottweiler, Nr. 05/9–9, fol. 10; HSTA Wiesbaden, Best. 369, Nr. 412, fol. 1, 5f., 22; ebd., Nr. 319, fol. 8, 41f., 48f., 59, 74, 86, 94–96, 109.

91 L. GÖTZE, Johannes VI., Grafen von Nassau-Dillenburg Urteil über Hexenprozesse (1582), in: Annalen d. Vereins f. Nass. Altertumsk. und Gesch.-forsch. 13 (1874), 327–329.

92 LASB, Best. 22, Nr. 4611, o. fol., Kanzlei-Taxe vom 26. Juni 1683; LASB, Best. 24, Nr. 25, 478, S. 253.

93 HSTA Wiesbaden, Abt. 369, Nr. 317, o. fol.

94 Hierzu allgemein: HERRMANN/HOPPSTÄDTER/KLEIN (Hg.), Geschichtliche Landeskunde, Bd. 1, 289ff.; M. MEAUME, Les assises de l'ancienne chevalerie Lorraine, in: Mémoires de l'Academie de Stanislas (1874), 184f. und H. HIEGEL, Le Bailliage d'Allemagne de 1600 à 1632, Bd. 1 (1961), 40–45; zur Krimi-

nalgerichtsbarkeit: HERRMANN/HOPPSTÄDTER/KLEIN (Hg.), Geschichtliche Landeskunde, Bd. 2, 208f., 211f.; H. VAN HAM, Beiträge zur Entwicklung des öffentlichen Rechts in Lothringen, in: Elsaß-lothringisches Jb. 20 (1942), 214–217, 219ff.

95 Zivilprozeßordnung von 1594: Kurzer Bericht der Form und Weise, so in Aufrichtung der Prozesse der Assisen wie dann da in den oberen und unteren Gerichtssitzen der Nancaischen, Vogischen und Teutschen Bellißthumben es gehalten werden solle (1594); Gewohnheitsrecht: H. HUART (Hg.), Die gemeinen Landsbräuche der dreyen, nemblich Nancaischen, Vogischen und Teutschen Ballisthumben in Lotharingen, aus dem Französischen in die teutsche gemeine Sprach von J. Huart Lieutenampt und Greffier der Adelischen Assitzen erstlich verdometschet (1599); vgl. auch: L. RICHARD, Coutumes, usages locaux und modernes Recht in Lothringen, in: Jb. der Gesellsch. f. lothr. Gesch. und Altertumsk. 21 (1909), 168, Anm. 1 und C. SADOUL, Essays historiques sur les institutions judiciaires des duché de Lorraine et de Bar avant les réformes de Léopold I. (1898), 124f.

96 LHA Koblenz, Best. 218, Nr. 768, fol. 1–23.

97 LHA Koblenz, Best. 55 A 1, Nr. 52: Reichsritterschaften, fol. 1ff.

98 Ebd., fol. 2.

99 Ebd., fol. 19–26.

100 ADMM Nancy, Best. B., Nr. 9488, o. fol., 1584 unter: »Pour les exécutions criminels«.

101 ADMM Nancy, Best. B., Nr. 9221, o. fol., 1598; ebd., Best. B, Nr. 9325, fol. 66–85; LHA Koblenz, Best. 218, Nr. 768, fol. 1–23.

102 LHA Koblenz, Best. 56, Nr. 1293, o. fol., 1594, Kopie 1777.

103 J. J. SCOTTI (Hg.), Sammlung der Gesetze und Verordnungen, welche in dem vormaligen Churfürstenthum Trier über Gegenstände der Landeshoheit, Verfassung, Verwaltung und Rechtspflege ergangen sind..., Bd. 1 (1832), Nr. 141, 536ff.; J. J. BLATTAU (Hg.), Statuta Synodalia, Ordinationes et Mandata, Archidioecesis Trevirensis, Bd. 3 (1844), Nr. 1, 1–4.

104 Binsfeld war führender Dämonologe seiner Zeit. Sein Traktat »Von Bekantnuß der Zauberer und Hexen« wurde besonders im bayrischen Raum rezipiert.

105 STA Trier, Best. Ta 32/2, Rechtspflege, Gerichtsakten 16.–18. Jh., o. fol.

106 SCOTTI (Hg.), Sammlung, Bd. 1, Nr. 113, 494–500, bes. 496, 498.

107 STA Trier, Best. Ta 32/2, Criminalordnung von 1726, fol. 1–14; BAT, Abt. 103, Nr. 198 II., o. fol., Verordnung von 1765.

108 HERRMANN/HOPPSTÄDTER/KLEIN (Hg.), Geschichtliche Landeskunde, Bd. 2, 158f. und J. MARX, Geschichte des Erzstifts Trier, d. i. der Stadt Trier und des Trierer Landes, Bd. 2 (1859), 79ff., 86ff.

109 SCOTTI (Hg.), Sammlung, Bd. 1, 517, 526f.

110 Ebd., 554–564 und N. HONTHEIM, Historia Trevirensis diplomatica et pragmatica, Tomus Tertius 1567–1745 (1750), 170–173.

111 Vgl. STA Trier, Best. 1534/166, Bündel 7, fol. 59, 65, 67.

112 LHA Koblenz, Best. 1c, Nr. 1112, o. fol., 7. Februar 1630.

113 LASB, Best. Herrschaft, Münchweiler, Urkunden, Nr. 274, fol. 1–3.

114 Zum Begriff des Hexenbildes vgl. G. KIMMERLE, Hexendämmerung. Studie zur kopernikanischen Wende der Hexendeutung (1980), 12, 43ff.; zum Begriff des Hexenmusters erstmals: HONEGGER (Hg.), Die Hexen der Neuzeit, ihre Einl., 31ff.

115 Vgl. SOLDAN/HEPPE/BAUER, Geschichte der Hexenprozesse, Bd. 1, 19f., 29, 34, 37f., 49–54, 63; GINZBURG, Hexensabbat, 91–122.

116 Vgl. zum Stellenwert der Magie im Alltagskontext: LABOUVIE, Verbotene Künste. Volksmagie und ländlicher Aberglaube vom 16.–18. Jahrhundert (1992, i. V.); DIES., Von Kassandra bis Dr. Faustus. Männliche und weibliche Magie vom 16. Jahrhundert bis heute, in: Saarpfalz. Bll. f. Gesch. u. Volksk., Sonderh. 1991.

117 HSTA München, Best. Kasten blau, Nr. 389/9b, fol. 321; ebd., Nr. 389/8c, fol. 117, 190f.; ebd., Nr. 390/2b, fol. 145f.; KSCHA Zw., Rep. VI, Nr. 1164, fol. 32f., 35f.; ebd., Rep. II, Nr. 171, fol. 12.

118 HSTA München, Best. Kasten blau, Nr. 389/9b, fol. 202, 1558; LHA Koblenz, Best. 1c, Nr. 12124, o. fol., 1576; vgl. auch LABOUVIE, Männer im Hexenprozeß, 59–62.

119 Hierzu bes. LABOUVIE, Wider Wahrsagerei, 38–48.

120 Vgl. zum Kollokatproblem: B. RABOFSKI, Zum Bedeutungswandel von engl. witch vom 9.–17. Jahrhundert: Eine Kollokationsanalyse unter Berücksichtigung sozio-kultureller Faktoren, in: M. Hellinger (Hg.), Sprachwandel und feministische Sprachpolitik: Internationale Perspektiven (1985), 169–188.

121 BEHRINGER, Hexenprozesse und Hexendiskussion in Südostdeutschland. Ein Beitrag zur Kultur- und Sozialgeschichte Europas (1985), Masch. Diss., 31f., 46; SCHORMANN, Hexenprozesse (1981), 66f., 69; MIDELFORT, Witch Hunting, 32ff.

122 Vgl. SCHORMANN, Hexenprozesse, 116ff.

123 Vgl. D. KREMP, Von Zauberei und Hexerei im Ostertal, in: Heimatbuch des Landkreises St. Wendel, XVIII (1979/80), 122; LASB, Best. 22, Nr. 2786, fol. 1–4; HSTA Wiesbaden, Abt. 369, Nr. 418, fol. 1f.

124 Die Belege für die einzelnen Prozesse entfallen. Statt dessen werden besonders hervorgehobene Prozeßfälle ausgewiesen.

125 Vgl. SCHORMANN, Hexenprozesse, 55, 67ff. Er setzt eine erste Welle zwischen 1585 und 1595, eine zweite um 1630 und eine dritte zwischen Anfang der 50er und Ende der 60er Jahre des 17. Jahrhunderts an; MIDELFORT, Witch Hunting, 32ff.; BEHRINGER, Hexenprozesse (1985), 55, 58.

126 Vgl. E. DELCAMBRE, Le concept de la sorcellerie dans le duché de Lorraine, Bd. 1–3 (1948–1951); DUPONT-BOUCHAT, La répression de la sorcellerie, 74f. Für Kurtrier konnten erste Hexenprozesse für die Jahre 1492–1497 nachgewiesen werden; hierzu: RUMMEL, Gutenberg, der Teufel und die Muttergottes von Eberhardsklausen, in: A. Blauert (Hg.), Ketzer, Zauberer, Hexen. Die Anfänge der europäischen Hexenverfolgungen (1990), 98ff.

127 Das benachbarte Rappweiler hatte 1548 etwa 10 Feuerstellen, ebenso auch Morscholz: LHA Koblenz, Best. 1c, Nr. 3961, fol. 3, Kopie, 1744; LASB, Best. 38, Nr. 769, fol. 1–38; ADMM Nancy, Best. B 9221, o. fol.

128 LASB, Best. 38, Nr. 769, fol. 105–125.

129 Aus Platzgründen wird auf Einzelbelege der Quellen verzichtet. Für Besseringen selbst liegen keine genauen Einwohnerzahlen vor, wohl aber für die umliegenden Orte: sie umfaßten um 1600 zwischen drei und 28 Haushaltungen; vgl. A. JACOB, Zur Geschichte des ehemaligen Kondominiums Merzig-Saargau, in: Zs. f. d. Gesch. d. Saargegend 1, Heft 1–4 (1951), 56f.

130 Merzig hatte um 1600 etwa 240 Haushaltungen oder, um es genau zu sagen, »208 ganze Ehen und 27 Witwen«; in Bachem existierten zur gleichen Zeit 7 Haushaltungen, in Wellingen 8 Haushalte; vgl. zu den Einwohnerzahlen JACOB, Zur Geschichte des ehemaligen Kondominiums, 56f.

131 Wadern / Wedern / Konfeld / Noswendel / Löstern / Bardenbach / Thailen / Weierweiler / Buttnich / Krettnich / Gehweiler / Lockweiler / Wadrill / Mett-

nich; insgesamt kam es hier zu 62 Prozessen: 44 zwischen 1589–1599 und weitere 16 allein zwischen 1628–1630.

132 In den Orten Wallerfangen, Fraulautern und Roden kam es insgesamt zu 49 Prozessen, davon zu 35 allein zwischen 1591 und 1597. Die angesprochenen Gemeinden um Saarwellingen heißen: Schwarzenholz, Salbach, Reisweiler, Hülzweiler, Falscheid, Eidenborn, Labach, Eiweiler.

133 In den Orten um Honzrath, Erbringen, Merchingen und Düppenweiler kam es insgesamt zu 26 Hexenprozessen, von denen 13 zwischen 1591 und 1603 und weitere 12 zwischen 1628 und 1634 durchgeführt wurden.

134 In Selbach, Neunkirchen/Nahe, Gonnesweiler, Eckelhausen und Bosen fanden zwischen 1619 und 1631 insgesamt 25 und zwischen 1589 und 1599 zuvor schon 11 Hexenprozesse statt. Das Nalbacher Tal mit den Orten Nalbach, Diefflen, Piesbach, Körprich, Bilsdorf und Bettstadt umfaßte etwa 12 Quadratkilometer und zählte nach G. Colesie, Hexenprozesse am Hochgericht Nalbach (1969/70), 229, 110 Haushalte. Hier fanden insgesamt 29 Prozesse statt.

135 So heißt es beispielsweise 1588 gegenüber einer Saarburgerin, sie sei eine »gewißliche Zauberin«, die Krankheit und Unglück bringe und »verbrandt werden müße«, gegenüber einer Einwohnerin aus Rimlingen, sie sei eine »Zauberin«, die ein Pferd totgezaubert habe, und gegenüber einer Frau aus Mannebach, sie habe »herrn pastor bezaubert, daß er darvon gestorben« und »sei auch eine unverantwortete Zauberin«; LHA Koblenz, Best. 1c, Nr. 14125; ebd., Nr. 14127. Einem Saarburger Bürger wurde 1592 dagegen vorgeworfen, er sei ein »Zauberer«, der sich bis jetzt nicht verantwortet habe, während einem Losheimer Einwohner 1613 unterstellt wurde, er »kune zaubern« und habe ein Pferd krank gezaubert; LHA Koblenz, Best. 1c, Nr. 14126; ebd., Nr. 14128. 1653–55; ebd., Nr. 14131; die Bezeichnung Hexe kommt insgesamt 5mal, die der Zauberin 4mal und die Bezeichnungen Werwolf sowie Zauberer je einmal vor; 1656: LHA Koblenz, Best. 1c, Nr. 9111, fol. 630; ebd., Nr. 14131; 1657: ebd., Nr. 14132; 1660: ebd., Nr. 9111, fol. 861f.; 1665: ebd., Nr. 14133; 1667–1669: ebd., Nr. 13813–13815; 1677: ebd., Nr. 13829; 1683: ebd., Nr. 13843–13845; 1688: ebd., Nr. 13406.

136 1654: ebd., Nr. 14131; 1657: ebd., Nr. 14132; 1665: ebd., Nr. 14133; 1683: ebd., Nr. 13843–13845; Werwolfbezeichnung für Frauen: 1652: ebd., Nr. 14131; 1688: ebd., Nr. 13406.

137 Ebd., Nr. 14118, o. fol.; ebd., Nr. 14125, o. fol.; ebd., Nr. 14126, o. fol.; ebd., Best. 210, Nr. 1492, S. 127–131; ebd., Best. 1c, Nr. 14127; ebd., Nr. 1911, fol. 151f., Nr. 14128, o. fol.; 1656: ebd., Nr. 9111, fol. 612, 630; 1665: ebd., Nr. 14133.

138 Ebd., Nr. 14124, o. fol.; ebd., Nr. 14125, o. fol.; ebd., Nr. 14128, fol. 4; ebd., Nr. 14129, o. fol.

139 Ebd., Nr. 14132; ebd., Nr. 13406; ebd., Nr. 14129, o. fol.; ebd., Nr. 14126.

140 Ebd., Nr. 9112, fol. 312; BAT, Abt. 40, Nr. 4i, S. 1155, 1157; LHA Koblenz, Best. 1c, Nr. 14125; ebd., Nr. 14129; ebd., Nr. 14131; ebd., Nr. 14132; ebd., Nr. 13829; ebd., Best. 210, Nr. 1439, S. 93; ebd., Best. 1c, Nr. 9111, fol. 861f.

141 Ebd., Best. 1D, Nr. 4478, fol. 4; ebd., Best. 1c, Nr. 14132; ebd., Nr. 14128; ebd., Nr. 13813; ebd., Nr. 14129; ebd., Nr. 14131; ebd., Nr. 14133; ebd., Nr. 14127.

142 1584: ADMM Nancy, Best. B 9488, o. fol.: »sorcière et ribaute«; 1593: ebd., Best. B 741, Nr. 27: »zaubers«; 1597: ebd., Best. B 941, Nr. 2, o. fol.: »hour und Hechsin«; 1622: LASB, Best. 22, Nr. 3004, fol. 77–84: »ein hex«; 1633: ADMM Nancy, Best. B 741, Nr. 58, o. fol.: »hexin«.

143 1607, 1610/11: ADMM Nancy, Best. B 9502, o. fol., »zauberern«; 1665: ADM Metz, Best. 10 F 150, o. fol., »Hexenmeister«; »zauberer«; 1669: ebd., »zauberer«.
144 LASB, Best. 22, Nr. 4160, fol. 67–71: »Hexenmeister«, »Hexenkönig«.
145 HSTA München, Best. Kasten blau, Nr. 389/9b, fol. 271, fol. 331; ebd., Nr. 389/8c, fol. 23r, 117r, 159; KSCHA Zw., Rep. VI, Nr. 1164, fol. 32r, 35rf; HSTA München, Best. Kasten blau, Nr. 390/1e, fol. 145r, 198, 214; KSCHA Zw., Rep. II, Nr. 235, o. fol.
146 LASB, Best. 22, Nr. 4147, fol. 15; KSCHA Zw., Rep. II, Nr. 190/I, fol. 25; ebd., Rep. IV, Nr. 4654, fol. 144r.
147 KSCHA Zw., Rep. VI, Nr. 1164, fol. 35f.; ebd., Rep. II, Nr. 243, fol. 23ff.
148 KSCHA Zw., Rep. II, Nr. 146, fol. 33 ½: »zauberschen«; ebd., Rep. VI, Nr. 1164, fol. 35f.: »zaubers«, »Hexin«; ebd., Rep. II, Nr. 146; fol. 60 ½: »zauberse«; ebd., Rep. IV, Nr. 4654, fol. 157r: »Hex und Zaubers«; LASB, Best. 22, Nr. 4147, fol. 15: »hur und Hexin«, »lügen wie ein hur und Hexin«; ebd.: »Hex und Hur«; ebd., fol. 24ff.: »Zauberin«, »Hexe«; LHA Koblenz, Best. 24, Nr. 1279, fol. 14: »heißen lügen wie ein huer und zauberin«; KSCHA Zw., Rep. II, Nr. 190/I, fol. 25: »Huer und Hexen«; ebd., Nr. 214, fol. 126ff.: »ein hex gebohren«.
149 Im Prozeß gegen Stephan Junker von 1603 klagte das gesamte Dorf vor der Herrschaft auf Burg Liebenburg; vgl. HOPPSTÄDTER, Die Hexenverfolgungen, 236. Weitere 8 Fälle belegen eine Anklage durch den Hochgerichtsmeier oder »Hopsmeier«. In lothringischen Gebietsanteilen existierten Ausschüsse erst relativ spät und selten.
150 Archiv Waal, Nr. 2744, o. fol.
151 HSTA München, Best. Kasten blau, Nr. 389/9b, fol. 202.
152 Ebd., fol. 331.
153 KSCHA Zw., Rep. VI, Nr. 1164, fol. 32r.
154 LHA Koblenz, Best. 54, Nr. S 1727, o. fol.
155 BAT, Abt. 71, 78, Nr. 16, fol. 1f.
156 ADMM Nancy, Best. B 741, Nr. 27, o. fol.
157 LHA Koblenz, Best. 1c, Nr. 3928, fol. 6–11; LASB, Best. 92, Nr. 426, fol. 1–4; STA Trier, Best. 1534/166, Bündel 7, fol. 66r, 67, 63r, 64.
158 LASB, Best. 38, Nr. 769, fol. 1–6; das Hochgericht Mandern stand 1593 unter der Verwaltung der Herrschaft Dagstuhl; STA Trier, Nr. 2, 1533/171; ebd., 1534/166, Bündel 7.
159 LHA Koblenz, Best. 56, Nr. 2201, fol. 2ff., 13ff.; LASB, Best. 38, Nr. 769, fol. 10–18, fol. 24–38; STA Trier, Best. 1534/166, Bündel 7, fol. 67; Archiv Waal, Nr. 2725, 26. Mai 1593 und LASB, Best. 22, Nr. 4680; ebd., Best. Herrschaft Münchweiler, Akten, Nr. 389, fol. 9–12; vgl. auch M. MÜLLER, Die Geschichte der Stadt St. Wendel von ihren Anfängen bis zum Weltkrieg (1927), 608.
160 LASB, Best. Archivs. d. Hist. Vereins f. d. Saargegend, Abt. A, Nr. 516, o. fol.; ebd., Best. 22, Nr. 2969, fol. 51ff., 54f., 85f.
161 LHA Koblenz, Best. 55 A 1, Nr. 52, fol. 1–17, 19–26.
162 ADMM Nancy, Best. B 741, Nr. 27, o. fol.
163 LASB, Best. 92, Nr. 426, fol. 9–26, 29–38.
164 Ausschüsse gab es weder in den lothringischen Ämtern Schaumburg, Wallerfangen und Siersburg noch in der criechingischen Herrschaft Püttlingen.
165 LASB, Best. 38, Nr. 769, fol. 48, 61–72, 52ff., 64f., 75–86; in diesen Prozessen wurden insgesamt über 30 Personen mitangeschuldigt, die ausschließlich aus den Orten Mandern, Nieder- und Oberkell sowie Schellingen stammten.
166 Für die folgenden Angaben: LASB, Best. 38, Nr. 769, fol. 45–58.

167 In den Prozessen vom März 1628 sind es Theisen Peter und Potter Theiß, im Prozeß vom Dezember 1628 noch immer Potter Theiß, jetzt aber Kirsten Theis von Mandern; LASB, Best. 38, Nr. 769, fol. 48–86.

168 Ebd., Nr. 769, fol. 75–86: Schieffer Anna gibt dem Ausschuß Potter Theiß an; ADMM Nancy, Best. B. 741, Nr. 27, o. fol.

169 LASB, Best. 38, Nr. 769, fol. 75 ff.

170 ADMM Nancy, Best. B 741, Nr. 27, o. fol.

171 LASB, Best. 22, Nr. 2969, fol. 54.

172 Ebd., Best. 38, Nr. 759, fol. 45 f., 61 ff.

173 So etwa ebd., Nr. 769, fol. 75 ff.; LHA Koblenz, Best. 1 c, Nr. 3928, fol. 6 f.

174 So stellten die Ausschüsse von Wadern wegen des kostspieligen Zeugenverhörs einer in die Gegend von Worms verzogenen Dienstmagd 1639 zusätzliche Bürgen; LASB, Best. 38, Nr. 769, fol. 105–125.

175 Vgl. LHA Koblenz, Best. 215, Nr. 1473, fol. 10.

176 Ebd., Best. 54, Nr. S 1727, o. fol., ca. 1592; vgl. Carolina, Art. 177, Art. 182.

177 LASB, Best. 22, Nr. 2969, fol. 85 f.

178 Vgl. Scotti (Hg.), Sammlung I, 554 ff. und LASB, Best. 38, Nr. 793, fol. 93.

179 LHA Koblenz, Best. 1 c, Nr. 1112, o. fol., 7. Februar 1630 und LASB, Best. Herrschaft Münchweiler, Urkunden, Nr. 274, fol. 1–3, 8. Juni 1630.

180 STA Trier, Nr. 2°, 1533/171; ebd., Nr. 2°, 1534/166, Bündel 7; ebd., Nr. 2180 b/124.

181 Vgl. N. van Werveke, Kulturgeschichte des Luxemburger Landes, Bd. I (1923), 307 und Dupont-Bouchat, La répression, 41–154. In den pfalz-zweibrückischen Ämtern Meisenheim, Lichtenberg, Tronecken und Zweibrücken existierte ein eingeschränktes Ausschußwesen; HSTA München, Best. Kasten blau, Nr. 390/1 e, fol. 214 und C. Keller, Ein Hexenprozeß aus dem Jahr 1672, in: Geschichte und Landschaft 85 (1967), 2.

182 HSTA Wiesbaden, Best. 369, Nr. 412, fol. 6–17.

183 Schleswig-Holstein kannte Privat- und Amtskläger, vgl.: D. Unverhau, Akkusationsprozeß – Inquisitionsprozeß, in: Degn/Lehmann/Unverhau (Hg.), Hexenprozesse, 65–142. Norwegen, Dänemark und Schweden hatten ausschließlich die Privatklage, dazu: Naess, Die Hexenprozesse in Norwegen, in: ebd. (Hg.), 170; Henningsen, Hexenverfolgung und Hexenprozesse in Dänemark, in: Ebd. (Hg.), 146–149; Ankarloo, Das Geschrei der ungebildeten Masse, in: Ebd. (Hg.), 173 ff. Für die obrigkeitlichen Verfolgungen in den Bistümern Bamberg, Würzburg, Fulda, für Kurmainz, Kursachsen, Bayern, Westfalen, Baden-Württemberg, Schaumburg-Lippe und Nassau-Dillenburg vgl. Schormann, Hexenprozesse, 57 ff., 65–69; A. R. Baumgarten, Hexenwahn und Hexenverfolgungen im Naheraum (1987); C. Beyer, »Hexen-Leut…«; Behringer, Mit dem Feuer.

184 Vgl. Unverhau, Akkusationsprozeß–Inquisitionsprozeß, 59–142 und Anm. 183.

185 STA Trier, Best. 1534/166, Bündel 7, fol. 64, 66 r, 67.

186 Vgl. N. Remigius, Daemonolatriae libri tres, ex judiciis capitalibus nongentorum… (1598), Teil I, 13. Kap., 95 ff. und 18. Kap., 13 ff.; P. Binsfeld, Von Bekantnuß, Teil II, 62 ff., 78–83, 93, 108, 112 f.; Schmidt (Hg.), Der Hexenhammer, Teil III, 33. Frage, 208–217.

187 LASB, Best. 38, Nr. 769, fol. 28–38.

188 Ebd., fol. 90–103.

189 LHA Koblenz, Best. 218, Nr. 768, fol. 1–23.

190 LASB, Best. 22, Nr. 4147, fol. 15–137, hier besonders fol. 56 ff. Rektor Jungk

berichtet von einem anderen Fall der Barprobe aus Bliesransbach: »Am 3. Februar 1715 war der Herr von Frauenberg Jean de Thomin auf der Jagd im Wald von Bliesransbach ermordet und verscharrt von dem Tagelöhner Peter Moor. Ein Hund entdeckte die Leiche. Alle Bewohner des Dorfes mußten an der Leiche vorbeigehn und sie berühren. Nach der Überlieferung sei, als Moor vorbei ging, Blut geflossen. Er gestand, zeigte den Ort, wo er die silbernen Knöpfe, um die er den Mann getötet, begraben. Er wurde im Zweibrückischen gerichtet. Mémoire de la sûreté de Metz«; STAbücherei SB, Landesk. Abt., Best. Hist. Verein f. d. Saargegend, Nr. 994, fol. 46.

191 LHA Koblenz, Best. 1 c, Nr. 3928, fol. 30 f.; LASB, Best. Herrschaft Münchweiler, Akten, Nr. 389, fol. 9–12.

192 LASB, Best. 22, Nr. 4147, fol. 77 ff.

193 Ebd., Best. 38, Nr. 769, fol. 10–21; ebd., Best. Herrschaft Münchweiler, Akten, Nr. 389, fol. 9–12; ebd., Best. 92, Nr. 426, fol. 5 f., 9–26, 29–38; LHA Koblenz, Best. 218, Nr. 768, fol. 1–23; ADMM Nancy, Best. B 741, Nr. 27, o. fol.

194 LHA Koblenz, Best. 1 c, Nr. 3928, fol. 6–11; ebd., fol. 26 f., 30 f.; vgl. A. Jacob, Die Hexenprozesse in Merzig und Umgebung in: Zweites Jb. d. Vereins für Heimatk. i. Kreis Merzig (1930), 35 ff., 56.

195 LHA Koblenz, Best. 218, Nr. 768, fol. 1–23; Augstgen Matheis saß zunächst im Wallerfanger Augustinerkloster, kam dann ins Haus des Wirtes Werbell, der ihn auch beköstigte, und wurde nach Bestätigung des Ehebruchs wieder in den Augustinerturm gebracht.

196 LASB, Best. 22, Nr. 4680, fol. 292 f.

197 ADMM Nancy, Best. B 741, Nr. 27, o. fol.

198 LASB, Best. 38, Nr. 769, fol. 90–103.

199 LHA Koblenz, Best. 218, Nr. 769, fol. 1–23.

200 ADMM Nancy, Best. B 741, Nr. 59, o. fol., 1633; ebd., Nr. 27, o. fol.

201 LASB, Best. 92, Nr. 426, fol. 5 f.; ebd., Best. 22, Nr. 2786, fol. 1–4.

202 LASB, Best. 38, Nr. 769, fol. 61–72, 45–58, 28–38, 10–14, 19–21; ebd., Best. 22, Nr. 4680, fol. 302–305; ebd., Best. 92, Nr. 426, fol. 29–38; ADMM Nancy, Best. B 741, Nr. 27, o. fol.

203 LASB, Best. 38, Nr. 769, fol. 15–18, 90–103; ebd., Best. 92, Nr. 426; LHA Koblenz, Best. 218, Nr. 769, fol. 21 f.

204 Engel Anthes habe »die pein [nicht] im geringsten geclaggt«; Ida Schmidß Cleßers Frau verhielt sich »alß were sie keiner pein empfindtlich«; LASB, Best. 38, Nr. 769, fol. 15–103.

205 LASB, Best. 38, Nr. 769, fol. 16 ff.

206 ADMM Nancy, Best. B 741, Nr. 27, o. fol.; LASB, Best. 38, Nr. 769, fol. 61–72, 45–58, 75–86, 10–27; ebd., Best. 92, Nr. 426, fol. 29–38, 19–21; ADMM Nancy, Best. B 9221, o. fol.

207 STA Trier, Best. 2180 b / 124, Bündel 7, fol. 3–6.

208 ADMM Nancy, Best. B 741, Nr. 27, o. fol.; LASB, Best. 38, Nr. 769, fol. 10–21, 24–27.

209 LASB, Best. 38, Nr. 769, fol. 24–27, 45–58, 105–125.

210 Ebd., fol. 10, 19 ff., 105–125.

211 LASB, Best. 38, Nr. 769, fol. 61–72, 19–21, 29–38; ebd., Best. 22, Nr. 4680, fol. 302–305.

212 LASB, Best. 92, Nr. 426, fol. 7 f., 29 ff., 9 f.; ebd., Best. 38, Nr. 769, fol. 90–103, 24 ff., 15 ff., 10 ff.; ebd., Best. 22, Nr. 4680, fol. 302 f.; ADMM Nancy, Best. 9221, o. fol.

213 LASB, Best. 38, Nr. 769, fol. 75–86; ADMM Nancy, Best. B 741, Nr. 27, o. fol.; vgl. Anm. 212.

214 LASB, Best. 92, Nr. 426, fol. 15f.

215 LASB, Best. 38, Nr. 769, fol. 28–38, 19–21, 10–14; ebd., Best. 22, Nr. 4680, fol. 302ff.; ebd., Best. 92, Nr. 426, fol. 1–4, 9–18; ADMM Nancy, Best. B 9221, o. fol.,; ebd., Best. B 741, Nr. 27, o. fol.

216 LASB, Best. 38, Nr. 769, fol. 105–125; ebd., Best. 92, Nr. 426, fol. 9–18, 29–38, 7f.; ADMM Nancy, Best. B 741, Nr. 27, o. fol.; vgl. auch Heimatbuch Wadern (1962), 37f.

217 Vgl. zur Bedeutung von Brot und Salz: J. VON GÖRRES, Die christliche Mystik, Bd. IV, 2. Abt. (1842), 146ff.

218 ADMM Nancy, Best. B 741, o. fol.; LASB, Best. 22, Nr. 4680, fol. 302–305; ADMM Nancy, Best. B 9221, o. fol.; LASB, Best. 38, Nr. 769, fol. 24–38; ebd., Best. 92, Nr. 426, fol. 7f., 29–38, 9–18.

219 LASB, Best. 38, Nr. 769, fol. 10–14; ebd., Best. 92, Nr. 426, fol. 9–18, 29–38. Ob dieser Kuß in Anlehnung an den Handkuß beim Lehnseid für den Lehnsherrn zu deuten ist, muß offen bleiben. Das nackte Gesäß bildet allerdings auch bei vielen Völkern das Zeichen äußerster Verhöhnung; vgl. UNVERHAU, Von »Toverschen«, 40.

220 LASB, Best. 92, Nr. 426, fol. 29–38; ADMM Nancy, Best. B 741, Nr. 27, o. fol.

221 Ebd., fol. 16ff.

222 Ebd., fol. 1–4; ebd., Best. 38, Nr. 769, fol. 7f., 10–14, 19–21, 24–38, 90–103, 105–125; ADMM Nancy, Best. B 741, Nr. 27, o. fol.; ebd., Best. B 9221, o. fol.

223 ADMM Nancy, Best. B 9221, o. fol.; LASB, Best. 38, Nr. 769, fol. 10-14, 105–125; ebd., Best. 92, Nr. 426, fol. 1–4, 29–38.

224 STA Trier, Best. 2180b/124, Bündel 7, fol. 3–6; LASB, Best. 38, Nr. 769, fol. 90–103, 10–14, 29–38; ADMM Nancy, Best. B 9221, o. fol.; ebd., Best. B 741, Nr. 27, o. fol.

225 ADMM Nancy, Best. B 9221, o. fol.; zur Tierverwandlung im Hexenglauben: GINZBURG, Hexensabbat, 183–199.

226 Archiv Waal, Nr. 2752, o. fol.; P. Binsfeld nimmt in seinem Traktat sowohl den Schadenzauber, die Tierverwandlung, den Hexensabbat als auch den Hexenflug als reale Ereignisse an, während der 1593 von Binsfeld zum Tode verurteilte Cornelius Loos in seiner Schrift behauptete, das Ausfahren der Hexen sei »eitle Phantasterei«. Friedrich von Spee schrieb in Kapitel 36 seiner »Cautio Criminalis«: »Hinsichtlich der Hexensabbate und Hexentänze jedenfalls kann man sehr zweifeln, ob sie jemals leiblich begangen werden. Ich wünschte, es würde das jemand einmal genau untersuchen«. Vgl. MARX, Geschichte des Erzstifts Trier, Bd. 2, 117; H. BRACKERT, Unglückliche, was hast du gehofft? Zu den Hexenbüchern des 15.–17. Jahrhunderts, in: G. Becker/S. Bovenschen u. a. (Hg.), Aus der Zeit der Verzweiflung. Zur Genese und Aktualität des Hexenbildes (1978), 151; Gesta Treverorum III, 19; F. RITTER (Hg.), Friedrich von Spee, Cautio Criminalis (1939), 225.

227 Archiv Waal, Nr. 2752, o. fol.; Zu den Hexensalben vgl. H. A. HANSEN, Der Hexengarten (1981), 16f., 19, 34, 47f., 56, 65, 76f., 94ff., 103ff.; W. MRSICH, Erfahrungen mit Hexen und Hexensalben, in: Unter dem Pflaster liegt der Strand. Zs. f. Kraut und Rüben 5 (1978), 177f.; H. P. DUERR, Traumzeit. Über die Grenzen zwischen Wildnis und Zivilisation (1980^5), 13f., 28f., 103ff.; W.-E. PEUCKERT, Hexensalben, in: Mediz. Monatsspiegel, 8. Folge (1960), 169f.;

C. KIESEWETTER, Geschichte des neueren Occultismus. Geheimwissenschaftliche Systeme von Agrippa, Nettesheim bis Carl du Prei (1891), 25f., 88f.; H. P. DUERR, Können Hexen fliegen?, in: Unter dem Pflaster liegt der Strand 3 (1976), 59f. S. auch die Berichte des Anthropologen Carlos Castaneda über seine Erfahrungen mit psychotropen Pflanzen, die er durch den indianischen Medizinmann Juan Matus kennenlernte: C. CASTANEDA, Reise nach Ixtlan. Die Lehre des Don Juan (1981[8]) und DERS., Eine andere Wirklichkeit. Neue Gespräche mit Don Juan (1982[9]); ebenfalls interessant: S. FERCKEL, Hexensalben und ihre Wirkung, in: Kosmos Bd. 50 (1954), 414; W. E. MÜHLMANN, Homo Creator (1962), 178ff.

228 LASB, Best. 22, Nr. 4680, fol. 302–305; ebd., Best. 38, Nr. 769, fol. 19–21, 105–125; ebd., Best. 92, Nr. 426, fol. 29–38.

229 LASB, Best. 38, Nr. 769, fol. 15–18; ebd., Best. 92, Nr. 426, fol. 29–38; ADMM Nancy, Best. B 741, Nr. 27, o. fol.

230 Vgl. KOHLER/SCHEEL (Hg.), Die Peinliche Gerichtsordnung, 36.

231 Die Hochgerichte Schwarzenholz, Wallerfangen und Nittel entliehen den Scharfrichter aus Bolchen im Amt Blieskastel; das Theleyer Hochgericht hatte den Henker des Schaumburger Amtes in seinen Diensten; das Amt Schaumburg beorderte den Scharfrichter des Waderner Hochgerichtes, und im Nalbacher Tal war der Rodener Scharfrichter tätig; vgl. R. R. REHANEK, Abtei Fraulautern (1978), 166; J. BONGARTZ, Das gemeinschaftliche Hochgericht Theley (1937), 73; LHA Koblenz, Best. 24, Nr. 978, fol. 1–4; ebd., Best. 1c, Nr. 3928, fol. 30f.; ADMM Nancy, Best. 9502, o. fol., Rechnung Amt Siersburg, 1611; ebd., Best. 10242, o. fol.

232 RITTER (Hg.), Friedrich von Spee, 131; auch: 89, 121, 264., 269f.

233 LASB, Best. 22, Nr. 4680, fol. 302–305; ADMM Nancy, Best. B 741, Nr. 27, o. fol.

234 Hier vor allem LHA Koblenz, Best. 1c, Nr. 3928, fol. 26f.; LASB, Best. 38, Nr. 769, fol. 15–27; ebd., Best. 92, Nr. 426, fol. 1–4; ADMM Nancy, Best. B 9221, o. fol.; Archiv Waal, Nr. 2752, o. fol., Gutachten 1598; ADMM Nancy, Best. B 741, Nr. 27, o. fol.

235 LASB Best. 92, Nr. 426, fol. 9–38; ebd., Best. 38, Nr. 769, fol. 61–72, 75–86, 90–161, 445–458; LHA Koblenz, Best. 218,. Nr. 768, fol. 1–23.

236 Vgl. S. 76–82.

237 LASB, Best. 22, Nr. 2786, fol. 1–4.

238 Hierzu S. 74–82.

239 Vgl. Kap. 44 und 25 der Carolina im Gegensatz zu Kap. 21, in dem darauf Wert gelegt wird, den Aussagen von Personen, die sich selbst als Wahrsager oder Zauberer bezeichnen, keinen Glauben zu schenken; KOHLER/SCHEEL (Hg.), Die Peinliche Gerichtsordnung, 19ff., 30f.

240 LASB, Best. 38, Nr. 769, fol. 75–86.

241 Ebd., fol. 90–103.

242 LASB, Best. 38, Nr. 769, fol. 71f.

243 ADMM Nancy, Best. B 741, Nr. 27, o. fol.,; STA Trier, Best. 2180b/124, Bündel 7, fol. 5f.

244 ADMM Nancy, Best. B 741, Nr. 24, o. fol.; ebd., Nr. 27, o. fol.; LASB, Best. 38, Nr. 769, fol. 14, 27; ADMM Nancy, Best. B 741, Nr. 27; ebd., Nr. 24, o. fol.

245 ADMM Nancy, Best. B 9221, o. fol.

246 LASB, Best. 92, Nr. 426, fol. 17, 38.

247 Ebd., Best. 38, Nr. 769, fol. 102f., 124f.

248 STA Trier, Best. 2180b/124; Bündel 8, fol. 5f.

249 ADMM Nancy, Best. B 741, Nr. 27, o. fol.
250 Vgl. Heimatbuch Wadern, 40; LASB, Best. 22, Nr. 3002, fol. 51 f.; ebd., Nr. 4247, fol. 50 ff.: hier wird erwähnt, daß Remmers Paulußen Frau aus Ransbach bei ihrer Hinrichtung als Hexe »nitt in die huten gewolt« habe; LASB, Best. 38, Nr. 769, fol. 72.
251 Vgl. JACOB, Hexenprozesse in Merzig, 35.
252 LASB, Best. 22, Nr. 4147, fol. 50 ff., achte Zeugin und zehnter Zeuge.
253 LASB, Best. 92, Nr. 426, fol. 18, 38; ebd., Best. 38, Nr. 769, fol. 103.
254 LASB, Best. 38, Nr. 653, fol. 8; ebd., Best. Herrschaft Münchweiler, Akten, Nr. 389, fol. 9–12.
255 LHA Koblenz, Best. 24, Nr. 531, fol. 3 ff.; ebd., fol. 9–23.
256 ADMM Nancy, Best. B 9224, fol. 3; LASB, Best. 22, Nr. 2969, fol. 85.
257 LHA Koblenz, Best. 54, Nr. S 1727, o. fol.
258 Ebd., 11. November 1590; 17. April 1592.
259 LASB, Best. 22, Nr. 2969, fol. 51–55.
260 LHA Koblenz, Best. 24, Nr. 531, fol. 3–7.
261 Ebd., Best. 24, Nr. 531, fol. 9–23.
262 Vgl. KOHLER/SCHEEL (Hg.), Die peinliche Gerichtsordnung, Kap. 204 und Kap. 205, 104 f.; Kap. 218, 113.
263 Umrechnung nach: LASB, Best. 22, Nr. 3032 und 3033, Rechnung Schloß Bucherbach; Türkenschatzung von 1542 nach: LASB, Best. Nachlaß Rug, Ordner Köllertaler Volkskunde, Bd. IV; ich beziehe mich auf die Orte Bietschied, Dilsburg, Dudweiler, Herchenbach, Hilschbach, Engelfangen, Etzenhofen, Güchenbach, Kölln, Niedersalbach, Rittershofen, Sellerbach und Bischmisheim.
264 KSCHA Zw., Rep. IV, Nr. 4653, Geldumrechnung nach Rechnungen des Klosters Hornbach von 1613.
265 ADMM Nancy, Best. B 9221, o. fol.; ebd., o. fol.; ebd., Best. B 10244, o. fol.; ebd., Best. B 10241, o. fol.; ebd., Best. B 10246, o. fol.; ebd., Best. B 9325, fol. 48–52.
266 ADMM Nancy, Best. B 9221, o. fol., 1599.
267 Ebd., o. fol., 12. März 1599.
268 Geldumrechnung nach: ADMM Nancy, Best. B 383, 1588 und ebd., Best. BJ Liasse 4389, 1629; Türkenschatzung: LASB, Best. 22, Nr. 3002, fol. 62; ADMM Nancy, Best. B 935, Nr. 7; vgl. I. EVEN, Zur Geschichte des Ortes Limbach. Beilage zum Geschäftsbericht der Volksbank Schmelz-Hüttersdorf (1974), 23.
269 ADMM Nancy, Best. B 741, Nr. 60, o. fol., 1634.
270 Ebd., Nr. 27, o. fol.; ebd., Best. BJ Liasse 4389, fol. 22.
271 LASB, Best. 92, Nr. 426, fol. 18, 28.
272 LHA Koblenz, Best. 1 c, Nr. 19227, fol. 590 f.
273 Ebd., Nr. 19227, fol. 216, 488.
274 Ebd., fol. 348, 488, 590 f., 779; Zitat: ADMM Nancy, Best. B 741, Nr. 27, o. fol.
275 LHA Koblenz, Best. 215, Nr. 1473, fol. 10 f., 12.
276 Ebd., Best. 1 c, Nr. 3928, fol. 29 oder Best. 215, Nr. 1473, fol. 6.
277 Ebd., fol. 30 f.
278 Ebd., Best. 215, Nr. 1478, fol. 11–15.
279 LASB, Best. Herrschaft Münchweiler, Akten, Nr. 274, fol. 1–3; LHA Koblenz, Best. 1 c, Nr. 1112, o. fol., 17. 2. 1630.
280 Archiv Waal, Nr. 2744, o. fol.
281 Prozesse am Hochgericht Blieskastel: Archiv Waal, Nr. 2727, o. fol.; ebd., Nr. 2085, o. fol.; LASB, Best. 22, Nr. 4680, fol. 302–305.

282 LHA Koblenz, Best. 1c, Nr. 3928, fol. 6–11; ebd., Best. 24, Nr. 978, fol. 1–4; ebd., Best. 54, Nr. S 1727, o. fol.; vgl. Jacob, Hexenprozesse in Merzig, 69; Hoppstädter, Hexenverfolgungen, 248.
283 LASB, Best. 22, Nr. 2969, fol. 54f.
284 Archiv Waal, Nr. 2744, o. fol.
285 LHA Koblenz, Best. 1c, Nr. 3928, fol. 6–11; ebd., Best. 215, Nr. 1478, fol. 11 bis 14.
286 Ebd., Nr. 2744, o. fol.; LHA Koblenz, Best. 56, Nr. 1293, o. fol.
287 LHA Koblenz, Best. 56, Nr. 2201, fol. 13–15.
288 LASB, Best. 38, Nr. 793, fol. 23.
289 LHA Koblenz, Best. 56, Nr. 1293, o. fol.
290 Vgl. ebd., Nr. 2486, fol. 317f.; HSTA Wiesbaden, Best. 369, Nr. 412, fol. 1, 5f.; LASB, Best. 22, Nr. 2786, fol. 1–4.
291 LASB, Best. 22, Nr. 2969, fol. 51ff., 85f.
292 Ebd., fol. 54f.; Archiv der ev. KG Ottweiler, Nr. 05/9–9, fol. 10.
293 LASB, Best. 22, Nr. 2969, fol. 54f.
294 LHA Koblenz, Best. 54, Nr. S 1728, o. fol.
295 Ebd., Best. 24, Nr. 531, fol. 9–23.
296 Ebd., Best. 54, Nr. S 1728, o. fol.
297 Scotti (Hg.), Sammlung, Nr. 152, 554–561; LHA Koblenz, Best. 1.c, Nr. 1112, o. fol.; LASB, Best. Herrschaft Münchweiler, Urk., Nr. 274, fol. 1–3.
298 LHA Koblenz, Best. 215, Nr. 1478, fol. 11–15.
299 Ebd., Best. 54, Nr. S 1727, o. fol., 1589 und 1592; ebd., Nr. 531, fol. 7ff., 1633.
300 Scotti (Hg.), Sammlung, 561.
301 LASB, Best. Herrschaft Münchweiler, Akten, Nr. 389, fol. 9–12.
302 LHA Koblenz, Best. 1c., Nr. 3928, fol. 30f.
303 Vgl. zu den St. Wendeler Prozessen: Müller, Die Geschichte der Stadt, 608f.; es handelt sich um eine Eintragung im Rechnungsbuch des Gerichtsbürgermeisters von 1655, leider ohne Quellenangabe des Autors.
304 ADMM Nancy, Best. B 9502, o. fol., 1603.
305 LHA Koblenz, Best. 215, Nr. 1478, fol. 11–15.
306 Ebd., Best. 24, Nr. 531, fol. 9–23.
307 Ebd., fol. 3f.; auch: 5f.
308 ADMM Nancy, Best. B 10277, o. fol.; LASB, Best. Herrschaft Münchweiler, Akten, Nr. 389, fol. 9–12.
309 ADMM Nancy, Best. B 9502, o. fol.; ebd., Best. B 10242, o. fol.
310 Ebd., Best. B 9502, o. fol.; ebd., Best. B 10242, o. fol.; ebd., Best. B 9325, fol. 66–72, 77; LHA Koblenz, Best. 1c, Nr. 3928, fol. 30f.; LASB, Best. 92, Nr. 426, fol. 27–29.
311 Vgl. Rehanek, Abtei Fraulautern, 166.
312 ADMM Nancy, Best. B 9325, fol. 66–85.
313 Ebd., fol. 50ff.; ebd., Best. B 9318, fol. 9; zur Konfiskationsreduzierung: ebd., Best. B 741, Nr. 60, o. fol.
314 Zu den umliegenden Orten und ihren Haushaltungen, die sich um eine Anzahl zwischen 3 und 23 bewegten: ADMM Nancy, Best. B 935, o. fol.; LHA Koblenz, Best. 143, Nr. 466, o. fol.
315 Alle Angaben nach der Originalprozeßquelle: ADMM Nancy, Best. B 741, Nr. 27, o. fol. Der literarische Versuch von W. Biendel-Riehm, Die Spur der Hexe, eine saarländische Geschichte (1986), läßt leider sehr mangelnde, ja fal-

sche Quellenkenntnis erkennen, vor allem in wichtigen Interpretationspunkten zur Person der Barbell und ihres sozialen Standes in der Gemeinde.

316 Alle weiteren Angaben zu Schneider Augustin aus dem Prozeßprotokoll: ADMM Nancy, Best. B 741, Nr. 27, o. fol.

317 Ebd., o. fol.

318 Ebd., o. fol.

319 Ebd., Best. BJ Liasse 4389, fol. 22 und ebd., Best. B 741, Nr. 60.

320 Vgl. E. Keyser (Hg.), Städtebuch Rheinland-Pfalz / Saarland. Die Städte im Saarland (1964), 19; ADMM Nancy, Best. B 9490, o. fol.; ebd.; Best. B 10225, o. fol.

321 LHA Koblenz, Best. 54, Nr. S 1727, o. fol.; ebd., Best. 218, Nr. 768, fol. 1–23; LASB, Best. 22, Nr. 4147, fol. 1–160; ebd., Best. 38, Nr. 769, fol. 10, 15f., 19f., 28, 90f.; ADMM Nancy, Best. B 741, Nr. 27, o. fol.

322 Für das Amt Saarburg: LHA Koblenz, Best. 1 c, Nr. 13829, Nr. 3833, Nr. 13843 bis 13845; Nr. 1420–1422; Nr. 14124–14133; Nr. 14118; Nr. 13813–13815; ebd., Best. 210, Nr. 1492, fol. 109, 127–131; ebd., Nr. 1439, fol. 39; BAT, Nr. 40, 4f., S. 423; ebd., Nr. 40, 41, S. 1155, 1157, 1233f.

323 LASB, Best. 92, Nr. 426, fol. 1–4, 7f., 9f., 29ff.; ADMM Nancy, Best. B 741, Nr. 27, o. fol.

324 LASB, Best. 92, Nr. 426, fol. 26–38; ebd., Best. 38, Nr. 769, fol. 36ff., 32ff., 115ff.; ebd., Nr. 873, fol. 99–146; ADMM Nancy, Best. B 741, Nr. 27, o. fol.

325 LASB, Best. 38, Nr. 769, fol. 10–18; ADMM Nancy, Best. B 10244, o. fol.; ebd., Best. B 10246, o. fol.

326 ADMM Nancy, Best. B 741, Nr. 27. o. fol.; LASB, Best. 92, Nr. 769, fol. 19–26, 1–6.

327 KSCHA Zw., Rep. II, Nr. 214, fol. 126ff.; ebd., Nr. 243, fol. 23ff.; LASB, Best. 22, Nr. 3004, fol. 9; LHA Koblenz, Best. 1 c, Nr. 14125, o. fol.; ebd., Nr. 14128, fol. 4; ebd., Nr. 13815, o. fol.; ebd., Nr. 14129, o. fol.; ADMM Nancy, Best. B 9502, o. fol., 1610 / 11.

328 ADMM Nancy, Best. B 741, Nr. 27, o. fol.

329 Ebd., o. fol.; ebd., Best. B 9221, o. fol.; LASB, Best. 92, Nr. 426, fol. 29–38, 9–18.

330 LASB, Best. 22, Nr. 4147, fol. 1–160, bes. 99, 103; HSTA München, Best. Kasten blau, Nr. 389 / 8 c, fol. 159 und LA Speyer, Best. B_2, Nr. 187, 1, fol. 68 r.

331 Vgl. R. Scot, Letters on Demonologie and Witchcraft (1584), 154.

332 LASB, Best. 38, Nr. 769, fol. 1–6, 90–103; ebd., Nr. 4160, o. fol.; KSCHA Zw., Rep. VI, Nr. 1164, fol. 32 r, 35 r, 36; ADMM Nancy, Best. B 741, Nr. 27, o. fol.; ebd., Nr. 9221, o. fol.; Archiv Waal, Nr. 2744, o. fol.; HSTA München, Best. Kasten blau, Nr. 390 / 1 e, fol. 145 r; LHA Koblenz, Best. 1 c, Nr. 14127, o. fol., 1600; vgl. W. Krämer, Kurtrierische Hexenprozesse im 16. und 17. Jahrhundert vornehmlich an der unteren Mosel. Ein Beitrag zur Kulturgeschichte (1959), 19.

333 Hierzu: Thomas, Religion, 505–512; ADMM Nancy, Best. B 741, Nr. 27, o. fol.; LASB, Best. 38, Nr. 769, fol. 19–21, 90–103; LHA Koblenz, Best. 218, Nr. 768, fol. 1–23.

334 Vgl. S. 69, 71 und Labouvie, Männer im Hexenprozeß, 65–70.

335 ADMM Nancy, Best. B 741, Nr. 27, o. fol.; ebd., Best. B 9221, o. fol.; LASB, Best. 22, Nr. 4127, fol. 1–160; ebd., Best. 38, Nr. 769, fol. 90–103; ebd., Best. 92, Nr. 426, fol. 29–38, 9–18.

336 ADMM Nancy, Best. B 741, Nr. 27, o. fol.; LASB, Best. 22, Nr. 4680, fol. 302–305; ebd., Best. 38, Nr. 769, fol. 1–6.

337 ADMM Nancy, Best. B 741, Nr. 27, o. fol.
338 Ebd., o. fol.; LASB, Best. 38, Nr. 769, fol. 10–14; ebd., Best. 92, Nr. 426, fol. 19–26.
339 LHA Koblenz, Best. 218, Nr. 768, fol. 1–23; ADMM Nancy, Best. B 741, Nr. 27, o. fol.; LASB, Best. 38, Nr. 769, fol. 45–58.
340 LASB, Best. 38, Nr. 769, fol. 105–125.
341 Vgl. zur Frauenüberschußthese vor allem Heinsohn / Steiger, Die Vernichtung.
342 LASB, Best. 22, Nr. 2647, o. fol.; ebd., Best. Nachlaß Rug, Ordner: Völklinger Gesch., Teil 1, Mappe Völklinger Regesten, 10f.; Keyser, Städtebuch, 26; KSCHA Zw., Rep. VI, Nr. 1166, o. fol.; ebd., Nr. 1167, fol. 90ff.
343 ADMM Nancy, Best. B 741, Nr. 27, o. fol.; LASB, Best. 92, Nr. 426, fol. 29–38; ebd., Best. 38, Nr. 769, fol. 19–21.
344 Ebd., Best. 38, Nr. 873, fol. 99–146; ebd., Best. 22, Nr. 4680, fol. 292ff.; ebd., Best. 38, Nr. 769, fol. 61–72; ebd., Best. Herrschaft Münchweiler, Akten, Nr. 389, fol. 9–12; ebd., Best. 92, Nr. 426, fol. 9–18; LHA Koblenz, Best. 1 c, Nr. 14118, o. fol.; ADMM Nancy, Best. B 741, Nr. 27, o. fol.
345 Ebd., Best. B 9221, o. fol.; ebd., Best. B 941, 2. Bündel, o. fol.
346 Ebd., Best. B 741, Nr. 27, o. fol.; ebd., Best. B 9221, o. fol.
347 Ebd., o. fol.; STA Wetzlar, Best. W 23 / 70 III, Nr. 104, 105, fol. 1151–1165.
348 ADMM Nancy, Best. B 741, Nr. 27, o. fol.; LASB, Best. 38, Nr. 769, fol. 105–125, 45–58.
349 LASB, Best. 92, Nr. 426, fol. 19–26; LHA Koblenz, Best. 218, Nr. 768, fol. 1–23.
350 Jacob, Zur Geschichte des ehemaligen Kondominiums, 56f.; ADMM Nancy, Best. B 935, o. fol.; untersucht wurden Einwohnerverzeichnisse und Steuerlisten der Dörfer des Köllertals, des Amtes Schaumberg und des Kondom. Merzig-Saargau.
351 V. a.: Schmidt (Hg.), Der Hexenhammer, Bd. 1, Kap. 11, 157–171; Bd. 2, Kap. 13, 135–146; ebenso die erzbischöfl. Erlasse gegen Segner, wobei die Bevölkerung zur Meidung und Denunziation derartiger Personen aufgefordert und mit Strafen bei Zuwiderhandlung belegt wurde; Scotti (Hg.), Sammlung, 537f., 558f.; Hontheim, Historia Trevirensis III, 172; Blattau (Hg.), Statutua synodalia, Bd. 3, 2.
352 ADMM Nancy, Best. B 741, Nr. 27, o. fol.; ebd., Nr. 24, o. fol.
353 Ebd., Best. B 9221, o. fol.
354 Ebd., Best. B 741, Nr. 27, o. fol.
355 Ebd., o. fol.
356 Hier v. a.: Heinsohn / Steiger, Die Vernichtung, und B. Ehrenreich / D. English, Hexen, Hebammen, Krankenschwestern. The Witches are back! (1981[8]).
357 KSCHA Zw., Rep. VI, Nr. 1166, fol. 119; ebd., Rep. II, Nr. 185, fol. 6 r; ebd., Nr. 177, fol. 93; ebd., Rep. VII, Nr. 266, fol. 17 r; ebd., Rep. II, Nr. 191, o. fol.; ebd., Nr. 185, fol. 5 r; HSTA München, Best. Kasten blau, Nr. 389 / 9 b, fol. 237; ebd., Nr. 389 / 8 c, fol. 2 r, 12, 92, 190, 287; ebd., Nr. 389 / 8 b, fol. 27; LA Speyer, Best. B_2, Nr. 187, 1, fol. 46 r, 64ff.
358 LHA Koblenz, Best. 210, Nr. 1492, fol. 127–131.
359 V. a. Heinsohn / Steiger, Die Vernichtung; Ehrenreich / English, Hexen, Hebammen; tendenziell auch: C. Piat, Frauen, die hexen (1985).
360 STA Wetzlar, Best. W 23 / 70 III., Nr. 104, 105, fol. 1151–1165.
361 ADMM Nancy, Best. B 741, Nr. 27, o. fol.; LHA Koblenz, Best. 1 c, Nr. 3928, fol. 26f.; LASB, Best. 38, Nr. 769, fol. 19–21.

362 ADMM Nancy, Best. B 9221, o. fol.; ebd., Best. B 934, Nr. 4, 6, 7, 10; ebd., Best. B 741, Nr. 27, o. fol.
363 LASB, Best. 38, Nr. 769, fol. 90–103; LHA Koblenz, Best. 218, Nr. 768, fol. 1–23.
364 ADMM Nancy, Best. B 741, Nr. 27, o. fol.; LASB, Best. 92, Nr. 426, fol. 19, 26; vgl. auch VAN WERVEKE, Kulturgeschichte, 325; LASB, Best. 38, Nr. 769, fol. 61–72.
365 ADMM Nancy, Best. B 935, Nr. 8; ebd., Best. B 954, Nr. 4; ebd., Best. B 741, Nr. 27, o. fol.; LHA Koblenz, Best. 1 c, Nr. 19277, fol. 229, 586.
366 LHA Koblenz, Best. 218, Nr. 768, fol. 1–23.
367 ADMM Nancy, Best. B 741, Nr. 27, o. fol.
368 Ebd.; LASB, Best. 38, Nr. 769, fol. 105–125.
369 LASB, Best. 38, Nr. 863, fol. 99–146.
370 ADMM Nancy, Best. B 741, Nr. 27, o. fol.; LHA Koblenz, Best. 218, Nr. 768, fol. 1–23; LASB, Best. 38, Nr. 769, fol. 1–6, 105–125.
371 ADMM Nancy, Best. B 9221, o. fol.
372 Ebd., Best. B 741, Nr. 27, o. fol.
373 Ebd.
374 LASB, Best. 38, Nr. 769, fol. 90–103; ebd., Best. 22, Nr. 4147, fol. 1–137.
375 ADMM Nancy, Best. B 741, Nr. 27, o. fol.
376 Ebd.
377 Ebd.
378 Ebd.
379 LASB, Best. 38, Nr. 769, fol. 90–103.
380 ADMM Nancy, Best. B 741, Nr. 27, o. fol.; LHA Koblenz, Best. 218, Nr. 768, fol. 1–23.
381 Vgl. TREVOR-ROPER, Der europäische Hexenwahn, 111, 127: Er vertritt die Ansicht, daß bei sozialen Gruppen, die sich stark unterscheiden und dennoch ein soziales Gefüge bilden, die entstehenden sozialen Konflikte sich möglicherweise im »Hexenwahn« entladen; auch MACFARLANE, Anthropologische Interpretation des Hexenwesens, in: Honegger (Hg.), Die Hexen der Neuzeit, 237, 240f., 243, 247–250; RUSSELL, Hexerei und Geist des Mittelalters, in: ebd., (Hg.), 164f., 168f.; v. a.: THOMAS, Religion, 538ff., 543, 546, 552f., 561, 564, 566f.; HEINEMANN, Hexen und Hexenangst; WALZ, Der Hexenwahn, 1–18; BLAUERT, Hexenverfolgung in einer spätmittelalterlichen Gemeinde. Das Beispiel Kriens / Luzern um 1500, in: Gesch. u. Gesellsch. 1, 16. Jg. (1990), 8–25.
382 KSCHA Zw., Rep. II, Nr. 117, fol. 90.
383 LASB, Best. 22, Nr. 4147, fol. 23f., 50ff.; ebd., Best. 38, Nr. 769, fol. 90–103; ADMM Nancy, Best. B 741, Nr. 27, o. fol.; auch: Heimatb. Wadern, 31-41.
384 ADMM Nancy, Best. B 741, Nr. 27, o. fol.
385 Ebd., o. fol.
386 LASB, Best. 38, Nr. 769, fol. 45–58.
387 ADMM Nancy, Best. B 9221, o. fol.; ebd., Best. B 741, Nr. 27, o. fol.; LASB, Best. 22, Nr. 4147, fol. 1–60; LHA Koblenz, Best. 218, fol. 1–23; STA Wetzlar, Best. W 23 / 70 III., Nr. 104, 105, fol. 1151–1165.
388 Vgl.: SCHORMANN, Hexenprozesse in Deutschland, 72ff.; F.-W. HENNING, Landwirtschaft und ländliche Gesellschaft in Deutschland, Bd. 1: 800–1750 (1979), S. 233ff., 206f.; S. BOVENSCHEN, Die aktuelle Hexe, die historische Hexe und der Hexenmythos, in: Becker / Bovenschen / Brackert u. a., Aus der Zeit der Verzweiflung, 276–279; RUMMEL, Soziale Dynamik, 26–55; BEHRINGER, Sozialgeschichte und Hexenverfolgung.

389 ADMM Nancy. Best. B 741, Nr. 27, o. fol.

390 LASB, Best. 38, Nr. 769, fol. 19–21; ebd., fol. 45–58; ebd. Best. 92, Nr. 426, fol. 19–26; ADMM Nancy, Best. B 741, Nr. 27, o. fol.; vgl. van Werveke, Kulturgeschichte, Bd. 1, 325.

391 ADMM Nancy, Best. B 9221, o. fol.; ebd., Best. B 741, Nr. 27, o. fol.; LASB, Best. 22, Nr. 4147, fol. 23 ff.; ebd., Best. Nachlaß Hansen, Abt. XIII, Nr. 30.

392 LASB, Best. 38, Nr. 769, fol. 105–125.

393 ADMM Nancy, Best. B 741, Nr. 27, o. fol.

394 LASB, Best. 22, Nr. 4147, fol. 1–160; ADMM Nancy, Best. B 741, Nr. 27, o. fol.; ebd., Best. B 954, Nr. 4, o. fol.; LHA Koblenz, Best. 1 c, Nr. 19227, fol. 229.

395 Ebd., Best. 218, Nr. 768, fol. 1–23; zur Entwicklung vom Villikationsverband zur Dorfgemeinschaft sowie zur Funktion und zum Aufgabenbereich des Dorfes als Träger der Gebots- und Verbotsgewalt: P. Blickle, Deutsche Untertanen. Ein Widerspruch (1981), 30 ff., 34 f., 41 f., 46 f.

396 Vgl. Schmidt (Hg.), Der Hexenhammer, Teil 1, Kap. 11, Teil 2, Kap. 13, Teil 3, 35. Frage; hier ist die These von Heinsohn / Steiger, Die Vernichtung, gemeint; auch zum Teil im selben Tenor: H. Fassbender, Geschichte der Geburtshilfe (1964[2]); W. Croissant, Die Berücksichtigung geburts- und berufsständischer und soziologischer Unterschiede (1953), 68 ff.; Ehrenreich / English, Hexen, Hebammen, 17 ff., 22 f., 26. Folgendes Zit. aus: Heinsohn / Steiger, Die Vernichtung, 13.

397 Hierzu: N. Schindler, Die Entstehung der Unbarmherzigkeit. Zur Kultur und Lebensweise Salzburger Bettler am Ende des 17. Jahrhunderts, in: Bayer. Jb. f. Volksk. (1988), 61–130; M. Kunze, Straße ins Feuer. Vom Leben und Sterben in der Zeit des Hexenwahns (1982).

398 Thomas, Religion, 527 (Zit.), 530, 532 f.

399 LASB, Best. 38, Nr. 769, fol. 90–103; ebd., Best. 22, Nr. 426, fol. 1–4; ADMM Nancy, Best. B 741, Nr. 27, o. fol; LHA Koblenz, Best. 218, Nr. 768, fol. 1–23; hier u. a. auch die Diebstahlsfälle: ADMM Nancy, Best. B 741, Nr. 24, o. fol.; STA Wetzlar, Best. W 23 / 70 III., Nr. 104, 105, fol. 1151–1165.

400 ADMM Nancy, Best. B 741, Nr. 27, o. fol.; KSCHA Zw., Rep. VI, Nr. 1164, fol. 32 r.

401 ADMM Nancy, Best. B 9221, o. fol.; ebd., Best. B 741, Nr. 27, o. fol.; LHA Koblenz, Best. 218, Nr. 768, fol. 1–23; LASB, Best. 38, Nr. 769, fol. 90–103.

402 Vgl. Hoppstädter, Hexenverfolgungen, 246.

403 Thomas, Religion, 522: »In this sense the idea of devil-worship was not a total fantasy«; vgl. auch: Delcambre, Le concept, Bd. 1, 31–34: er macht das Phänomen der »Autosuggestion« mitverantwortlich. Zu diesem Bereich gehört auch der Fall des Simon Altseer; s. H. Hörger, Wirtschaftlich-soziale und gesellschaftlich-ideologische Aspekte des Hexenwahns, in: ZBLG 38 (1975), 962; D. W. Sabean, Das heilige Band der Einheit in: Ders., Das zweischneidige Schwert, 113–135.

404 HSTA München, Best. Kasten blau, Nr. 390 / 2b, fol. 145 r; LASB, Best. Nachlaß Hansen, Abt. XIII, Nr. 30; Archiv Waal, Nr. 2744, o. fol.; KSCHA Zw., Rep. IV, Nr. 1164, fol. 32 r, 35 r–36.

405 Ebd., o. fol.; hierzu auch: Pfarrer Lengler, Ein Sittenbild aus der Zeit vor 300 Jahren, in: Bll. f. Mosel, Hochwald und Hunsrück 4 (1913 / 14), 67 ff. und LASB, Best. 22, Nr. 3779, fol. 55 ff.; ebd., Nr. 4160, fol. 67–71.

406 Vgl. Labouvie, Verbotene Künste. Volksmagie und Aberglauben in den Dorfgemeinden des Saarraumes (16.–19. Jahrhundert) (1992, i. V.).

407 ADMM Nancy, Best. B 741, Nr. 27 o. fol.; ebd., Best. B 9221, o. fol.; HSTA Wiesbaden, Abt. 369, Nr. 429, fol. 1–5.
408 Archiv Waal, Nr. 2744, o. fol.; ADMM Nancy, Best. B 741, Nr. 27, o. fol.; vgl. KRÄMER, Kurtrierische Hexenprozesse, 85 ff.
409 STA Trier, Best. 2180 b / 124, Bündel VIII, fol. 3–6; LHA Koblenz, Best. 210, Nr. 1492, S. 127–131, LASB, Best. 22, Nr. 4160, fol. 67 f.; ADMM Nancy, Best. B 741, Nr. 27, o. fol.; ebd., Best. B 954, Nr. 4, o. fol.; LHA Koblenz, Best. 1 c, Nr. 9111, fol. 612; HSTA Wiesbaden, Abt. 369, Nr. 428, fol. 1–3; ebd., Nr. 427, fol. 1–3.
410 ADMM Nancy, Best. B 741, Nr. 27, o. fol.; HSTA Wiesbaden, Abt. 369, Nr. 429, fol. 1–5.
411 LASB, Best. 38, Nr. 769, fol. 1–6.
412 Vgl. LABOUVIE, Verbotene Künste.
413 LASB, Best. 38, Nr. 769, fol. 90–103; KSCHA Zw., Rep. II, Nr. 214, fol. 126 ff.; ebd., Nr. 243, fol. 23 ff., HSTA Wiesbaden, Abt. 369, Nr. 419, fol. 1–5.
414 LASB, Best. 22, Nr. 4147, fol. 23 ff., Best. 38, Nr. 769, fol. 1–6; LHA Koblenz, Best. 1 D, Nr. 4478, fol. 66–68; ebd., Best. 1 c, Nr. 14124, o. fol., 1576; ADMM Nancy, Best. B 741, Nr. 27, o. fol.
415 Vgl. F. HEEGER, Merkwürdiges aus der alten Pfälzer Volksheilkunde (1968), 9 f.; DERS., Pfälzische Volksheilkunde. Ein Beitrag zur Volkskunde der Westmark (1936), 11 ff., 14, 70 ff., 76 f., 79, 120; C. SCHMAUCH, Heilkunde der Ahnen. Handgeschriebene Rezepte aus einem Hülzweiler Kräuterbuch in den Jahren von 1802 bis 1806, in: Gesch. und Landsch. v. 20. 4. 1953.
416 ADMM Nancy, Best. B 741, Nr. 27, o. fol.
417 Ebd., o. fol.
418 Ebd., o. fol.
419 Ebd., o. fol.
420 LASB, Best. 38, Nr. 769, fol. 61–72; ADMM Nancy, Best. B 741, Nr. 27, o. fol.
421 LASB, Best. 38, Nr. 769, fol. 45–58: hier bezahlte der Teufel für den verübten Schadenzauber; ADMM Nancy, Best. B 741, Nr. 27, o. fol.
422 ADMM Nancy, Best. B 741, Nr. 27, o. fol.; ebd., Nr. 24.
423 Ebd., o. fol.
424 STA Trier, Best. 2180 b / 124, Bündel VIII, fol. 3–6.
425 ADMM Nancy, Best. B 741, Nr. 27, o. fol.
426 Ebd., o. fol.; LHA Koblenz, Best. 1 c, Nr. 14129, o. fol.; ebd., Best. 51, 20, Nr. 5.
427 ADMM Nancy, Best. B 741, Nr. 27, o. fol.; LHA Koblenz, Best. 1 c, Nr. 14126, o. fol.
428 Ebd.
429 STA Wetzlar, Best. W 23 / 70 III., Nr. 104, 105, fol. 1151–1165; HSTA Wiesbaden, Abt. 369, Nr. 428, fol. 1–3; STA Trier, Best. 2180 b / 124, Bündel VIII, fol. 3–6; ADMM Nancy, Best. B 741, Nr. 27, o. fol.
430 Ebd.; LHA Koblenz, Best. 56, Nr. 2486, o. fol.; HSTA Wiesbaden, Abt. 369, Nr. 428, fol. 1 f.
431 ADMM Nancy, Best. B 741, Nr. 27, o. fol.; HSTA Wiesbaden, Abt. 369, Nr. 427, fol. 1–3.
432 ADMM Nancy, Best. B 741, Nr. 27, o. fol.
433 Ebd., o. fol.
434 Prot. LKA Speyer, Abt. 86, Nr. 196, fol. 14; LHA Koblenz, Best. 1 c, Nr. 14125, o. fol., 1588; ADMM Nancy, Best. B 741, Nr. 27, o. fol.

435 LHA Koblenz, Best. 210, Nr. 1492, fol. 127–131; ADMM Nancy, Best. B 741, Nr. 27, o. fol.; Archiv Waal, Nr. 2744, o. fol.
436 LASB, Best. 22, Nr. 3379, fol. 55; KSCHA Zw., Rep. II, Nr. 371, fol. 12.
437 Vgl. F. SCHMIDT, Etwas vom »Brauchen«, in: Ottweiler Ztg., 18. Jg., Nr. 35 (1975).
438 Vgl. SCHMAUCH, Heilkunde der Ahnen; weitere Beispiele, in: LABOUVIE, Verbotene Künste; DIES., Hexenspuk und Hexenabwehr, 70–76; H. DIENST, Magische Vorstellungen und Hexenverfolgungen in den österreichischen Alpenländern (15.–18. Jahrh.), in: E. Zöllner (Hg.), Wellen der Verfolgung in der österreichischen Geschichte (1986), 70–95.
439 BAT, Abt. 71, 43, Nr. 2.
440 ADMM Nancy, Best. B 741, Nr. 27, o. fol.
441 Vgl. SCHMAUCH, Heilkunde der Ahnen, o. S.
442 LASB, Best. 38, Nr. 769, fol. 4.
443 N. FOX, Das »Brauchen« in der Saargegend, in: Zs. d. Vereins f. rheinische und westfäl. Volksk. 24 (1927), 141.
444 Vgl. J. BECKER, Von Heilmitteln, Zaubertränken und vom Brauchen, in: Heimatb. d. Kreises St. Wendel 9 (1961/62), 165 f.
445 BAT, Abt. 71, 43, Nr. 8, 15.
446 BECKER, Von Heilmitteln, 165; LABOUVIE, Verbotene Künste.
447 Damit beschäftigt sich v. a. Thomas im 18. Kapitel seines Buches; allerdings legt er die englischen Verhältnisse zugrunde: THOMAS, Religion, 570–583; G. SCHWAIGER, Das Ende der Hexenprozesse im Zeitalter der Aufklärung, in: Ders. (Hg.), Teufelsglaube und Hexenprozesse (1987), 150–179; neuerdings auch: LABOUVIE, Absage an den Teufel. Zum Ende dörflicher Hexeninquisition im Saarraum, in: Bauer/Lorenz (Hg.), Das Ende der Hexenverfolgungen (i. V.); vgl. auch SCHORMANN, Der Krieg gegen die Hexen, 153–180; B. ROECK, Christlicher Idealstaat und Hexenwahn, in: Hist. Jb., 108. Jg. 2. Halbbd. (1988).
448 Zur älteren Tradition: G. W. SOLDAN, Geschichte der Hexenprozesse, Bd. 2 (1843), 125 ff., TREVOR-ROPER, Der europäische Hexenwahn, 167 ff.; HONEGGER, Die Hexen der Neuzeit, in: Dies. (Hg.), Die Hexen der Neuzeit, 132 f.; neueres: THOMAS, Religion, 570 ff., 578; KIMMERLE, Hexendämmerung, 107.
449 H. P. KNEUBÜHLER, Die Überwindung von Hexenwahn und Hexenprozeß (1977), 38; BOVENSCHEN, Die aktuelle Hexe, in: Honegger (Hg.), Die Hexen der Neuzeit, 279 f., KIMMERLE, Hexendämmerung, 108. Er verwendet die Begriffe »mechanische Kausalerklärungen«, »mathematische Naturgesetze« und »instrumentelle Vernunft« als Ersatzgrößen für die frühere Einheit von Glauben und Wissen.
450 HONEGGER, Die Hexen der Neuzeit, in: Dies. (Hg.), Die Hexen der Neuzeit, 132.
451 Vgl. MIDELFORT, Witch Hunting, 32 ff. Er spricht von einer »general crisis of confidence«, der eine gewandelte Gerichtspraxis folgte; THOMAS, Religion, 573 ff., 576 f.; HONEGGER, Die Hexen der Neuzeit, in: Dies. (Hg.), Die Hexen der Neuzeit, 124 f.; G. SCHWERHOFF, Rationalität im Wahn. Zum gelehrten Diskurs über die Hexen in der frühen Neuzeit, in: Saeculum 37 (1986), 45–82.
452 Vgl. MANDROU, Die französischen Richter, 309 f., 312, 318, 330. Er spricht von einer im 17. und 18. Jahrhundert beginnenden »Periode einer Destrukturierung« des Hexenglaubens, später von der Aufdeckung von »Widersprüchen

und Willkür«; in diesem Zusammenhang auch interessant: G. HENNINGSEN, The Witches' Advocate. Basque Witchcraft and the Spanish Inquisition (1980).

453 KIMMERLE, Hexendämmerung, 108f., 134f.; THOMAS, Religion, 577f.; MIDELFORT, Sin, Melancholy, Obsession: Insanity and Culture in 16th Century Germany, in: S. L. Kaplan (Hg.), Understanding Popular Culture (1984), 113–145; H. LEHMANN (Hg.), »Vom Unfug der Hexenprozesse«. Gegner der Hexenverfolgung von Johann Weyer bis Friedrich von Spee (i. V.).

454 Im Jahre 1649 ließ Königin Christine von Schweden in ihren norddeutschen Territorien die Hexenverfolgungen einstellen. Ihrem Beispiel folgte 1669 als erster deutscher Fürst Johann Philipp von Schönborn, der im Bistum Mainz weitere Prozesse verbot; vgl. A. VAN DÜLMEN, Deutsche Geschichte in Daten, Bd. 1 (1979), 222; 1672 verbot der königliche Rat in Rouen, Pau und Bordeaux durch königlichen Entscheid die Hexenprozesse für ganz Frankreich; MANDROU, Die französischen Richter, 314ff. Im Herzogtum Luxemburg, das zwischen 1684 und 1698 unter französischer Herrschaft stand, wurden Hexenverfolgungen durch eine Ordonnanz Ludwigs XIV. 1682 unterbunden; VAN WERVEKE, Kulturgeschichte, Bd. 1, 319.

455 Vgl. G. BALTZER, Historische Notizen über die Stadt Saarlouis und deren unmittelbare Umgegend, Teil 2 (ND 1979²), 45ff.; Originaltext in lateinischer Sprache bei: P. SCHMITT, Das Ottendorfer Manuscript mit Anmerkungen und Zusätzen. Ein Beitrag zur Geschichte des dreißigjährigen Krieges, besonders des Unglücksjahres 1635, in den unteren Saargegenden, in: Treviris 2 (1841), 96–129.

456 Alle Berichte bei SCHMITT, Das Ottendorfer Manuscript, 124; die französische Textstelle lautet in der Übersetzung: »Und weil das benannte Dorf ganz ohne Untertanen und unbewohnt ist, erzielt der Amtmann keinerlei Einkünfte, hier ist nichts einzutragen.«

457 Vgl. HERRMANN/HOPPSTÄDTER/KLEIN, Geschichtliche Landeskunde, Bd. 2, 504; W. ABEL/G. FRANZ (Hg.), Der Dreißigjährige Krieg und das deutsche Volk (1979), 47ff.; A. JACOB, Der Dreißigjährige Krieg und seine Folgen für den unteren Saargau, in: 3. Jahresb. d. Vereins f. Heimatk. im Kreis Merzig (1934), 55–74.

458 Dies nach: BALTZER, Historische Notizen, Teil II (1958), 47.

459 LA Speyer, Abt. C 33, Nr. 209/88, o. fol.

460 ADMM Nancy, Best. B 9342, o. fol.

461 Ebd., Best. B 10292, o. fol.

462 Vgl. SCHORMANN, Hexenprozesse in Deutschland, 55, 67ff.

463 Schwarzenholz hatte 1688 bereits wieder 60 Einwohner, St. Johann 191; vgl. KEYSER (Hg.), Städtebuch, 41, 59; Dillingen hatte 1667 wieder 60–70 Einwohner, 1711 waren es bereits 281; A. LEHNERT, Geschichte der Stadt Dillingen/Saar (1968), 22, 143.

464 Vgl. KRÄMER, Kurtrierische Hexenprozesse, 85ff.; Archiv Waal, Nr. 2752, o. fol.

465 STA Wetzlar, Best. W 23/70 III., Nr. 104, 105, fol. 1151–1165; ADMM Nancy, Best. B 935, Nr. 8; ebd., Best. B 9506, o. fol.; STA Trier, Best. 1534/166, Bündel 7, fol. 66rf, 64; vgl. auch: G. HEIN, Dorf Bütten. Das Prozeßbuch des Schultheißen Jörg Erhard in Bütten 1569–84 (1980), Nr. 95; LASB, Best. 22, Nr. 4147, fol. 1–137; Archiv Wallerstein, Herrsch. Dagstuhl, Aktenverz. 17. Jh., I., 9. 5., A 71; LHA Koblenz, Best. 56, Nr. 2201, 13–15.

466 A. KOELLNER, Geschichte der Städte Saarbrücken und St. Johann. Nach Ur-

kunden und authentischen Berichten bearbeitet, Bd. I (1865), 164; W. KRÄMER, Eine Hexenverbrennung im Amt Blieskastel am 30. Jan. 1599. Ein Beitrag zur Kulturgeschichte unserer Heimat, in: Südwestdt. Heimatbll., 2. Jg. (1928), 42ff.

467 LASB, Best. 22, Nr. 2786, fol. 1–4.

468 Vgl. KREMP, Von Zauberei und Hexerei, 122.

469 Zwar war Luther ein entschiedener Gegner der Werkgerechtigkeit der alten Kirche, dennoch empfahl er gute Werke dann, wenn sie durch den Glauben gerechtfertigt waren (Liebesgebot und Bergpredigt). Gute Werke seien Ausdruck der Liebe zu Gott und wirksame Mittel zur Zucht. Zit.: MARTIN LUTHER, Werke. Kritische Gesamtausg. (1883ff.), Bd. 7, 21; Bd. 11, 255.

470 Daß dies durchgängige Praxis reformierter Landesherren war, behaupten W. P. FUCHS, Das Zeitalter der Reformation (1979^4), 104 und E. W. ZEEDER, Das Zeitalter der Glaubenskämpfe (1978^3), 142. Luther forderte bereits in seiner Schrift »An den Adel deutscher Nation« 1520, daß für die Armen eine geordnete Pflege eingeführt werde; vgl. JANSSEN, Geschichte des deutschen Volkes, Bd. 8, 303, 314ff.; hier auch protestantische Armenordnungen seit 1522.

471 Archiv der ev. KG Ottweiler, Nr. 2/24–5, fol. 12ff.

472 Alle Bettelordnungen und die Auflistung gemeinnütziger Einrichtungen bei MARX, Geschichte des Erzstifts Trier, Bd. 2, 251–257, 287, 292, 295, 336.

Quellen

A. Systematisch untersuchte Archive

1. Archiv der evangelischen Kirchengemeinde Dirmingen
   Best. 01; Best. 04
2. Archiv der evangelischen Kirchengemeinde Ottweiler
   Best. 00, Nr. 1, Nr. 3, Nr. 3,1; Best. 01, Nr. 0, Nr. 9; Best. 03, Nr. 2, Nr. 5, Nr. 9, 0-9, 12; Best. 05/9, Nr. 9-2–Nr. 9-12; Best. 2, Nr. 24-3–24-5; Best. 4, Nr. 47-2–47-3
3. Archiv der evangelischen Kirchengemeinde Dudweiler
   Best. A 2, Nr. 3, Nr. 4,2; Best. K 1, Nr. 1; Best. K 2–K 6
4. Kirchenschaffneiarchiv Zweibrücken
   Repertorium II: Nr. 24–35, Nr. 59, Nr. 61–65, Nr. 116, Nr. 120–122, Nr. 125, Nr. 136, Nr. 138, Nr. 145f., Nr. 166–178, Nr. 183–188, Nr. 190a–191, Nr. 202/203, Nr. 216–221, Nr. 230, Nr. 234–243, Nr. 253–279, Nr. 321, Nr. 371
   Repertorium IV: Nr. 20, Nr. 25, Nr. 211, Nr. 380, Nr. 736, Nr. 743, Nr. 974f., Nr. 1003, Nr. 1054, Nr. 1062, Nr. 1068, Nr. 1422–31, Nr. 1850, Nr. 2039, Nr. 2217, Nr. 2671, Nr. 2679, Nr. 2970/71, Nr. 3261–3276, Nr. 3285, Nr. 3295–98, Nr. 3305, Nr. 3310, Nr. 3349, Nr. 3764, Nr. 4082b, Nr. 4082c, Nr. 4308, Nr. 4415, Nr. 4611, Nr. 4621f., Nr. 4651, Nr. 4653f.
   Repertorium V: Nr. 59, Nr. 101,. Nr. 109/10, Nr. 112, Nr. 124, Nr. 134–139a, Nr. 140/41, Nr. 155
   Repertorium VI: Nr. 44, Nr. 72, Nr. 74, Nr. 129–138, Nr. 175, Nr. 178/79, Nr. 183–188, Nr. 223, Nr. 252, Nr. 280, Nr. 335, Nr. 371, Nr. 373f., Nr. 379, Nr. 381, Nr. 388, Nr. 390–405, Nr. 434–441, Nr. 445–451, Nr. 541–49, Nr. 618, Nr. 620–622, Nr. 646, Nr. 648, Nr. 745–748, Nr. 786, Nr. 971,

Nr. 1075, Nr. 1081–84, Nr. 1093–1097, Nr. 1149, Nr. 1153, Nr. 1161–1170, Nr. 1174–77, Nr. 1190, Nr. 1209f., Nr. 1215
Repertorium VIa: Nr. 46, Nr. 64, Nr. 67, Nr. 1719–21
Repertorium VII: Nr. 1–23, Nr. 220–224, Nr. 228, Nr. 237/38, Nr. 240

5. Protestantisches Landeskirchenarchiv der Pfalz, Speyer
Best. 44, Nr. 5; Best. 86, Nr. 86, 196, Nr. 86, 268; Best. St. Ingbert, Nr. G 354; Best. Kirkel-Neuhäusel, Nr. 183
6. Katholisches Pfarrarchiv St. Wendel
Best. B5; Best. B6; Best. B8; Best. B18
7. Bistumsarchiv Trier
Abt. 20, Nr. 18–26; Abt. 40, Nr. 4a–k, Nr. 5–9, Nr. 11, Nr. 16, Nr. 19, Nr. 48–50a, Nr. 54, Nr. 65, Nr. 67/68, Nr. 70f., Nr. 79, Nr. 81, Nr. 109–111, Nr. 117, Nr. 122, Nr. 126, Nr. 142, Nr. 163; Abt. 71, 23, Nr. 1; Abt. 71, 43, Nr. 1–7, Nr. 8,1–8,15; Abt. 71, 55, Nr. 19, Nr. 109, Nr. 117, Nr. 171, Nr. 175, Nr. 178; Abt. 71, 58, Nr. 1; Abt. 71, 72, Nr. 38/39; Abt. 71, 73, Nr. 1; Abt. 71, 78, Nr. 16; Abt. 71, 79, Nr. 1; Abt. 71, 83, Nr. 1; Abt. 71, 95, Nr. 14; Abt. 103, Nr. 198f., Nr. 245–49
8. Stadtarchiv Saarbrücken
Best. Gemeinsames Stadtgericht Saarbrücken, Nr. 59, Nr. 64, Nr. 162, Nr. 174, Nr. 176, Nr. 181, Nr. 189, Nr. 194, Nr. 201f., Nr. 224, Nr. 249, Nr. 256, Nr. 259, Nr. 279, Nr. 315, Nr. 317, Nr. 352; Best. Bürgermeisterei Malstatt-Burbach, Nr. 143; Best. Bürgermeisterei Alt-Saarbrücken, Nr. 146, Nr. 161; Best. Stadtgericht St. Johann, Nr. 1, Nr. 20, Nr. 47, Nr. 48, Nr. 280, Nr. 317, Nr. 349; Best. A: Justiz und Verwaltung, Nr. 16, Nr. 31–33, Nr. 37–44, Nr. 57f., Nr. 70, Nr. 75, Nr. 79
9. Stadtarchiv Trier
Abt. MS 40: Nr. 1018; Abt. MS 1092/1935; Abt. 2180/45; Abt. 2180b/124, Bündel VIII; Abt. 1534/166, Bündel 7; Abt. 1533/171; Abt. Ta 44,1, A–Mü, Nr. 9, Nr. 26; Abt. Ta 44,2, N–Z, Nr. 21; Abt. Ta 44,3; Abt. Ta 52,1; Abt. Ta 50,13; Abt. Ta 32,2; Abt. Ta 38,5; Abt. Ta 51,1, Nr. 6, Nr. 20; Sachzettelkatalog: Nr. 1, 10, 13, 15, 16, 32
10. Stadtarchiv Neunkirchen
Best. A
11. Landesarchiv Speyer
Archivabt. F 5, Nr. 522, Nr. 660; Archivabt. Grafschaft von der Leyen, Best. C 33, Nr. 9, Nr. 10/3, Nr. 11, Nr. 12/1, Nr. 23b, Nr. 43e, Nr. 53–58d, Nr. 74m, Nr. 77c, Nr. 82b, Nr. 85h, Nr. 95a, Nr. 107d, Nr. 150–153a, Nr. 154–175, Nr. 182, Nr. 208/68, Nr. 209/71, Nr. 209/88, Nr. 209/89, Nr. 282; Best. C 34, Nr. 53–58, Nr. 60–62, Nr. 69–72; Archivabt. Herzogtum Zweibrücken I: Nr. 178/8, Nr. 187, Nr. 253/1, Nr. 253/2, Nr. 966, Nr. 1022f., Nr. 1083/84, Nr. 1096, Nr. 1157/1–5, Nr. 1158/1–3, Nr. 1160/1–4, Nr. 1359, Nr. 1373/1–4; Archivabt. Herzogtum Zweibrücken III: Nr. 2373/74, Nr. 2854, Nr. 2871, Nr. 2875, Nr. 2878, Nr. 6172
12. Bundesarchiv, Außenstelle Frankfurt

Film	Ort	Nr.	Zeitraum
7	Bescheid	272	1593
7	Besseringen	274	1600–34
7	Birkenfeld	301	1575–1643
10	Buntenbach	434	1589
10	Burbach	436	1638
12	Dillingen	573	1608–10

Film	Ort	Nr.	Zeitraum
12	Dörrenbach	589	1592
12	Düppenweiler	632	1603
15	Forbach	792	1587–91
15	Freudenberg	811	1612
17	Glan-Münchweiler	923	1594
20	Haustadt	1131	1602, 1634
21	Homburg	1255	1590
21	Honzrath	1259	1591, 1603
22	Kirkel	1409	1584
23	Körprich	1460	1612
25	Limbach	1638	
27	Merzig	1796	1496–1603
29	Nalbach	1895	1611–12
29	Neunkirchen	1948	1630
30	Nohfelden	1994	1613
32	Püttlingen	2183	1586–90
35	Saarburg	2389	1587–1630
36	St. Wendel	2429	1626
36	Schaumburg	2452	1618
38	Schwarzenholz	2538	1598–1611
38	Siersburg	2562	1595
41	Wallerfangen	2868	1532

13. Landesarchiv Saarbrücken
Best. 14, Nr. 222/23, Nr. 233–35, Nr. 292–307, Nr. 353; Best. 22, Nr. 2351–53, Nr. 2360, Nr. 2397–2415, Nr. 2445, Nr. 2559–60, Nr. 2561, Nr. 2701, Nr. 2786, Nr. 2884, Nr. 2939, Nr. 2969, Nr. 3002–5, Nr. 3039, Nr. 3274, Nr. 3775–3791, Nr. 4033, Nr. 4147, Nr. 4159–61, Nr. 4365, Nr. 4461–63, Nr. 4610 f., Nr. 4680, Nr. 5239, Nr. 5320; Best. 38, Nr. 25, Nr. 62 a (= 653), Nr. 558, Nr. 567, Nr. 653–59, Nr. 756, Nr. 769, Nr. 793, Nr. 873; Best. 92, Nr. 426; Best. 587, 23, Nr. 1–5, Nr. 6–7, Nr. 8–23, Nr. 26 f., Nr. 29, Nr. 30–36, Nr. 38–45, Nr. 55–66, Nr. 67–69, Nr. 70–82; Best. Archivsammlung des Historischen Vereins für die Saargegend, Abt. A, Nr. 516; Best. Herrschaft Münchweiler: Urkunden, Nr. 274; Akten, Nr. 287, Nr. 316, Nr. 389; Best. Waisenschreiberei Ottweiler, Nr. 21; Best. Nachlaß Rug; Best. Nachlaß Hansen, Abt. XIII, Nr. 30, Nr. 78; Best. Sammlung Hellwig, Nr. 5
14. Landeshauptarchiv Koblenz
Best. 1 C, Nr. 187/88, Nr. 1112–19, Nr. 1124–26, Nr. 3796, Nr. 3833, Nr. 3835, Nr. 3938, Nr. 3944, Nr. 3961, Nr. 3986, Nr. 4008, Nr. 4912, Nr. 4961, Nr. 4984/85, Nr. 5979–80, Nr. 6598–6600, Nr. 7486/87, Nr. 9111 f., Nr. 11040, Nr. 11249, Nr. 11322, Nr. 11335/36, Nr. 13400–13411, Nr. 13419, Nr. 13538, Nr. 13564, Nr. 13703, Nr. 13813–29, Nr. 13833–77, Nr. 13878–919, Nr. 13992–14001, Nr. 14119–33, Nr. 17123, Nr. 18123, Nr. 18406, Nr. 19207–10; Best. 1 D, Nr. 4476, Nr. 4478/79, Nr. 4481; Best. 24, Nr. 27, Nr. 57 f., Nr. 92, Nr. 94 f., Nr. 520–31, Nr. 678/79, Nr. 759, Nr. 797, Nr. 831, Nr. 879, Nr. 978, Nr. 1009, Nr. 1076, Nr. 1084, Nr. 1165, Nr. 1167, Nr. 1229, Nr. 1279, Nr. 1309, Nr. 1430, Nr. 1638 f., Nr. 1644, Nr. 1663, Nr. 1674, Nr. 1681 f., Nr. 1686; Nr. 1810–14; Best. 53–7, Nr. 1, Nr. 1 a, Nr. 24–26, Nr. 28, Nr. 136; Best. 54, 33, Nr. 724, Nr. 728; Best. 54/S 1672; Best. 54/S 1727; Best. 55/A1, Nr. 52, Nr. 446; Best. 56, Nr. 513, Nr. 580, Nr. 744, Nr. 1224, Nr. 1293, Nr. 1349, Nr. 2201, Nr. 2485–87; Best. 210, Nr. 1492, Nr. 1439;

Best. 211, Nr. 2215, Nr. 2259–2265, Nr. 2275–2474, Nr. 3011; Best. 215, Nr. 1465, Nr. 1469, Nr. 1473, Nr. 1477 f.

15. Hessisches Hauptstaatsarchiv Wiesbaden
Abt. 121; Abt. 130 II, Nr. III, Nr. IV, 1–22; Abt. 131, Nr. Xa, 2^2-Nr. Xe; Abt. 133, Nr. Xa,5, Nr. Xa,8, Nr. Xa,21, Nr. XIVa,2a, Nr. XV,2; Abt. 142; Abt. 147, Nr. 36, Nr. 39, Nr. 68, Nr. 71, Nr. 97; Abt. 150, Nr. II, Nr. IX f., Nr. XII, Nr. XIV f.; Abt. 153; Abt. 166 + 67, Nr. VIIa, 1516, Nr. VIIa, 3415; Abt. 369, Nr. 313, Nr. 411 f., Nr. 418, Nr. 427, Nr. 428 f.
16. Archives Départementales de la Moselle, Metz (ADM Metz)
Best. B, Nr. 1551, Nr. 1591, Nr. 2142–86, Nr. 2236–48, Nr. 2531–2543, Nr. 2556–60, Nr. 3580–3712, Nr. 3975–96, Nr. 4192–4218, Nr. 4224/25, Nr. 4504–50, Nr. 4579–83, Nr. 6035–44, Nr. 8570–83, Nr. 8716–39, Nr. 10388, Nr. 11023, Nr. 11173–81, Nr. 11209 f., Nr. 11230, Nr. 11248–60, Nr. 11261–65, Nr. 11279, Nr. 11281, Nr. 11284–87; Best. 10 F, Nr. 134/35, Nr. 138–42, Nr. 149–155, Nr. 179, Nr. 750, Nr. 753; Best. 29 J, Nr. 2, Nr. 30/31, Nr. 73–75, Nr. 104–14; Best. H, Nr. 377/78, Nr. 404; Best. 1 E, Nr. 30
17. Archives Départementales Meurthe-et-Moselle, Nancy (ADMM Nancy)
Best. B, Nr. 1, Nr. 57, Nr. 65, Nr. 220, Nr. 285, Nr. 426, Nr. 486/46, Nr. 486/47, Nr. 487/8, Nr. 487/12, Nr. 487/17, Nr. 691/233, Nr. 741/24, Nr. 741/25–741/29, Nr. 741/58–741/60, Nr. 857/54, Nr. 926–935/8, Nr. 940/7, Nr. 941/2, Nr. 941/4, 2. Bündel, Nr. 951/47, Nr. 954/4, Nr. 956/47 + 48, Nr. 957/14–16, Nr. 1111, Nr. 2056–72, Nr. 2997–3005, Nr. 3541, Nr. 3545, Nr. 3558, Nr. 3579, Nr. 3592, Nr. 5249, Nr. 5357, Nr. 9156, Nr. 9162, Nr. 9171/72, Nr. 9182, Nr. 9188, Nr. 9201, Nr. 9203, Nr. 9207, Nr. 9210, Nr. 9212, Nr. 9217, Nr. 9221, Nr. 9254, Nr. 9257–67, Nr. 9271/72, Nr. 9318, Nr. 9325–27, Nr. 9436, Nr. 9484 f., Nr. 9488 f., Nr. 9498–9506, Nr. 9513, Nr. 9516, Nr. 10226, Nr. 10228, Nr. 10237, Nr. 10241, Nr. 10242, Nr. 10244, Nr. 10246, Nr. 10266, Nr. 10276 f., Nr. 10281, Nr. 10284–88, Nr. 10382; Best. 3 F, Nr. 439, Nr. 494 f., Nr. 498; Best. BJ (Liasse), Nr. 2598, Nr. 4389, Nr. 10053, Nr. 11382; Best. H, Nr. 199
18. Hauptstaatsarchiv München
Best. Kasten blau: Nr. 398/8a–389/8d, Nr. 389/9a–389/9c, Nr. 390/1a–390/1 f., Nr. 390/2a–390/2d
19. Fürstlich-Oettingen-Wallersteinisches Haus- und Familienarchiv
Best. I, Nr. I/IX/5, Nr. I/IX/8, Nr. I/IX/12, Nr. I/X/5, Nr. I/X/14, Nr. I/X/17; Best. I.9.5, Nr. 8, Nr. 28, Nr. 32, Nr. 35, Nr. 48, Nr. 51/52, Nr. 71, Nr. 141 f.
20. Fürstlich von der Leyensches Archiv Waal
Nr. 2085, Nr. 2660–62, Nr. 2701, Nr. 2725, Nr. 2727, Nr. 2742 f., Nr. 2752

B. Nicht systematisch untersuchte Archive

21. Regierungsarchiv Luxemburg
22. Stadtarchiv Dillingen
23. Stadtarchiv Saarlouis

Literatur

Literatur vor 1800

ARLES, M. VON, Über die Arten des Aberglaubens, gegen die Zauberkünste oder Sakrilegien, welche zur Zeit auf dem Erdboden herrschen, o. O., 1518

AUGUSTINUS, De civitate Dei, in: Corpus Christianorum series Latina, 47f.

BINSFELD, P., Von Bekanntnuß der Zauberer und Hexen. Ob und wie viel denselben zu glauben, Trier 1590 (München 1591, 1592², lat. Trier 1589, 1591, 1596)

CALMET, A., Histoire ecclesiastique et civile de Lorraine, Bd. 3, Nancy 1728

CASSIS, S. DE, Quaestio de la strie, Mailand 1505

COMO, B. VON, Tractatus de strigii, o. O., 1508

DANEAU, L., Les sorcières. Dialogue très utile et nécessaire pour ce temps, Genève 1574

GARNICHE, J. (Hg.), Coutumes générales du duché de Lorraine pour les Bailliages de Nancy, Vosges et Allemagne, Nancy 1614

HARTLIEB, J., Buch aller verbotenen Kunst, Unglaubens und der Zauberei, München 1456

HONTHEIM, N., Historia Trevirensis diplomatica et pragmatica, Tomus Tertius 1567–1745, Trier 1750

HUART, J. (Hg.), Die gemeinsamen Landbräuche der dreyen, nemblich Nancaischen, Vogischen und Teutschen Ballisthumben in Lotharingen, auß dem Französischen in die teutsche gemeine Sprache von J. Huart Leutenampt und Greffier der Adelischen Assitzen erstlich verdometschet, Frankfurt a. M. 1599

KAYSERSPERG, J. G. VON, Die Emeis. Dis ist das Büch von der Omeissen, Straßburg 1508 (1516)

MILICHIUS, L., Der Zauber Teuffel, Sagen, Aberglauben, Hexerey und mancherley Wercke des Teuffels, Frankfurt a. M. 1563

MOLITORIS, U., De laniis et phytonicis mulieribus, teutonice unholden vel hexen, Köln / Konstanz / Straßburg 1489 (dt. Straßburg 1575)

MURNER, T., Tractat über den Hexencontract, Pforzheim 1507

NETTESHEIM, A. VON, De incertitudine et vanitate scientiarium, o. O., 1529

DERS., De occulta philosophia libri III, Köln / Metz 1510 (Paris 1567, ND Berlin 1916)

PERNEDER, A., Von Straff und Peen aller und yeder Malefizhandlungen ein kurtzer Bericht, Ingolstadt 1544

REMIGIUS, N., Daemonolatriae libri tres, ex judiciis capitalibus nongentorum, plus minus, hominem, qui sortilegii crimen, intra annos quindecim, in Lotharingia capite luerunt, 3 Bde., Nancy 1593

DERS., Daemonolatria. Das ist von Unholden und Zauber Geistern, Lyon 1595, Frankfurt a. M. 1596 (1598)

REUCHLIN, J., De verbo mirifico, o. O., 1494

DERS., De arte cabbalistica, Hagenau 1517

SACHS, H., Ein wunderlich Gesprech von fünff unhulden, o. O., 1531

SCOT, R., Letters on Demonologie and Witchcraft, London 1584

STERZINGER, F., Betrügende Zauberkunst und träumende Hexerey, oder Vertheidigung der akademischen Rede, von dem gemeinen Vorurtheile der wirkenden und thätigen Hexerey wider das Urtheil ohne Vorurtheil, München 1767

TENGLER, U., Der neu Layenspiegel, Augsburg 1511

THOMASIUS, C., Kurtze Lehrsätze von dem Laster der Zauberei, Halle 1703

TRITHEMIUS, J., Antipalus maleficorum Johannis Trithemii Sponhemmensis, Ingolstadt 1555
WEYER, J., Von Teuffelsgespenst, Zauberern und Giftbereytern, Schwartzkunstlern, Hexen und Unholden (...), Frankfurt a. M. 1566

Literatur nach 1800

ANKARLOO, B., Das Geschrei der ungebildeten Masse. Zur Analyse der schwedischen Hexenprozesse: in; C. DEGN / H. LEHMANN / D. UNVERHAU (Hg.), Hexenprozesse, 172–178
DERS. / HENNINGSEN, G. (Hg.), Häxornas Europa, 1400–1700. Historiska och anthropologiska studier, Stockholm / Nordiska 1987
DERS. / HENNINGSEN, G. (Hg.), Early Modern European Witchcraft: Centres and Peripheries, Oxford (i. V.)
BAUER, D. R. / LORENZ, S. (Hg.), Das Ende der Hexenverfolgungen (i. V.)
DIES. (Hg.), Hexenverfolgung. Neuere Forschungen unter besonderer Berücksichtigung des südwestdeutschen Raumes, Würzburg (i. V.)
BAUMGARTEN, A. R., Hexenwahn und Hexenverfolgungen im Naheraum, Frankfurt a. M. 1987
BECKER, G. / BOVENSCHEN, S. / BRACKERT, H. u. a. (Hg.), Aus der Zeit der Verzweiflung. Zur Genese und Aktualität des Hexenbildes, Frankfurt a. M. 1977
BEHRINGER, W., »Erhob sich das ganze Land zu ihrer Ausrottung...« Hexenprozesse und Hexenverfolgungen in Europa, in: R. VAN DÜLMEN (Hg.), Hexenwelten, 131–169
DERS. Erträge und Perspektiven der Hexenforschung, in: HZ 249, 1988, 619–640
DERS., (Hg.), Hexen und Hexenprozesse in Deutschland, München 1988
DERS., Hexenverfolgung in Bayern. Volksmagie, Glaubenseifer und Staatsräson in der Frühen Neuzeit, München 1987
DERS., Mit dem Feuer vom Leben zum Tod. Hexengesetzgebung in Bayern, München 1988
DERS., Sozialgeschichte und Hexenverfolgung. Überlegungen auf der Grundlage einer quantifizierenden Regionalstudie, in: D. R. BAUER / S. LORENZ (Hg.), Hexenverfolgung. Neuere Forschungen (i. V.)
BENESCH, K., Magie der Renaissance, Wiesbaden 1985
BEYER, C., »Hexen-Leut, so zu Würzburg gerichtet«. Der Umgang mit Sprache und Wirklichkeit in Inquisitionsprozessen wegen Hexerei, Frankfurt a. M. 1986
BLATTAU, J. J. (Hg.), Statuta Synodalia, Ordinationes et Mandata, Archidioecesis Trevirensis, Bd. 3: Ab Archiepiscopo Lothario a Metternich usque ad Obitum Archiepiscopi Caroli e Ducibus Lotharingiae, Trier 1844
BLAUERT, A., Frühe Hexenverfolgungen. Schweizerische Ketzer-, Zauberei- und Hexenprozesse des 15. Jahrhunderts, Hamburg 1989
DERS. (Hg.), Ketzer, Zauberer, Hexen. Die Anfänge der europäischen Hexenverfolgungen, Frankfurt a. M. 1990
DERS., Hexenverfolgung in einer spätmittelalterlichen Gemeinde. Das Beispiel Kriens / Luzern um 1500, in: Geschichte und Gesellschaft, Heft 1, 16. Jg., 1990, 8–25
BLÉCOURT, W. J. CH. Termen van Toverij. De veranderende betekenis van toverij in Noordoost-Nederland tussen de zestien de en de twintigste een, Rotterdam 1990
BOESCH, E. E., Das Magische und das Schöne. Zur Symbolik von Objekten und Handlungen, Stuttgart 1983

BORST, A., Anfänge des Hexenwahns in den Alpen, in: DERS., Barbaren, Ketzer und Artisten. Welten des Mittelalters, München/Zürich 1988, 262–288

BRIGGS, R., Witchcraft and Popular Mentality in Lorraine 1580–1630, in: B. VICKERS (Hg.), Occult and Scientific Mentalities in the Renaissance, Cambridge 1984, 337–349

BURKE, P., The Comparative Approach to Witchcraft, Vorwort in: B. ANKARLOO / G. HENNINGSEN (Hg.), Early Modern European Witchcraft (i. V.)

CLARK, S., Witchcraft in Early Modern Thought, Oxford 1990

COHN, N., Europe's Inner Demons. An Inquiry Inspired by the Great Witch-Hunt, London 1975

DEGN, C. / LEHMANN, H. / UNVERHAU, D. (Hg.), Hexenprozesse. Deutsche und skandinavische Beiträge, Neumünster 1983

DELCAMBRE, E., Concept de la sorcellerie dans le duché de Lorraine au XVIe et au XVIIe siècle, Bd. 1: L'initiation à la sorcellerie et le sabbat, Nancy 1948; Bd. 2: Les jeteurs de sort notamment dans l'ancienne Lorraine, Nancy 1950; Bd. 3: Les devins-guérisseurs, Nancy 1951

DELUMEAU, J., Angst im Abendland. Die Geschichte kollektiver Ängste im Europa des 14. bis 18. Jahrhunderts, 2 Bde., Reinbek 1985

DIENST, H., Hexenprozesse auf dem Gebiet der heutigen Bundesländer Vorarlberg, Tirol (mit Südtirol), Salzburg, Nieder- und Oberösterreich, in: H. VALENTINITSCH (Hg.), Hexen und Zauberer, 265–285

DIES., Magische Vorstellungen und Hexenverfolgungen in den österreichischen Alpenländern (15.–18. Jh.), in: W. ZÖLLNER (Hg.), Wellen der Verfolgung 1986, 70–95

DÜLMEN, R. VAN (Hg.), Hexenwelten. Magie und Imagination vom 16.–20. Jahrhundert, Frankfurt a. M. 1987

DERS., Volksfrömmigkeit und konfessionelles Christentum im 16. und 17. Jahrhundert, in: W. SCHIEDER (Hg.), Volksreligiosität in der modernen Sozialgeschichte, Göttingen 1986

DUERR, H. P., Die Mitte der Welt. Aufsätze zu Mircea Eliade, Frankfurt a. M. 1984

DUESTERBERG, D., Hexenproduktion. Materielle, formale und literarische Voraussetzungen. Dargestellt am Beispiel der Freien Reichsstadt Nürnberg, Frankfurt a. M. 1983

DUPONT-BOUCHAT, M.-S., La répression de la sorcellerie dans le duché de Luxembourg aux XVIe et XVIIe siècle, in: DIES. / W. FRIJHOFF / R. MUCHEMBLED, Prophètes et sorciers dans les Pays-Bas XVIe-XVIIIe siècle, Paris 1978, 41–154

EDER, I., Die saarländischen Weistümer – Dokumente der Territorialpolitik (= Veröffentlichungen der Kommission für saarländische Landesgeschichte und Volksforschung VIII), Saarbrücken 1978

FEBVRE, L., Sorcellerie, sottise ou révolution mentale, in: Annales, Economies, Sociétés, Civilisations 3, 1948, 9–15

FOX KELLER, E., Wissenschaft und Hexen; Hexerei und Sexualität, in: Dies., Liebe, Macht und Erkenntnis. Männliche oder weibliche Wissenschaft? München/Wien 1986, 63–67

FRANZ, G. / IRSIGLER, F. (Hg.), Hexenglauben und Hexenverfolgungen im Raum Rhein-Mosel-Saar, Trier 1991 (i. V)

GEERTZ, G., Dichte Beschreibung. Beiträge zum Verstehen kultureller Systeme, Frankfurt a. M. 1983

GINZBURG, C., Die Benandanti. Feldkulte und Hexenwesen im 16. und 17. Jahrhundert, Frankfurt a. M. 1980

DERS., Volksbrauch, Magie und Religion, in: R. ROMANO, Die Gleichzeitigkeit des Ungleichzeitigen. Fünf Studien zur Geschichte Italiens, Frankfurt a. M. 1980

DERS., Nächtliche Zusammenkünfte. Die lange Geschichte des Hexensabbat, in: Freibeuter, VJS für Kultur und Politik 25, 1985, 20–36

DERS., Hexensabbat. Entzifferung einer nächtlichen Geschichte. Berlin 1990

GLOGER, B./ZÖLLNER, W., Teufelsglaube und Hexenwahn, Wien/Köln/Graz 1984

HALICZER, S. (Hg.), Inquisition and Society in Early Modern Europe, London/Sydney 1987

HANCKE, R., Häresie und Inquisition. Über die Kirche als Schöpferin neuer und folgenschwerer Herrschaftsstrategien und Kontrollformen, in: Kriminologisches Journal, 2. Beih., 1987, 58–72

HANSEN, J. (Hg.), Quellen und Untersuchungen zur Geschichte des Hexenwahns und der Hexenverfolgungen im Mittelalter, Bonn 1901 (ND Hildesheim 1963)

DERS., Zauberwahn, Inquisition und Hexenprozeß im Mittelalter und die Entstehung der großen Hexenverfolgung, Leipzig/München 1900 (ND Aalen 1964)

HARMENING, D., Superstitio. Überlieferungs- und theoriegeschichtliche Untersuchungen zur kirchlich-theologischen Aberglaubensliteratur des Mittelalters, Berlin 1979

DERS., Hexenbilder des späten Mittelalters – Kombinatorische Topik und ethnographischer Befund, in: P. SEGL (Hg.), Der Hexenhammer, 177–194

HEINEMANN, E., Hexen und Hexenangst. Eine psychoanalytische Studie, Frankfurt a. M. 1989

HEINSOHN, G./STEIGER, O., Die Vernichtung der weisen Frauen. Beiträge zur Theorie und Geschichte von Bevölkerung und Kindheit, Herbstein 1985

HENNINGSEN, G., Hexenverfolgung und Hexenprozesse in Dänemark, in: C. DEGN/H. LEHMANN/D. UNVERHAU (Hg.), Hexenprozesse, 143–149

DERS., The Witches' Advocate. Basque Witchcraft and the Spanish Inquisition, Reno/Nevada, 1980

HERRMANN, H.-W./HOPPSTÄDTER, K./KLEIN, H. (Hg.), Geschichtliche Landeskunde des Saarlandes, Bd. 1: Vom Faustkeil zum Förderturm, Saarbrücken 1960, Bd. 2: Von der fränkischen Landnahme bis zum Ausbruch der Französischen Revolution, Saarbrücken 1977

HIEGEL, H., Le Bailliage d'Allemagne de 1600 à 1632, Bd. 1: L'administration, la justice, les finances et l'organisation militaire, Sarreguemines 1961

HÖRGER, H., Wirtschaftlich-soziale und gesellschaftlich-ideologische Aspekte des Hexenwahns. Der Prozeß gegen Simon Altseer in Rottenbuch 1665, in: ZBLG 38, 1975, 945–966

HONEGGER, C. (Hg.), Die Hexen der Neuzeit. Studien zur Sozialgeschichte eines kulturellen Deutungsmusters, Stuttgart 1978

HOPPSTÄDTER, K., Die Hexenverfolgungen im saarländischen Raum. Ein Beitrag zur Geschichte der Hexenprozesse, in: Zeitschrift für die Geschichte der Saargegend IX, 1959, 210–267

JANSSEN, J., Geschichte des deutschen Volks seit dem Ausgang des Mittelalters, Bd. 8: Volkswirtschaftliche, gesellschaftliche und religiös-sittliche Zustände. Hexenwesen und Hexenverfolgungen bis zum Beginn des dreißigjährigen Krieges, Freiburg i. Br. 1894

KAMBER, P., Medizin- und kulturgeschichtliche Hintergründe der Verfolgung von Hexen und Hexern in der Waadt (16./17. Jahrhundert). Vortrag vor der Studiengruppe des Medizinhistorischen Instituts der Universität Zürich vom 3. November 1983 (Manuskript)

DERS., La chasse aux sorciers et aux sorcières dans le Pays de Vaud. Aspects quantitatifs (1581–1620), in: Revue historique vaudoise 90, 1982, 21–33

KARLSEN, C. F., The Devil in the Shape of a Woman. Witchcraft in Colonial New England, New York/London 1987

KIECKHEFER, R., European Witch Trials: their Foundations in Popular and Learned Culture 1300–1500, London 1976

KIESEWETTER, C., Geschichte des neueren Occultismus. Geheimwissenschaftliche Systeme von Agrippa, Nettesheim bis Carl du Prei, Leipzig 1891

KIMMERLE, G., Hexendämmerung. Studie zur kopernikanischen Wende der Hexendeutung, Tübingen 1980

KLANICZAY, G., Heilige, Hexen, Vampire. Vom Nutzen des Übernatürlichen, Berlin 1991

KNEUBÜHLER, H.-P., Die Überwindung von Hexenwahn und Hexenprozeß, Diessenhofen 1977

KOLMER, L., Ad capiendas vulpes. Die Ketzerbekämpfung in Südfrankreich in der ersten Hälfte des 13. Jahrhunderts und die Ausbildung des Inquisitionsverfahrens, Bonn 1982

KOHLER, J./SCHEEL, W. (Hg.), Die Peinliche Gerichtsordnung Kaiser Karls V. Constitutio Criminalis Carolina, Halle 1900

KRÄMER, W., Kurtrierische Hexenprozesse im 16. und 17. Jahrhundert vornehmlich an der unteren Mosel. Ein Beitrag zur Kulturgeschichte, München 1959

KUNSTMANN, H. H., Hexenprozesse in der Reichsstadt Nürnberg, in: Frankenland, Sonderband: Frauen in Franken, Würzburg 1981, 28–36

KUNZE, M., Straße ins Feuer. Vom Leben und Sterben in der Zeit des Hexenwahns, München 1982

LABOUVIE, E., Absage an den Teufel. Zum Ende dörflicher Hexeninquisition im Saarraum, in: D. R. BAUER/S. LORENZ (Hg.), Das Ende der Hexenverfolgungen (i. V.)

DIES., »Gott zu Ehr, den Unschuldigen zu Trost und Rettung...«, Hexenverfolgungen im Saarraum und den angrenzenden Gebieten, in: G. FRANZ/F. IRSIGLER (Hg.), Hexenglaube (i. V.)

DIES., Hexenspuk und Hexenabwehr. Volksmagie und volkstümlicher Hexenglaube, in: R. VAN DÜLMEN (Hg.), Hexenwelten, 49–93

DIES., Wider Wahrsagerei, Segnerei und Zauberei. Kirchliche Versuche zur Ausgrenzung von Aberglaube und Volksmagie seit dem 16. Jahrhundert, in: R. VAN DÜLMEN (Hg.), Verbrechen, Strafen und soziale Kontrolle. Studien zur historischen Kulturforschung III, Frankfurt a. M. 1990, 15–55

DIES., Männer im Hexenprozeß. Zur Sozialanthropologie eines »männlichen« Verständnisses von Magie und Hexerei, in: Geschichte und Gesellschaft, Heft 1, 16. Jg., 1990, 56–78

DIES., Verbotene Künste. Volksmagie und ländlicher Aberglaube in den Dorfgemeinden des Saarraumes (16.–19. Jahrhundert) (1992, V.)

DIES., Von Kassandra bis Dr. Faustus. Männliche und weibliche Magie vom 16. Jahrhundert bis heute, in: Saarpfalz. Blätter für Geschichte und Volkskunde, Sonderheft 1991

DIES./LABOUVIE, M., Hexenwelten. Didaktisches Beiheft zur Ausstellung und zur Behandlung der Hexenthematik im Schulunterricht, Saarbrücken 1987

LARNER, C., Enemies of God. The Witch-Hunt in Scotland, Baltimore 1981

LEA, H. C., A History of the Inquisition of the Middle Ages, 3 Bde., London 1888 (ND, Die Inquisition, Nördlingen 1985)

LEHMANN, H. (Hg.), »Vom Unfug der Hexenprozesse«. Gegner der Hexenverfolgung von Johann Weyer bis Friedrich von Spee (i. V.)

LILLIG, K., Rechtssetzung im Herzogtum Pfalz-Zweibrücken während des 18. Jahrhunderts (= Rechtshistorische Reihe, Bd. 44), Frankfurt a. M. / Bern / New York 1985

MACFARLANE, A. D. J., Anthropologische Interpretationen des Hexenwesens, in: C. HONEGGER (Hg.), Die Hexen der Neuzeit, 235–255

DERS., Witchcraft in Tudor and Stuart England, New York 1970

MANDROU, R., Die französischen Richter und die Hexenprozesse im 17. Jahrhundert, in: C. HONEGGER (Hg.), Die Hexen der Neuzeit, 309–334

DERS., Magistrats et sorciers en France au XVIIe siècle. Une analyse de psychologie historique, Paris 1968

MARTINO, E. DE, Katholizismus, Magie, Aufklärung. Religionswissenschaftliche Studie am Beispiel Süd-Italiens, München 1982

MARX, J., Geschichte des Erzstifts Trier, d. i. der Stadt Trier und des Trierer Landes, als Churfürstenthum und als Erzdiöcese, von den ältesten Zeiten bis zum Jahre 1816, 1. Abteilung, 2. Bd.: Die Geschichte der Stadt Trier und des Trierer Landes von der Zeit der römischen Herrschaft in demselben bis zum Beginn der Regierung des letzten Churfürsten, Trier 1859

MEILI, D., Hexen in Wasterkingen. Magie und Lebensform in einem Dorf des frühen 18. Jahrhunderts, Zürich 1979 (Basel 1980^{2})

MIDELFORT, H. C. E., Witch Hunting in Southwestern Germany 1562–1684. The Social and Intellectual Foundations, Stanford / Cal. 1972

DERS., Sin, Melancholy, Obsession: Insanity and Culture in 16th Century Germany, in: S. L. KAPLAN (Hg.), Understanding Popular Culture, Berlin 1984, 113–145

DERS., Witchcraft and Religion in 16th Century Germany: The Formation and Consequences of an Orthodoxy, in: Arch. f. Reformationsgesch. 62, 1971, 266–278

DERS., Alte Fragen und neue Methoden in der Geschichte des Hexenwahns, in: D. R. BAUER / S. LORENZ (Hg.), Neuere Forschungen (i. V.)

MONTER, E. W. (Hg.), European Witchcraft, New York 1969

DERS., The Historiography of European Witchcraft: Progress and Prospects, in: Journal of Interdisciplinary History 2, 1972, 435–451

DERS., Witchcraft in France and Switzerland: The Borderlands During the Reformation, Ithaca / London 1976

DERS., Patterns of Witchcraft in the Jura, in: Journal of Social History 5, Heft 1, 1971, 1–25

DERS., Witchcraft in Geneva 1537–1662, in: Journal of Modern History 43, 1971, 179–204

MUCHEMBLED, R., La sorcière au village, Paris 1979

NAESS, H. E., Die Hexenprozesse in Norwegen, in: C. DEGN / H. LEHMANN / D. UNVERHAU (Hg.), Hexenprozesse, 167–171

NIESS, N., Hexenprozesse in der Herrschaft Büdingen, Büdingen 1983

PEUCKERT, W.-E., Quellen und Untersuchungen zur Geschichte des Hexenglaubens im 16. und 17. Jahrhundert, Hildesheim 1968

PIAT, C., Frauen, die hexen, Freiburg i. Br. 1985

RABOFSKI, B., Zum Bedeutungswandel von engl. »witch« vom 9.–17. Jahrhundert: Eine Kollokationsanalyse unter Berücksichtigung sozio-kultureller Faktoren, in: M. HELLINGER (Hg.), Sprachwandel und feministische Sprachpolitik. Internationale Perspektiven, Opladen 1985, 169–188

REUSS, R., La sorcellerie au 16e et 17e siècle, particulièrement en Alsace d'après des documents en partie inédits, Steinbrunn-le-Haut 1987

RIEZLER, S. VON, Geschichte der Hexenprozesse in Bayern. Im Licht der allgemeinen Entwicklung dargestellt. Stuttgart 1896 (ND Aalen 1968)

Ritter, F. J. (Hg.), Friedrich von Spee, Cautio Criminalis oder Rechtliches Bedenken wegen der Hexenprozesse, Weimar 1939 (München 1982)

Rummel, W., Die »Ausrottung des abscheulichen Hexerey Lasters«, in: W. Schieder (Hg.), Volksreligiosität in der modernen Sozialgeschichte, Göttingen 1986, 51–73

Ders., Soziale Dynamik und herrschaftliche Problematik der kurtrierischen Hexenprozesse, in: Geschichte und Gesellschaft, Heft 1, 16. Jg., 1990, 26–55

Ders., Gutenberg, der Teufel und die Muttergottes von Eberhardsklausen. Erste Hexenverfolgungen im Trierer Land, in: A. Blauert (Hg.), Ketzer, Hexen, Zauberer, 91–117

Ders., Bauernherrn und Hexen. Studien zur Sozialgeschichte sponheimischer und kurtrierischer Hexenprozesse 1574–1664, Göttingen 1991

Russell, J. B., Hexerei und Geist des Mittelalters, in: C. Honegger (Hg.), Die Hexen der Neuzeit, 159–187

Ders., Witchcraft in the Middle Ages, London 1972

Ders., Lucifer. The Devil in the Middle Ages. London/Ithaca 1984

Schindler, N., Die Entstehung der Unbarmherzigkeit. Zur Kultur und Lebensweise Salzburger Bettler am Ende des 17. Jahrhunderts, in: Bayerisches Jb. für Volkskunde 1988, 61–130

Schmidt, J. W. R. (Hg.), Der Hexenhammer, 1. bis 3. Teil, Darmstadt 1980

Schöck, I., Hexenglaube in der Gegenwart. Empirische Untersuchungen in Südwestdeutschland, Tübingen 1978

Schormann, G., Hexenprozesse in Deutschland, Göttingen 1981

Ders., Hexenprozesse in Nordwestdeutschland, Hildesheim 1977

Ders., Der Krieg gegen die Hexen. Das Ausrottungsprogramm des Kurfürsten von Köln, Göttingen 1991

Schwaiger, G. (Hg.), Teufelsglaube und Hexenprozesse, München 1987

Schwerhoff, G., Rationalität im Wahn. Zum gelehrten Diskurs über die Hexen in der frühen Neuzeit, in: Saeculum 37, 1986, 45–82

Sabean, D. W., Das heilige Band der Einheit. Gemeinschaft aus der Sicht einer dreizehnjährigen Hexe, in: Ders., Das zweischneidige Schwert, Berlin 1986, 113–135

Scotti, J. J., Sammlung der Gesetze und Verordnungen, welche in dem vormaligen Churfürstenthum Trier über Gegenstände der Landeshoheit, Verfassung, Verwaltung und Rechtspflege ergangen sind, vom Jahre 1310 bis zur Reichs-Deputations-Schluß-mäßigen Auflösung des Churstaates Trier am Ende des Jahres 1802, Teil I.: Vom Jahre 1310 bis zum Jahre 1700, Düsseldorf 1832

Segl, P. (Hg.), Der Hexenhammer. Entstehung und Umfeld des Maleus Maleficarum von 1487, Köln/Wien 1988

Sittel, J. M. (Hg.), Sammlung der Provinzial- und Partikulargesetze und Verordnungen, welche für einzelne ganz oder nur teilweise an die Krone Preußens gefallenen Territorien des linken Rheinufers über Gegenstände der Landeshoheit, Verfassung, Verwaltung, Rechtspflege und des Rechtszustands erlassen worden sind, Trier 1843

Soldan, W. G./Heppe, H./Bauer, M. (Hg.), Geschichte der Hexenprozesse, 2 Bde., Hanau 1912³ (ND 1972)

Soman, A., Les procès de sorcellerie au Parlement de Paris (1565–1640), in: Annales 32, 1977, 790–812

Thomas, K., Die Hexen und ihre soziale Umwelt, in: C. Honegger (Hg.), Die Hexen der Neuzeit, 256–308

Ders., Religion and the Decline of Magic. Studies in Popular Beliefs in Sixteenth and Seventeenth Century England, London 1971

Thompson, E. P., Whigs and Hunters: The Origin of the Black Art, London 1977

Trevor-Roper, H. R., Der europäische Hexenwahn des 16. und 17. Jahrhunderts, in: Ders., Religion, Reformation und sozialer Umbruch, Frankfurt a. M. / Berlin 1970, 95–179

Unverhau, D., Akkusationsprozeß – Inquisitionsprozeß. Indikatoren für die Intensität der Hexenverfolgung in Schleswig-Holstein, in: C. Degn / H. Lehmann / D. Unverhau (Hg.), Hexenprozesse, 59-142

Dies., »Meisterinnen« und deren »Kunstfruwen« in Schleswig und in Angeln um die Mitte des 16. Jahrhunderts. Von magischen Frauengemeinschaften und Hexensekten, in: Jb. des Heimatvereins Schleswigsche Geest, 1984, 60–80

Dies., Von »Toverschen« und Kunstfruwen in Schleswig 1548–1557. Geschehen – Verbrechen – Gerichtsverfahren, Schleswig 1978

Valentinitsch, H. (Hg.), Hexen und Zauberer. Die große Verfolgung – ein europäisches Phänomen in der Steiermark, Graz 1987

Villeneuve, R., Le fléau des sorciers. La diablerie basque au XVIIe siècle, Paris 1983

Walz, R., Der Hexenwahn vor dem Hintergrund dörflicher Kommunikation, in: Zs. für Volkskunde 82, 1986, 1–18

Wilbertz, G., Hexenprozesse und Zauberglaube im Hochgericht Osnabrück, in: Osnabrücker Mitteilungen 84, 1978, 33–50

Wolf, H.-J., Hexenwahn und Exorzismus. Ein Beitrag zur Kulturgeschichte, Kriftel / Taunus 1980

Wunder, H., Hexenprozesse im Herzogtum Preußen des 16. Jahrhunderts, in: C. Degn / H. Lehmann / D. Unverhau (Hg.), Hexenprozesse, 179–203

Abkürzungen

Abt.	Abteilung
ADM Metz	Archives départementales de la Moselle, Metz
ADMM Nancy	Archives départementales de Meurthe et Moselle, Nancy
Archiv der ev. KG	Archiv der evangelischen Kirchengemeinde
Ausg.	Ausgabe
BAT	Bistumsarchiv Trier
Best.	Bestand
Bd. (Bde.)	Band (Bände)
fol.	folio
Gesch.	Geschichte
HDA	Handwörterbuch des deutschen Aberglaubens
HSTA	Hauptstaatsarchiv
HZ	Historische Zeitschrift
i. Dr.	in Druck
i. V.	in Vorbereitung
Jb.	Jahrbuch
Jg.	Jahrgang
KSCHA Zw.	Kirchenschaffneiarchiv Zweibrücken
LA	Landesarchiv
LASB	Landesarchiv Saarbrücken
LHA	Landeshauptarchiv

Masch.schr.	Maschinenschrift
ND	Neudruck
o. J.	ohne Jahr
o. O.	ohne Ort
Prot. LKA	Protestantisches Landeskirchenarchiv
r	recto
Rep.	Repertorium
Sp.	Spalte
STA	Stadtarchiv
VJS	Vierteljahresschrift
ZBLG	Zeitschrift für Bayerische Landesgeschichte
Zs.	Zeitschrift

Abbildungsnachweis

Abb. 1: R. van Dülmen (Hg.), Hexenwelten. Magie und Imagination vom 16.–20. Jahrhundert, Frankfurt a. M. 1987, S. 368

Abb. 2: P. Haining, Hexen. Wahn und Wirklichkeit in Mittelalter und Gegenwart, Oldenburg/Hamburg 1977, S. 60

Abb. 3: H. Schwarzwälder, Formen des Zauber- und Hexenglaubens in Bremen, in: Heimat und Volkstum 1958

Abb. 4: Jacques de Gheyn II. als tekenaar, 1565–1629. Ausstellungskatalog des Museums Boymans-van Beuningen, Rotterdam 1985, cat. no. 72

Abb. 5: H. Döbler, Hexenwahn. Die Geschichte einer Verfolgung, München 1979, Umschlagfoto

Abb. 6: G. Femmel, Corpus der Goethezeichnungen, Leipzig 1958, Nr. 224

Abb. 7: Ch. Detolnay, Hieronymus Bosch, Wiesbaden 1965, S. 316

Abb. 8: Jacques de Gheyn II. als tekenaar, 1565–1629. Ausstellungskatalog des Museums Boymans-van Beuningen, Rotterdam 1985, cat. no. 71

Abb. 9: G. W. Soldan/H. Heppe/M. Bauer (Hg.), Geschichte der Hexenprozesse, Bd. II, ND Hanau 1972, S. 233

Abb. 10: Ch. Detolnay, Hieronymus Bosch, Wiesbaden 1965, S. 320